Arzneimittelgesetz

Gesetz über den Verkehr mit Arzneimitteln

(Arzneimittelgesetz – AMG)

in der Fassung der Bekanntmachung vom 11. Dezember 1998 (BGBl. I S. 3585),
zuletzt geändert durch Artikel 2 § 3 Abs. 7 des Gesetzes
vom 1. September 2005 (BGBl. I S. 2618)

Gesetz über die Werbung auf dem Gebiet des Heilwesens

(Heilmittelwerbegesetz – HWG)

in der Fassung der Bekanntmachung vom 19. Oktober 1994 (BGBl. I S. 3068), zuletzt geändert
durch Artikel 2 des Gesetzes vom 29. August 2005 (BGBl. I S. 2570)

Gesetz über das Apothekenwesen

(Apothekengesetz – ApoG)

in der Fassung der Bekanntmachung vom 15. Oktober 1980 (BGBl. I S. 1993), zuletzt
geändert durch Artikel 2a des Gesetzes vom 29. August 2005 (BGBl. I S. 2570)

Verordnung über den Betrieb von Apotheken

(Apothekenbetriebsordnung – ApBetrO)

in der Fassung vom 26. September 1995 (BGBl. I S. 1195), zuletzt geändert durch
Artikel 2 des Gesetzes vom 15. Juni 2005 (BGBl I S. 1642)

Betriebsverordnung für pharmazeutische Unternehmer

(PharmBetrV)

vom 8. März 1985 (BGBl. I S. 546), zuletzt geändert durch Artikel 3 des Gesetzes vom
10. Februar 2005 (BGBl. I S. 234)

Betriebsverordnung für Arzneimittelgroßhandelsbetriebe

vom 10. November 1987 (BGBl. I S. 2370), zuletzt geändert durch Artikel 5 des Gesetzes
vom 10. Februar 2005 (BGBl. I S. 234)

5., aktualisierte und erweiterte Auflage 2005

Sonderdruck :cht
Sammlung vor
Arzneimittelge
herausgegebei

D1665688

Bundesanzeiger
Verlag

Bibliografische Information der Deutschen Bibliothek

Die Deutsche Bibliothek verzeichnet diese Publikation in der Deutschen Nationalbibliografie; detaillierte bibliografische Daten sind im Internet unter: **http://dnb.ddb.de** abrufbar.

Lektorat: Ulrike Herberg, Christiane Schilling
Herstellung: Günter Fabritius
Satz: X Con Media AG, Bonn, Berlin
Druck und buchbinderische Verarbeitung: Offizin Hildburghausen GmbH
Printed in Germany
ISBN 3-89817-498-0

Inhalt

---

*) Hervorhebung der aktuellen Änderungen durch die Redaktion veranlasst:
Doppelte Unterstreichung – Änderungen durch 13. AMG-ÄndG
Einfache Unterstreichung – Änderungen durch 14. AMG-ÄndG
Gerasterte Linie – Gesetz zur Änderung des ApoG

Gesetz über den Verkehr mit Arzneimitteln (Arzneimittelgesetz – AMG)

in der Fassung der Bekanntmachung vom 11. Dezember 1998 (BGBl. I S. 3586), zuletzt geändert durch Art. 2 § 3 Abs. 7 des Gesetzes vom 1. September 2005 (BGBl. I S. 2618)

Die Fassung berücksichtigt:

1. die Fassung der Bekanntmachung des Gesetzes vom 11. Dezember 1998 (BGBl. I S. 3586),

2. den am 31. Juli 1999 in Kraft getretenen Artikel 1 des Gesetzes vom 26. Juli 1999 (BGBl. I S. 1666),

3. den am 12. Juli 2000 in Kraft getretenen Artikel 1 des Gesetzes vom 4. Juli 2000 (BGBl. I S. 1002),

4. den am 26. Juli 2000 in Kraft getretenen Artikel 2 des Gesetzes vom 20. Juli 2000 (BGBl. I S. 1040),

5. den am 1. Januar 2001 in Kraft getretenen Artikel 2 des Gesetzes vom 20. Juli 2000 (BGBl. I S. 1045),

6. den am 1. Januar 2002 in Kraft getretenen Artikel 3 des Gesetzes vom 23. Oktober 2001 (BGBl. I S. 2702),

7. den am 1. Januar 2002 in Kraft getretenen Artikel 3 des Gesetzes vom 13. Dezember 2001 (BGBl. I S. 3586),

8. den am 28. Juni 2002 in Kraft getretenen Artikel 2 des Gesetzes vom 20. Juni 2002 (BGBl. I S. 2076),

9. den am 1. August 2002 in Kraft getretenen Artikel 1 des Gesetzes vom 19. Juli 2002 (BGBl. I S. 2674),

10. den am 28. August 2002 in Kraft getretenen Artikel 2 des Gesetzes vom 21. August 2002 (BGBl. I S. 3352),

11. den am 1. November 2002 in Kraft getretenen Artikel 8 des Gesetzes vom 6. August 2002 (BGBl. I S. 3082),

12. den am 1. November 2002 in Kraft getretenen Artikel 1 des Gesetzes vom 21. August 2002 (BGBl. I S. 3348),

13. den am 01. Januar 2004 in Kraft getretenen Artikel 23 des Gesetzes vom 14. November 2003 (BGBl. I S. 2190),

14. den am 06. August 2004 in Kraft getretenen Artikel 1 des Gesetzes vom 30. Juli 2004 (BGBl. I S. 2031),

15. den am 15. Dezember 2004 in Kraft getretenen Artikel 1 des Gesetzes vom 9. Dezember 2004 (BGBl. I S. 3214),

16. den am 19. Februar 2005 in Kraft getretenen Artikel 2 des Gesetzes vom 10. Februar 2005 (BGBl. I S. 234),

17. den am 27. April 2005 in Kraft getretenen Artikel 1 des Gesetzes vom 15. April 2005 (BGBl. I S. 1068),

18. den am 1. Juli 2005 in Kraft getretenen Artikel 17 des Gesetzes vom 21. Juni 2005 (BGBl. I S. 1818),

19. den am 2. September 2005 in Kraft getretenen Artikel 1 des Gesetzes vom 29. August 2005 (BGBl. I S. 2555),

20. den am 6. September 2005 in Kraft getretenen Artikel 1 des Gesetzes vom 29. August 2005 (BGBl. I S. 2570),

21. den am 7. September 2005 in Kraft getretenen Artikel 2 § 3 Abs. 7 des Gesetzes vom 1. September 2005 (BGBl. I S. 2618).

Inhaltsübersicht

Erster Abschnitt
Zweck des Gesetzes und Begriffsbestimmungen

Zweiter Abschnitt
Anforderungen an die Arzneimittel

Dritter Abschnitt
Herstellung von Arzneimitteln

Personal (handschriftlich, neben „Herstellungserlaubnis")
Räume (handschriftlich, neben „Entscheidung über die Herstellungserlaubnis")

Vierter Abschnitt
Zulassung der Arzneimittel

Erster Abschnitt
Zweck des Gesetzes und Begriffsbestimmungen

§ 1
Zweck des Gesetzes

Es ist der Zweck dieses Gesetzes, im Interesse einer ordnungsgemäßen Arzneimittelversorgung von Mensch und Tier für die Sicherheit im Verkehr mit Arzneimitteln, insbesondere für die Qualität, Wirksamkeit und Unbedenklichkeit der Arzneimittel, nach Maßgabe der folgenden Vorschriften zu sorgen.

§ 2
Arzneimittelbegriff

(1) Arzneimittel sind Stoffe und Zubereitungen aus Stoffen, die dazu bestimmt sind, durch Anwendung am oder im menschlichen oder tierischen Körper

1. Krankheiten, Leiden, Körperschäden oder krankhafte Beschwerden zu heilen, zu lindern, zu verhüten oder zu erkennen,

2. die Beschaffenheit, den Zustand oder die Funktionen des Körpers oder seelische Zustände erkennen zu lassen, *Diagnostika (Röntgenkontrastmittel etc.)*

3. vom menschlichen oder tierischen Körper erzeugte Wirkstoffe oder Körperflüssigkeiten zu ersetzen, *z.B. Pepsin, Insulin*

4. Krankheitserreger, Parasiten oder körperfremde Stoffe abzuwehren, zu beseitigen oder unschädlich zu machen oder *z.B. Desinfektionsmittel, Repellentien*

5. die Beschaffenheit, den Zustand oder die Funktionen des Körpers oder seelische Zustände zu beeinflussen. *z.B. Antibabypille, Anabolika*

(2) Als Arzneimittel gelten *(fiktive Arzneimittel)*

1. Gegenstände, die ein Arzneimittel nach Absatz 1 enthalten oder auf die ein Arzneimittel nach Absatz 1 aufgebracht ist und die dazu bestimmt sind, dauernd oder vorübergehend mit dem menschlichen oder tierischen Körper in Berührung gebracht zu werden, *z.B. ABC-Pflaster, Hormonpflaster*

1a. tierärztliche Instrumente, soweit sie zur einmaligen Anwendung bestimmt sind und aus der Kennzeichnung hervorgeht, dass sie einem Verfahren zur Verminderung der Keimzahl unterzogen worden sind,

2. Gegenstände, die, ohne Gegenstände nach Nummer 1 oder 1a zu sein, dazu bestimmt sind, zu den in Absatz 1 Nr. 2 oder 5 bezeichneten Zwecken in den tierischen Körper dauernd oder vorübergehend eingebracht zu werden, ausgenommen tierärztliche Instrumente,

3. Verbandstoffe und chirurgische Nahtmaterialien, soweit sie zur Anwendung am oder im tierischen Körper bestimmt und nicht Gegenstände der Nummer 1, 1a oder 2 sind,

4. Stoffe und Zubereitungen aus Stoffen, die, auch im Zusammenwirken mit anderen Stoffen oder Zubereitungen aus Stoffen, dazu bestimmt sind, ohne am oder im tierischen Körper angewendet zu werden, die Beschaffenheit, den Zustand oder die Funktion des tierischen Körpers erkennen zu lassen oder der Erkennung von Krankheitserregern bei Tieren zu dienen.

(3) Arzneimittel sind nicht

1. Lebensmittel im Sinne des § 2 Abs. 2 des Lebensmittel- und Futtermittelgesetzbuches,

2. kosmetische Mittel im Sinne des § 2 Abs. 5 des Lebensmittel- und Futtermittelgesetzbuches,

3. Tabakerzeugnisse im Sinne des § 3 des vorläufigen Tabakgesetzes,

4. Stoffe oder Zubereitungen aus Stoffen, die ausschließlich dazu bestimmt sind, äußerlich am Tier zur Reinigung oder Pflege oder zur Beeinflussung des Aussehens oder des Körpergeruchs angewendet zu werden, soweit ihnen keine Stoffe oder Zubereitungen aus Stoffen zugesetzt sind, die vom Verkehr außerhalb der Apotheke ausgeschlossen sind,

5. (weggefallen)

6. Futtermittel im Sinne des § 3 Nr. 11 bis 15 des Lebensmittel- und Futtermittelgesetzbuches,

7. Medizinprodukte und Zubehör für Medizinprodukte im Sinne des § 3 des Medizinproduktegesetzes, es sei denn, es handelt sich um Arzneimittel im Sinne des § 2 Abs. 1 Nr. 2,

8. die in § 9 Satz 1 des Transplantationsgesetzes genannten Organe und Augenhornhäute, wenn sie zur Übertragung auf andere Menschen bestimmt sind.

(4) Solange ein Mittel nach diesem Gesetz als Arzneimittel zugelassen oder registriert oder durch Rechtsverordnung von der Zulassung oder Registrierung freigestellt ist, gilt es als Arzneimittel. Hat die zuständige Bundesoberbehörde die Zulassung oder Registrierung eines Mittels mit der Begründung abgelehnt, dass es sich um kein Arzneimittel handelt, so gilt es nicht als Arzneimittel.

§ 3
Stoffbegriff

Stoffe im Sinne dieses Gesetzes sind

1. chemische Elemente und chemische Verbindungen sowie deren natürlich vorkommende Gemische und Lösungen, *(Iod, Bittersalz, Erlandel ...)*

2. Pflanzen, Pflanzenteile, Pflanzenbestandteile, Algen, Pilze und Flechten in bearbeitetem oder unbearbeitetem Zustand, *(ätherische Öle, pflanzl. Presse)*

3. Tierkörper, auch lebender Tiere, sowie Körperteile, -bestandteile und Stoffwechselprodukte von Mensch oder Tier in bearbeitetem oder unbearbeitetem Zustand, *(Blutegel, Insulin, Lebertran ...)*

4. Mikroorganismen einschließlich Viren sowie deren Bestandteile oder Stoffwechselprodukte. *(Penicillin ...)*

§ 4
Sonstige Begriffsbestimmungen

(1) Fertigarzneimittel sind Arzneimittel, die im Voraus hergestellt und in einer zur Abgabe an den Verbraucher bestimmten Packung in den Verkehr gebracht werden oder andere zur Abgabe an Verbraucher bestimmte Arzneimittel, bei deren Zubereitung in sonstiger Weise ein industrielles Verfahren zur Anwendung kommt oder die, ausgenommen in Apotheken, gewerblich hergestellt werden. Fertigarzneimittel sind nicht Zwischenprodukte, die für eine weitere Verarbeitung durch einen Hersteller bestimmt sind.

(2) Blutzubereitungen sind Arzneimittel, die aus Blut gewonnene Blut-, Plasma- oder Serumkonserven, Blutbestandteile oder Zubereitungen aus Blutbestandteilen sind oder als Wirkstoffe enthalten.

(3) Sera sind Arzneimittel im Sinne des § 2 Abs. 1, die aus Blut, Organen, Organteilen oder Organsekreten gesunder, kranker, krank gewesener oder immunisatorisch vorbehandelter Lebewesen gewonnen werden, Antikörper enthalten und die dazu bestimmt sind, wegen dieser Antikörper angewendet zu werden. Sera gelten nicht als Blutzubereitungen im Sinne des Absatzes 2.

(4) Impfstoffe sind Arzneimittel im Sinne des § 2 Abs. 1, die Antigene enthalten und die dazu bestimmt sind, bei Mensch oder Tier zur Erzeugung von spezifischen Abwehr- und Schutzstoffen angewendet zu werden.

(5) Allergene sind Arzneimittel im Sinne des § 2 Abs. 1, die Antigene oder Haptene enthalten und dazu bestimmt sind, bei Mensch oder Tier zur Erkennung von spezifischen Abwehr- oder Schutzstoffen angewendet zu werden (Testallergene) oder Stoffe enthalten, die zur antigen-spezifischen Verminderung einer spezifischen immunologischen Überempfindlichkeit angewendet werden (Therapieallergene).

(6) Testsera sind Arzneimittel im Sinne des § 2 Abs. 2 Nr. 4, die aus Blut, Organen, Organteilen oder Organsekreten gesunder, kranker, krank gewesener oder immunisatorisch vorbehandelter Lebewesen gewonnen werden, spezifische Antikörper enthalten und die dazu bestimmt sind, wegen dieser Antikörper verwendet zu werden, sowie die dazu gehörenden Kontrollsera.

(7) Testantigene sind Arzneimittel im Sinne des § 2 Abs. 2 Nr. 4, die Antigene oder Haptene enthalten und die dazu bestimmt sind, als solche verwendet zu werden.

(8) Radioaktive Arzneimittel sind Arzneimittel, die radioaktive Stoffe sind oder enthalten und ionisierende Strahlen spontan aussenden und die dazu bestimmt sind, wegen dieser Eigenschaften angewendet zu werden; als radioaktive Arzneimittel gelten auch für die Radiomarkierung anderer Stoffe vor der Verabreichung hergestellte Radionuklide (Vorstufen) sowie die zur Herstellung von radioaktiven Arzneimitteln bestimmten Systeme mit einem fixierten Mutterradionuklid, das ein Tochterradionuklid bildet (Generatoren).

(9) Gentransfer-Arzneimittel sind zur Anwendung am Menschen bestimmte Arzneimittel im Sinne des § 2 Abs. 1, die zur genetischen Modifizierung von Körperzellen durch Transfer von Genen oder Genabschnitten bestimmte nackte Nukleinsäuren, virale oder nichtvirale Vektoren, genetisch modifizierte menschliche Zellen oder rekombinante Mikroorganismen, letztere ohne mit dem Ziel der Prävention oder Therapie der von diesen hervorgerufenen Infektionskrankheiten eingesetzt zu werden, sind oder enthalten.

(10) Fütterungsarzneimittel sind Arzneimittel in verfütterungsfertiger Form, die aus Arzneimittel-Vormischungen und Mischfuttermitteln hergestellt werden und die dazu bestimmt sind, zur Anwendung bei Tieren in den Verkehr gebracht zu werden.

(11) Arzneimittel-Vormischungen sind Arzneimittel, die ausschließlich dazu bestimmt sind, zur Herstellung von Fütterungsarzneimitteln verwendet zu werden. Sie gelten als Fertigarzneimittel.

(12) Die Wartezeit ist die Zeit, die bei bestimmungsgemäßer Anwendung des Arzneimittels nach der letzten Anwendung des Arzneimittels bei einem Tier bis zur Gewinnung von Lebensmitteln, die von diesem Tier stammen, zum Schutz der öffentlichen Gesundheit einzuhalten ist und die sicherstellt, dass Rückstände in diesen Lebensmitteln die gemäß der Verordnung (EWG) Nr. 2377/90 des Rates vom 26. Juni 1990 zur Schaffung eines Gemeinschaftsverfahrens für die Festsetzung von Höchstmengen für Tierarzneimittelrückstände in Nahrungsmitteln tierischen Ursprungs (ABl. EG Nr. L 224 S. 1) festgelegten zulässigen Höchstmengen für pharmakologisch wirksame Stoffe nicht überschreiten.

(13) Nebenwirkungen sind die beim bestimmungsgemäßen Gebrauch eines Arzneimittels auftretenden schädlichen unbeabsichtigten Reaktionen. Schwerwiegende Nebenwirkungen sind Nebenwirkungen, die tödlich oder lebensbedrohend sind, eine stationäre Behandlung oder Verlängerung einer stationären Behandlung erforderlich machen, zu bleibender oder schwerwiegender Behinderung, Invalidität, kongenitalen Anomalien oder Geburtsfehlern führen; für Arzneimittel, die zur Anwendung bei Tieren bestimmt sind, sind schwerwiegend auch Nebenwirkungen, die ständig auftretende oder lang anhaltende Symptome hervorrufen. Unerwartete Nebenwirkungen sind Nebenwirkungen, deren Art, Ausmaß oder Ausgang von der Packungsbeilage des Arzneimittels abweichen. Die Sätze 1 bis 3 gelten auch für die als Folge von Wechselwirkungen auftretenden Nebenwirkungen.

(14) Herstellen ist das Gewinnen, das Anfertigen, das Zubereiten, das Be- oder Verarbeiten, das Umfüllen einschließlich Abfüllen, das Abpacken, das Kennzeichnen und die Freigabe.

(15) Qualität ist die Beschaffenheit eines Arzneimittels, die nach Identität, Gehalt, Reinheit, sonstigen chemischen, physikalischen, biologischen Eigenschaften oder durch das Herstellungsverfahren bestimmt wird.

(16) Eine Charge ist die jeweils aus derselben Ausgangsmenge in einem einheitlichen Herstellungsvorgang oder bei einem kontinuierlichen Herstellungsverfahren in einem bestimmten Zeitraum erzeugte Menge eines Arzneimittels.

(17) Inverkehrbringen ist das Vorrätighalten zum Verkauf oder zu sonstiger Abgabe, das Feilhalten, das Feilbieten und die Abgabe an andere.

(18) Der pharmazeutische Unternehmer ist bei zulassungs- oder registrierungspflichtigen Arzneimitteln der Inhaber der Zulassung oder Registrierung. Pharmazeutischer Unternehmer ist auch, wer Arzneimittel unter seinem Namen in den Verkehr bringt, außer in den Fällen des § 9 Abs. 1 Satz 2.

(19) Wirkstoffe sind Stoffe, die dazu bestimmt sind, bei der Herstellung von Arzneimitteln als arzneilich wirksame Bestandteile verwendet zu werden oder bei ihrer Verwendung in der Arzneimittelherstellung zu arzneilich wirksamen Bestandteilen der Arzneimittel zu werden.

(20) Somatische Zelltherapeutika sind zur Anwendung am Menschen bestimmte Arzneimittel im Sinne des § 2 Abs. 1, die durch andere Verfahren als genetische Modifikation in ihren biologischen Eigenschaften veränderte oder nicht veränderte menschliche Körperzellen sind oder enthalten, ausgenommen zelluläre Blutzubereitungen zur Transfusion oder zur hämatopoetischen Rekonstitution.

(21) Xenogene Zelltherapeutika sind zur Anwendung am Menschen bestimmte Arzneimittel im Sinne des § 2 Abs. 1, die genetisch modifizierte oder durch andere Verfahren in ihren biologischen Eigenschaften veränderte lebende tierische Körperzellen sind oder enthalten.

(22) Großhandel mit Arzneimitteln ist jede berufs- oder gewerbsmäßige zum Zwecke des Handeltreibens ausgeübte Tätigkeit, die in der Beschaffung, der Lagerung, der Abgabe oder Ausfuhr von Arzneimitteln besteht, mit Ausnahme der Abgabe von Arzneimitteln an andere Verbraucher als Ärzte, Zahnärzte, Tierärzte oder Krankenhäuser.

(23) Klinische Prüfung bei Menschen ist jede am Menschen durchgeführte Untersuchung, die dazu bestimmt ist, klinische oder pharmakologische Wirkungen von Arzneimitteln zu erforschen oder nachzuweisen oder Nebenwirkungen festzustellen oder die Resorption, die Verteilung, den Stoffwechsel oder die Ausscheidung zu untersuchen, mit dem Ziel, sich von der Unbedenklichkeit oder Wirksamkeit der Arzneimittel zu überzeugen. Satz 1 gilt nicht für eine Untersuchung, die eine nichtinterventionelle Prüfung ist. Nichtinterventionelle Prüfung ist eine Untersuchung, in deren Rahmen Erkenntnisse aus der Behandlung von Personen mit Arzneimitteln gemäß den in der Zulassung festgelegten Angaben für seine Anwendung anhand epidemiologischer Methoden analysiert werden; dabei folgt die Behandlung einschließlich der Diagnose und Überwachung nicht einem vorab festgelegten Prüfplan, sondern ausschließlich der ärztlichen Praxis.

(24) Sponsor ist eine natürliche oder juristische Person, die die Verantwortung für die Veranlassung, Organisation und Finanzierung einer klinischen Prüfung bei Menschen übernimmt.

(25) Prüfer ist in der Regel ein für die Durchführung der klinischen Prüfung bei Menschen in einer Prüfstelle verantwortlicher Arzt oder in begründeten Ausnahmefällen eine andere Person, deren Beruf auf Grund seiner wissenschaftlichen Anforderungen und der seine Ausübung voraussetzenden Erfahrungen in der Patientenbetreuung für die Durchführung von Forschungen am Menschen qualifiziert. Wird eine Prüfung in einer Prüfstelle von mehreren Prüfern vorgenommen, so ist der verantwortliche Leiter der Gruppe der Hauptprüfer. Wird eine Prüfung in mehreren Prüfstellen durchgeführt, wird vom Sponsor ein Prüfer als Leiter der klinischen Prüfung benannt.

(26) Homöopathisches Arzneimittel ist ein Arzneimittel, das nach einem im Europäischen Arzneibuch oder, in Ermangelung dessen, nach einem in den offiziell gebräuchlichen Pharmakopöen der Mitgliedstaaten der Europäischen Union beschriebenen homöopathischen Zubereitungsverfahren hergestellt worden ist. Ein homöopathisches Arzneimittel kann auch mehrere Wirkstoffe enthalten.

(27) Ein mit der Anwendung des Arzneimittels verbundenes Risiko ist

a) jedes Risiko im Zusammenhang mit der Qualität, Sicherheit oder Wirksamkeit des Arzneimittels für die Gesundheit der Patienten oder die öffentliche Gesundheit, bei zur Anwendung bei Tieren bestimmten Arzneimitteln für die Gesundheit von Mensch oder Tier,

b) jedes Risiko unerwünschter Auswirkungen auf die Umwelt.

(28) Das Nutzen-Risiko-Verhältnis umfasst eine Bewertung der positiven therapeutischen Wirkungen des Arzneimittels im Verhältnis zu dem Risiko nach Absatz 27 Buchstabe a, bei zur Anwendung bei Tieren bestimmten Arzneimitteln auch nach Absatz 27 Buchstabe b.

(29) Pflanzliche Arzneimittel sind Arzneimittel, die als Wirkstoff ausschließlich einen oder mehrere pflanzliche Stoffe oder eine oder mehrere pflanzliche Zubereitungen oder eine oder mehrere solcher pflanzlichen Stoffe in Kombination mit einer oder mehreren solcher pflanzlichen Zubereitungen enthalten.

§ 4a
Ausnahmen vom Anwendungsbereich

Dieses Gesetz findet keine Anwendung auf

1. Arzneimittel, die unter Verwendung von Krankheitserregern oder auf biotechnischem Weg hergestellt werden und zur Verhütung, Erkennung oder Heilung von Tierseuchen bestimmt sind,

2. die Gewinnung und das Inverkehrbringen von Sperma zur künstlichen Besamung,

3. Arzneimittel, die ein Arzt, Tierarzt oder eine andere Person, die zur Ausübung der Heilkunde befugt ist, bei Mensch oder Tier anwendet, soweit die Arzneimittel ausschließlich zu diesem Zweck unter der unmittelbaren fachlichen Verantwortung des anwendenden Arztes, Tierarztes oder der anwendenden Person, die zur Ausübung der Heilkunde befugt ist, hergestellt worden sind,

4. menschliche Organe, Organteile und Gewebe, die unter der fachlichen Verantwortung eines Arztes zum Zwecke der Übertragung auf Menschen entnommen werden, wenn diese Menschen unter der fachlichen Verantwortung dieses Arztes behandelt werden.

Satz 1 Nr. 1 gilt nicht für § 55. Satz 1 Nr. 4 gilt nicht für Blutzubereitungen.

Zweiter Abschnitt
Anforderungen an die Arzneimittel

§ 5
Verbot bedenklicher Arzneimittel

(1) Es ist verboten, bedenkliche Arzneimittel in den Verkehr zu bringen.

(2) Bedenklich sind Arzneimittel, bei denen nach dem jeweiligen Stand der wissenschaftlichen Erkenntnisse der begründete Verdacht besteht, dass sie bei bestimmungsgemäßem Gebrauch schädliche Wirkungen haben, die über ein nach den Erkenntnissen der medizinischen Wissenschaft vertretbares Maß hinausgehen.

§ 6
Ermächtigung zum Schutz der Gesundheit

(1) Das Bundesministerium für Gesundheit und Soziale Sicherung (Bundesministerium) wird ermächtigt, durch Rechtsverordnung mit Zustimmung des Bundesrates die Verwendung bestimmter Stoffe, Zubereitungen aus Stoffen oder Gegenstände bei der Herstellung von Arzneimitteln vorzuschreiben, zu beschränken oder zu verbieten und das Inverkehrbringen und die Anwendung von Arzneimitteln, die nicht nach diesen Vorschriften hergestellt sind, zu untersagen, soweit es zur Risikovorsorge oder zur Abwehr einer unmittelbaren oder mittelbaren Gefährdung der Gesundheit von Mensch oder Tier durch Arzneimittel geboten ist. Die Rechtsverordnung nach Satz 1 wird vom Bundesministerium für Verbraucherschutz, Ernährung und Landwirtschaft im Einvernehmen mit dem Bundesministerium erlassen, soweit es sich um Arzneimittel handelt, die zur Anwendung bei Tieren bestimmt sind.

(2) Die Rechtsverordnung nach Absatz 1 ergeht im Einvernehmen mit dem Bundesministerium für Umwelt, Naturschutz und Reaktorsicherheit, soweit es

sich um radioaktive Arzneimittel und um Arzneimittel handelt, bei deren Herstellung ionisierende Strahlen verwendet werden.

§ 6a
Verbot von Arzneimitteln zu Dopingzwecken im Sport

(1) Es ist verboten, Arzneimittel zu Dopingzwecken im Sport in den Verkehr zu bringen, zu verschreiben oder bei anderen anzuwenden.

(2) Absatz 1 findet nur Anwendung auf Arzneimittel, die Stoffe der im Anhang des Übereinkommens gegen Doping (Gesetz vom 2. März 1994 zu dem Übereinkommen vom 16. November 1989 gegen Doping, BGBl. 1994 II S. 334) aufgeführten Gruppen von Dopingwirkstoffen enthalten, sofern

1. das Inverkehrbringen, Verschreiben oder Anwenden zu anderen Zwecken als der Behandlung von Krankheiten erfolgt und

2. das Doping bei Menschen erfolgt oder erfolgen soll.

(3) Das Bundesministerium wird ermächtigt, im Einvernehmen mit dem Bundesministerium des Innern durch Rechtsverordnung mit Zustimmung des Bundesrates weitere Stoffe oder Zubereitungen aus Stoffen zu bestimmen, auf die Absatz 1 Anwendung findet, soweit dies geboten ist, um eine unmittelbare oder mittelbare Gefährdung der Gesundheit des Menschen durch Doping im Sport zu verhüten.

§ 7
Radioaktive und mit ionisierenden Strahlen behandelte Arzneimittel

(1) Es ist verboten, radioaktive Arzneimittel oder Arzneimittel, bei deren Herstellung ionisierende Strahlen verwendet worden sind, in den Verkehr zu bringen, es sei denn, dass dies durch Rechtsverordnung nach Absatz 2 zugelassen ist.

(2) Das Bundesministerium wird ermächtigt, im Einvernehmen mit dem Bundesministerium für Umwelt, Naturschutz und Reaktorsicherheit durch Rechtsverordnung mit Zustimmung des Bundesrates das Inverkehrbringen radioaktiver Arzneimittel oder bei der Herstellung von Arzneimitteln die Verwendung ionisierender Strahlen zuzulassen, soweit dies nach dem jeweiligen Stand der wissenschaftlichen Erkenntnisse zu medizinischen Zwecken geboten und für die Gesundheit von Mensch oder Tier unbedenklich ist. In der Rechtsverordnung können für die Arzneimittel der Vertriebsweg bestimmt sowie Angaben über die Radioaktivität auf dem Behältnis, der äußeren Umhüllung und der Packungsbeilage vorgeschrieben werden. Die Rechtsverordnung wird vom Bundesministerium für Verbraucherschutz, Ernährung und Landwirtschaft im Einvernehmen mit dem Bundesministerium und dem Bundesministerium für Umwelt, Naturschutz und Reaktorsicherheit erlassen, soweit es sich um Arzneimittel handelt, die zur Anwendung bei Tieren bestimmt sind.

§ 8
Verbote zum Schutz vor Täuschung

(1) Es ist verboten, Arzneimittel herzustellen oder in den Verkehr zu bringen, die

1. durch Abweichung von den anerkannten pharmazeutischen Regeln in ihrer Qualität nicht unerheblich gemindert sind,

1a. hinsichtlich ihrer Identität oder Herkunft falsch gekennzeichnet sind (gefälschte Arzneimittel) oder

2. in anderer Weise mit irreführender Bezeichnung, Angabe oder Aufmachung versehen sind. Eine Irreführung liegt insbesondere dann vor, wenn

   a) Arzneimitteln eine therapeutische Wirksamkeit oder Wirkungen beigelegt werden, die sie nicht haben,

   b) fälschlich der Eindruck erweckt wird, dass ein Erfolg mit Sicherheit erwartet werden kann oder dass nach bestimmungsgemäßem oder längerem Gebrauch keine schädlichen Wirkungen eintreten,

   c) zur Täuschung über die Qualität geeignete Bezeichnungen, Angaben oder Aufmachungen verwendet werden, die für die Bewertung des Arzneimittels mitbestimmend sind.

(2) Es ist verboten, Arzneimittel in den Verkehr zu bringen, deren Verfalldatum abgelaufen ist.

§ 9
Der Verantwortliche für das Inverkehrbringen

(1) Arzneimittel, die im Geltungsbereich dieses Gesetzes in den Verkehr gebracht werden, müssen den Namen oder die Firma und die Anschrift des pharmazeutischen Unternehmers tragen. Dies gilt nicht für Arzneimittel, die zur klinischen Prüfung bei Menschen bestimmt sind.

(2) Arzneimittel dürfen im Geltungsbereich dieses Gesetzes nur durch einen pharmazeutischen Unternehmer in den Verkehr gebracht werden, der seinen Sitz im Geltungsbereich dieses Gesetzes, in einem anderen Mitgliedstaat der Europäischen Union oder in einem anderen Vertragsstaat des Abkommens über den Europäischen Wirtschaftsraum hat. Bestellt der pharmazeutische Unternehmer einen örtlichen Vertreter, entbindet ihn dies nicht von seiner rechtlichen Verantwortung.

„normale" AM

§ 10¹)
Kennzeichnung der Fertigarzneimittel

(1) Fertigarzneimittel, die Arzneimittel im Sinne des § 2 Abs. 1 oder Abs. 2 Nr. 1 und nicht zur klinischen Prüfung bei Menschen bestimmt oder nach § 21 Abs. 2 Nr. 1a oder 1b von der Zulassungspflicht freigestellt sind, dürfen im Geltungsbereich dieses Gesetzes nur in den Verkehr gebracht werden, wenn auf den Behältnissen und, soweit verwendet, auf den äußeren Umhüllungen in gut lesbarer Schrift, allgemeinverständlich in deutscher Sprache und auf dauerhafte Weise und in Übereinstimmung mit den Angaben nach § 11a angegeben sind

1. der Name oder die Firma und die Anschrift des pharmazeutischen Unternehmers und, soweit vorhanden, der Name des von ihm benannten örtlichen Vertreters,

2. die Bezeichnung des Arzneimittels, gefolgt von der Angabe der Stärke und der Darreichungsform, und soweit zutreffend, dem Hinweis, dass es zur Anwendung für Säuglinge, Kinder oder Erwachsene bestimmt ist, es sei denn, dass diese Angaben bereits in der Bezeichnung enthalten sind,

3. die Zulassungsnummer mit der Abkürzung „Zul.-Nr.",

4. die Chargenbezeichnung, soweit das Arzneimittel in Chargen in den Verkehr gebracht wird, mit der Abkürzung „Ch.-B.", soweit es nicht in Chargen in den Verkehr gebracht werden kann, das Herstellungsdatum,

   oder →

5. die Darreichungsform,

6. der Inhalt nach Gewicht, Rauminhalt oder Stückzahl,

7. die Art der Anwendung,

8. die Wirkstoffe nach Art und Menge und weitere Bestandteile nach der Art, soweit dies durch Auflage der zuständigen Bundesoberbehörde nach § 28 Abs. 2 Nr. 1 angeordnet oder durch Rechtsverordnung nach § 12 Abs. 1 Nr. 4, auch in Verbindung mit Abs. 2, oder nach § 36 Abs. 1 vorgeschrieben ist; bei Arzneimitteln zur parenteralen oder zur topischen Anwendung, einschließlich der Anwendung am Auge, alle Bestandteile nach der Art,

Blindenschrift

---

1) Am 1. September 2006 wird nach Absatz 1a folgender Absatz 1b eingefügt:
„(1b) Bei Arzneimitteln, die zur Anwendung bei Menschen bestimmt sind, ist die Bezeichnung des Arzneimittels auf den äußeren Umhüllungen auch in Blindenschrift anzugeben. Die in Absatz 1 Satz 1 Nr. 2 genannten sonstigen Angaben zur Darreichungsform und zu der Personengruppe, für die das Arzneimittel bestimmt ist, müssen nicht in Blindenschrift aufgeführt werden; dies gilt auch dann, wenn diese Angaben in der Bezeichnung enthalten sind. Satz 1 gilt nicht für Arzneimittel,
1. die dazu bestimmt sind, ausschließlich durch Angehörige der Heilberufe angewendet zu werden oder
2. die in Behältnissen von nicht mehr als 20 Milliliter Rauminhalt oder einer Inhaltsmenge von nicht mehr als 20 Gramm in Verkehr gebracht werden." (Art. 8 Abs. 2 Nr. 2 des 12. AMG-ÄndG.)

8a. bei gentechnologisch gewonnenen Arzneimitteln der Wirkstoff und die Bezeichnung des bei der Herstellung verwendeten gentechnisch veränderten Mikroorganismus oder die Zelllinie,

9. das Verfalldatum mit dem Hinweis „verwendbar bis",

10. bei Arzneimitteln, die nur auf ärztliche, zahnärztliche oder tierärztliche Verschreibung abgegeben werden dürfen, der Hinweis „Verschreibungspflichtig", bei sonstigen Arzneimitteln, die nur in Apotheken an Verbraucher abgegeben werden dürfen, der Hinweis „Apothekenpflichtig",

11. bei Mustern der Hinweis „Unverkäufliches Muster",

12. der Hinweis, dass Arzneimittel unzugänglich für Kinder aufbewahrt werden sollen, es sei denn, es handelt sich um Heilwässer,

13. soweit erforderlich besondere Vorsichtsmaßnahmen für die Beseitigung von nicht verwendeten Arzneimitteln oder sonstige besondere Vorsichtsmaßnahmen, um Gefahren für die Umwelt zu vermeiden,

14. Verwendungszweck bei nicht verschreibungspflichtigen Arzneimitteln.

Sofern die Angaben nach Satz 1 zusätzlich in einer anderen Sprache wiedergegeben werden, müssen in dieser Sprache die gleichen Angaben gemacht werden. Ferner ist Raum für die Angabe der verschriebenen Dosierung vorzusehen; dies gilt nicht für die in Absatz 8 Satz 3 genannten Behältnisse und Ampullen und für Arzneimittel, die dazu bestimmt sind, ausschließlich durch Angehörige der Heilberufe angewendet zu werden. Weitere Angaben sind zulässig, soweit sie mit der Anwendung des Arzneimittels in Zusammenhang stehen, für die gesundheitliche Aufklärung der Patienten wichtig sind und den Angaben nach § 11a nicht widersprechen.

(1a) Bei Arzneimitteln, die nicht mehr als drei Wirkstoffe enthalten, muss die internationale Kurzbezeichnung der Weltgesundheitsorganisation angegeben werden oder, soweit eine solche nicht vorhanden ist, die gebräuchliche Kurzbezeichnung; dies gilt nicht, wenn in der Angabe nach Absatz 1 Satz 1 Nr. 2 die Bezeichnung des Wirkstoffs nach Absatz 1 Satz 1 Nr. 8 enthalten ist.

(2) Es sind ferner Warnhinweise, für die Verbraucher bestimmte Aufbewahrungshinweise und für die Fachkreise bestimmte Lagerhinweise anzugeben, soweit dies nach dem jeweiligen Stand der wissenschaftlichen Erkenntnisse erforderlich oder durch Auflagen der zuständigen Bundesoberbehörde nach § 28 Abs. 2 Nr. 1 angeordnet oder durch Rechtsverordnung vorgeschrieben ist.

(3) Bei Sera ist auch die Art des Lebewesens, aus dem sie gewonnen sind, bei Virusimpfstoffen das Wirtssystem, das zur Virusvermehrung gedient hat, anzugeben.

(4) Bei Arzneimitteln, die in das Register für homöopathische Arzneimittel eingetragen sind, sind an Stelle der Angaben nach Absatz 1 Satz 1 Nr. 1 bis 14 und außer dem deutlich erkennbaren Hinweis „Homöopathisches Arzneimittel" die folgenden Angaben zu machen:

1. Ursubstanzen nach Art und Menge und der Verdünnungsgrad; dabei sind die Symbole aus den offiziell gebräuchlichen Pharmakopöen zu verwenden; die wissenschaftliche Bezeichnung der Ursubstanz kann durch einen Phantasienamen ergänzt werden,

2. Name und Anschrift des pharmazeutischen Unternehmers und, soweit vorhanden, seines örtlichen Vertreters,

3. Art der Anwendung,

4. Verfalldatum; Absatz 1 Satz 1 Nr. 9 und Absatz 7 finden Anwendung,

5. Darreichungsform,

6. der Inhalt nach Gewicht, Rauminhalt oder Stückzahl,

7. Hinweis, dass Arzneimittel unzugänglich für Kinder aufbewahrt werden sollen, weitere besondere Vorsichtsmaßnahmen für die Aufbewahrung und Warnhinweise, einschließlich weiterer Angaben, soweit diese für eine sichere Anwendung erforderlich oder nach Absatz 2 vorgeschrieben sind,

8. Chargenbezeichnung,

9. Registrierungsnummer mit der Abkürzung „Reg.- Nr." und der Angabe „Registriertes homöopathisches Arzneimittel, daher ohne Angabe einer therapeutischen Indikation",

10. der Hinweis an den Anwender, bei während der Anwendung des Arzneimittels fortdauernden Krankheitssymptomen medizinischen Rat einzuholen,

11. bei Arzneimitteln, die nur in Apotheken an Verbraucher abgegeben werden dürfen, der Hinweis „Apothekenpflichtig",

12. bei Mustern der Hinweis „Unverkäufliches Muster".

Satz 1 gilt entsprechend für Arzneimittel, die nach § 38 Abs. 1 Satz 3 von der Registrierung freigestellt sind; Absatz 1b findet keine Anwendung. Arzneimittel, die nach einer homöopathischen Verfahrenstechnik hergestellt und nach § 25 zugelassen sind, sind mit einem Hinweis auf die homöopathische Beschaffenheit zu kennzeichnen. Bei Arzneimitteln, die zur Anwendung bei Tieren bestimmt sind, ist ferner die Zieltierart anzugeben.

(4a) Bei traditionellen pflanzlichen Arzneimitteln nach § 39a müssen zusätzlich zu den Angaben in Absatz 1 folgende Hinweise aufgenommen werden:

traditionelle pflanzliche AM

1. Das Arzneimittel ist ein traditionelles Arzneimittel, das ausschließlich auf Grund langjähriger Anwendung für das Anwendungsgebiet registriert ist, und

2. der Anwender sollte bei fortdauernden Krankheitssymptomen oder beim Auftreten anderer als der in der Packungsbeilage erwähnten Nebenwirkungen einen Arzt oder eine andere in einem Heilberuf tätige qualifizierte Person konsultieren.

An die Stelle der Angabe nach Absatz 1 Satz 1 Nr. 3 tritt die Registrierungsnummer mit der Abkürzung „Reg.-Nr.".

Tier

(5) Bei Arzneimitteln, die zur Anwendung bei Tieren bestimmt sind, ist ferner anzugeben:

1. der Hinweis „Für Tiere" und die Tierart, bei der das Arzneimittel angewendet werden soll,

2. die Wartezeit, soweit es sich um Arzneimittel handelt, die zur Anwendung bei Tieren bestimmt sind, die der Gewinnung von Lebensmitteln dienen; ist die

3. (weggefallen)

3a. (weggefallen)

4. bei Arzneimittel-Vormischungen der Hinweis „Arzneimittel-Vormischung".

In der Angabe nach Absatz 1 Satz 1 Nr. 2 ist anstelle der Personengruppe die Tierart anzugeben. Absatz 1 Satz 1 Nr. 8 zweiter Halbsatz findet keine Anwendung. Absatz 1a gilt nur für solche Arzneimittel, die nicht mehr als einen Wirkstoff enthalten.

(6) Für die Bezeichnung der Bestandteile gilt Folgendes:

1. Zur Bezeichnung der Art sind die internationalen Kurzbezeichnungen der Weltgesundheitsorganisation oder, soweit solche nicht vorhanden sind, gebräuchliche wissenschaftliche Bezeichnungen zu verwenden. Das Bundesministerium wird ermächtigt, durch Rechtsverordnung ohne Zustimmung des Bundesrates die einzelnen Bezeichnungen zu bestimmen. Das Bundesministerium kann diese Ermächtigung durch Rechtsverordnung ohne Zustimmung des Bundesrates auf das Bundesinstitut für Arzneimittel und Medizinprodukte übertragen. Die Rechtsverordnungen nach Satz 1 und 2 werden vom Bundesministerium für Verbraucherschutz, Ernährung und Landwirtschaft im Einvernehmen mit dem Bundesministerium erlassen, soweit es sich um Arzneimittel handelt, die zur Anwendung bei Tieren bestimmt sind.

2. Zur Bezeichnung der Menge sind Maßeinheiten zu verwenden; sind biologische Einheiten oder andere Angaben zur Wertigkeit wissenschaftlich gebräuchlich, so sind diese zu verwenden.

(7) Das Verfalldatum ist mit Monat und Jahr anzugeben.

(8) Durchdrückpackungen sind mit dem Namen oder der Firma des pharmazeutischen Unternehmers, der Bezeichnung des Arzneimittels, der Chargenbezeichnung und dem Verfalldatum zu versehen. Auf die Angabe von Namen und Firma eines Parallelimporteurs kann verzichtet werden. Bei Behältnissen von nicht mehr als zehn Milliliter Rauminhalt und bei Ampullen, die nur eine einzige Gebrauchseinheit enthalten, brauchen die Angaben nach den Absätzen 1, 1a, 2 bis 5 nur auf den äußeren Umhüllungen gemacht zu werden; jedoch müssen sich auf den Behältnissen und Ampullen mindestens die Angaben nach Absatz 1 Nr. 2, 4, 6, 7, 9 sowie nach Absatz 3 und Absatz 5 Nr. 1 befinden; es können geeignete Abkürzungen verwendet werden. Bei Frischplasmazubereitungen und Zubereitungen aus Blutzellen müssen mindestens die Angaben nach Absatz 1 Nr. 1, 2 ohne die Angabe der Stärke, Darreichungsform und der Personengruppe, Nr. 3, 4, 6, 7 und 9 gemacht sowie die Bezeichnung und das Volumen der Antikoagulans- und, soweit vorhanden, der Additivlösung, die Lagertemperatur, die Blutgruppe und bei Zubereitungen aus roten Blutkörperchen zusätzlich die Rhesusformel, bei Thrombozytenkonzentraten zusätzlich der Rhesusfaktor angegeben werden.

(9) Bei den Angaben nach den Absätzen 1 bis 5 dürfen im Verkehr mit Arzneimitteln übliche Abkürzungen verwendet werden. Die Firma nach Absatz 1 Nr. 1 darf abgekürzt werden, sofern das Unternehmen aus der Abkürzung allgemein erkennbar ist.

(10) Für Arzneimittel, die zur Anwendung bei Tieren und zur klinischen Prüfung oder zur Rückstandsprüfung bestimmt sind, finden Absatz 1 Nr. 1, 2 und 4 bis 7 sowie die Absätze 8 und 9, soweit sie sich hierauf beziehen, Anwendung. Diese Arzneimittel sind soweit zutreffend mit dem Hinweis „Zur klinischen Prüfung bestimmt" oder „Zur Rückstandsprüfung bestimmt" zu versehen. Durchdrückpackungen sind mit der Bezeichnung, der Chargenbezeichnung und dem Hinweis nach Satz 2 zu versehen.

§ 11
Packungsbeilage „*Gebrauchsinformation*"

(1) Fertigarzneimittel, die Arzneimittel im Sinne des § 2 Abs. 1 oder Abs. 2 Nr. 1 sind und die nicht zur klinischen Prüfung oder Rückstandsprüfung bestimmt oder nach § 21 Abs. 2 Nr. 1a oder Nr. 1b von der Zulassungspflicht freigestellt sind, dürfen im Geltungsbereich dieses Gesetzes nur mit einer Packungsbeilage in den Verkehr gebracht werden, die die Überschrift „Gebrauchsinformation" trägt sowie folgende Angaben in der nachstehenden Reihenfolge allgemein verständlich in deutscher Sprache, in gut lesbarer Schrift und in Übereinstimmung mit den Angaben nach § 11a enthalten muss:

1. zur Identifizierung des Arzneimittels:

   a) die Bezeichnung des Arzneimittels, § 10 Abs. 1 Satz 1 Nr. 2 und Abs. 1a finden entsprechende Anwendung,

b) die Stoff- oder Indikationsgruppe oder die Wirkungsweise;

2. die Anwendungsgebiete;

3. eine Aufzählung von Informationen, die vor der Einnahme des Arzneimittels bekannt sein müssen:

   a) Gegenanzeigen,

   b) entsprechende Vorsichtsmaßnahmen für die Anwendung,

   c) Wechselwirkungen mit anderen Arzneimitteln oder anderen Mitteln, soweit sie die Wirkung des Arzneimittels beeinflussen können,

   d) Warnhinweise, insbesondere soweit dies durch Auflage der zuständigen Bundesoberbehörde nach § 28 Abs. 2 Nr. 2 angeordnet oder durch Rechtsverordnung nach § 12 Abs. 1 Nr. 3 vorgeschrieben ist;

4. die für eine ordnungsgemäße Anwendung erforderlichen Anleitungen über

   a) Dosierung,

   b) Art der Anwendung,

   c) Häufigkeit der Verabreichung, erforderlichenfalls mit Angabe des genauen Zeitpunkts, zu dem das Arzneimittel verabreicht werden kann oder muss,

   sowie, soweit erforderlich und je nach Art des Arzneimittels,

   d) Dauer der Behandlung, falls diese festgelegt werden soll,

   e) Hinweise für den Fall der Überdosierung, der unterlassenen Einnahme oder Hinweise auf die Gefahr von unerwünschten Folgen des Absetzens,

   f) die ausdrückliche Empfehlung, bei Fragen zur Klärung der Anwendung den Arzt oder Apotheker zu befragen;

5. die Nebenwirkungen; zu ergreifende Gegenmaßnahmen sind, soweit dies nach dem jeweiligen Stand der wissenschaftlichen Erkenntnisse erforderlich ist, anzugeben; den Hinweis, dass der Patient aufgefordert werden soll, dem Arzt oder Apotheker jede Nebenwirkung mitzuteilen, die in der Packungsbeilage nicht aufgeführt ist;

6. einen Hinweis auf das auf der Verpackung angegebene Verfalldatum sowie

   a) Warnung davor, das Arzneimittel nach Ablauf dieses Datums anzuwenden,

   b) soweit erforderlich besondere Vorsichtsmaßnahmen für die Aufbewahrung und die Angabe der Haltbarkeit nach Öffnung des Behältnisses oder nach Herstellung der gebrauchsfertigen Zubereitung durch den Anwender,

c) soweit erforderlich Warnung vor bestimmten sichtbaren Anzeichen dafür, dass das Arzneimittel nicht mehr zu verwenden ist,

d) vollständige qualitative Zusammensetzung nach Wirkstoffen und sonstigen Bestandteilen sowie quantitative Zusammensetzung nach Wirkstoffen unter Verwendung gebräuchlicher Bezeichnungen für jede Darreichungsform des Arzneimittels, § 10 Abs. 6 findet Anwendung,

e) Darreichungsform und Inhalt nach Gewicht, Rauminhalt oder Stückzahl für jede Darreichungsform des Arzneimittels,

f) Name und Anschrift des pharmazeutischen Unternehmers und, soweit vorhanden, seines örtlichen Vertreters,

g) Name und Anschrift des Herstellers oder des Einführers, der das Fertigarzneimittel für das Inverkehrbringen freigegeben hat;

7. bei einem Arzneimittel, das unter anderen Bezeichnungen in anderen Mitgliedstaaten der Europäischen Union nach den Artikeln 28 bis 39 der Richtlinie 2001/83/EG des Europäischen Parlaments und des Rates zur Schaffung eines Gemeinschaftskodexes für Humanarzneimittel vom 6. November 2001 (ABl. EG Nr. L 311 S. 67), geändert durch die Richtlinien 2004/27/EG (ABl. EU Nr. L 136 S. 34) und 2004/24/EG vom 31. März 2004 (ABl. EU Nr. L 136 S. 85), für das Inverkehrbringen genehmigt ist, ein Verzeichnis der in den einzelnen Mitgliedstaaten genehmigten Bezeichnungen;

8. das Datum der letzten Überarbeitung der Packungsbeilage.

Erläuternde Angaben zu den in Satz 1 genannten Begriffen sind zulässig. Sofern die Angaben nach Satz 1 in der Packungsbeilage zusätzlich in einer anderen Sprache wiedergegeben werden, müssen in dieser Sprache die gleichen Angaben gemacht werden. Satz 1 gilt nicht für Arzneimittel, die nach § 21 Abs. 2 Nr. 1 einer Zulassung nicht bedürfen. Weitere Angaben sind zulässig, soweit sie mit der Anwendung des Arzneimittels in Zusammenhang stehen, für die gesundheitliche Aufklärung der Patienten wichtig sind und den Angaben nach § 11a nicht widersprechen. Bei den Angaben nach Satz 1 Nr. 3 Buchstabe a bis c ist, soweit dies nach dem jeweiligen Stand der wissenschaftlichen Erkenntnisse erforderlich ist, auf die besondere Situation bestimmter Personengruppen, wie Kinder, Schwangere oder stillende Frauen, ältere Menschen oder Personen mit spezifischen Erkrankungen einzugehen; ferner sind, soweit erforderlich, mögliche Auswirkungen der Anwendung auf die Fahrtüchtigkeit oder die Fähigkeit zur Bedienung bestimmter Maschinen anzugeben.

(1a) Ein Muster der Packungsbeilage und geänderter Fassungen ist der zuständigen Bundesoberbehörde unverzüglich zu übersenden, soweit nicht das Arzneimittel von der Zulassung oder Registrierung freigestellt ist.

(2) Es sind ferner in der Packungsbeilage Hinweise auf Bestandteile, deren Kenntnis für eine wirksame und unbedenkliche Anwendung des Arzneimittels erforderlich ist, und für die Verbraucher bestimmte Aufbewahrungshinweise anzugeben, soweit dies nach dem jeweiligen Stand der wissenschaftlichen Erkenntnisse erforderlich oder durch Auflage der zuständigen Bundesoberbehörde nach § 28 Abs. 2 Nr. 2 angeordnet oder durch Rechtsverordnung vorgeschrieben ist.

(2a) Bei radioaktiven Arzneimitteln gilt Absatz 1 entsprechend mit der Maßgabe, dass die Vorsichtsmaßnahmen aufzuführen sind, die der Verwender und der Patient während der Zubereitung und Verabreichung des Arzneimittels zu ergreifen haben, sowie besondere Vorsichtsmaßnahmen für die Entsorgung des Transportbehälters und nicht verwendeter Arzneimittel.

(3) Bei Arzneimitteln, die in das Register für homöopathische Arzneimittel eingetragen sind, gilt Absatz 1 entsprechend mit der Maßgabe, dass die in § 10 Abs. 4 vorgeschriebenen Angaben, außer der Angabe der Chargenbezeichnung und des Verfalldatums, zu machen sind sowie der Name und die Anschrift des Herstellers anzugeben sind, der das Fertigarzneimittel für das Inverkehrbringen freigegeben hat, soweit es sich dabei nicht um den pharmazeutischen Unternehmer handelt. Satz 1 gilt entsprechend für Arzneimittel, die nach § 38 Abs. 1 Satz 3 von der Registrierung freigestellt sind.

(3a) Bei Sera gilt Absatz 1 entsprechend mit der Maßgabe, dass auch die Art des Lebewesens, aus dem sie gewonnen sind, bei Virusimpfstoffen das Wirtssystem, das zur Virusvermehrung gedient hat, und bei Arzneimitteln aus humanem Blutplasma zur Fraktionierung das Herkunftsland des Blutplasmas anzugeben ist.

(3b) Bei traditionellen pflanzlichen Arzneimitteln nach § 39a gilt Absatz 1 entsprechend mit der Maßgabe, dass bei den Angaben nach Absatz 1 Satz 1 Nr. 2 anzugeben ist, dass das Arzneimittel ein traditionelles Arzneimittel ist, das ausschließlich auf Grund langjähriger Anwendung für das Anwendungsgebiet registriert ist. Zusätzlich ist in die Packungsbeilage der Hinweis nach § 10 Abs. 4a Satz 1 Nr. 2 aufzunehmen.

(3c) Der Inhaber der Zulassung hat dafür zu sorgen, dass die Packungsbeilage auf Ersuchen von Patientenorganisationen bei Arzneimitteln, die zur Anwendung bei Menschen bestimmt sind, in Formaten verfügbar ist, die für blinde und sehbehinderte Personen geeignet sind.

(3d) Bei Heilwässern können unbeschadet der Verpflichtungen nach Absatz 2 die Angaben nach Absatz 1 Satz 1 Nr. 3 Buchstabe b, Nr. 4 Buchstabe e und f, Nr. 5, soweit der dort angegebene Hinweis vorgeschrieben ist, und Nr. 6

Buchstabe c entfallen. Ferner kann bei Heilwässern von der in Absatz 1 vorgeschriebenen Reihenfolge abgewichen werden.

(4) Bei Arzneimitteln, die zur Anwendung bei Tieren bestimmt sind, gilt Absatz 1 entsprechend mit der Maßgabe, dass anstelle der Angaben nach Absatz 1 Satz 1 die folgenden Angaben nach Maßgabe von Absatz 1 Satz 2 und 3 in der nachstehenden Reihenfolge allgemein verständlich in deutscher Sprache, in gut lesbarer Schrift und in Übereinstimmung mit den Angaben nach § 11a gemacht werden müssen:

1. Name und Anschrift des pharmazeutischen Unternehmers, soweit vorhanden seines örtlichen Vertreters, und des Herstellers, der das Fertigarzneimittel für das Inverkehrbringen freigegeben hat;

2. Bezeichnung des Arzneimittels, gefolgt von der Angabe der Stärke und Darreichungsform; die gebräuchliche Bezeichnung des Wirkstoffes wird aufgeführt, wenn das Arzneimittel nur einen einzigen Wirkstoff enthält und sein Name ein Phantasiename ist; bei einem Arzneimittel, das unter anderen Bezeichnungen in anderen Mitgliedstaaten der Europäischen Union nach den Artikeln 31 bis 43 der Richtlinie 2001/82/EG des Europäischen Parlaments und des Rates zur Schaffung eines Gemeinschaftskodexes für Tierarzneimittel vom 6. November 2001 (ABl. EG Nr. L 311 S. 1), geändert durch die Richtlinie 2004/28/EG (ABl. EU Nr. L 136 S. 58), für das Inverkehrbringen genehmigt ist, ein Verzeichnis der in den einzelnen Mitgliedstaaten genehmigten Bezeichnungen;

3. Anwendungsgebiete;

4. Gegenanzeigen und Nebenwirkungen, soweit diese Angaben für die Anwendung notwendig sind; können hierzu keine Angaben gemacht werden, so ist der Hinweis „keine bekannt" zu verwenden; der Hinweis, dass der Anwender oder Tierhalter aufgefordert werden soll, dem Tierarzt oder Apotheker jede Nebenwirkung mitzuteilen, die in der Packungsbeilage nicht aufgeführt ist;

5. Tierarten, für die das Arzneimittel bestimmt ist, Dosierungsanleitung für jede Tierart, Art und Weise der Anwendung, soweit erforderlich Hinweise für die bestimmungsgemäße Anwendung;

6. Wartezeit, soweit es sich um Arzneimittel handelt, die zur Anwendung bei Tieren bestimmt sind, die der Gewinnung von Lebensmitteln dienen; ist die Einhaltung einer Wartezeit nicht erforderlich, so ist dies anzugeben;

7. besondere Vorsichtsmaßnahmen für die Aufbewahrung;

8. besondere Warnhinweise, insbesondere soweit dies durch Auflage der zuständigen Bundesoberbehörde angeordnet oder durch Rechtsverordnung vorgeschrieben ist;

9. soweit dies nach dem jeweiligen Stand der wissenschaftlichen Erkenntnisse erforderlich ist, besondere Vorsichtsmaßnahmen für die Beseitigung
von nicht verwendeten Arzneimitteln oder sonstige besondere Vorsichtsmaßnahmen, um Gefahren für die Umwelt zu vermeiden.

Das Datum der letzten Überarbeitung der Packungsbeilage ist anzugeben. Bei
Arzneimittel-Vormischungen sind Hinweise für die sachgerechte Herstellung
der Fütterungsarzneimittel, die hierfür geeigneten Mischfuttermitteltypen und
Herstellungsverfahren, die Wechselwirkungen mit nach Futtermittelrecht zugelassenen Zusatzstoffen sowie Angaben über die Dauer der Haltbarkeit der
Fütterungsarzneimittel aufzunehmen. Weitere Angaben sind zulässig, soweit
sie mit der Anwendung des Arzneimittels in Zusammenhang stehen, für den
Anwender oder Tierhalter wichtig sind und den Angaben nach § 11a nicht widersprechen.

(5) Können die nach Absatz 1 Satz 1 Nr. 3 Buchstabe a und c sowie Nr. 5 vorgeschriebenen Angaben nicht gemacht werden, so ist der Hinweis „keine bekannt" zu verwenden. Werden auf der Packungsbeilage weitere Angaben gemacht, so müssen sie von den Angaben nach den Absätzen 1 bis 4 deutlich
abgesetzt und abgegrenzt sein.

(6) Die Packungsbeilage kann entfallen, wenn die nach den Absätzen 1 bis 4
vorgeschriebenen Angaben auf dem Behältnis oder auf der äußeren Umhüllung stehen. Absatz 5 findet entsprechende Anwendung.

§ 11a
Fachinformation

(1) Der pharmazeutische Unternehmer ist verpflichtet, Ärzten, Zahnärzten,
Tierärzten, Apothekern und, soweit es sich nicht um verschreibungspflichtige
Arzneimittel handelt, anderen Personen, die die Heilkunde oder Zahnheilkunde berufsmäßig ausüben, für Fertigarzneimittel, die der Zulassungspflicht
unterliegen oder von der Zulassung freigestellt sind, Arzneimittel im Sinne des
§ 2 Abs. 1 oder Abs. 2 Nr. 1 und für den Verkehr außerhalb der Apotheken
nicht freigegeben sind, auf Anforderung eine Gebrauchsinformation für Fachkreise (Fachinformation) zur Verfügung zu stellen. Diese muss die Überschrift
„Fachinformation" tragen und folgende Angaben in gut lesbarer Schrift in
Übereinstimmung mit der im Rahmen der Zulassung genehmigten Zusammenfassung der Merkmale des Arzneimittels und in der nachstehenden
Reihenfolge enthalten:

1. die Bezeichnung des Arzneimittels, gefolgt von der Stärke und der Darreichungsform; § 10 Abs. 1a findet entsprechende Anwendung;

2. qualitative und quantitative Zusammensetzung nach Wirkstoffen und den
   sonstigen Bestandteilen, deren Kenntnis für eine zweckgemäße Verabreichung des Mittels erforderlich ist, unter Angabe der gebräuchlichen
   oder chemischen Bezeichnung; § 10 Abs. 6 findet Anwendung;

3. Darreichungsform;

4. klinische Angaben:

   a) Anwendungsgebiete,

   b) Dosierung und Art der Anwendung bei Erwachsenen und, soweit das Arzneimittel zur Anwendung bei Kindern bestimmt ist, bei Kindern,

   c) Gegenanzeigen,

   d) besondere Warn- und Vorsichtshinweise für die Anwendung und bei immunologischen Arzneimitteln alle besonderen Vorsichtsmaßnahmen, die von Personen, die mit immunologischen Arzneimitteln in Berührung kommen und von Personen, die diese Arzneimittel Patienten verabreichen, zu treffen sind, sowie von dem Patienten zu treffenden Vorsichtsmaßnahmen, soweit dies durch Auflagen der zuständigen Bundesoberbehörde nach § 28 Abs. 2 Nr. 1 Buchstabe a angeordnet oder durch Rechtsverordnung vorgeschrieben ist,

   e) Wechselwirkungen mit anderen Arzneimitteln oder anderen Mitteln, soweit sie die Wirkung des Arzneimittels beeinflussen können,

   f) Verwendung bei Schwangerschaft und Stillzeit,

   g) Auswirkungen auf die Fähigkeit zur Bedienung von Maschinen und zum Führen von Kraftfahrzeugen,

   h) Nebenwirkungen,

   i) Überdosierung: Symptome, Notfallmaßnahmen, Gegenmittel;

5. pharmakologische Eigenschaften:

   a) pharmakodynamische Eigenschaften,

   b) pharmakokinetische Eigenschaften,

   c) vorklinische Sicherheitsdaten;

6. pharmazeutische Angaben:

   a) Liste der sonstigen Bestandteile,

   b) Hauptinkompatibilitäten,

   c) Dauer der Haltbarkeit und, soweit erforderlich, die Haltbarkeit bei Herstellung einer gebrauchsfertigen Zubereitung des Arzneimittels oder bei erstmaliger Öffnung des Behältnisses,

   d) besondere Vorsichtsmaßnahmen für die Aufbewahrung,

e) Art und Inhalt des Behältnisses,

f) besondere Vorsichtsmaßnahmen für die Beseitigung von angebrochenen Arzneimitteln oder der davon stammenden Abfallmaterialien, um Gefahren für die Umwelt zu vermeiden;

7. Inhaber der Zulassung;

8. Zulassungsnummer;

9. Datum der Erteilung der Zulassung oder der Verlängerung der Zulassung;

10. Datum der Überarbeitung der Fachinformation.

Weitere Angaben sind zulässig, wenn sie mit der Anwendung des Arzneimittels im Zusammenhang stehen und den Angaben nach Satz 2 nicht widersprechen; sie müssen von den Angaben nach Satz 2 deutlich abgesetzt und abgegrenzt sein. Satz 1 gilt nicht für Arzneimittel, die nach § 21 Abs. 2 einer Zulassung nicht bedürfen oder nach einer homöopathischen Verfahrenstechnik hergestellt sind.

(1a) Bei Sera ist auch die Art des Lebewesens, aus dem sie gewonnen sind, bei Virusimpfstoffen das Wirtssystem, das zur Virusvermehrung gedient hat, und bei Arzneimitteln aus humanem Blutplasma zur Fraktionierung das Herkunftsland des Blutplasmas anzugeben.

(1b) Bei radioaktiven Arzneimitteln sind ferner die Einzelheiten der internen Strahlungsdosimetrie, zusätzliche detaillierte Anweisungen für die extemporane Zubereitung und die Qualitätskontrolle für diese Zubereitung sowie, soweit erforderlich, die Höchstlagerzeit anzugeben, während der eine Zwischenzubereitung wie ein Eluat oder das gebrauchsfertige Arzneimittel seinen Spezifikationen entspricht.

(1c) Bei Arzneimitteln, die zur Anwendung bei Tieren bestimmt sind, muss die Fachinformation unter der Nummer 4 „klinische Angaben" folgende Angaben enthalten:

a) Angabe jeder Zieltierart, bei der das Arzneimittel angewendet werden soll,

b) Angaben zur Anwendung mit besonderem Hinweis auf die Zieltierarten,

c) Gegenanzeigen,

d) besondere Warnhinweise bezüglich jeder Zieltierart,

e) besondere Warnhinweise für den Gebrauch, einschließlich der von der verabreichenden Person zu treffenden besonderen Sicherheitsvorkehrungen,

f) Nebenwirkungen (Häufigkeit und Schwere),

g) Verwendung bei Trächtigkeit, Eier- oder Milcherzeugung,

h) Wechselwirkungen mit anderen Arzneimitteln und andere Wechselwirkungen,

i) Dosierung und Art der Anwendung,

j) Überdosierung: Notfallmaßnahmen, Symptome, Gegenmittel, soweit erforderlich,

k) Wartezeit für sämtliche Lebensmittel, einschließlich jener, für die keine
Wartezeit besteht.

Die Angaben nach Absatz 1 Satz 2 Nr. 5 Buchstabe c entfallen.

(1d) Bei Arzneimitteln, die nur auf ärztliche, zahnärztliche oder tierärztliche
Verschreibung abgegeben werden dürfen, ist auch der Hinweis „Verschreibungspflichtig", bei Betäubungsmitteln der Hinweis „Betäubungs-
mittel", bei sonstigen Arzneimitteln, die nur in Apotheken an Verbraucher abgegeben werden dürfen, der Hinweis „Apothekenpflichtig", bei Arzneimitteln,
die einen Stoff oder eine Zubereitung nach § 48 Abs. 2 Nr. 1 enthalten, der
Hinweis, dass diese Arzneimittel einen Stoff enthalten, dessen Wirkung in der
medizinischen Wissenschaft noch nicht allgemein bekannt ist, anzugeben.

(1e) Für Zulassungen von Arzneimitteln nach § 24b können Angaben nach
Absatz 1 entfallen, die sich auf Anwendungsgebiete, Dosierungen oder andere Gegenstände eines Patents beziehen, die zum Zeitpunkt des Inverkehrbringens noch unter das Patentrecht fallen.

(2) Der pharmazeutische Unternehmer ist verpflichtet, die Änderungen der
Fachinformation, die für die Therapie relevant sind, den Fachkreisen in geeigneter Form zugänglich zu machen. Die zuständige Bundesoberbehörde kann,
soweit erforderlich, durch Auflage bestimmen, in welcher Form die Änderungen allen oder bestimmten Fachkreisen zugänglich zu machen sind.

(3) Ein Muster der Fachinformation und geänderter Fassungen ist der zuständigen Bundesoberbehörde unverzüglich zu übersenden, soweit nicht das
Arzneimittel von der Zulassung freigestellt ist.

(4) Die Verpflichtung nach Absatz 1 Satz 1 kann bei Arzneimitteln, die ausschließlich von Angehörigen der Heilberufe verabreicht werden, auch durch
Aufnahme der Angaben nach Absatz 1 Satz 2 in der Packungsbeilage erfüllt
werden. Die Packungsbeilage muss mit der Überschrift „Gebrauchsinformation und Fachinformation" versehen werden.

§ 12
Ermächtigung für die Kennzeichnung, die Packungsbeilage
und die Packungsgrößen

(1) Das Bundesministerium wird ermächtigt, im Einvernehmen mit dem Bundesministerium für Wirtschaft und Arbeit durch Rechtsverordnung mit
Zustimmung des Bundesrates

1. die Vorschriften der §§ 10 bis 11a auf andere Arzneimittel und den Umfang der Fachinformation auf weitere Angaben auszudehnen,

2. vorzuschreiben, dass die in den §§ 10 und 11 genannten Angaben dem Verbraucher auf andere Weise übermittelt werden,

3. für bestimmte Arzneimittel oder Arzneimittelgruppen vorzuschreiben, dass Warnhinweise, Warnzeichen oder Erkennungszeichen auf

   a) den Behältnissen, den äußeren Umhüllungen, der Packungsbeilage oder

   b) der Fachinformation

   anzubringen sind,

4. vorzuschreiben, dass bestimmte Bestandteile nach der Art auf den Behältnissen und den äußeren Umhüllungen anzugeben sind oder auf sie in der Packungsbeilage hinzuweisen ist,

soweit es geboten ist, um einen ordnungsgemäßen Umgang mit Arzneimitteln und deren sachgerechte Anwendung im Geltungsbereich dieses Gesetzes sicherzustellen und um eine unmittelbare oder mittelbare Gefährdung der Gesundheit von Mensch oder Tier zu verhüten, die infolge mangelnder Unterrichtung eintreten könnte.

(1a) Das Bundesministerium wird ferner ermächtigt, durch Rechtsverordnung mit Zustimmung des Bundesrates für Stoffe oder Zubereitungen aus Stoffen bei der Angabe auf Behältnissen und äußeren Umhüllungen oder in der Packungsbeilage oder in der Fachinformation zusammenfassende Bezeichnungen zuzulassen, soweit es sich nicht um wirksame Bestandteile handelt und eine unmittelbare oder mittelbare Gefährdung der Gesundheit von Mensch oder Tier infolge mangelnder Unterrichtung nicht zu befürchten ist.

(1b) Das Bundesministerium wird ferner ermächtigt, im Einvernehmen mit dem Bundesministerium für Wirtschaft und Arbeit durch Rechtsverordnung mit Zustimmung des Bundesrates

1. die Kennzeichnung von Ausgangsstoffen, die für die Herstellung von Arzneimitteln bestimmt sind, und

2. die Kennzeichnung von Arzneimitteln, die zur klinischen Prüfung bestimmt sind,

zu regeln, soweit es geboten ist, um eine unmittelbare oder mittelbare Gefährdung der Gesundheit von Mensch oder Tier zu verhüten, die infolge mangelnder Kennzeichnung eintreten könnte.

(2) Soweit es sich um Arzneimittel handelt, die zur Anwendung bei Tieren bestimmt sind, tritt in den Fällen des Absatzes 1, 1a, 1b oder 3 an die Stelle des Bundesministeriums das Bundesministerium für Verbraucherschutz, Ernährung und Landwirtschaft, das die Rechtsverordnung jeweils im Einvernehmen mit dem Bundesministerium erlässt. Die Rechtsverordnung nach Absatz 1, 1a

oder 1b ergeht im Einvernehmen mit dem Bundesministerium für Umwelt, Naturschutz und Reaktorsicherheit, soweit es sich um radioaktive Arzneimittel und um Arzneimittel handelt, bei deren Herstellung ionisierende Strahlen verwendet werden, oder in den Fällen des Absatzes 1 Nr. 3 Warnhinweise, Warnzeichen oder Erkennungszeichen im Hinblick auf Angaben nach § 10 Abs. 1 Satz 1 Nr. 13, § 11 Abs. 4 Satz 1 Nr. 9 oder § 11a Abs. 1 Satz 2 Nr. 6 Buchstabe f vorgeschrieben werden.

(3) Das Bundesministerium wird ferner ermächtigt, durch Rechtsverordnung ohne Zustimmung des Bundesrates zu bestimmen, dass Arzneimittel nur in bestimmten Packungsgrößen in den Verkehr gebracht werden dürfen und von den pharmazeutischen Unternehmern auf den Behältnissen oder, soweit verwendet, auf den äußeren Umhüllungen entsprechend zu kennzeichnen sind. Die Bestimmung dieser Packungsgrößen erfolgt für bestimmte Wirkstoffe und berücksichtigt die Anwendungsgebiete, die Anwendungsdauer und die Darreichungsform. Bei der Bestimmung der Packungsgrößen ist grundsätzlich von einer Dreiteilung auszugehen:

1. Packungen für kurze Anwendungsdauer oder Verträglichkeitstests,

2. Packungen für mittlere Anwendungsdauer,

3. Packungen für längere Anwendungsdauer.

Dritter Abschnitt
Herstellung von Arzneimitteln

§ 13
Herstellungserlaubnis

(1) Wer Arzneimittel im Sinne des § 2 Abs. 1 oder Abs. 2 Nr. 1, Testsera oder Testantigene oder Wirkstoffe, die menschlicher, tierischer oder mikrobieller Herkunft sind oder auf gentechnischem Wege hergestellt werden, sowie andere zur Arzneimittelherstellung bestimmte Stoffe menschlicher Herkunft gewerbs- oder berufsmäßig zum Zwecke der Abgabe an andere herstellen will, bedarf einer Erlaubnis der zuständigen Behörde. Das gleiche gilt für juristische Personen, nicht rechtsfähige Vereine und Gesellschaften des bürgerlichen Rechts, die Arzneimittel zum Zwecke der Abgabe an ihre Mitglieder herstellen. Eine Abgabe an andere im Sinne des Satzes 1 liegt vor, wenn die Person, die das Arzneimittel herstellt, eine andere ist als die, die es anwendet.

(2) Einer Erlaubnis nach Absatz 1 bedarf nicht

1. der Inhaber einer Apotheke für die Herstellung von Arzneimitteln im Rahmen des üblichen Apothekenbetriebs,

2. der Träger eines Krankenhauses, soweit er nach dem Gesetz über das Apothekenwesen Arzneimittel abgeben darf,

3. der Tierarzt im Rahmen des Betriebes einer tierärztlichen Hausapotheke für

a) das Umfüllen, Abpacken oder Kennzeichnen von Arzneimitteln in unveränderter Form,

b) die Herstellung von Arzneimitteln, die ausschließlich für den Verkehr
außerhalb der Apotheken freigegebene Stoffe oder Zubereitungen aus
solchen Stoffen enthalten,

c) die Herstellung von homöopathischen Arzneimitteln, die, soweit sie zur
Anwendung bei Tieren bestimmt sind, die der Gewinnung von Lebens-
mitteln dienen, ausschließlich Wirkstoffe enthalten, die in Anhang II der
Verordnung (EWG) Nr. 2377/90 aufgeführt sind,

d) das Zubereiten von Arzneimitteln aus einem Fertigarzneimittel und arzneilich nicht wirksamen Bestandteilen,

e) das Mischen von Fertigarzneimitteln für die Immobilisation von Zoo-,
Wild- und Gehegetieren,

soweit diese Tätigkeiten für die von ihm behandelten Tiere erfolgen,

4. der Großhändler für das Umfüllen, Abpacken oder Kennzeichnen von Arzneimitteln in unveränderter Form, soweit es sich nicht um zur Abgabe an
den Verbraucher bestimmte Packungen handelt,

5. der Einzelhändler, der die Sachkenntnis nach § 50 besitzt, für das Umfüllen,
Abpacken oder Kennzeichnen von Arzneimitteln zur Abgabe in unveränderter Form unmittelbar an den Verbraucher,

6. der Hersteller von Wirkstoffen, die für die Herstellung von Arzneimitteln
bestimmt sind, die nach einer im Homöopathischen Teil des Arzneibuches
beschriebenen Verfahrenstechnik hergestellt werden.

Die Ausnahmen nach Satz 1 gelten nicht für die Herstellung von Blutzubereitungen, Sera, Impfstoffen, Allergenen, Testsera, Testantigenen und radioaktiven Arzneimitteln.

(2a) Einer Erlaubnis nach Absatz 1 bedarf ferner nicht der Inhaber einer Krankenhausapotheke oder einer Krankenhaus versorgenden Apotheke für die
Herstellung von Arzneimitteln zur klinischen Prüfung bei Menschen, soweit es
sich um das Umfüllen, Umpacken oder Umkennzeichnen von Arzneimitteln
handelt, die in einem Mitgliedstaat der Europäischen Union zugelassen sind,
und die Arzneimittel zur Anwendung in den von diesen Apotheken versorgten
Einrichtungen bestimmt sind.

(3) Eine nach Absatz 1 für das Umfüllen von verflüssigten medizinischen Gasen in das Lieferbehältnis eines Tankfahrzeuges erteilte Erlaubnis umfasst
auch das Umfüllen der verflüssigten medizinischen Gase in unveränderter
Form aus dem Lieferbehältnis eines Tankfahrzeuges in Behältnisse, die bei
einem Krankenhaus oder anderen Verbrauchern aufgestellt sind.

(4) Die Entscheidung über die Erteilung der Erlaubnis trifft die zuständige Behörde des Landes, in dem die Betriebsstätte liegt oder liegen soll. Bei Blutzubereitungen, Sera, Impfstoffen, Allergenen, Gentransfer-Arzneimitteln, so-

matischen Zelltherapeutika, xenogenen Zelltherapeutika, gentechnisch her-gestellten Arzneimitteln sowie Wirkstoffen und anderen zur Arzneimittel-herstellung bestimmten Stoffen, die menschlicher, tierischer oder mikrobieller Herkunft sind oder die auf gentechnischem Wege hergestellt werden, ergeht die Entscheidung über die Erlaubnis im Benehmen mit der zuständigen Bun-desoberbehörde.

[handschriftliche Notiz: Es muss das notwendige Personal (sachkundig) und geeignete Räumlichkeiten vor-handen sein.]

§ 14
Entscheidung über die Herstellungserlaubnis

(1) Die Erlaubnis darf nur versagt werden, wenn

1. nicht mindestens eine Person mit der nach § 15 erforderlichen Sach-kenntnis (sachkundige Person nach § 14) vorhanden ist, die für die in § 19 genannten Tätigkeiten verantwortlich ist, diese sachkundige Person kann mit einer der in Nummer 2 genannten Personen identisch sein,

2. ein Leiter der Herstellung und ein Leiter der Qualitätskontrolle mit aus-reichender fachlicher Qualifikation und praktischer Erfahrung nicht vor-handen ist,

3. die sachkundige Person nach Nummer 1 und die in Nummer 2 genannten Leiter die zur Ausübung ihrer Tätigkeit erforderliche Zuverlässigkeit nicht besitzen,

4. die sachkundige Person nach Nummer 1 die ihr obliegenden Ver-pflichtungen nicht ständig erfüllen kann,

5. (weggefallen),

5a. in Betrieben, die Fütterungsarzneimittel aus Arzneimittel-Vormischungen herstellen, die Person, der die Beaufsichtigung des technischen Ablaufs der Herstellung übertragen ist, nicht ausreichende Kenntnisse und Erfahrungen auf dem Gebiete der Mischtechnik besitzt,

5b. der Arzt, in dessen Verantwortung eine Vorbehandlung der spendenden Person zur Separation von Blutstammzellen oder anderen Blutbestand-teilen durchgeführt wird, nicht die erforderliche Sachkenntnis besitzt,

5c. entgegen § 4 Satz 1 Nr. 2 des Transfusionsgesetzes keine leitende ärzt-liche Person bestellt worden ist oder diese Person keine approbierte Ärz-tin oder kein approbierter Arzt ist oder nicht die erforderliche Sachkunde nach dem Stand der medizinischen Wissenschaft besitzt oder

6. geeignete Räume und Einrichtungen für die beabsichtigte Herstellung, Prüfung und Lagerung der Arzneimittel nicht vorhanden sind oder

6a. der Hersteller nicht in der Lage ist zu gewährleisten, dass die Herstellung oder Prüfung der Arzneimittel nach dem Stand von Wissenschaft und Technik vorgenommen wird.

(2) In Betrieben, die ausschließlich die Erlaubnis für das Herstellen von Fütterungsarzneimitteln aus Arzneimittel-Vormischungen beantragen, kann der Leiter der Herstellung gleichzeitig Leiter der Qualitätskontrolle sein.

(2a) Die leitende ärztliche Person nach § 4 Satz 1 Nr. 2 des Transfusionsgesetzes kann zugleich die sachkundige Person nach Absatz 1 Nr. 1 sein.

(2b) In Betrieben oder Einrichtungen, die Transplantate zur Verwendung ausschließlich innerhalb dieser Betriebe und Einrichtungen herstellen, kann der Leiter der Herstellung gleichzeitig Leiter der Qualitätskontrolle sein.

(3) (weggefallen)

(4) Abweichend von Absatz 1 Nr. 6 kann teilweise außerhalb der Betriebsstätte des Arzneimittelherstellers

1. die Herstellung von Arzneimitteln zur klinischen Prüfung am Menschen in einer beauftragten Apotheke,

2. die Änderung des Verfalldatums von Arzneimitteln zur klinischen Prüfung am Menschen in einer Prüfstelle durch eine beauftragte Person des Herstellers, sofern diese Arzneimittel ausschließlich zur Anwendung in dieser Prüfstelle bestimmt sind,

3. die Prüfung der Arzneimittel in beauftragten Betrieben,

4. die Gewinnung von zur Arzneimittelherstellung bestimmten Stoffen menschlicher Herkunft in beauftragten Betrieben oder Einrichtungen

durchgeführt werden, wenn bei diesen hierfür geeignete Räume und Einrichtungen vorhanden sind und gewährleistet ist, dass die Herstellung und Prüfung nach dem Stand von Wissenschaft und Technik erfolgt und der Leiter der Herstellung und der Leiter der Qualitätskontrolle ihre Verantwortung wahrnehmen können.

(5) Bei Beanstandungen der vorgelegten Unterlagen ist dem Antragsteller Gelegenheit zu geben, Mängeln innerhalb einer angemessenen Frist abzuhelfen. Wird den Mängeln nicht abgeholfen, so ist die Erteilung der Erlaubnis zu versagen.

§ 15[2])
Sachkenntnis

(1) Der Nachweis der erforderlichen Sachkenntnis als sachkundige Person nach § 14 wird erbracht durch

1. die Approbation als Apotheker oder

---

2) Am 1. März 2006 erhält § 15 Absatz 3 Satz 3 Nr. 4 folgenden Wortlaut:
   „4. für Blutstammzellzubereitungen zusätzlich zu ausreichenden Kenntnissen mindestens zwei Jahre Erfahrungen in dieser Tätigkeit, insbesondere in der zugrunde liegenden Technik", (Art. 2 Nr. 3 des Ersten Gesetzes zur Änderung des Transfusionsgesetzes und arzneimittelrechtlicher Vorschriften).

2. das Zeugnis über eine nach abgeschlossenem Hochschulstudium der Pharmazie, der Chemie, der Biologie, der Human- oder der Veterinärmedizin abgelegte Prüfung

sowie eine mindestens zweijährige praktische Tätigkeit in der Arzneimittelprüfung. *praktische Erfahrung (Tät.zeit)*

(2) In den Fällen des Absatzes 1 Nr. 2 muss der zuständigen Behörde nachgewiesen werden, dass das Hochschulstudium theoretischen und praktischen Unterricht in mindestens folgenden Grundfächern umfasst hat und hierin ausreichende Kenntnisse vorhanden sind:

Experimentelle Physik
Allgemeine und anorganische Chemie
Organische Chemie
Analytische Chemie
Pharmazeutische Chemie
Biochemie
Physiologie
Mikrobiologie
Pharmakologie
Pharmazeutische Technologie
Toxikologie
Pharmazeutische Biologie.

Der theoretische und praktische Unterricht und die ausreichenden Kenntnisse können an einer Hochschule auch nach abgeschlossenem Hochschulstudium im Sinne des Absatzes 1 Nr. 2 erworben und durch Prüfung nachgewiesen werden.

(3) Für die Herstellung und Prüfung von Blutzubereitungen, Sera, Impfstoffen, Allergenen, Testsera und Testantigenen findet Absatz 2 keine Anwendung. An Stelle der praktischen Tätigkeit nach Absatz 1 muss eine mindestens dreijährige Tätigkeit auf dem Gebiet der medizinischen Serologie oder medizinischen Mikrobiologie nachgewiesen werden. Abweichend von Satz 2 müssen anstelle der praktischen Tätigkeit nach Absatz 1

1. für Blutzubereitungen aus Blutplasma zur Fraktionierung eine mindestens dreijährige Tätigkeit in der Herstellung oder Prüfung in plasmaverarbeitenden Betrieben mit Herstellungserlaubnis und zusätzlich eine mindestens sechsmonatige Erfahrung in der Transfusionsmedizin oder der medizinischen Mikrobiologie, Virologie, Hygiene oder Analytik,

2. für Blutzubereitungen aus Blutzellen, Zubereitungen aus Frischplasma, eine mindestens zweijährige transfusionsmedizinische Erfahrung, die sich auf alle Bereiche der Herstellung und Prüfung erstreckt,

3. für autologe Blutzubereitungen eine mindestens sechsmonatige transfusionsmedizinische Erfahrung oder eine einjährige Tätigkeit in der Herstellung autologer Blutzubereitungen,

4. für Blutstammzellzubereitungen zusätzlich zu ausreichenden Kenntnissen mindestens ein Jahr Erfahrungen in dieser Tätigkeit, insbesondere in der zugrunde liegenden Technik,

nachgewiesen werden. Zur Vorbehandlung von Personen zur Separation von Blutstammzellen oder anderen Blutbestandteilen muss die verantwortliche ärztliche Person ausreichende Kenntnisse und eine mindestens zweijährige Erfahrung in dieser Tätigkeit nachweisen. Für das Abpacken und Kennzeichnen verbleibt es bei den Voraussetzungen des Absatzes 1.

(3a) Für die Herstellung und Prüfung von Gentransfer-Arzneimitteln, Arzneimitteln zur In-vivo-Diagnostik mittels Markergenen, Transplantaten, radioaktiven Arzneimitteln und Wirkstoffen findet Absatz 2 keine Anwendung. Anstelle der praktischen Tätigkeit nach Absatz 1 kann für Arzneimittel zur In-vivo-Diagnostik mittels Markergenen und Gentransfer-Arzneimittel eine mindestens zweijährige Tätigkeit auf einem medizinisch relevanten Gebiet der Gentechnik, insbesondere der Mikrobiologie, der Zellbiologie, der Virologie oder der Molekularbiologie, für Transplantate eine mindestens dreijährige Tätigkeit auf dem Gebiet der Gewebetransplantation, für radioaktive Arzneimittel eine mindestens dreijährige Tätigkeit auf dem Gebiet der Nuklearmedizin oder der radiopharmazeutischen Chemie und für andere als die unter Absatz 3 Satz 3 Nr. 2 aufgeführten Wirkstoffe eine mindestens zweijährige Tätigkeit in der Herstellung oder Prüfung von Wirkstoffen nachgewiesen werden.

(4) Die praktische Tätigkeit nach Absatz 1 muss in einem Betrieb abgeleistet werden, für den eine Erlaubnis zur Herstellung von Arzneimitteln durch einen Mitgliedstaat der Europäischen Union, einen anderen Vertragsstaat des Abkommens über den Europäischen Wirtschaftsraum oder durch einen Staat erteilt worden ist, mit dem eine gegenseitige Anerkennung von Zertifikaten nach § 72a Satz 1 Nr. 1 vereinbart ist.

(5) Die praktische Tätigkeit ist nicht erforderlich für das Herstellen von Fütterungsarzneimitteln aus Arzneimittel-Vormischungen; Absatz 2 findet keine Anwendung.

§ 16
Begrenzung der Herstellungserlaubnis

Die Erlaubnis wird dem Hersteller für eine bestimmte Betriebsstätte und für bestimmte Arzneimittel und Darreichungsformen erteilt, in den Fällen des § 14 Abs. 4 auch für eine bestimmte Betriebsstätte des beauftragten Betriebes.

§ 17
Fristen für die Erteilung

(1) Die zuständige Behörde hat eine Entscheidung über den Antrag auf Erteilung der Erlaubnis innerhalb einer Frist von drei Monaten zu treffen. Die zu-

ständigen Behörden geben die Daten über die Erlaubnis in eine Datenbank nach § 67a ein. Satz 2 gilt nicht, sofern es sich ausschließlich um die Herstellung von Fütterungsarzneimitteln handelt.

(2) Beantragt ein Erlaubnisinhaber die Änderung der Erlaubnis in Bezug auf die herzustellenden Arzneimittel oder in Bezug auf die Räume und Einrichtungen im Sinne des § 14 Abs. 1 Nr. 6, so hat die Behörde die Entscheidung innerhalb einer Frist von einem Monat zu treffen. In Ausnahmefällen verlängert sich die Frist um weitere zwei Monate. Der Antragsteller ist hiervon vor Fristablauf unter Mitteilung der Gründe in Kenntnis zu setzen.

(3) Gibt die Behörde dem Antragsteller nach § 14 Abs. 5 Gelegenheit, Mängeln abzuhelfen, so werden die Fristen bis zur Behebung der Mängel oder bis zum Ablauf der nach § 14 Abs. 5 gesetzten Frist gehemmt. Die Hemmung beginnt mit dem Tage, an dem dem Antragsteller die Aufforderung zur Behebung der Mängel zugestellt wird.

§ 18
Rücknahme, Widerruf, Ruhen

(1) Die Erlaubnis ist zurückzunehmen, wenn nachträglich bekannt wird, dass einer der Versagungsgründe nach § 14 Abs. 1 bei der Erteilung vorgelegen hat. Ist einer der Versagungsgründe nachträglich eingetreten, so ist sie zu widerrufen; an Stelle des Widerrufs kann auch das Ruhen der Erlaubnis angeordnet werden. § 13 Abs. 4 findet entsprechende Anwendung.

(2) Die zuständige Behörde kann vorläufig anordnen, dass die Herstellung eines Arzneimittels eingestellt wird, wenn der Hersteller die für die Herstellung und Prüfung zu führenden Nachweise nicht vorlegt. Die vorläufige Anordnung kann auf eine Charge beschränkt werden.

§ 19
Verantwortungsbereiche *Sachkundige Person*

Die sachkundige Person nach § 14 ist dafür verantwortlich, dass jede Charge des Arzneimittels entsprechend den Vorschriften über den Verkehr mit Arzneimitteln hergestellt und geprüft wurde. Sie hat die Einhaltung dieser Vorschriften für jede Arzneimittelcharge in einem fortlaufenden Register oder einem vergleichbaren Dokument vor deren Inverkehrbringen zu bescheinigen.

§ 20
Anzeigepflichten *z. B. Wechsel der sachkundigen Person oder der Räume*

Der Inhaber der Erlaubnis hat jede Änderung einer der in § 14 Abs. 1 genannten Angaben unter Vorlage der Nachweise der zuständigen Behörde vorher anzuzeigen. Bei einem unvorhergesehenen Wechsel der sachkundigen Person nach § 14 hat die Anzeige unverzüglich zu erfolgen.

§ 20a
Geltung für Wirkstoffe und andere Stoffe

§ 13 Abs. 2 und 4 und die §§ 14 bis 20 gelten entsprechend für Wirkstoffe und für andere zur Arzneimittelherstellung bestimmte Stoffe menschlicher Herkunft, soweit ihre Herstellung nach § 13 Abs. 1 einer Erlaubnis bedarf.

Vierter Abschnitt
Zulassung der Arzneimittel

§ 21
Zulassungspflicht

(1) Fertigarzneimittel, die Arzneimittel im Sinne des § 2 Abs. 1 oder Abs. 2 Nr. 1 sind, dürfen im Geltungsbereich dieses Gesetzes nur in den Verkehr gebracht werden, wenn sie durch die zuständige Bundesoberbehörde zugelassen sind oder wenn für sie die Kommission der Europäischen Gemeinschaften oder der Rat der Europäischen Union eine Genehmigung für das Inverkehrbringen gemäß Artikel 3 Abs. 1 oder 2 der Verordnung (EG) Nr. 726/2004 des Europäischen Parlaments und des Rates vom 31. März 2004 zur Festlegung von Gemeinschaftsverfahren für die Genehmigung und Überwachung von Human- und Tierarzneimitteln und zur Errichtung einer Europäischen Arzneimittel-Agentur (ABl. EU Nr. L 136 S. 1) erteilt hat. Das gilt auch für Arzneimittel, die keine Fertigarzneimittel und zur Anwendung bei Tieren bestimmt sind, sofern sie nicht an pharmazeutische Unternehmer abgegeben werden sollen, die eine Erlaubnis zur Herstellung von Arzneimitteln besitzen.

(2) Einer Zulassung bedarf es nicht für Arzneimittel, die

1. zur Anwendung bei Menschen bestimmt sind und auf Grund nachweislich häufiger ärztlicher oder zahnärztlicher Verschreibung in den wesentlichen Herstellungsschritten in einer Apotheke in einer Menge bis zu hundert abgabefertigen Packungen an einem Tag im Rahmen des üblichen Apothekenbetriebs hergestellt werden und zur Abgabe im Rahmen der bestehenden Apothekenbetriebserlaubnis bestimmt sind,

1a. Arzneimittel sind, bei deren Herstellung Stoffe menschlicher Herkunft eingesetzt werden und die zur autologen oder gerichteten, für eine bestimmte Person vorgesehenen Anwendung bestimmt sind oder auf Grund einer Rezeptur für einzelne Personen hergestellt werden, es sei denn, es handelt sich um Arzneimittel im Sinn von § 4 Abs. 4, 9 oder 20, mit Ausnahme der Aufbereitung oder der Vermehrung von autologen Körperzellen im Rahmen der Gewebezüchtung zur Geweberegeneration,

1b. andere als die in Nummer 1a genannten Arzneimittel sind, die für einzelne Personen auf Grund einer Rezeptur als Therapieallergene oder aus im Geltungsbereich dieses Gesetzes zugelassenen Arzneimitteln für Apo-

theken oder in Unternehmen, die nach § 50 zum Einzelhandel mit Arzneimitteln außerhalb von Apotheken befugt sind, hergestellt werden,

1c. zur Anwendung bei Menschen bestimmt sind, antivirale oder antibakte-
rielle Wirksamkeit haben und zur Behandlung einer bedrohlichen übertragbaren Krankheit, deren Ausbreitung eine sofortige und das übliche
Maß erheblich überschreitende Bereitstellung von spezifischen Arzneimitteln erforderlich macht, aus Wirkstoffen hergestellt werden, die von
den Gesundheitsbehörden des Bundes oder der Länder oder von diesen
benannten Stellen für diese Zwecke bevorratet wurden, soweit ihre Herstellung in einer Apotheke zur Abgabe im Rahmen der bestehenden Apothekenbetriebserlaubnis oder zur Abgabe an andere Apotheken erfolgt,

2. zur klinischen Prüfung bei Menschen bestimmt sind,

3. Fütterungsarzneimittel sind, die bestimmungsgemäß aus Arzneimittel-
Vormischungen hergestellt sind, für die eine Zulassung nach § 25 erteilt
ist,

4. für Einzeltiere oder Tiere eines bestimmten Bestandes in Apotheken oder
in tierärztlichen Hausapotheken unter den Voraussetzungen des Absatzes 2a hergestellt werden,

5. zur klinischen Prüfung bei Tieren oder zur Rückstandsprüfung bestimmt
sind oder

6. unter den in Artikel 83 der Verordnung (EG) Nr. 726/2004 genannten Voraussetzungen für eine Anwendung bei Patienten zur Verfügung gestellt
werden, die an einer zu einer schweren Behinderung führenden Er-
krankung leiden oder deren Krankheit lebensbedrohend ist, und die mit
einem zugelassenen Arzneimittel nicht zufrieden stellend behandelt werden können; Verfahrensregelungen werden in einer Rechtsverordnung
nach § 80 bestimmt.

(2a) Arzneimittel, die für den Verkehr außerhalb von Apotheken nicht freigegebene Stoffe und Zubereitungen aus Stoffen enthalten, dürfen nach Absatz 2
Nr. 4 nur hergestellt werden, wenn für die Behandlung ein zugelassenes Arzneimittel für die betreffende Tierart oder das betreffende Anwendungsgebiet
nicht zur Verfügung steht, die notwendige arzneiliche Versorgung der Tiere
sonst ernstlich gefährdet wäre und eine unmittelbare oder mittelbare Gefährdung der Gesundheit von Mensch und Tier nicht zu befürchten ist. Die Herstellung von Arzneimitteln gemäß Satz 1 ist nur in Apotheken zulässig. Satz 2
gilt nicht für das Zubereiten von Arzneimitteln aus einem Fertigarzneimittel und
arzneilich nicht wirksamen Bestandteilen sowie für das Mischen von Fertigarzneimitteln zum Zwecke der Immobilisation von Zoo-, Wild- und Gehegetieren. Als Herstellen im Sinne des Satzes 1 gilt nicht das Umfüllen, Abpacken oder Kennzeichnen von Arzneimitteln in unveränderter Form, soweit

1. keine Fertigarzneimittel in für den Einzelfall geeigneten Packungsgrößen im
Handel verfügbar sind oder

2. in sonstigen Fällen das Behältnis oder jede andere Form der Arzneimittel-
verpackung, die unmittelbar mit dem Arzneimittel in Berührung kommt,
nicht beschädigt wird.

Die Sätze 1 bis 4 gelten nicht für registrierte oder von der Registrierung freigestellte homöopathische Arzneimittel, die, soweit sie zur Anwendung bei
Tieren bestimmt sind, die der Gewinnung von Lebensmitteln dienen, ausschließlich Wirkstoffe enthalten, die in Anhang II der Verordnung (EWG)
Nr. 2377/90 aufgeführt sind.

(3) Die Zulassung ist vom pharmazeutischen Unternehmer zu beantragen. Für
ein Fertigarzneimittel, das in Apotheken oder sonstigen Einzelhandels-
betrieben auf Grund einheitlicher Vorschriften hergestellt und unter einer einheitlichen Bezeichnung an Verbraucher abgegeben wird, ist die Zulassung
vom Herausgeber der Herstellungsvorschrift zu beantragen. Wird ein Fertigarzneimittel für mehrere Apotheken oder sonstige Einzelhandelsbetriebe
hergestellt und soll es unter deren Namen und unter einer einheitlichen Bezeichnung an Verbraucher abgegeben werden, so hat der Hersteller die Zulassung zu beantragen.

(4) Die zuständige Bundesoberbehörde entscheidet ferner unabhängig von
einem Zulassungsantrag nach Absatz 3 auf Antrag einer zuständigen Landesbehörde über die Zulassungspflicht eines Arzneimittels.

§ 22
Zulassungsunterlagen

(1) Dem Antrag auf Zulassung müssen vom Antragsteller folgende Angaben in
deutscher Sprache beigefügt werden:

1. der Name oder die Firma und die Anschrift des Antragstellers und des
   Herstellers,

2. die Bezeichnung des Arzneimittels,

3. die Bestandteile des Arzneimittels nach Art und Menge; § 10 Abs. 6 findet
   Anwendung,

4. die Darreichungsform,

5. die Wirkungen,

6. die Anwendungsgebiete,

7. die Gegenanzeigen,

8. die Nebenwirkungen,

9. die Wechselwirkungen mit anderen Mitteln,

10. die Dosierung,

11. Angaben über die Herstellung des Arzneimittels,

12. die Art der Anwendung und bei Arzneimitteln, die nur begrenzte Zeit angewendet werden sollen, die Dauer der Anwendung,

13. die Packungsgrößen,

14. die Art der Haltbarmachung, die Dauer der Haltbarkeit, die Art der Aufbewahrung, die Ergebnisse von Haltbarkeitsversuchen,

15. die Methoden zur Kontrolle der Qualität (Kontrollmethoden).

(2) Es sind ferner vorzulegen:

1. die Ergebnisse physikalischer, chemischer, biologischer oder mikrobiologischer Versuche und die zu ihrer Ermittlung angewandten Methoden (analytische Prüfung),

2. die Ergebnisse der pharmakologischen und toxikologischen Versuche. „Tierversuch"

3. die Ergebnisse der klinischen Prüfungen oder sonstigen ärztlichen, zahnärztlichen oder tierärztlichen Erprobung,

4. eine Erklärung, dass die klinischen Prüfungen, die außerhalb der Europäischen Union durchgeführt wurden, den ethischen Anforderungen der Richtlinie 2001/20/EG des Europäischen Parlaments und des Rates vom 4. April 2001 zur Angleichung der Rechts- und Verwaltungsvorschriften der Mitgliedstaaten über die Anwendung der guten klinischen Praxis bei der Durchführung von klinischen Prüfungen mit Humanarzneimitteln (ABl. EG Nr. L 121 S. 34) gleichwertig sind,

5. eine detaillierte Beschreibung des Pharmakovigilanz- und, soweit zutreffend, des Risikomanagement-Systems, das der Antragsteller einführen wird,

6. den Nachweis, dass der Antragsteller über eine qualifizierte Person nach § 63a verfügt, die mit den notwendigen Mitteln zur Wahrnehmung der Verpflichtungen nach § 63b ausgestattet ist, Stufenplanbeauftragter

7. eine Kopie jeder Ausweisung des Arzneimittels als Arzneimittel für seltene Leiden gemäß der Verordnung (EG) Nr. 141/2000 des Europäischen Parlaments und des Rates vom 16. Dezember 1999 über Arzneimittel für seltene Leiden (ABl. EG Nr. L 18 S. 1).

Die Ergebnisse nach Satz 1 Nr. 1 bis 3 sind durch Unterlagen so zu belegen, dass aus diesen Art, Umfang und Zeitpunkt der Prüfungen hervorgehen. Dem Antrag sind alle für die Bewertung des Arzneimittels zweckdienlichen Angaben und Unterlagen, ob günstig oder ungünstig, beizufügen. Dies gilt auch für unvollständige oder abgebrochene toxikologische oder pharmakologische Versuche oder klinische Prüfungen zu dem Arzneimittel.

(3) An Stelle der Ergebnisse nach Absatz 2 Nr. 2 und 3 kann anderes wissenschaftliches Erkenntnismaterial vorgelegt werden, und zwar

1. bei einem Arzneimittel, dessen Wirkstoffe seit mindestens zehn Jahren in der Europäischen Union allgemein medizinisch oder tiermedizinisch ver-

neue AM mit bekannten Wirkstoffen, erleichterte Bedingungen → Rückgriff auf „alte" Quellen möglich!

wendet wurden, deren Wirkungen und Nebenwirkungen bekannt und aus dem wissenschaftlichen Erkenntnismaterial ersichtlich sind,

2. bei einem Arzneimittel, das in seiner Zusammensetzung bereits einem Arzneimittel nach Nummer 1 vergleichbar ist,

3. bei einem Arzneimittel, das eine neue Kombination bekannter Bestandteile ist, für diese Bestandteile; es kann jedoch auch für die Kombination als solche anderes wissenschaftliches Erkenntnismaterial vorgelegt werden, wenn die Wirksamkeit und Unbedenklichkeit des Arzneimittels nach Zusammensetzung, Dosierung, Darreichungsform und Anwendungsgebieten auf Grund dieser Unterlagen bestimmbar sind.

Zu berücksichtigen sind ferner die medizinischen Erfahrungen der jeweiligen Therapierichtungen. *bei Kombipräp. → Sinn begründen*

(3a) Enthält das Arzneimittel mehr als einen Wirkstoff, so ist zu begründen, dass jeder Wirkstoff einen Beitrag zur positiven Beurteilung des Arzneimittels leistet.

(3b) Bei radioaktiven Arzneimitteln, die Generatoren sind, sind ferner eine allgemeine Beschreibung des Systems mit einer detaillierten Beschreibung der Bestandteile des Systems, die die Zusammensetzung oder Qualität der Tochterradionuklidzubereitung beeinflussen können, und qualitative und quantitative Besonderheiten des Eluats oder Sublimats anzugeben.

(3c) Ferner sind Unterlagen vorzulegen, *Umweltrisiken?* mit denen eine Bewertung möglicher Umweltrisiken vorgenommen wird, und für den Fall, dass die Aufbewahrung des Arzneimittels oder seine Anwendung oder die Beseitigung seiner Abfälle besondere Vorsichts- oder Sicherheitsmaßnahmen erfordert, um Gefahren für die Umwelt oder die Gesundheit von Menschen, Tieren oder Pflanzen zu vermeiden, dies ebenfalls angegeben wird. Angaben zur Verminderung dieser Gefahren sind beizufügen und zu begründen.

(4) Wird die Zulassung für ein im Geltungsbereich dieses Gesetzes hergestelltes Arzneimittel beantragt, so muss der Nachweis erbracht werden, dass der Hersteller berechtigt ist, das Arzneimittel herzustellen. Dies gilt nicht für einen Antrag nach § 21 Abs. 3 Satz 2.

(5) Wird die Zulassung für ein außerhalb des Geltungsbereiches dieses Gesetzes hergestelltes Arzneimittel beantragt, so ist der Nachweis zu erbringen, dass der Hersteller nach den gesetzlichen Bestimmungen des Herstellungslandes berechtigt ist, Arzneimittel herzustellen, und im Falle des Verbringens aus einem Land, das nicht Mitgliedstaat der Europäischen Union oder anderer Vertragsstaat des Abkommens über den Europäischen Wirtschaftsraum ist, dass der Einführer eine Erlaubnis besitzt, die zum Verbringen des Arzneimittels in den Geltungsbereich dieses Gesetzes berechtigt.

(6) Soweit eine Zulassung in einem anderen Staat oder in mehreren anderen Staaten erteilt worden ist, ist eine Kopie dieser Zulassung beizufügen. Ist eine Zulassung ganz oder teilweise versagt worden, sind die Einzelheiten dieser

Entscheidung unter Darlegung ihrer Gründe mitzuteilen. Wird ein Antrag auf Zulassung in einem Mitgliedstaat oder in mehreren Mitgliedstaaten der Europäischen Union geprüft, ist dies anzugeben. Kopien der von den zuständigen Behörden der Mitgliedstaaten genehmigten Zusammenfassungen der Produktmerkmale und der Packungsbeilagen oder, soweit diese Unterlagen noch nicht vorhanden sind, der vom Antragsteller in einem Verfahren nach Satz 3 vorgeschlagenen Fassungen dieser Unterlagen sind ebenfalls beizufügen. Ferner sind, sofern die Anerkennung der Zulassung eines anderen Mitgliedstaates beantragt wird, die in Artikel 28 der Richtlinie 2001/83/EG oder in Artikel 32 der Richtlinie 2001/82/EG vorgeschriebenen Erklärungen abzugeben sowie die sonstigen dort vorgeschriebenen Angaben zu machen. Satz 5 findet keine Anwendung auf Arzneimittel, die nach einer homöopathischen Verfahrenstechnik hergestellt worden sind.

(7) Dem Antrag ist der Wortlaut der für das Behältnis, die äußere Umhüllung und die Packungsbeilage vorgesehenen Angaben sowie der Entwurf einer Fachinformation nach § 11a Abs. 1 Satz 2 beizufügen, bei der es sich zugleich um die Zusammenfassung der Produktmerkmale handelt. Der zuständigen Bundesoberbehörde sind bei Arzneimitteln, die zur Anwendung bei Menschen bestimmt sind, außerdem die Ergebnisse von Bewertungen der Packungsbeilage vorzulegen, die in Zusammenarbeit mit Patienten-Zielgruppen durchgeführt wurden. Die zuständige Bundesoberbehörde kann verlangen, dass ihr ein oder mehrere Muster oder Verkaufsmodelle des Arzneimittels einschließlich der Packungsbeilagen sowie Ausgangsstoffe, Zwischenprodukte und Stoffe, die zur Herstellung oder Prüfung des Arzneimittels verwendet werden, in einer für die Untersuchung ausreichenden Menge und in einem für die Untersuchung geeigneten Zustand vorgelegt werden.

§ 23
Besondere Unterlagen bei Arzneimitteln für Tiere

(1) Bei Arzneimitteln, die zur Anwendung bei Tieren bestimmt sind, die der Gewinnung von Lebensmitteln dienen, ist über § 22 hinaus

1. die Wartezeit anzugeben und mit Unterlagen über die Ergebnisse der Rückstandsprüfung, insbesondere über den Verbleib der pharmakologisch wirksamen Bestandteile und deren Umwandlungsprodukte im Tierkörper und über die Beeinflussung der Lebensmittel tierischer Herkunft, soweit diese für die Beurteilung von Wartezeiten unter Berücksichtigung festgesetzter Höchstmengen erforderlich sind, zu begründen und

2. bei einem Arzneimittel, dessen pharmakologisch wirksamer Bestandteil in Anhang I, II oder III der Verordnung (EWG) Nr. 2377/90 nicht aufgeführt ist, eine Bescheinigung vorzulegen, durch die bestätigt wird, dass bei der Eu-

ropäischen Arzneimittel-Agentur vor mindestens sechs Monaten ein Antrag nach Anhang V auf Festsetzung von Rückstandshöchstmengen gemäß der genannten Verordnung gestellt wurde, und

3. Ergebnisse der Prüfungen zur Bewertung möglicher Umweltrisiken vorzulegen; § 22 Abs. 2 Satz 2 bis 4 findet entsprechend Anwendung.

Satz 1 Nr. 2 gilt nicht, soweit § 25 Abs. 2 Satz 5 Anwendung findet.

(2) Bei Arzneimittel-Vormischungen ist das als Trägerstoff bestimmte Mischfuttermittel unter Bezeichnung des Futtermitteltyps anzugeben. Es ist außerdem zu begründen und durch Unterlagen zu belegen, dass sich die Arzneimittel-Vormischungen für die bestimmungsgemäße Herstellung der Fütterungsarzneimittel eignen, insbesondere dass sie unter Berücksichtigung der
bei der Mischfuttermittelherstellung zur Anwendung kommenden Herstellungsverfahren eine homogene und stabile Verteilung der wirksamen Bestandteile in den Fütterungsarzneimitteln erlauben; ferner ist zu begründen
und durch Unterlagen zu belegen, für welche Zeitdauer die Fütterungsarzneimittel haltbar sind. Darüber hinaus ist eine routinemäßig durchführbare
Kontrollmethode, die zum qualitativen und quantitativen Nachweis der wirksamen Bestandteile in den Fütterungsarzneimitteln geeignet ist, zu beschreiben und durch Unterlagen über Prüfungsergebnisse zu belegen.

(3) Aus den Unterlagen über die Ergebnisse der Rückstandsprüfung und über
das Rückstandsnachweisverfahren nach Absatz 1 sowie aus den Nachweisen
über die Eignung der Arzneimittel-Vormischungen für die bestimmungsgemäße Herstellung der Fütterungsarzneimittel und den Prüfungsergebnissen
über die Kontrollmethoden nach Absatz 2 müssen Art, Umfang und Zeitpunkt
der Prüfungen hervorgehen. An Stelle der Unterlagen, Nachweise und Prüfungsergebnisse nach Satz 1 kann anderes wissenschaftliches Erkenntnismaterial vorgelegt werden.

(3a) (weggefallen)

(4) (weggefallen)

§ 24
Sachverständigengutachten

(1) Den nach § 22 Abs. 1 Nr. 15, Abs. 2 und 3 und § 23 erforderlichen Unterlagen sind Gutachten von Sachverständigen beizufügen, in denen die Kontrollmethoden, Prüfungsergebnisse und Rückstandsnachweisverfahren zu-
sammengefasst und bewertet werden. Im Einzelnen muss aus den Gutachten
insbesondere hervorgehen:

1. aus dem analytischen Gutachten, ob das Arzneimittel die nach den anerkannten pharmazeutischen Regeln angemessene Qualität aufweist, ob die
   vorgeschlagenen Kontrollmethoden dem jeweiligen Stand der wissen-

schaftlichen Erkenntnisse entsprechen und zur Beurteilung der Qualität geeignet sind,

2. aus dem pharmakologisch-toxikologischen Gutachten, welche toxischen Wirkungen und welche pharmakologischen Eigenschaften das Arzneimittel hat,

3. aus dem klinischen Gutachten, ob das Arzneimittel bei den angegebenen Anwendungsgebieten angemessen wirksam ist, ob es verträglich ist, ob die vorgesehene Dosierung zweckmäßig ist und welche Gegenanzeigen und Nebenwirkungen bestehen,

4. aus dem Gutachten über die Rückstandsprüfung, ob und wie lange nach der Anwendung des Arzneimittels Rückstände in den von den behandelten Tieren gewonnenen Lebensmitteln auftreten, wie diese Rückstände zu beurteilen sind und ob die vorgesehene Wartezeit ausreicht.

Aus dem Gutachten muss ferner hervorgehen, dass die nach Ablauf der angegebenen Wartezeit vorhandenen Rückstände nach Art und Menge die nach der Verordnung (EWG) Nr. 2377/90 festgesetzten Höchstmengen unterschreiten.

(2) Soweit wissenschaftliches Erkenntnismaterial nach § 22 Abs. 3 und § 23 Abs. 3 Satz 2 vorgelegt wird, muss aus den Gutachten hervorgehen, dass das wissenschaftliche Erkenntnismaterial in sinngemäßer Anwendung der Arzneimittelprüfrichtlinien erarbeitet wurde.

(3) Den Gutachten müssen Angaben über den Namen, die Ausbildung und die Berufstätigkeit der Sachverständigen sowie seine berufliche Beziehung zum Antragsteller beigefügt werden. Die Sachverständigen haben das Gutachten eigenhändig zu unterschreiben und dabei den Ort und das Datum der Erstellung des Gutachtens anzugeben.

§ 24a *incl. Sachverständigengutachten*
Verwendung von Unterlagen eines Vorantragstellers

Der Antragsteller kann auf Unterlagen nach § 22 Abs. 2, 3, 3c und § 23 Abs. 1 einschließlich der Sachverständigengutachten nach § 24 Abs. 1 Satz 2 eines früheren Antragstellers (Vorantragsteller) Bezug nehmen, sofern er die schriftliche Zustimmung des Vorantragstellers einschließlich dessen Bestätigung vorlegt, dass die Unterlagen, auf die Bezug genommen wird, die Anforderungen der Arzneimittelprüfrichtlinien nach § 26 erfüllen. Der Vorantragsteller hat sich auf eine Anfrage auf Zustimmung innerhalb einer Frist von drei Monaten zu äußern.

§ 24b
Zulassung eines Generikums, Unterlagenschutz

(1) Bei einem Generikum im Sinne des Absatzes 2 kann ohne Zustimmung des Vorantragstellers auf die Unterlagen nach § 22 Abs. 2 Satz 1 Nr. 2 und 3, Abs. 3c und § 23 Abs. 1 einschließlich der Sachverständigengutachten nach

§ 24 Abs. 1 Satz 2 Nr. 2 bis 4 des Arzneimittels des Vorantragstellers (Referenzarzneimittel) Bezug genommen werden, sofern das Referenzarzneimittel seit mindestens acht Jahren zugelassen ist oder vor mindestens acht Jahren zugelassen wurde; dies gilt auch für eine Zulassung in einem anderen Mitgliedstaat der Europäischen Union. Ein Generikum, das gemäß dieser Bestimmung zugelassen wurde, darf frühestens nach Ablauf von zehn Jahren nach Erteilung der ersten Genehmigung für das Referenzarzneimittel in den Verkehr gebracht werden. Der in Satz 2 genannte Zeitraum wird auf höchstens elf Jahre verlängert, wenn der Inhaber der Zulassung innerhalb von acht Jahren seit der Zulassung die Erweiterung der Zulassung um eines oder mehrere neue Anwendungsgebiete erwirkt, die bei der wissenschaftlichen Bewertung vor ihrer Zulassung durch die zuständige Bundesoberbehörde als von bedeutendem klinischem Nutzen im Vergleich zu bestehenden Therapien beurteilt werden.

(2) Die Zulassung als Generikum nach Absatz 1 erfordert, dass das betreffende Arzneimittel die gleiche Zusammensetzung der Wirkstoffe nach Art und Menge und die gleiche Darreichungsform wie das Referenzarzneimittel aufweist und die Bioäquivalenz durch Bioverfügbarkeitsstudien nachgewiesen wurde. Die verschiedenen Salze, Ester, Ether, Isomere, Mischungen von Isomeren, Komplexe oder Derivate eines Wirkstoffs gelten als ein und derselbe Wirkstoff, es sei denn, ihre Eigenschaften unterscheiden sich erheblich hinsichtlich der Unbedenklichkeit oder der Wirksamkeit. In diesem Fall müssen vom Antragsteller ergänzende Unterlagen vorgelegt werden, die die Unbedenklichkeit oder Wirksamkeit der verschiedenen Salze, Ester, Ether, Isomere, Mischungen von Isomeren, Komplexe oder Derivate des Wirkstoffs belegen. Die verschiedenen oralen Darreichungsformen mit sofortiger Wirkstofffreigabe gelten als ein und dieselbe Darreichungsform. Der Antragsteller ist nicht verpflichtet, Bioverfügbarkeitsstudien vorzulegen, wenn er auf sonstige Weise nachweist, dass das Generikum die nach dem Stand der Wissenschaft für die Bioäquivalenz relevanten Kriterien erfüllt. In den Fällen, in denen das Arzneimittel nicht die Anforderungen eines Generikums erfüllt oder in denen die Bioäquivalenz nicht durch Bioäquivalenzstudien nachgewiesen werden kann, oder bei einer Änderung des Wirkstoffes, des Anwendungsgebietes, der Stärke, der Darreichungsform oder des Verabreichungsweges gegenüber dem Referenzarzneimittel sind die Ergebnisse der geeigneten vorklinischen oder klinischen Versuche vorzulegen. Bei Arzneimitteln, die zur Anwendung bei Tieren bestimmt sind, sind die entsprechenden Unbedenklichkeitsuntersuchungen, bei Arzneimitteln, die zur Anwendung bei Tieren bestimmt sind, die der Lebensmittelgewinnung dienen, auch die Ergebnisse der entsprechenden Rückstandsversuche vorzulegen.

(3) Sofern das Referenzarzneimittel nicht von der zuständigen Bundesoberbehörde, sondern der zuständigen Behörde eines anderen Mitgliedstaates zugelassen wurde, hat der Antragsteller im Antragsformular den Mit-

gliedstaat anzugeben, in dem das Referenzarzneimittel genehmigt wurde oder ist. Die zuständige Bundesoberbehörde ersucht in diesem Fall die zuständige Behörde des anderen Mitgliedstaates, binnen eines Monats eine Bestätigung darüber zu übermitteln, dass das Referenzarzneimittel genehmigt ist oder wurde, sowie die vollständige Zusammensetzung des Referenzarzneimittels und andere Unterlagen, sofern diese für die Zulassung des Generikums erforderlich sind. Im Falle der Genehmigung des Referenzarzneimittels durch die Europäische Arzneimittel-Agentur ersucht die zuständige Bundesoberbehörde diese um die in Satz 2 genannten Angaben und Unterlagen.

(4) Sofern die zuständige Behörde eines anderen Mitgliedstaates, in dem ein Antrag eingereicht wird, die zuständige Bundesoberbehörde um Übermittlung der in Absatz 3 Satz 2 genannten Angaben oder Unterlagen ersucht, hat die zuständige Bundesoberbehörde diesem Ersuchen binnen eines Monats zu entsprechen, sofern mindestens acht Jahre nach Erteilung der ersten Genehmigung für das Referenzarzneimittel vergangen sind.

(5) Erfüllt ein biologisches Arzneimittel, das einem biologischen Referenzarzneimittel ähnlich ist, die für Generika geltenden Anforderungen nach Absatz 2 nicht, weil insbesondere die Ausgangsstoffe oder der Herstellungsprozess des biologischen Arzneimittels sich von dem des biologischen Referenzarzneimittels unterscheiden, so sind die Ergebnisse geeigneter vorklinischer oder klinischer Versuche hinsichtlich dieser Abweichungen vorzulegen. Die Art und Anzahl der vorzulegenden zusätzlichen Unterlagen müssen den nach dem Stand der Wissenschaft relevanten Kriterien entsprechen. Die Ergebnisse anderer Versuche aus den Zulassungsunterlagen des Referenzarzneimittels sind nicht vorzulegen.

(6) Zusätzlich zu den Bestimmungen des Absatzes 1 wird, wenn es sich um einen Antrag für ein neues Anwendungsgebiet eines bekannten Wirkstoffes handelt, der seit mindestens zehn Jahren in der Europäischen Union allgemein medizinisch verwendet wird, eine nicht kumulierbare Ausschließlichkeitsfrist von einem Jahr für die Daten gewährt, die auf Grund bedeutender vorklinischer oder klinischer Studien im Zusammenhang mit dem neuen Anwendungsgebiet gewonnen wurden.

(7) Absatz 1 Satz 3 und Absatz 6 finden keine Anwendung auf Generika, die zur Anwendung bei Tieren bestimmt sind. Der in Absatz 1 Satz 2 genannte Zeitraum verlängert sich

1. bei Arzneimitteln, die zur Anwendung bei Fischen oder Bienen bestimmt sind, auf dreizehn Jahre,

2. bei Arzneimitteln, die zur Anwendung bei einer oder mehreren Tierarten, die der Gewinnung von Lebensmitteln dienen, bestimmt sind und die einen

neuen Wirkstoff enthalten, der am 30. April 2004 noch nicht in der Gemeinschaft zugelassen war, bei jeder Erweiterung der Zulassung auf eine
weitere Tierart, die der Gewinnung von Lebensmitteln dient, die innerhalb
von fünf Jahren seit der Zulassung erteilt worden ist, um ein Jahr. Dieser
Zeitraum darf jedoch bei einer Zulassung für vier oder mehr Tierarten, die
der Gewinnung von Lebensmitteln dienen, insgesamt dreizehn Jahre nicht
übersteigen.

Die Verlängerung des Zehnjahreszeitraums für ein Arzneimittel für eine Tierart,
die der Lebensmittelgewinnung dient, auf elf, zwölf oder dreizehn Jahre erfolgt
unter der Voraussetzung, dass der Inhaber der Zulassung ursprünglich auch
die Festsetzung der Rückstandshöchstmengen für die von der Zulassung betroffenen Tierarten beantragt hat.

(8) Handelt es sich um die Erweiterung einer Zulassung für ein nach § 22
Abs. 3 zugelassenes Arzneimittel auf eine Zieltierart, die der Lebensmittelgewinnung dient, die unter Vorlage neuer Rückstandsversuche nach der Verordnung (EWG) Nr. 2377/90 und neuer klinischer Versuche erwirkt worden ist,
wird eine Ausschließlichkeitsfrist von drei Jahren nach der Erteilung der Zulassung für die Daten gewährt, für die die genannten Versuche durchgeführt
wurden.

§ 24c
Nachforderungen

Müssen von mehreren Inhabern der Zulassung inhaltlich gleiche Unterlagen
nachgefordert werden, so teilt die zuständige Bundesoberbehörde jedem Inhaber der Zulassung mit, welche Unterlagen für die weitere Beurteilung erforderlich sind, sowie Namen und Anschrift der übrigen beteiligten Inhaber der
Zulassung. Die zuständige Bundesoberbehörde gibt den beteiligten Inhabern
der Zulassung Gelegenheit, sich innerhalb einer von ihr zu bestimmenden Frist
zu einigen, wer die Unterlagen vorlegt. Kommt eine Einigung nicht zustande,
so entscheidet die zuständige Bundesoberbehörde und unterrichtet hiervon
unverzüglich alle Beteiligten. Diese sind, sofern sie nicht auf die Zulassung
ihres Arzneimittels verzichten, verpflichtet, sich jeweils mit einem der Zahl der
beteiligten Inhaber der Zulassung entsprechenden Bruchteil an den Aufwendungen für die Erstellung der Unterlagen zu beteiligen; sie haften als Gesamtschuldner. Die Sätze 1 bis 4 gelten entsprechend für die Nutzer von
Standardzulassungen sowie, wenn inhaltlich gleiche Unterlagen von mehreren
Antragstellern in laufenden Zulassungsverfahren gefordert werden.

§ 24d
Allgemeine Verwertungsbefugnis

Die zuständige Bundesoberbehörde kann bei Erfüllung ihrer Aufgaben nach
diesem Gesetz ihr vorliegende Unterlagen mit Ausnahme der Unterlagen nach
§ 22 Abs. 1 Nr. 11, 14 und 15 sowie Abs. 2 Nr. 1 und des Gutachtens nach § 24

Abs. 1 Satz 2 Nr. 1 verwerten, sofern die erstmalige Zulassung des Arzneimittels in einem Mitgliedstaat der Europäischen Union länger als acht Jahre zurückliegt oder ein Verfahren nach § 24c noch nicht abgeschlossen ist.

§ 25
Entscheidung über die Zulassung

(1) Die zuständige Bundesoberbehörde erteilt die Zulassung schriftlich unter Zuteilung einer Zulassungsnummer. Die Zulassung gilt nur für das im Zulassungsbescheid aufgeführte Arzneimittel und bei Arzneimitteln, die nach einer homöopathischen Verfahrenstechnik hergestellt sind, auch für die in einem nach § 25 Abs. 7 Satz 1 in der vor dem 17. August 1994 geltenden Fassung bekannt gemachten Ergebnis genannten und im Zulassungsbescheid aufgeführten Verdünnungsgrade.

(2) Die zuständige Bundesoberbehörde darf die Zulassung nur versagen, wenn

1. die vorgelegten Unterlagen unvollständig sind,

2. das Arzneimittel nicht nach dem jeweils gesicherten Stand der wissenschaftlichen Erkenntnisse ausreichend geprüft worden ist oder das andere wissenschaftliche Erkenntnismaterial nach § 22 Abs. 3 nicht dem jeweils gesicherten Stand der wissenschaftlichen Erkenntnisse entspricht,

3. das Arzneimittel nicht die nach den anerkannten pharmazeutischen Regeln angemessene Qualität aufweist,

4. dem Arzneimittel die vom Antragsteller angegebene therapeutische Wirksamkeit fehlt oder diese nach dem jeweils gesicherten Stand der wissenschaftlichen Erkenntnisse vom Antragsteller unzureichend begründet ist,

5. das Nutzen-Risiko-Verhältnis ungünstig ist,

5a. bei einem Arzneimittel, das mehr als einen Wirkstoff enthält, eine ausreichende Begründung fehlt, dass jeder Wirkstoff einen Beitrag zur positiven Beurteilung des Arzneimittels leistet, wobei die Besonderheiten der jeweiligen Arzneimittel in einer risikogestuften Bewertung zu berücksichtigen sind,

6. die angegebene Wartezeit nicht ausreicht,

6a. bei Arzneimittel-Vormischungen die zum qualitativen und quantitativen Nachweis der Wirkstoffe in den Fütterungsarzneimitteln angewendeten Kontrollmethoden nicht routinemäßig durchführbar sind,

6b. das Arzneimittel zur Anwendung bei Tieren bestimmt ist, die der Gewinnung von Lebensmitteln dienen, und einen pharmakologisch wirksamen

Bestandteil enthält, der nicht in Anhang I, II oder III der Verordnung (EWG) Nr. 2377/90 enthalten ist,

6c. (weggefallen)

7. das Inverkehrbringen des Arzneimittels oder seine Anwendung bei Tieren gegen gesetzliche Vorschriften oder gegen eine Verordnung oder eine Richtlinie oder eine Entscheidung des Rates oder der Kommission der Europäischen Gemeinschaften verstoßen würde,

8. das Arzneimittel durch Rechtsverordnung nach § 36 Abs. 1 von der Pflicht zur Zulassung freigestellt oder mit einem solchen Arzneimittel in der Art der Wirkstoffe identisch sowie in deren Menge vergleichbar ist, soweit kein berechtigtes Interesse an einer Zulassung nach Absatz 1 zu Exportzwecken glaubhaft gemacht wird.

Die Zulassung darf nach Satz 1 Nr. 4 nicht deshalb versagt werden, weil therapeutische Ergebnisse nur in einer beschränkten Zahl von Fällen erzielt worden sind. Die therapeutische Wirksamkeit fehlt, wenn der Antragsteller nicht entsprechend dem jeweils gesicherten Stand der wissenschaftlichen Erkenntnisse nachweist, dass sich mit dem Arzneimittel therapeutische Ergebnisse erzielen lassen. Die medizinischen Erfahrungen der jeweiligen Therapierichtung sind zu berücksichtigen. Die Zulassung darf nach Satz 1 Nr. 6b nicht versagt werden, wenn das Arzneimittel zur Behandlung einzelner Einhufer bestimmt ist, bei denen die in Artikel 6 Abs. 3 der Richtlinie 2001/82/EG genannten Voraussetzungen vorliegen, und es die übrigen Voraussetzungen des Artikels 6 Abs. 3 der Richtlinie 2001/82/EG erfüllt.

(3) Die Zulassung ist für ein Arzneimittel zu versagen, das sich von einem zugelassenen oder bereits im Verkehr befindlichen Arzneimittel gleicher Bezeichnung in der Art oder der Menge der Wirkstoffe unterscheidet. Abweichend von Satz 1 ist ein Unterschied in der Menge der Wirkstoffe unschädlich, wenn sich die Arzneimittel in der Darreichungsform unterscheiden.

(4) Ist die zuständige Bundesoberbehörde der Auffassung, dass eine Zulassung auf Grund der vorgelegten Unterlagen nicht erteilt werden kann, teilt sie dies dem Antragsteller unter Angabe von Gründen mit. Dem Antragsteller ist dabei Gelegenheit zu geben, Mängeln innerhalb einer angemessenen Frist, jedoch höchstens innerhalb von sechs Monaten abzuhelfen. Wird den Mängeln nicht innerhalb dieser Frist abgeholfen, so ist die Zulassung zu versagen. Nach einer Entscheidung über die Versagung der Zulassung ist das Einreichen von Unterlagen zur Mängelbeseitigung ausgeschlossen.

(5) Die Zulassung ist auf Grund der Prüfung der eingereichten Unterlagen und auf der Grundlage der Sachverständigengutachten zu erteilen. Zur Beurteilung der Unterlagen kann die zuständige Bundesoberbehörde eigene wissenschaftliche Ergebnisse verwerten, Sachverständige beiziehen oder Gutachten anfordern. Die zuständige Bundesoberbehörde kann in Betrieben und Einrichtungen, die Arzneimittel entwickeln, herstellen, prüfen oder klinisch

prüfen, zulassungsbezogene Angaben und Unterlagen, auch im Zusammenhang mit einer Genehmigung für das Inverkehrbringen gemäß Artikel 3 Abs. 1 oder 2 der Verordnung (EG) Nr. 726/2004 überprüfen. Zu diesem Zweck können Beauftragte der zuständigen Bundesoberbehörde im Benehmen mit der zuständigen Behörde Betriebs- und Geschäftsräume zu den üblichen Geschäftszeiten betreten, Unterlagen einsehen sowie Auskünfte verlangen. Die zuständige Bundesoberbehörde kann ferner die Beurteilung der Unterlagen durch unabhängige Gegensachverständige durchführen lassen und legt deren Beurteilung der Zulassungsentscheidung und, soweit es sich um Arzneimittel handelt, die der Verschreibungspflicht nach § 48 Abs. 2 Nr. 1 unterliegen, dem der Zulassungskommission nach Absatz 6 Satz 1 vorzulegenden Entwurf der Zulassungsentscheidung zugrunde. Als Gegensachverständiger nach Satz 5 kann von der zuständigen Bundesoberbehörde beauftragt werden, wer die erforderliche Sachkenntnis und die zur Ausübung der Tätigkeit als Gegensachverständiger erforderliche Zuverlässigkeit besitzt. Dem Antragsteller ist auf Antrag Einsicht in die Gutachten zu gewähren. Verlangt der Antragsteller, von ihm gestellte Sachverständige beizuziehen, so sind auch diese zu hören. Für die Berufung als Sachverständiger, Gegensachverständiger und Gutachter gilt Absatz 6 Satz 5 und 6 entsprechend.

(5a) Die zuständige Bundesoberbehörde erstellt ferner einen Beurteilungsbericht über die eingereichten Unterlagen zur Qualität, Unbedenklichkeit und Wirksamkeit; bei Arzneimitteln, die zur Anwendung bei Tieren bestimmt sind, die der Gewinnung von Lebensmitteln dienen, bezieht sich der Beurteilungsbericht auch auf die Ergebnisse der Rückstandsprüfung. Der Beurteilungsbericht ist zu aktualisieren, wenn hierzu neue Informationen verfügbar werden.

(5b) Absatz 5a findet keine Anwendung auf Arzneimittel, die nach einer homöopathischen Verfahrenstechnik hergestellt werden, sofern diese Arzneimittel dem Artikel 16 Abs. 2 der Richtlinie 2001/83/EG oder dem Artikel 19 Abs. 2 der Richtlinie 2001/82/EG unterliegen.

(5c)–(5e) (weggefallen)

(6) Vor der Entscheidung über die Zulassung eines Arzneimittels, das der Verschreibungspflicht nach § 48 Abs. 2 Nr. 1 unterliegt, ist eine Zulassungskommission zu hören. Die Anhörung erstreckt sich auf den Inhalt der eingereichten Unterlagen, der Sachverständigengutachten, der angeforderten Gutachten, die Stellungnahmen der beigezogenen Sachverständigen, das Prüfungsergebnis und die Gründe, die für die Entscheidung über die Zulassung wesentlich sind, oder die Beurteilung durch die Gegensachverständigen. Weicht die Bundesoberbehörde bei der Entscheidung über den Antrag von dem Ergebnis der Anhörung ab, so hat sie die Gründe für die abweichende Entscheidung darzulegen. Das Bundesministerium beruft, soweit es sich um zur Anwendung bei Tieren bestimmte Arzneimittel handelt im Einvernehmen mit dem Bundesministerium für Verbraucherschutz, Ernährung und Landwirtschaft, die Mitglieder der Zulassungskommission unter Berücksichtigung von Vorschlägen der Kammern der Heilberufe, der Fachgesellschaften der Ärzte,

Zahnärzte, Tierärzte, Apotheker, Heilpraktiker sowie der für die Wahrnehmung ihrer Interessen gebildeten maßgeblichen Spitzenverbände der pharmazeutischen Unternehmer, Patienten und Verbraucher. Bei der Berufung sind die jeweiligen Besonderheiten der Arzneimittel zu berücksichtigen. In die Zulassungskommissionen werden Sachverständige berufen, die auf den jeweiligen Anwendungsgebieten und in der jeweiligen Therapierichtung (Phytotherapie, Homöopathie, Anthroposophie) über wissenschaftliche Kenntnisse verfügen und praktische Erfahrungen gesammelt haben.

(7) Für Arzneimittel, die nicht der Verschreibungspflicht nach § 48 Abs. 2 Nr. 1 unterliegen, werden bei der zuständigen Bundesoberbehörde Kommissionen für bestimmte Anwendungsgebiete oder Therapierichtungen gebildet. Absatz 6 Satz 4 bis 6 findet entsprechende Anwendung. Die zuständige Bundesoberbehörde kann zur Vorbereitung der Entscheidung über die Verlängerung von Zulassungen nach § 105 Abs. 3 Satz 1 die zuständige Kommission beteiligen. Betrifft die Entscheidung nach Satz 3 Arzneimittel einer bestimmten Therapierichtung (Phytotherapie, Homöopathie, Anthroposophie), ist die zuständige Kommission zu beteiligen, sofern eine vollständige Versagung der Verlängerung nach § 105 Abs. 3 Satz 1 beabsichtigt oder die Entscheidung von grundsätzlicher Bedeutung ist; sie hat innerhalb von zwei Monaten Gelegenheit zur Stellungnahme. Soweit die Bundesoberbehörde bei der Entscheidung nach Satz 4 die Stellungnahme der Kommission nicht berücksichtigt, legt sie die Gründe dar.

(7a) Zur Verbesserung der Arzneimittelsicherheit für Kinder und Jugendliche wird beim Bundesinstitut für Arzneimittel und Medizinprodukte eine Kommission für Arzneimittel für Kinder und Jugendliche gebildet. Absatz 6 Satz 4 bis 6 findet entsprechende Anwendung. Zur Vorbereitung der Entscheidung über den Antrag auf Zulassung eines Arzneimittels, das auch zur Anwendung bei Kindern oder Jugendlichen bestimmt ist, beteiligt die zuständige Bundesoberbehörde die Kommission. Die zuständige Bundesoberbehörde kann ferner zur Vorbereitung der Entscheidung über den Antrag auf Zulassung eines anderen als in Satz 3 genannten Arzneimittels, bei dem eine Anwendung bei Kindern oder Jugendlichen in Betracht kommt, die Kommission beteiligen. Die Kommission hat Gelegenheit zur Stellungnahme. Soweit die Bundesoberbehörde bei der Entscheidung die Stellungnahme der Kommission nicht berücksichtigt, legt sie die Gründe dar. Die Kommission kann ferner zu Arzneimitteln, die nicht für die Anwendung bei Kindern oder Jugendlichen zugelassen sind, den anerkannten Stand der Wissenschaft dafür feststellen, unter welchen Voraussetzungen diese Arzneimittel bei Kindern oder Jugendlichen angewendet werden können. Für die Arzneimittel der Phytotherapie, Homöopathie und anthroposophischen Medizin werden die Aufgaben und Befugnisse nach den Sätzen 3 bis 7 von den Kommissionen nach Absatz 7 Satz 4 wahrgenommen.

(8) Bei Sera, Impfstoffen, Blutzubereitungen, Allergenen, Gentransfer-Arzneimitteln, somatischen Zelltherapeutika und xenogenen Zelltherapeutika erteilt

die zuständige Bundesoberbehörde die Zulassung entweder auf Grund der Prüfung der eingereichten Unterlagen oder auf Grund eigener Untersuchungen oder auf Grund der Beobachtung der Prüfungen des Herstellers. Dabei können Beauftragte der zuständigen Bundesoberbehörde im Benehmen mit der zuständigen Behörde Betriebs- und Geschäftsräume zu den üblichen Geschäftszeiten betreten und in diesen sowie in den dem Betrieb dienenden Beförderungsmitteln Besichtigungen vornehmen. Auf Verlangen der zuständigen Bundesoberbehörde hat der Antragsteller das Herstellungsverfahren mitzuteilen. Bei diesen Arzneimitteln finden die Absätze 6, 7 und 7a keine Anwendung.

(8a) Absatz 8 Satz 1 bis 3 findet entsprechende Anwendung auf Kontrollmethoden nach § 23 Abs. 2 Satz 3.

(9) Werden verschiedene Stärken, Darreichungsformen, Verabreichungswege oder Ausbietungen eines Arzneimittels beantragt, so können diese auf Antrag des Antragstellers Gegenstand einer einheitlichen umfassenden Zulassung sein; dies gilt auch für nachträgliche Änderungen und Erweiterungen. Dabei ist eine einheitliche Zulassungsnummer zu verwenden, der weitere Kennzeichen zur Unterscheidung der Darreichungsformen oder Konzentrationen hinzugefügt werden müssen. Für Zulassungen nach § 24b Abs. 1 gelten Einzelzulassungen eines Referenzarzneimittels als einheitliche umfassende Zulassung.

(10) Die Zulassung lässt die zivil- und strafrechtliche Verantwortlichkeit des pharmazeutischen Unternehmers unberührt.

§ 25a
Vorprüfung

(1) Die zuständige Bundesoberbehörde soll den Zulassungsantrag durch unabhängige Sachverständige auf Vollständigkeit und daraufhin prüfen lassen, ob das Arzneimittel nach dem jeweils gesicherten Stand der wissenschaftlichen Erkenntnisse ausreichend geprüft worden ist. § 25 Abs. 6 Satz 5 findet entsprechende Anwendung.

(2) Bei Beanstandungen im Sinne des Absatzes 1 hat der Sachverständige dem Antragsteller Gelegenheit zu geben, Mängeln innerhalb von drei Monaten abzuhelfen.

(3) Ist der Zulassungsantrag nach Ablauf der Frist unter Zugrundelegung der abschließenden Stellungnahme des Sachverständigen weiterhin unvollständig oder mangelhaft im Sinne des § 25 Abs. 2 Nr. 2, so ist die Zulassung zu versagen. § 25 Abs. 4 und 6 findet auf die Vorprüfung keine Anwendung.

(4) Stellt die zuständige Bundesoberbehörde fest, dass ein gleich lautender Zulassungsantrag in einem anderen Mitgliedstaat der Europäischen Union geprüft wird, lehnt sie den Antrag ab und setzt den Antragsteller in Kenntnis, dass ein Verfahren nach § 25b Anwendung findet.

(5) Wird die zuständige Bundesoberbehörde nach § 22 unterrichtet, dass sich ein Antrag auf ein in einem anderen Mitgliedstaat der Europäischen Union bereits zugelassenes Arzneimittel bezieht, lehnt sie den Antrag ab, es sei denn, er wurde nach § 25b eingereicht.

§ 25b
Verfahren der gegenseitigen Anerkennung und dezentralisiertes Verfahren

(1) Für die Erteilung einer Zulassung oder Genehmigung in mehr als einem Mitgliedstaat der Europäischen Union hat der Antragsteller einen auf identischen Unterlagen beruhenden Antrag in diesen Mitgliedstaaten einzureichen; dies kann in englischer Sprache erfolgen.

(2) Ist das Arzneimittel zum Zeitpunkt der Antragstellung bereits in einem anderen Mitgliedstaat der Europäischen Union genehmigt oder zugelassen worden, ist diese Zulassung auf der Grundlage des von diesem Staat übermittelten Beurteilungsberichtes anzuerkennen, es sei denn, dass Anlass zu der Annahme besteht, dass die Zulassung des Arzneimittels eine schwerwiegende Gefahr für die öffentliche Gesundheit, bei Arzneimitteln zur Anwendung bei Tieren eine schwerwiegende Gefahr für die Gesundheit von Mensch oder Tier oder für die Umwelt darstellt. In diesem Fall hat die zuständige Bundesoberbehörde nach Maßgabe des Artikels 29 der Richtlinie 2001/83/EG oder des Artikels 33 der Richtlinie 2001/82/EG zu verfahren.

(3) Ist das Arzneimittel zum Zeitpunkt der Antragstellung noch nicht zugelassen, hat die zuständige Bundesoberbehörde, soweit sie Referenzmitgliedstaat im Sinne des Artikels 28 der Richtlinie 2001/83/EG oder des Artikels 32 der Richtlinie 2001/82/EG ist, Entwürfe des Beurteilungsberichtes, der Zusammenfassung der Merkmale des Arzneimittels und der Kennzeichnung und der Packungsbeilage zu erstellen und den zuständigen Mitgliedstaaten und dem Antragsteller zu übermitteln.

(4) Für die Anerkennung der Zulassung eines anderen Mitgliedstaates finden Kapitel 4 der Richtlinie 2001/83/EG und Kapitel 4 der Richtlinie 2001/82/EG Anwendung.

(5) Bei einer abweichenden Entscheidung bezüglich der Zulassung, ihrer Aussetzung oder Rücknahme finden die Artikel 30, 32, 33 und 34 der Richtlinie 2001/83/EG und die Artikel 34, 36, 37 und 38 der Richtlinie 2001/82/EG Anwendung. Im Fall einer Entscheidung nach Artikel 34 der Richtlinie 2001/83/EG oder nach Artikel 38 der Richtlinie 2001/82/EG ist über die Zulassung nach Maßgabe der nach diesen Artikeln getroffenen Entscheidung der Kommission der Europäischen Gemeinschaften oder des Rates der Europäischen Union zu entscheiden. Ein Vorverfahren nach § 68 der Verwaltungsgerichtsordnung findet bei Rechtsmitteln gegen Entscheidungen der

zuständigen Bundesoberbehörden nach Satz 2 nicht statt. Ferner findet § 25 Abs. 6 keine Anwendung.

(6) Die Absätze 1 bis 5 finden keine Anwendung auf Arzneimittel, die nach einer homöopathischen Verfahrenstechnik hergestellt worden sind, sofern diese Arzneimittel dem Artikel 16 Abs. 2 der Richtlinie 2001/83/EG oder dem Artikel 19 Abs. 2 der Richtlinie 2001/82/EG unterliegen.

§ 26
Arzneimittelprüfrichtlinien

(1) Das Bundesministerium wird ermächtigt, nach Anhörung von Sachverständigen aus der medizinischen und pharmazeutischen Wissenschaft und Praxis durch Rechtsverordnung mit Zustimmung des Bundesrates Anforderungen an die in den §§ 22 bis 24, auch in Verbindung mit § 38 Abs. 2 bezeichneten Angaben, Unterlagen und Gutachten sowie deren Prüfung durch die zuständige Bundesoberbehörde zu regeln. Die Vorschriften müssen dem jeweils gesicherten Stand der wissenschaftlichen Erkenntnisse entsprechen und sind laufend an diesen anzupassen, insbesondere sind Tierversuche durch andere Prüfverfahren zu ersetzen, wenn dies nach dem Stand der wissenschaftlichen Erkenntnisse im Hinblick auf den Prüfungszweck vertretbar ist. Die Rechtsverordnung ergeht, soweit es sich um radioaktive Arzneimittel und um Arzneimittel handelt, bei deren Herstellung ionisierende Strahlen verwendet werden und soweit es sich um Prüfungen zur Ökotoxizität handelt, im Einvernehmen mit dem Bundesministerium für Umwelt, Naturschutz und Reaktorsicherheit und, soweit es sich um Arzneimittel handelt, die zur Anwendung bei Tieren bestimmt sind, im Einvernehmen mit dem Bundesministerium für Verbraucherschutz, Ernährung und Landwirtschaft. Auf die Berufung der Sachverständigen findet § 25 Abs. 6 Satz 4 und 5 entsprechende Anwendung.

(2) Die zuständige Bundesoberbehörde und die Kommissionen nach § 25 Abs. 7 haben die Arzneimittelprüfrichtlinien sinngemäß auf das wissenschaftliche Erkenntnismaterial nach § 22 Abs. 3 und § 23 Abs. 3 Satz 2 anzuwenden, wobei die Besonderheiten der jeweiligen Arzneimittel zu berücksichtigen sind. Als wissenschaftliches Erkenntnismaterial gilt auch das nach wissenschaftlichen Methoden aufbereitete medizinische Erfahrungsmaterial.

(3) (weggefallen).

§ 27
Fristen für die Erteilung

(1) Die zuständige Bundesoberbehörde hat eine Entscheidung über den Antrag auf Zulassung innerhalb einer Frist von sieben Monaten zu treffen. Die Entscheidung über die Anerkennung einer Zulassung ist innerhalb einer Frist von drei Monaten nach Erhalt des Beurteilungsberichtes zu treffen. Ein Beurteilungsbericht ist innerhalb einer Frist von drei Monaten zu erstellen.

(2) Gibt die zuständige Bundesoberbehörde dem Antragsteller nach § 25 Abs. 4 Gelegenheit, Mängeln abzuhelfen, so werden die Fristen bis zur Behebung der Mängel oder bis zum Ablauf der nach § 25 Abs. 4 gesetzten Frist gehemmt. Die Hemmung beginnt mit dem Tage, an dem dem Antragsteller die Aufforderung zur Behebung der Mängel zugestellt wird. Das Gleiche gilt für die Frist, die dem Antragsteller auf sein Verlangen hin eingeräumt wird, auch unter Beiziehung von Sachverständigen, Stellung zu nehmen.

(3) Bei Verfahren nach § 25b Abs. 3 verlängert sich die Frist zum Abschluss des Verfahrens entsprechend den Vorschriften in Artikel 28 der Richtlinie 2001/83/EG und Artikel 32 der Richtlinie 2001/82/EG um drei Monate.

§ 28
Auflagenbefugnis

(1) Die zuständige Bundesoberbehörde kann die Zulassung mit Auflagen verbinden. Bei Auflagen nach den Absätzen 2 bis 3c zum Schutz der Umwelt, entscheidet die zuständige Bundesoberbehörde im Einvernehmen mit dem Umweltbundesamt, soweit Auswirkungen auf die Umwelt zu bewerten sind. Hierzu übermittelt die zuständige Bundesoberbehörde dem Umweltbundesamt die zur Beurteilung der Auswirkungen auf die Umwelt erforderlichen Angaben und Unterlagen. Auflagen können auch nachträglich angeordnet werden.

(2) Auflagen nach Absatz 1 können angeordnet werden, um sicherzustellen, dass

1. die Kennzeichnung der Behältnisse und äußeren Umhüllungen den Vorschriften des § 10 entspricht; dabei kann angeordnet werden, dass angegeben werden müssen

   a) Hinweise oder Warnhinweise, soweit sie erforderlich sind, um bei der Anwendung des Arzneimittels eine unmittelbare oder mittelbare Gefährdung der Gesundheit von Mensch oder Tier zu verhüten,

   b) Aufbewahrungshinweise für den Verbraucher und Lagerhinweise für die Fachkreise, soweit sie geboten sind, um die erforderliche Qualität des Arzneimittels zu erhalten,

2. die Packungsbeilage den Vorschriften des § 11 entspricht; dabei kann angeordnet werden, dass angegeben werden müssen

   a) die in der Nummer 1 Buchstabe a genannten Hinweise oder Warnhinweise,

   b) die Aufbewahrungshinweise für den Verbraucher, soweit sie geboten sind, um die erforderliche Qualität des Arzneimittels zu erhalten,

2a. die Fachinformation den Vorschriften des § 11a entspricht; dabei kann angeordnet werden, dass angegeben werden müssen

a) die in Nummer 1 Buchstabe a genannten Hinweise oder Warnhinweise,

b) besondere Lager- und Aufbewahrungshinweise, soweit sie geboten sind, um die erforderliche Qualität des Arzneimittels zu erhalten,

c) Hinweise auf Auflagen nach Absatz 3,

3. die Angaben nach den §§ 10, 11 und 11a den für die Zulassung eingereichten Unterlagen entsprechen und dabei einheitliche und allgemeinverständliche Begriffe und ein einheitlicher Wortlaut verwendet werden, wobei die Angabe weiterer Gegenanzeigen, Nebenwirkungen und Wechselwirkungen zulässig bleibt; von dieser Befugnis kann die zuständige Bundesoberbehörde allgemein aus Gründen der Arzneimittelsicherheit, der Transparenz oder der rationellen Arbeitsweise Gebrauch machen; dabei kann angeordnet werden, dass bei verschreibungspflichtigen Arzneimitteln bestimmte Anwendungsgebiete entfallen, wenn zu befürchten ist, dass durch deren Angabe der therapeutische Zweck gefährdet wird,

4. das Arzneimittel in Packungsgrößen in den Verkehr gebracht wird, die den Anwendungsgebieten und der vorgesehenen Dauer der Anwendung angemessen sind,

5. das Arzneimittel in einem Behältnis mit bestimmter Form, bestimmtem Verschluss oder sonstiger Sicherheitsvorkehrung in den Verkehr gebracht wird, soweit es geboten ist, um die Einhaltung der Dosierungsanleitung zu gewährleisten oder um die Gefahr des Missbrauchs durch Kinder zu verhüten.

Verschreiben bzw. Verwedung nur durch Fachärzte

(2a) Warnhinweise nach Absatz 2 können auch angeordnet werden, um sicherzustellen, dass das Arzneimittel nur von Ärzten bestimmter Fachgebiete verschrieben und unter deren Kontrolle oder nur in Kliniken oder Spezialkliniken oder in Zusammenarbeit mit solchen Einrichtungen angewendet werden darf, wenn dies erforderlich ist, um bei der Anwendung eine unmittelbare oder mittelbare Gefährdung der Gesundheit von Menschen zu verhüten, insbesondere, wenn die Anwendung des Arzneimittels nur bei Vorhandensein besonderer Fachkunde oder besonderer therapeutischer Einrichtungen unbedenklich erscheint.

(3) Die zuständige Bundesoberbehörde kann durch Auflagen ferner anordnen, dass weitere analytische, pharmakologisch-toxikologische oder klinische Prüfungen durchgeführt werden und über die Ergebnisse berichtet wird, wenn hinreichende Anhaltspunkte dafür vorliegen, dass das Arzneimittel einen großen therapeutischen Wert haben kann und deshalb ein öffentliches Interesse an seinem unverzüglichen Inverkehrbringen besteht, jedoch für die umfassende Beurteilung des Arzneimittels weitere wichtige Angaben erforderlich sind. Satz 1 gilt entsprechend für Unterlagen über das Rückstandsnachweisverfahren nach § 23 Abs. 1 Nr. 2.

Weitere Prüfungen, wenn großer therapeutischer Wert zu erwarten ist

(3a) Die zuständige Bundesoberbehörde kann, wenn dies im Interesse der Arzneimittelsicherheit erforderlich ist, durch Auflagen ferner anordnen, dass nach der Zulassung Erkenntnisse bei der Anwendung des Arzneimittels systematisch gesammelt, dokumentiert und ausgewertet werden und ihr über die Ergebnisse dieser Untersuchung innerhalb einer bestimmten Frist berichtet wird.

(3b) Bei Auflagen nach den Absätzen 3 und 3a kann die zuständige Bundesoberbehörde Art und Umfang der Untersuchung oder Prüfungen bestimmen. Die Ergebnisse sind durch Unterlagen so zu belegen, dass aus diesen Art, Umfang und Zeitpunkt der Untersuchung oder Prüfungen hervorgehen.

(3c) Die zuständige Bundesoberbehörde kann durch Auflage ferner anordnen, dass bei der Herstellung und Kontrolle solcher Arzneimittel und ihrer Ausgangsstoffe, die biologischer Herkunft sind oder auf biotechnischem Wege hergestellt werden,

1. bestimmte Anforderungen eingehalten und bestimmte Maßnahmen und Verfahren angewendet werden,

2. Unterlagen vorgelegt werden, die die Eignung bestimmter Maßnahmen und Verfahren begründen, einschließlich von Unterlagen über die Validierung,

3. die Einführung oder Änderung bestimmter Anforderungen, Maßnahmen und Verfahren der vorherigen Zustimmung der zuständigen Bundesoberbehörde bedarf,

(3d) (weggefallen)

soweit es zur Gewährleistung angemessener Qualität oder zur Risikovorsorge geboten ist. Die angeordneten Auflagen sind sofort vollziehbar. Widerspruch und Anfechtungsklage haben keine aufschiebende Wirkung.

(4) Soll die Zulassung mit einer Auflage verbunden werden, so wird die in § 27 Abs. 1 vorgesehene Frist bis zum Ablauf einer dem Antragsteller gewährten Frist zur Stellungnahme gehemmt. § 27 Abs. 2 findet entsprechende Anwendung.

§ 29
Anzeigepflicht, Neuzulassung

(1) Der Antragsteller hat der zuständigen Bundesoberbehörde unter Beifügung entsprechender Unterlagen unverzüglich Anzeige zu erstatten, wenn sich Änderungen in den Angaben und Unterlagen nach den §§ 22 bis 24a und 25b ergeben. Die Verpflichtung nach Satz 1 hat nach Erteilung der Zulassung der Inhaber der Zulassung zu erfüllen.

(1a) Der Inhaber der Zulassung hat der zuständigen Bundesoberbehörde zusätzlich zu den Verpflichtungen nach Absatz 1 und § 63b unverzüglich alle Verbote oder Beschränkungen durch die zuständigen Behörden jedes Landes, in dem das betreffende Arzneimittel in Verkehr gebracht wird, sowie alle anderen neuen Informationen mitzuteilen, die die Beurteilung des Nutzens und der Risiken des betreffenden Arzneimittels beeinflussen könnten. Er hat auf Verlangen der zuständigen Bundesoberbehörde auch alle Angaben und Unterlagen vorzulegen, die belegen, dass das Nutzen-Risiko-Verhältnis weiterhin günstig zu bewerten ist. Die Sätze 1 und 2 gelten nicht für einen Parallelimporteur.

(1b) Der Inhaber der Zulassung hat der zuständigen Bundesoberbehörde den Zeitpunkt für das Inverkehrbringen des Arzneimittels unter Berücksichtigung der unterschiedlichen zugelassenen Darreichungsformen und Stärken unverzüglich mitzuteilen.

(1c) Der Inhaber der Zulassung hat der zuständigen Bundesoberbehörde nach Maßgabe des Satzes 2 anzuzeigen, wenn das Inverkehrbringen des Arzneimittels vorübergehend oder endgültig eingestellt wird. Die Anzeige hat spätestens zwei Monate vor der Einstellung des Inverkehrbringens zu erfolgen. Dies gilt nicht, wenn Umstände vorliegen, die der Inhaber der Zulassung nicht zu vertreten hat.

(1d) Der Inhaber der Zulassung hat alle Daten im Zusammenhang mit der Absatzmenge des Arzneimittels sowie alle ihm vorliegenden Daten im Zusammenhang mit dem Verschreibungsvolumen mitzuteilen, sofern die zuständige Bundesoberbehörde dies aus Gründen der Arzneimittelsicherheit fordert.

(2) Bei einer Änderung der Bezeichnung des Arzneimittels ist der Zulassungsbescheid entsprechend zu ändern. Das Arzneimittel darf unter der alten Bezeichnung vom pharmazeutischen Unternehmer noch ein Jahr, von den Groß- und Einzelhändlern noch zwei Jahre, beginnend mit dem auf die Bekanntmachung der Änderung im Bundesanzeiger folgenden 1. Januar oder 1. Juli, in den Verkehr gebracht werden.

(2a) Eine Änderung

1. der Angaben nach den §§ 10, 11 und 11a über die Dosierung, die Art oder die Dauer der Anwendung, die Anwendungsgebiete, soweit es sich nicht um die Zufügung einer oder Veränderung in eine Indikation handelt, die einem anderen Therapiegebiet zuzuordnen ist, eine Einschränkung der Gegenanzeigen, Nebenwirkungen oder Wechselwirkungen mit anderen Mitteln, soweit sie Arzneimittel betrifft, die vom Verkehr außerhalb der Apotheken ausgeschlossen sind,

2. der wirksamen Bestandteile, ausgenommen der arzneilich wirksamen Bestandteile,

3. in eine mit der zugelassenen vergleichbaren Darreichungsform,

3a. in der Behandlung mit ionisierenden Strahlen,

4. des Herstellungs- oder Prüfverfahrens oder die Angabe einer längeren Haltbarkeitsdauer bei Sera, Impfstoffen, Blutzubereitungen, Allergenen,

Testsera und Testantigenen sowie eine Änderung gentechnologischer Herstellungsverfahren,

5. der Packungsgröße und

6. der Wartezeit eines zur Anwendung bei Tieren bestimmten Arzneimittels, wenn diese auf der Festlegung oder Änderung einer Rückstandshöchstmenge gemäß der Verordnung (EWG) Nr. 2377/90 beruht oder der die Wartezeit bedingende Bestandteil einer fixen Kombination nicht mehr im Arzneimittel enthalten ist,

darf erst vollzogen werden, wenn die zuständige Bundesoberbehörde zugestimmt hat. Satz 1 Nr. 1 gilt auch für eine Erweiterung der Zieltierarten bei Arzneimitteln, die nicht zur Anwendung bei Tieren bestimmt sind, die der Gewinnung von Lebensmitteln dienen. Die Zustimmung gilt als erteilt, wenn der Änderung nicht innerhalb einer Frist von drei Monaten widersprochen worden ist.

(3) Eine neue Zulassung ist in folgenden Fällen zu beantragen:

1. bei einer Änderung der Zusammensetzung der Wirkstoffe nach Art oder Menge,

2. bei einer Änderung der Darreichungsform, soweit es sich nicht um eine Änderung nach Absatz 2a Nr. 3 handelt,

3. bei einer Erweiterung der Anwendungsgebiete, soweit es sich nicht um eine Änderung nach Absatz 2a Nr. 1 handelt,

3a. bei der Einführung gentechnologischer Herstellungsverfahren und

4. (weggefallen)

5. bei einer Verkürzung der Wartezeit, soweit es sich nicht um eine Änderung nach Absatz 2a Satz 1 Nr. 6 handelt.

Über die Zulassungspflicht nach Satz 1 entscheidet die zuständige Bundesoberbehörde.

(4) Die Absätze 1, 2, 2a und 3 finden keine Anwendung auf Arzneimittel, für die von der Kommission der Europäischen Gemeinschaften oder dem Rat der Europäischen Union eine Genehmigung für das Inverkehrbringen erteilt worden ist. Für diese Arzneimittel gelten die Verpflichtungen des pharmazeutischen Unternehmers nach der Verordnung (EG) Nr. 726/2004 mit der Maßgabe, dass im Geltungsbereich des Gesetzes die Verpflichtung zur Mitteilung an die Mitgliedstaaten oder zur Unterrichtung der Mitgliedstaaten gegenüber der jeweils zuständigen Bundesoberbehörde besteht.

(5) Die Absätze 2a und 3 finden keine Anwendung, soweit für Arzneimittel die Verordnung (EG) Nr. 1084/2003 der Kommission vom 3. Juni 2003 über die Prüfung von Änderungen einer Zulassung für Human- und Tierarzneimittel, die von einer zuständigen Behörde eines Mitgliedstaates erteilt wurde (ABl. EU Nr. L 159 S. 1) Anwendung findet.

§ 30
Rücknahme, Widerruf, Ruhen

(1) Die Zulassung ist zurückzunehmen, wenn nachträglich bekannt wird, dass einer der Versagungsgründe des § 25 Abs. 2 Nr. 2, 3, 5, 5a, 6 oder 7 bei der Erteilung vorgelegen hat; sie ist zu widerrufen, wenn einer der Versagungsgründe des § 25 Abs. 2 Nr. 3, 5, 5a, 6 oder 7 nachträglich eingetreten ist. Die Zulassung ist ferner zurückzunehmen oder zu widerrufen, wenn

1. sich herausstellt, dass dem Arzneimittel die therapeutische Wirksamkeit fehlt,

2. in den Fällen des § 28 Abs. 3 die therapeutische Wirksamkeit nach dem jeweiligen Stand der wissenschaftlichen Erkenntnisse unzureichend begründet ist.

Die therapeutische Wirksamkeit fehlt, wenn feststeht, dass sich mit dem Arzneimittel keine therapeutischen Ergebnisse erzielen lassen. In den Fällen des Satzes 1 kann auch das Ruhen der Zulassung befristet angeordnet werden.

(1a) Die Zulassung ist ferner ganz oder teilweise zurückzunehmen oder zu widerrufen, soweit dies erforderlich ist, um einer Entscheidung der Kommission der Europäischen Gemeinschaften oder des Rates der Europäischen Union nach Artikel 34 der Richtlinie 2001/83/EG oder nach Artikel 38 der Richtlinie 2001/82/EG zu entsprechen. Ein Vorverfahren nach § 68 der Verwaltungsgerichtsordnung findet bei Rechtsmitteln gegen Entscheidungen der zuständigen Bundesoberbehörde nach Satz 1 nicht statt. In den Fällen des Satzes 1 kann auch das Ruhen der Zulassung befristet angeordnet werden.

(2) Die zuständige Bundesoberbehörde kann die Zulassung

1. zurücknehmen, wenn in den Unterlagen nach den §§ 22, 23 oder 24 unrichtige oder unvollständige Angaben gemacht worden sind oder wenn einer der Versagungsgründe des § 25 Abs. 2 Nr. 6a oder 6b bei der Erteilung vorgelegen hat,

2. widerrufen, wenn einer der Versagungsgründe des § 25 Abs. 2 Nr. 2, 6a oder 6b nachträglich eingetreten ist oder wenn eine der nach § 28 angeordneten Auflagen nicht eingehalten und diesem Mangel nicht innerhalb einer von der zuständigen Bundesoberbehörde zu setzenden angemessenen Frist abgeholfen worden ist; dabei sind Auflagen nach § 28 Abs. 3 und 3a jährlich zu überprüfen,

3. im Benehmen mit der zuständigen Behörde widerrufen, wenn die für das Arzneimittel vorgeschriebenen Prüfungen der Qualität nicht oder nicht ausreichend durchgeführt worden sind.

In diesen Fällen kann auch das Ruhen der Zulassung befristet angeordnet werden.

(2a) In den Fällen der Absätze 1 und 1a ist die Zulassung durch Auflage zu ändern, wenn dadurch der in Absatz 1 genannte betreffende Versagungsgrund entfällt oder der in Absatz 1a genannten Entscheidung entsprochen wird. In den Fällen des Absatzes 2 kann die Zulassung durch Auflage geändert werden, wenn dies ausreichend ist, um den Belangen der Arzneimittelsicherheit zu entsprechen.

(3) Vor einer Entscheidung nach den Absätzen 1 bis 2a muss der Inhaber der Zulassung gehört werden, es sei denn, dass Gefahr im Verzuge ist. In den Fällen des § 25 Abs. 2 Nr. 5 ist die Entscheidung sofort vollziehbar. Widerspruch und Anfechtungsklage haben keine aufschiebende Wirkung.

(4) Ist die Zulassung für ein Arzneimittel zurückgenommen oder widerrufen oder ruht die Zulassung, so darf es

1. nicht in den Verkehr gebracht und

2. nicht in den Geltungsbereich dieses Gesetzes verbracht werden.

Die Rückgabe des Arzneimittels an den pharmazeutischen Unternehmer ist unter entsprechender Kenntlichmachung zulässig. Die Rückgabe kann von der zuständigen Behörde angeordnet werden.

§ 31
Erlöschen, Verlängerung

(1) Die Zulassung erlischt

1. wenn das zugelassene Arzneimittel innerhalb von drei Jahren nach Erteilung der Zulassung nicht in den Verkehr gebracht wird oder wenn sich das zugelassene Arzneimittel, das nach der Zulassung in den Verkehr gebracht wurde, in drei aufeinander folgenden Jahren nicht mehr im Verkehr befindet,

2. durch schriftlichen Verzicht,

3. nach Ablauf von fünf Jahren seit ihrer Erteilung, es sei denn, dass spätestens sechs Monate vor Ablauf der Frist ein Antrag auf Verlängerung gestellt wird,

3a. bei einem Arzneimittel, das zur Anwendung bei Tieren bestimmt ist, die der Gewinnung von Lebensmitteln dienen und das einen pharmakologisch wirksamen Bestandteil enthält, der in den Anhang IV der Verordnung (EWG) Nr. 2377/90 aufgenommen wurde, nach Ablauf einer Frist von 60 Tagen nach Veröffentlichung im Amtsblatt der Europäischen Union, sofern nicht innerhalb dieser Frist auf die Anwendungsgebiete bei Tieren, die der Gewinnung von Lebensmitteln dienen, nach § 29 Abs. 1 verzichtet worden ist; im Falle einer Änderungsanzeige nach § 29 Abs. 2a, die die Herausnahme des betreffenden pharmakologisch wirksamen Bestandteils bezweckt, ist die 60-Tage-Frist bis zur Entscheidung der zuständigen Bundesoberbehörde oder bis zum Ablauf der Frist nach § 29 Abs. 2a Satz 2 gehemmt und es ruht die Zulassung nach Ablauf der 60-Tage-Frist während dieses Zeitraums; die Halbsätze 1 und 2 gelten entsprechend, soweit für die Änderung des Arzneimittels die Verordnung (EG) Nr. 1084/2003 Anwendung findet,

4. wenn die Verlängerung der Zulassung versagt wird.

In den Fällen des Satzes 1 Nr. 1 kann die zuständige Bundesoberbehörde Ausnahmen gestatten, sofern dies aus Gründen des Gesundheitsschutzes für Mensch oder Tier erforderlich ist.

(1a) Eine Zulassung, die verlängert wird, gilt ohne zeitliche Begrenzung, es sei denn, dass die zuständige Bundesoberbehörde bei der Verlängerung nach Absatz 1 Satz 1 Nr. 3 eine weitere Verlängerung um fünf Jahre nach Maßgabe der Vorschriften in Absatz 1 Satz 1 Nr. 3 in Verbindung mit Absatz 2 als erforderlich beurteilt und angeordnet hat, um das sichere Inverkehrbringen des Arzneimittels weiterhin zu gewährleisten.

(2) Der Antrag auf Verlängerung ist durch einen Bericht zu ergänzen, der Angaben darüber enthält, ob und in welchem Umfang sich die Beurteilungsmerkmale für das Arzneimittel innerhalb der letzten fünf Jahre geändert haben. Der Inhaber der Zulassung hat der zuständigen Bundesoberbehörde dazu eine überarbeitete Fassung der Unterlagen in Bezug auf die Qualität, Unbedenklichkeit und Wirksamkeit vorzulegen, in der alle seit der Erteilung der Zulassung vorgenommenen Änderungen berücksichtigt sind; bei Arzneimitteln, die zur Anwendung bei Tieren bestimmt sind, ist anstelle der überarbeiteten Fassung eine konsolidierte Liste der Änderungen vorzulegen. Bei Arzneimitteln, die zur Anwendung bei Tieren bestimmt sind, die der Gewinnung von Lebensmitteln dienen, kann die zuständige Bundesoberbehörde ferner verlangen, dass der Bericht Angaben über Erfahrungen mit dem Rückstandsnachweisverfahren enthält.

(3) Die Zulassung ist in den Fällen des Absatzes 1 Satz 1 Nr. 3 oder des Absatzes 1a auf Antrag nach Absatz 2 Satz 1 innerhalb von sechs Monaten vor ihrem Erlöschen um fünf Jahre zu verlängern, wenn kein Versagungsgrund nach § 25 Abs. 2 Nr. 3, 5, 5a, 6, 6a oder 6b, 7 oder 8 vorliegt oder die Zulassung nicht nach § 30 Abs. 1 Satz 2 zurückzunehmen oder zu widerrufen ist oder wenn von der Möglichkeit der Rücknahme nach § 30 Abs. 2 Nr. 1 oder des Widerrufs nach § 30 Abs. 2 Nr. 2 kein Gebrauch gemacht werden soll. § 25 Abs. 5 Satz 5 und Abs. 5a gilt entsprechend. Bei der Entscheidung über die Verlängerung ist auch zu überprüfen, ob Erkenntnisse vorliegen, die Auswirkungen auf die Unterstellung unter die Verschreibungspflicht haben.

(4) Erlischt die Zulassung nach Absatz 1 Nr. 2 oder 3, so darf das Arzneimittel noch zwei Jahre, beginnend mit dem auf die Bekanntmachung des Erlöschens nach § 34 folgenden 1. Januar oder 1. Juli, in den Verkehr gebracht werden. Das gilt nicht, wenn die zuständige Bundesoberbehörde feststellt, dass eine Voraussetzung für die Rücknahme oder den Widerruf nach § 30 vorgelegen hat; § 30 Abs. 4 findet Anwendung.

§ 32
Staatliche Chargenprüfung

(1) Die Charge eines Serums, eines Impfstoffes oder eines Allergens darf unbeschadet der Zulassung nur in den Verkehr gebracht werden, wenn sie von der zuständigen Bundesoberbehörde freigegeben ist. Die Charge ist freizugeben, wenn eine Prüfung (staatliche Chargenprüfung) ergeben hat, dass die Charge nach Herstellungs- und Kontrollmethoden, die dem jeweiligen Stand der wissenschaftlichen Erkenntnisse entsprechen, hergestellt und geprüft worden ist und dass sie die erforderliche Qualität, Wirksamkeit und Unbedenklichkeit aufweist. Die Charge ist auch dann freizugeben, soweit die zuständige Behörde eines anderen Mitgliedstaates der Europäischen Union nach einer experimentellen Untersuchung festgestellt hat, dass die in Satz 2 genannten Voraussetzungen vorliegen.

(1a) Die zuständige Bundesoberbehörde hat eine Entscheidung nach Absatz 1 innerhalb einer Frist von zwei Monaten nach Eingang der zu prüfenden Chargenprobe zu treffen. § 27 Abs. 2 findet entsprechende Anwendung.

(2) Das Bundesministerium erlässt nach Anhörung von Sachverständigen aus der medizinischen und pharmazeutischen Wissenschaft und Praxis allgemeine Verwaltungsvorschriften über die von der Bundesoberbehörde an die Herstellungs- und Kontrollmethoden nach Absatz 1 zu stellenden Anforderungen und macht diese als Arzneimittelprüfrichtlinien im Bundesanzeiger bekannt. Die Vorschriften müssen dem jeweiligen Stand der wissenschaftlichen Erkenntnisse entsprechen und sind laufend an diesen anzupassen.

(3) Auf die Durchführung der staatlichen Chargenprüfung finden § 25 Abs. 8 und § 22 Abs. 7 Satz 2 entsprechende Anwendung.

(4) Der Freigabe nach Absatz 1 Satz 1 bedarf es nicht, soweit die dort bezeichneten Arzneimittel durch Rechtsverordnung nach § 35 Abs. 1 Nr. 4 oder von der zuständigen Bundesoberbehörde freigestellt sind; die zuständige Bundesoberbehörde soll freistellen, wenn die Herstellungs- und Kontrollmethoden des Herstellers einen Entwicklungsstand erreicht haben, bei dem die erforderliche Qualität, Wirksamkeit und Unbedenklichkeit gewährleistet sind.

(5) Die Freigabe nach Absatz 1 oder die Freistellung durch die zuständige Bundesoberbehörde nach Absatz 4 ist zurückzunehmen, wenn eine ihrer Voraussetzungen nicht vorgelegen hat; sie ist zu widerrufen, wenn eine der Voraussetzungen nachträglich weggefallen ist.

§ 33
Kosten

(1) Die zuständige Bundesoberbehörde erhebt für die Entscheidungen über die Zulassung, über die Freigabe von Chargen, für die Bearbeitung von Anträgen, die Tätigkeit im Rahmen der Sammlung und Bewertung von Arznei-

mittelrisiken, für das Widerspruchsverfahren gegen einen auf Grund dieses Gesetzes erlassenen Verwaltungsakt oder gegen die auf Grund einer Rechtsverordnung nach Absatz 2 Satz 1 oder § 39 Abs. 3 Satz 1 Nr. 2 oder § 39d Abs. 6 Nr. 2 erfolgte Festsetzung von Kosten sowie für andere Amtshandlungen einschließlich selbständiger Beratungen und selbständiger Auskünfte, soweit es sich nicht um mündliche und einfache schriftliche Auskünfte im Sinne des § 7 Nr. 1 des Verwaltungskostengesetzes handelt, nach diesem Gesetz und nach der Verordnung (EG) Nr. 1084/2003 Kosten (Gebühren und Auslagen).

(2) Das Bundesministerium wird ermächtigt, im Einvernehmen mit dem Bundesministerium für Wirtschaft und Arbeit und, soweit es sich um zur Anwendung bei Tieren bestimmte Arzneimittel handelt, auch mit dem Bundesministerium für Verbraucherschutz, Ernährung und Landwirtschaft durch Rechtsverordnung, die der Zustimmung des Bundesrates nicht bedarf, die gebührenpflichtigen Tatbestände näher zu bestimmen und dabei feste Sätze oder Rahmensätze vorzusehen. Die Höhe der Gebühren für die Entscheidungen über die Zulassung, über die Freigabe von Chargen sowie für andere Amtshandlungen bestimmt sich jeweils nach dem Personal- und Sachaufwand, zu dem insbesondere der Aufwand für das Zulassungsverfahren, bei Sera, Impfstoffen und Allergenen auch der Aufwand für die Prüfungen und für die Entwicklung geeigneter Prüfungsverfahren gehört. Die Höhe der Gebühren für die Entscheidung über die Freigabe einer Charge bestimmt sich nach dem durchschnittlichen Personal- und Sachaufwand, wobei der Aufwand für vorangegangene Prüfungen unberücksichtigt bleibt; daneben ist die Bedeutung, der wirtschaftliche Wert oder der sonstige Nutzen der Freigabe für den Gebührenschuldner angemessen zu berücksichtigen.

(3) Das Verwaltungskostengesetz findet Anwendung.

(4) Soweit ein Widerspruch nach Absatz 1 erfolgreich ist, werden notwendige Aufwendungen im Sinne von § 80 Abs. 1 des Verwaltungsverfahrensgesetzes bis zur Höhe der in einer Rechtsverordnung nach Absatz 2 Satz 1 oder § 39 Abs. 3 Satz 1 Nr. 2 oder § 39d Abs. 6 Nr. 2 für die Zurückweisung eines entsprechenden Widerspruchs vorgesehenen Gebühren, bei Rahmengebühren bis zu deren Mittelwert, erstattet.

§ 34
Information der Öffentlichkeit

(1) Die zuständige Bundesoberbehörde hat im Bundesanzeiger bekannt zu machen:

1. die Erteilung und Verlängerung einer Zulassung,

2. die Rücknahme einer Zulassung,

3. den Widerruf einer Zulassung,

4. das Ruhen einer Zulassung,

5. das Erlöschen einer Zulassung,

6. die Feststellung nach § 31 Abs. 4 Satz 2,

7. die Änderung der Bezeichnung nach § 29 Abs. 2,

8. die Rücknahme oder den Widerruf der Freigabe einer Charge nach § 32 Abs. 5,

9. eine Entscheidung zur Verlängerung einer Schutzfrist nach § 24b Abs. 1 Satz 3 oder Abs. 7 oder zur Gewährung einer Schutzfrist nach § 24b Abs. 6 oder 8.

Satz 1 Nr. 1 bis 5 und Nr. 7 gilt entsprechend für Entscheidungen der Kommission der Europäischen Gemeinschaften oder des Rates der Europäischen Union.

(1a) Die zuständige Bundesoberbehörde stellt der Öffentlichkeit Informationen

1. über die Erteilung einer Zulassung zusammen mit der Zusammenfassung der Produktmerkmale und

2. den Beurteilungsbericht mit einer Stellungnahme in Bezug auf die Ergebnisse von pharmazeutischen, pharmakologisch-toxikologischen und klinischen Versuchen für jedes beantragte Anwendungsgebiet und bei Arzneimitteln, die zur Anwendung bei Tieren bestimmt sind, die der Gewinnung von Lebensmitteln dienen, auch von Rückstandsuntersuchungen nach Streichung aller vertraulichen Angaben kommerzieller Art,

3. im Falle einer Zulassung mit Auflagen für ein Arzneimittel, das zur Anwendung am Menschen bestimmt ist, die Auflagen zusammen mit Fristen und den Zeitpunkten der Erfüllung

unverzüglich zur Verfügung; dies betrifft auch Änderungen der genannten Informationen.

(1b) Ferner sind Entscheidungen über den Widerruf, die Rücknahme oder das Ruhen einer Zulassung öffentlich zugänglich zu machen.

(1c) Die Absätze 1a und 1b finden keine Anwendung auf Arzneimittel, die nach der Verordnung (EG) Nr. 726/2004 genehmigt sind.

(1d) Die zuständige Bundesoberbehörde stellt die Informationen nach den Absätzen 1a und 1b elektronisch zur Verfügung.

(2) Die zuständige Bundesoberbehörde kann einen Verwaltungsakt, der auf Grund dieses Gesetzes ergeht, im Bundesanzeiger öffentlich bekannt machen, wenn von dem Verwaltungsakt mehr als 50 Adressaten betroffen sind. Dieser Verwaltungsakt gilt zwei Wochen nach dem Erscheinen des Bundesanzeigers als bekannt gegeben. Sonstige Mitteilungen der zuständigen Bundesoberbehörde einschließlich der Schreiben, mit denen den Beteiligten Gelegenheit zur Äußerung nach § 28 Abs. 1 des Verwaltungsverfahrens-

gesetzes gegeben wird, können gleichfalls im Bundesanzeiger bekannt gemacht werden, wenn mehr als 50 Adressaten davon betroffen sind. Satz 2 gilt entsprechend.

§ 35
Ermächtigungen zur Zulassung und Freistellung

(1) Das Bundesministerium wird ermächtigt, durch Rechtsverordnung mit Zustimmung des Bundesrates

1. (weggefallen)

2. die Vorschriften über die Zulassung auf andere Arzneimittel auszudehnen, soweit es geboten ist, um eine unmittelbare oder mittelbare Gefährdung der Gesundheit von Mensch oder Tier zu verhüten,

3. die Vorschriften über die Freigabe einer Charge und die staatliche Chargenprüfung auf andere Arzneimittel, die in ihrer Zusammensetzung oder in ihrem Wirkstoffgehalt Schwankungen unterworfen sind, auszudehnen, soweit es geboten ist, um eine unmittelbare oder mittelbare Gefährdung der Gesundheit von Mensch oder Tier zu verhüten,

4. bestimmte Arzneimittel von der staatlichen Chargenprüfung freizustellen, wenn das Herstellungsverfahren und das Prüfungsverfahren des Herstellers einen Entwicklungsstand erreicht haben, bei dem die Qualität, Wirksamkeit und Unbedenklichkeit gewährleistet sind.

(2) Die Rechtsverordnungen nach Absatz 1 Nr. 2 bis 4 ergehen im Einvernehmen mit dem Bundesministerium für Wirtschaft und Arbeit und, soweit es sich um radioaktive Arzneimittel und um Arzneimittel handelt, bei deren Herstellung ionisierende Strahlen verwendet werden, im Einvernehmen mit dem Bundesministerium für Umwelt, Naturschutz und Reaktorsicherheit und, soweit es sich um Arzneimittel handelt, die zur Anwendung bei Tieren bestimmt sind, im Einvernehmen mit dem Bundesministerium für Verbraucherschutz, Ernährung und Landwirtschaft.

§ 36
Ermächtigung für Standardzulassungen

(1) Das Bundesministerium wird ermächtigt, nach Anhörung von Sachverständigen durch Rechtsverordnung mit Zustimmung des Bundesrates bestimmte Arzneimittel oder Arzneimittelgruppen oder Arzneimittel in bestimmten Abgabeformen von der Pflicht zur Zulassung freizustellen, soweit eine unmittelbare oder mittelbare Gefährdung der Gesundheit von Mensch oder Tier nicht zu befürchten ist, weil die Anforderungen an die erforderliche Qualität, Wirksamkeit und Unbedenklichkeit erwiesen sind. Die Freistellung kann zum Schutz der Gesundheit von Mensch oder Tier von einer bestimmten Herstellung, Zusammensetzung, Kennzeichnung, Packungsbeilage, Fachinformation oder Darreichungsform abhängig gemacht sowie auf bestimmte

Anwendungsarten, Anwendungsgebiete oder Anwendungsbereiche beschränkt werden. Die Angabe weiterer Gegenanzeigen, Nebenwirkungen und Wechselwirkungen durch den pharmazeutischen Unternehmer ist zulässig.

(2) Bei der Auswahl der Arzneimittel, die von der Pflicht zur Zulassung freigestellt werden, muss den berechtigten Interessen der Arzneimittelverbraucher, der Heilberufe und der pharmazeutischen Industrie Rechnung getragen werden. In der Wahl der Bezeichnung des Arzneimittels ist der pharmazeutische Unternehmer frei.

(3) Die Rechtsverordnung nach Absatz 1 ergeht im Einvernehmen mit dem Bundesministerium für Wirtschaft und Arbeit und, soweit es sich um radioaktive Arzneimittel und um Arzneimittel handelt, bei deren Herstellung ionisierende Strahlen verwendet werden, im Einvernehmen mit dem Bundesministerium für Umwelt, Naturschutz und Reaktorsicherheit und, soweit es sich um Arzneimittel handelt, die zur Anwendung bei Tieren bestimmt sind, im Einvernehmen mit dem Bundesministerium für Verbraucherschutz, Ernährung und Landwirtschaft.

(4) Vor Erlass der Rechtsverordnung nach Absatz 1 bedarf es nicht der Anhörung von Sachverständigen und der Zustimmung des Bundesrates, soweit dies erforderlich ist, um Angaben zu Gegenanzeigen, Nebenwirkungen und Wechselwirkungen unverzüglich zu ändern und die Geltungsdauer der Rechtsverordnung auf längstens ein Jahr befristet ist. Die Frist kann bis zu einem weiteren Jahr einmal verlängert werden, wenn das Verfahren nach Absatz 1 innerhalb der Jahresfrist nicht abgeschlossen werden kann.

§ 37
Genehmigung der Kommission der Europäischen Gemeinschaften oder des Rates der Europäischen Union für das Inverkehrbringen, Zulassungen von Arzneimitteln aus anderen Staaten

(1) Die von der Kommission der Europäischen Gemeinschaften oder dem Rat der Europäischen Union gemäß der Verordnung (EG) Nr. 726/2004 erteilte Genehmigung für das Inverkehrbringen steht, soweit in den §§ 11a, 13 Abs. 2a, § 21 Abs. 2 und 2a, §§ 40, 56, 56a, 58, 59, 67, 69, 73, 84 oder 94 auf eine Zulassung abgestellt wird, einer nach § 25 erteilten Zulassung gleich. Als Zulassung im Sinne des § 21 gilt auch die von einem anderen Staat für ein Arzneimittel erteilte Zulassung, soweit dies durch Rechtsverordnung des Bundesministeriums bestimmt wird.

(2) Das Bundesministerium wird ermächtigt, eine Rechtsverordnung nach Absatz 1, die nicht der Zustimmung des Bundesrates bedarf, zu erlassen, um eine Richtlinie des Rates der Europäischen Gemeinschaften durchzuführen oder soweit in internationalen Verträgen die Zulassung von Arzneimitteln gegenseitig als gleichwertig anerkannt wird. Die Rechtsverordnung ergeht im Einvernehmen mit dem Bundesministerium für Verbraucherschutz, Ernährung

und Landwirtschaft, soweit es sich um Arzneimittel handelt, die zur Anwendung bei Tieren bestimmt sind.

Fünfter Abschnitt
Registrierung von Arzneimitteln
§ 38
Registrierung homöopathischer Arzneimittel

(1) Fertigarzneimittel, die Arzneimittel im Sinne des § 2 Abs. 1 oder Abs. 2 Nr. 1 sind, dürfen als homöopathische Arzneimittel im Geltungsbereich dieses Gesetzes nur in den Verkehr gebracht werden, wenn sie in ein bei der zuständigen Bundesoberbehörde zu führendes Register für homöopathische Arzneimittel eingetragen sind (Registrierung). Einer Zulassung bedarf es nicht; § 21 Abs. 1 Satz 2 und Abs. 3 findet entsprechende Anwendung. Einer Registrierung bedarf es nicht für Arzneimittel, die von einem pharmazeutischen Unternehmer in Mengen bis zu 1000 Packungen in einem Jahr in den Verkehr gebracht werden, es sei denn, es handelt sich um Arzneimittel,

1. die Zubereitungen aus Stoffen gemäß § 3 Nr. 3 oder 4 enthalten,

2. die mehr als den hundertsten Teil der in nicht homöopathischen, der Verschreibungspflicht nach § 48 unterliegenden Arzneimitteln verwendeten kleinsten Dosis enthalten oder

3. bei denen die Tatbestände des § 39 Abs. 2 Nr. 3, 4, 5, 6, 7 oder 9 vorliegen.

(2) Dem Antrag auf Registrierung sind die in den §§ 22 bis 24 bezeichneten Angaben, Unterlagen und Gutachten beizufügen mit Ausnahme der Angaben nach § 22 Abs. 7 Satz 2. Das gilt nicht für die Angaben über die Wirkungen und Anwendungsgebiete sowie für die Unterlagen und Gutachten über die klinische Prüfung. Die Unterlagen über die pharmakologisch-toxikologische Prüfung sind vorzulegen, soweit sich die Unbedenklichkeit des Arzneimittels nicht anderweitig, insbesondere durch einen angemessen hohen Verdünnungsgrad ergibt.

§ 39
Entscheidung über die Registrierung homöopathischer Arzneimittel

(1) Die zuständige Bundesoberbehörde hat das homöopathische Arzneimittel zu registrieren und dem Antragsteller die Registernummer schriftlich zuzuteilen. § 25 Abs. 4 und 5 Satz 5 finden entsprechende Anwendung. Die Registrierung gilt nur für das im Bescheid aufgeführte homöopathische Arzneimittel und seine Verdünnungsgrade. Die zuständige Bundesoberbehörde kann den Bescheid über die Registrierung mit Auflagen verbinden. Auflagen können auch nachträglich angeordnet werden. § 28 Abs. 2 und 4 findet Anwendung.

(2) Die zuständige Bundesoberbehörde hat die Registrierung zu versagen, wenn

1. die vorgelegten Unterlagen unvollständig sind,

2. das Arzneimittel nicht nach dem jeweils gesicherten Stand der wissenschaftlichen Erkenntnisse ausreichend analytisch geprüft worden ist,

3. das Arzneimittel nicht die nach den anerkannten pharmazeutischen Regeln angemessene Qualität aufweist,

4. bei dem Arzneimittel der begründete Verdacht besteht, dass es bei bestimmungsgemäßem Gebrauch schädliche Wirkungen hat, die über ein nach den Erkenntnissen der medizinischen Wissenschaft vertretbares Maß hinausgehen,

4a. das Arzneimittel zur Anwendung bei Tieren bestimmt ist, die der Gewinnung von Lebensmitteln dienen, und es einen pharmakologisch wirksamen Bestandteil enthält, der nicht in Anhang II der Verordnung (EWG) Nr. 2377/90 aufgeführt ist,

5. die angegebene Wartezeit nicht ausreicht,

5a. das Arzneimittel, sofern es zur Anwendung bei Menschen bestimmt ist, nicht zur Einnahme und nicht zur äußerlichen Anwendung bestimmt ist,

5b. das Arzneimittel mehr als einen Teil pro Zehntausend der Ursubstanz oder bei Arzneimitteln, die zur Anwendung bei Menschen bestimmt sind, mehr als den hundertsten Teil der in allopathischen der Verschreibungspflicht nach § 48 unterliegenden Arzneimitteln verwendeten kleinsten Dosis enthält,

6. das Arzneimittel der Verschreibungspflicht unterliegt; es sei denn, dass es ausschließlich Stoffe enthält, die in Anhang II der Verordnung (EWG) Nr. 2377/90 aufgeführt sind,

7. das Arzneimittel nicht nach einer im Homöopathischen Teil des Arzneibuches beschriebenen Verfahrenstechnik hergestellt ist,

7a. wenn die Anwendung der einzelnen Wirkstoffe als homöopathisches oder anthroposophisches Arzneimittel nicht allgemein bekannt ist.

8. für das Arzneimittel eine Zulassung erteilt ist,

9. das Inverkehrbringen des Arzneimittels oder seine Anwendung bei Tieren gegen gesetzliche Vorschriften verstoßen würde.

(2a) Ist das Arzneimittel bereits in einem anderen Mitgliedstaat der Europäischen Union oder in einem anderen Vertragsstaat des Abkommens über den Europäischen Wirtschaftsraum registriert worden, ist die Registrierung auf der Grundlage dieser Entscheidung zu erteilen, es sei denn, dass ein Versagungsgrund nach Absatz 2 vorliegt. Für die Anerkennung der Registrierung eines anderen Mitgliedstaates findet Kapitel 4 der Richtlinie 2001/83/EG und für Arzneimittel, die zur Anwendung bei Tieren bestimmt sind, Kapitel 4 der

Richtlinie 2001/82/EG entsprechende Anwendung; Artikel 29 Abs. 4, 5 und 6 und die Artikel 30 bis 34 der Richtlinie 2001/83/EG sowie Artikel 33 Abs. 4, 5 und 6 und die Artikel 34 bis 38 der Richtlinie 2001/82/EG finden keine Anwendung.

(2b) Die Registrierung erlischt nach Ablauf von fünf Jahren seit ihrer Erteilung, es sei denn, dass spätestens sechs Monate vor Ablauf der Frist ein Antrag auf Verlängerung gestellt wird. Für das Erlöschen und die Verlängerung der Registrierung gilt § 31 entsprechend mit der Maßgabe, dass die Versagungsgründe nach Absatz 2 Nr. 3 bis 9 Anwendung finden.

(3) Das Bundesministerium wird ermächtigt, für homöopathische Arzneimittel entsprechend den Vorschriften über die Zulassung

1. durch Rechtsverordnung mit Zustimmung des Bundesrates Vorschriften über die Anzeigepflicht, die Neuregistrierung, die Löschung, die Bekanntmachung und

2. durch Rechtsverordnung ohne Zustimmung des Bundesrates Vorschriften über die Kosten und die Freistellung von der Registrierung

zu erlassen. Die Rechtsverordnung ergeht im Einvernehmen mit dem Bundesministerium für Verbraucherschutz, Ernährung und Landwirtschaft, soweit es sich um Arzneimittel handelt, die zur Anwendung bei Tieren bestimmt sind. § 36 Abs. 4 gilt für die Änderung einer Rechtsverordnung über die Freistellung von der Registrierung entsprechend.

§ 39a
Registrierung traditioneller pflanzlicher Arzneimittel

Fertigarzneimittel, die pflanzliche Arzneimittel und Arzneimittel im Sinne des § 2 Abs. 1 sind, dürfen als traditionelle pflanzliche Arzneimittel nur in den Verkehr gebracht werden, wenn sie durch die zuständige Bundesoberbehörde registriert sind. Dies gilt auch für pflanzliche Arzneimittel, die Vitamine oder Mineralstoffe enthalten, sofern die Vitamine oder Mineralstoffe die Wirkung der traditionellen pflanzlichen Arzneimittel im Hinblick auf das Anwendungsgebiet oder die Anwendungsgebiete ergänzen.

§ 39b
Registrierungsunterlagen für traditionelle pflanzliche Arzneimittel

(1) Dem Antrag auf Registrierung müssen vom Antragsteller folgende Angaben und Unterlagen in deutscher Sprache beigefügt werden:

1. die in § 22 Abs. 1, 3c, 4, 5 und 7 und § 24 Abs. 1 Nr. 1 genannten Angaben und Unterlagen,

2. die in § 22 Abs. 2 Satz 1 Nr. 1 genannten Ergebnisse der analytischen Prüfung,

3. die Zusammenfassung der Merkmale des Arzneimittels mit den in § 11a Abs. 1 genannten Angaben unter Berücksichtigung, dass es sich um ein traditionelles pflanzliches Arzneimittel handelt,

4. bibliographische Angaben über die traditionelle Anwendung oder Berichte von Sachverständigen, aus denen hervorgeht, dass das betreffende oder ein entsprechendes Arzneimittel zum Zeitpunkt der Antragstellung seit mindestens 30 Jahren, davon mindestens 15 Jahre in der Europäischen Union, medizinisch oder tiermedizinisch verwendet wird, das Arzneimittel unter den angegebenen Anwendungsbedingungen unschädlich ist und dass die pharmakologischen Wirkungen oder die Wirksamkeit des Arzneimittels auf Grund langjähriger Anwendung und Erfahrung plausibel sind,

5. bibliographischer Überblick betreffend die Angaben zur Unbedenklichkeit zusammen mit einem Sachverständigengutachten gemäß § 24 und, soweit zur Beurteilung der Unbedenklichkeit des Arzneimittels erforderlich, die dazu notwendigen weiteren Angaben und Unterlagen,

6. Registrierungen oder Zulassungen, die der Antragsteller in einem anderen Mitgliedstaat oder in einem Drittland für das Inverkehrbringen des Arzneimittels erhalten hat, sowie Einzelheiten etwaiger ablehnender Entscheidungen über eine Registrierung oder Zulassung und die Gründe für diese Entscheidungen.

Der Nachweis der Verwendung über einen Zeitraum von 30 Jahren gemäß Satz 1 Nr. 4 kann auch dann erbracht werden, wenn für das Inverkehrbringen keine spezielle Genehmigung für ein Arzneimittel erteilt wurde. Er ist auch dann erbracht, wenn die Anzahl oder Menge der Wirkstoffe des Arzneimittels während dieses Zeitraums herabgesetzt wurde. Ein Arzneimittel ist ein entsprechendes Arzneimittel im Sinne des Satzes 1 Nr. 4, wenn es ungeachtet der verwendeten Hilfsstoffe dieselben oder vergleichbare Wirkstoffe, denselben oder einen ähnlichen Verwendungszweck, eine äquivalente Stärke und Dosierung und denselben oder einen ähnlichen Verabreichungsweg wie das Arzneimittel hat, für das der Antrag auf Registrierung gestellt wird.

(2) Anstelle der Vorlage der Angaben und Unterlagen nach Absatz 1 Satz 1 Nr. 4 und 5 kann bei Arzneimitteln zur Anwendung am Menschen auch Bezug genommen werden auf eine gemeinschaftliche Pflanzenmonographie nach Artikel 16h Abs. 3 der Richtlinie 2001/83/EG oder eine Listenposition nach Artikel 16f der Richtlinie 2001/83/EG.

(3) Enthält das Arzneimittel mehr als einen pflanzlichen Wirkstoff oder Stoff nach § 39a Satz 2, sind die in Absatz 1 Satz 1 Nr. 4 genannten Angaben für die Kombination vorzulegen. Sind die einzelnen Wirkstoffe nicht hinreichend bekannt, so sind auch Angaben zu den einzelnen Wirkstoffen zu machen.

§ 39c
Entscheidung über die Registrierung traditioneller pflanzlicher Arzneimittel

(1) Die zuständige Bundesoberbehörde hat das traditionelle pflanzliche Arzneimittel zu registrieren und dem Antragsteller die Registrierungsnummer schriftlich mitzuteilen. § 25 Abs. 4 sowie 5 Satz 5 findet entsprechende Anwendung. Die Registrierung gilt nur für das im Bescheid aufgeführte traditionelle pflanzliche Arzneimittel. Die zuständige Bundesoberbehörde kann den Bescheid über die Registrierung mit Auflagen verbinden. Auflagen können auch nachträglich angeordnet werden. § 28 Abs. 2 und 4 findet entsprechende Anwendung.

(2) Die zuständige Bundesoberbehörde hat die Registrierung zu versagen, wenn der Antrag nicht die in § 39b vorgeschriebenen Angaben und Unterlagen enthält oder

1. die qualitative oder quantitative Zusammensetzung nicht den Angaben nach § 39b Abs. 1 entspricht oder sonst die pharmazeutische Qualität nicht angemessen ist,

2. die Anwendungsgebiete nicht ausschließlich denen traditioneller pflanzlicher Arzneimittel entsprechen, die nach ihrer Zusammensetzung und dem Zweck ihrer Anwendung dazu bestimmt sind, am Menschen angewandt zu werden, ohne dass es der ärztlichen Aufsicht im Hinblick auf die Stellung einer Diagnose, die Verschreibung oder die Überwachung der Behandlung bedarf,

3. das Arzneimittel bei bestimmungsgemäßem Gebrauch schädlich sein kann,

4. die Unbedenklichkeit von Vitaminen oder Mineralstoffen, die in dem Arzneimittel enthalten sind, nicht nachgewiesen ist,

5. die Angaben über die traditionelle Anwendung unzureichend sind, insbesondere die pharmakologischen Wirkungen oder die Wirksamkeit auf der Grundlage der langjährigen Anwendung und Erfahrung nicht plausibel sind,

6. das Arzneimittel nicht ausschließlich in einer bestimmten Stärke und Dosierung zu verabreichen ist,

7. das Arzneimittel nicht ausschließlich zur oralen oder äußerlichen Anwendung oder zur Inhalation bestimmt ist,

8. die nach § 39b Abs. 1 Satz 1 Nr. 4 erforderliche zeitliche Vorgabe nicht erfüllt ist,

9. für das traditionelle pflanzliche Arzneimittel oder ein entsprechendes Arzneimittel eine Zulassung gemäß § 25 oder eine Registrierung nach § 39 erteilt wurde.

Für Arzneimittel, die zur Anwendung bei Tieren bestimmt sind, gilt Satz 1 entsprechend.

(3) Die Registrierung erlischt nach Ablauf von fünf Jahren seit ihrer Erteilung, es sei denn, dass spätestens sechs Monate vor Ablauf der Frist ein Antrag auf Verlängerung gestellt wird. Für das Erlöschen und die Verlängerung der Registrierung gilt § 31 entsprechend mit der Maßgabe, dass die Versagungsgründe nach Absatz 2 Anwendung finden.

§ 39d
Sonstige Verfahrensvorschriften für traditionelle pflanzliche Arzneimittel

(1) Die zuständige Bundesoberbehörde teilt dem Antragsteller, sowie bei Arzneimitteln, die zur Anwendung am Menschen bestimmt sind, der Kommission der Europäischen Gemeinschaften und der zuständigen Behörde eines Mitgliedstaates der Europäischen Union auf Anforderung eine von ihr getroffene ablehnende Entscheidung über die Registrierung als traditionelles Arzneimittel und die Gründe hierfür mit.

(2) Für Arzneimittel, die Artikel 16d Abs. 1 der Richtlinie 2001/83/EG entsprechen, gilt § 25b entsprechend. Für die in Artikel 16d Abs. 2 der Richtlinie 2001/83/EG genannten Arzneimittel ist eine Registrierung eines anderen Mitgliedstaates gebührend zu berücksichtigen.

(3) Die zuständige Bundesoberbehörde kann den nach Artikel 16h der Richtlinie 2001/83/EG eingesetzten Ausschuss für pflanzliche Arzneimittel auf Antrag um eine Stellungnahme zum Nachweis der traditionellen Anwendung ersuchen, wenn Zweifel über das Vorliegen der Voraussetzungen nach § 39b Abs. 1 Satz 1 Nr. 4 bestehen.

(4) Wenn ein Arzneimittel zur Anwendung bei Menschen seit weniger als 15 Jahren innerhalb der Europäischen Gemeinschaft angewendet worden ist, aber ansonsten die Voraussetzungen einer Registrierung nach den §§ 39a bis 39c vorliegen, hat die zuständige Bundesoberbehörde das nach Artikel 16c Abs. 4 der Richtlinie 2001/83/EG vorgesehene Verfahren unter Beteiligung des Ausschusses für pflanzliche Arzneimittel einzuleiten.

(5) Wird ein pflanzlicher Stoff, eine pflanzliche Zubereitung oder eine Kombination davon in der Liste nach Artikel 16f der Richtlinie 2001/83/EG gestrichen, so sind Registrierungen, die diesen Stoff enthaltende traditionelle pflanzliche zur Anwendung bei Menschen bestimmte Arzneimittel betreffen und die unter Bezugnahme auf § 39b Abs. 2 vorgenommen wurden, zu widerrufen, sofern nicht innerhalb von drei Monaten die in § 39b Abs. 1 genannten Angaben und Unterlagen vorgelegt werden.

(6) Das Bundesministerium wird ermächtigt, für traditionelle pflanzliche Arzneimittel entsprechend den Vorschriften der Zulassung

1. durch Rechtsverordnung mit Zustimmung des Bundesrates Vorschriften über die Anzeigepflicht, die Registrierung, die Löschung, die Bekanntmachung und

2. durch Rechtsverordnung ohne Zustimmung des Bundesrates Vorschriften über die Kosten der Registrierung zu erlassen.

Sechster Abschnitt
Schutz des Menschen bei der klinischen Prüfung

§ 40
Allgemeine Voraussetzungen der klinischen Prüfung

(1) Der Sponsor, der Prüfer und alle weiteren an der klinischen Prüfung beteiligten Personen haben bei der Durchführung der klinischen Prüfung eines Arzneimittels bei Menschen die Anforderungen der guten klinischen Praxis nach Maßgabe des Artikels 1 Abs. 3 der Richtlinie 2001/20/EG einzuhalten. Die klinische Prüfung eines Arzneimittels bei Menschen darf vom Sponsor nur begonnen werden, wenn die zuständige Ethik-Kommission diese nach Maßgabe des § 42 Abs. 1 zustimmend bewertet und die zuständige Bundesoberbehörde diese nach Maßgabe des § 42 Abs. 2 genehmigt hat. Die klinische Prüfung eines Arzneimittels darf bei Menschen nur durchgeführt werden, wenn und solange

1. ein Sponsor oder ein Vertreter des Sponsors vorhanden ist, der seinen Sitz in einem Mitgliedstaat der Europäischen Union oder in einem anderen Vertragsstaat des Abkommens über den Europäischen Wirtschaftsraum hat,

2. die vorhersehbaren Risiken und Nachteile gegenüber dem Nutzen für die Person, bei der sie durchgeführt werden soll (betroffene Person), und der voraussichtlichen Bedeutung des Arzneimittels für die Heilkunde ärztlich vertretbar sind,

2a. nach dem Stand der Wissenschaft im Verhältnis zum Zweck der klinischen Prüfung eines Arzneimittels, das aus einem gentechnisch veränderten Organismus oder einer Kombination von gentechnisch veränderten Organismen besteht oder solche enthält, unvertretbare schädliche Auswirkungen auf

a) die Gesundheit Dritter und

b) die Umwelt

nicht zu erwarten sind,

3. die betroffene Person

    a) volljährig und in der Lage ist, Wesen, Bedeutung und Tragweite der klinischen Prüfung zu erkennen und ihren Willen hiernach auszurichten,

    b) nach Absatz 2 Satz 1 aufgeklärt worden ist und schriftlich eingewilligt hat, soweit in Absatz 4 oder in § 41 nichts Abweichendes bestimmt ist und

    c) nach Absatz 2a Satz 1 und 2 informiert worden ist und schriftlich eingewilligt hat; die Einwilligung muss sich ausdrücklich auch auf die Erhebung und Verarbeitung von Angaben über die Gesundheit beziehen,

4. die betroffene Person nicht auf gerichtliche oder behördliche Anordnung in einer Anstalt untergebracht ist,

5. sie in einer geeigneten Einrichtung von einem angemessen qualifizierten Prüfer verantwortlich durchgeführt wird und die Leitung von einem Prüfer, Hauptprüfer oder Leiter der klinischen Prüfung wahrgenommen wird, der eine mindestens zweijährige Erfahrung in der klinischen Prüfung von Arzneimitteln nachweisen kann,

6. eine dem jeweiligen Stand der wissenschaftlichen Erkenntnisse entsprechende pharmakologisch-toxikologische Prüfung des Arzneimittels durchgeführt worden ist,

7. jeder Prüfer durch einen für die pharmakologisch-toxikologische Prüfung verantwortlichen Wissenschaftler über deren Ergebnisse und die voraussichtlich mit der klinischen Prüfung verbundenen Risiken informiert worden ist,

8. für den Fall, dass bei der Durchführung der klinischen Prüfung ein Mensch getötet oder der Körper oder die Gesundheit eines Menschen verletzt wird, eine Versicherung nach Maßgabe des Absatzes 3 besteht, die auch Leistungen gewährt, wenn kein anderer für den Schaden haftet, und

9. für die medizinische Versorgung der betroffenen Person ein Arzt oder bei zahnmedizinischer Behandlung ein Zahnarzt verantwortlich ist.

(2) Die betroffene Person ist durch einen Prüfer, der Arzt oder bei zahnmedizinischer Prüfung Zahnarzt ist, über Wesen, Bedeutung, Risiken und Tragweite der klinischen Prüfung sowie über ihr Recht aufzuklären, die Teilnahme an der klinischen Prüfung jederzeit zu beenden; ihr ist eine allgemein verständliche Aufklärungsunterlage auszuhändigen. Der betroffenen Person ist ferner Gelegenheit zu einem Beratungsgespräch mit einem Prüfer über die sonstigen Bedingungen der Durchführung der klinischen Prüfung zu geben. Eine nach Absatz 1 Satz 3 Nr. 3 Buchstabe b erklärte Einwilligung in die Teilnahme an einer klinischen Prüfung kann jederzeit gegenüber dem Prüfer schriftlich oder mündlich widerrufen werden, ohne dass der betroffenen Person dadurch Nachteile entstehen dürfen.

(2a) Die betroffene Person ist über Zweck und Umfang der Erhebung und Verwendung personenbezogener Daten, insbesondere von Gesundheitsdaten zu informieren. Sie ist insbesondere darüber zu informieren, dass

1. die erhobenen Daten soweit erforderlich

    a) zur Einsichtnahme durch die Überwachungsbehörde oder Beauftragte des Sponsors zur Überprüfung der ordnungsgemäßen Durchführung der klinischen Prüfung bereitgehalten werden,

    b) pseudonymisiert an den Sponsor oder eine von diesem beauftragte Stelle zum Zwecke der wissenschaftlichen Auswertung weitergegeben werden,

    c) im Falle eines Antrags auf Zulassung pseudonymisiert an den Antragsteller und die für die Zulassung zuständige Behörde weitergegeben werden,

    d) im Falle unerwünschter Ereignisse des zu prüfenden Arzneimittels pseudonymisiert an den Sponsor und die zuständige Bundesoberbehörde sowie von dieser an die Europäische Datenbank weitergegeben werden,

2. die Einwilligung nach Absatz 1 Satz 3 Nr. 3 Buchstabe c unwiderruflich ist,

3. im Falle eines Widerrufs der nach Absatz 1 Satz 3 Nr. 3 Buchstabe b erklärten Einwilligung die gespeicherten Daten weiterhin verwendet werden dürfen, soweit dies erforderlich ist, um

    a) Wirkungen des zu prüfenden Arzneimittels festzustellen,

    b) sicherzustellen, dass schutzwürdige Interessen der betroffenen Person nicht beeinträchtigt werden,

    c) der Pflicht zur Vorlage vollständiger Zulassungsunterlagen zu genügen,

4. die Daten bei den genannten Stellen für die auf Grund des § 42 Abs. 3 bestimmten Fristen gespeichert werden.

Im Falle eines Widerrufs der nach Absatz 1 Satz 3 Nr. 3 Buchstabe b erklärten Einwilligung haben die verantwortlichen Stellen unverzüglich zu prüfen, inwieweit die gespeicherten Daten für die in Satz 1 Nr. 3 genannten Zwecke noch erforderlich sein können. Nicht mehr benötigte Daten sind unverzüglich zu löschen. Im Übrigen sind die erhobenen personenbezogenen Daten nach Ablauf der auf Grund des § 42 Abs. 3 bestimmten Fristen zu löschen, soweit nicht gesetzliche, satzungsmäßige oder vertragliche Aufbewahrungsfristen entgegenstehen.

(3) Die Versicherung nach Absatz 1 Satz 3 Nr. 8 muss zugunsten der von der klinischen Prüfung betroffenen Personen bei einem in einem Mitgliedstaat der Europäischen Union oder einem anderen Vertragsstaat des Abkommens über den Europäischen Wirtschaftsraum zum Geschäftsbetrieb zugelassenen Versicherer genommen werden. Ihr Umfang muss in einem angemessenen Ver-

hältnis zu den mit der klinischen Prüfung verbundenen Risiken stehen und auf der Grundlage der Risikoabschätzung so festgelegt werden, dass für jeden Fall des Todes oder der dauernden Erwerbsunfähigkeit einer von der klinischen Prüfung betroffenen Person mindestens 500 000 Euro zur Verfügung stehen. Soweit aus der Versicherung geleistet wird, erlischt ein Anspruch auf Schadensersatz.

(4) Auf eine klinische Prüfung bei Minderjährigen finden die Absätze 1 bis 3 mit folgender Maßgabe Anwendung:

1. Das Arzneimittel muss zum Erkennen oder zum Verhüten von Krankheiten bei Minderjährigen bestimmt und die Anwendung des Arzneimittels nach den Erkenntnissen der medizinischen Wissenschaft angezeigt sein, um bei dem Minderjährigen Krankheiten zu erkennen oder ihn vor Krankheiten zu schützen. Angezeigt ist das Arzneimittel, wenn seine Anwendung bei dem Minderjährigen medizinisch indiziert ist.

2. Die klinische Prüfung an Erwachsenen oder andere Forschungsmethoden dürfen nach den Erkenntnissen der medizinischen Wissenschaft keine ausreichenden Prüfergebnisse erwarten lassen.

3. Die Einwilligung wird durch den gesetzlichen Vertreter abgegeben, nachdem er entsprechend Absatz 2 aufgeklärt worden ist. Sie muss dem mutmaßlichen Willen des Minderjährigen entsprechen, soweit ein solcher feststellbar ist. Der Minderjährige ist vor Beginn der klinischen Prüfung von einem im Umgang mit Minderjährigen erfahrenen Prüfer über die Prüfung, die Risiken und den Nutzen aufzuklären, soweit dies im Hinblick auf sein Alter und seine geistige Reife möglich ist; erklärt der Minderjährige, nicht an der klinischen Prüfung teilnehmen zu wollen, oder bringt er dies in sonstiger Weise zum Ausdruck, so ist dies zu beachten. Ist der Minderjährige in der Lage, Wesen, Bedeutung und Tragweite der klinischen Prüfung zu erkennen und seinen Willen hiernach auszurichten, so ist auch seine Einwilligung erforderlich. Eine Gelegenheit zu einem Beratungsgespräch nach Absatz 2 Satz 2 ist neben dem gesetzlichen Vertreter auch dem Minderjährigen zu eröffnen.

4. Die klinische Prüfung darf nur durchgeführt werden, wenn sie für die betroffene Person mit möglichst wenig Belastungen und anderen vorhersehbaren Risiken verbunden ist; sowohl der Belastungsgrad als auch die Risikoschwelle müssen im Prüfplan eigens definiert und vom Prüfer ständig überprüft werden.

5. Vorteile mit Ausnahme einer angemessenen Entschädigung dürfen nicht gewährt werden.

(5) Der betroffenen Person, ihrem gesetzlichen Vertreter oder einem von ihr Bevollmächtigten steht eine zuständige Kontaktstelle zur Verfügung, bei der Informationen über alle Umstände, denen eine Bedeutung für die Durchführung einer klinischen Prüfung beizumessen ist, eingeholt werden können.

Die Kontaktstelle ist bei der jeweils zuständigen Bundesoberbehörde einzurichten.

§ 41
Besondere Voraussetzungen der klinischen Prüfung

(1) Auf eine klinische Prüfung bei einer volljährigen Person, die an einer Krankheit leidet, zu deren Behandlung das zu prüfende Arzneimittel angewendet werden soll, findet § 40 Abs. 1 bis 3 mit folgender Maßgabe Anwendung:

1. Die Anwendung des zu prüfenden Arzneimittels muss nach den Erkenntnissen der medizinischen Wissenschaft angezeigt sein, um das Leben dieser Person zu retten, ihre Gesundheit wiederherzustellen oder ihr Leiden zu erleichtern, oder

2. sie muss für die Gruppe der Patienten, die an der gleichen Krankheit leiden wie diese Person, mit einem direkten Nutzen verbunden sein.

Kann die Einwilligung wegen einer Notfallsituation nicht eingeholt werden, so darf eine Behandlung, die ohne Aufschub erforderlich ist, um das Leben der betroffenen Person zu retten, ihre Gesundheit wiederherzustellen oder ihr Leiden zu erleichtern, umgehend erfolgen. Die Einwilligung zur weiteren Teilnahme ist einzuholen, sobald dies möglich und zumutbar ist.

(2) Auf eine klinische Prüfung bei einem Minderjährigen, der an einer Krankheit leidet, zu deren Behandlung das zu prüfende Arzneimittel angewendet werden soll, findet § 40 Abs. 1 bis 4 mit folgender Maßgabe Anwendung:

1. Die Anwendung des zu prüfenden Arzneimittels muss nach den Erkenntnissen der medizinischen Wissenschaft angezeigt sein, um das Leben der betroffenen Person zu retten, ihre Gesundheit wiederherzustellen oder ihr Leiden zu erleichtern, oder

2. a) die klinische Prüfung muss für die Gruppe der Patienten, die an der gleichen Krankheit leiden wie die betroffene Person, mit einem direkten Nutzen verbunden sein,

   b) die Forschung muss für die Bestätigung von Daten, die bei klinischen Prüfungen an anderen Personen oder mittels anderer Forschungsmethoden gewonnen wurden, unbedingt erforderlich sein,

   c) die Forschung muss sich auf einen klinischen Zustand beziehen, unter dem der betroffene Minderjährige leidet und

   d) die Forschung darf für die betroffene Person nur mit einem minimalen Risiko und einer minimalen Belastung verbunden sein; die Forschung weist nur ein minimales Risiko auf, wenn nach Art und Umfang der Intervention zu erwarten ist, dass sie allenfalls zu einer sehr geringfügigen und vorübergehenden Beeinträchtigung der Gesundheit der betroffenen Person führen wird; sie weist eine minimale Belastung auf, wenn zu erwarten ist, dass die Unannehmlichkeiten für die betroffene Person allenfalls vorübergehend auftreten und sehr geringfügig sein werden.

Satz 1 Nr. 2 gilt nicht für Minderjährige, für die nach Erreichen der Volljährigkeit Absatz 3 Anwendung finden würde.

(3) Auf eine klinische Prüfung bei einer volljährigen Person, die nicht in der Lage ist, Wesen, Bedeutung und Tragweite der klinischen Prüfung zu erkennen und ihren Willen hiernach auszurichten und die an einer Krankheit leidet, zu deren Behandlung das zu prüfende Arzneimittel angewendet werden soll, findet § 40 Abs. 1 bis 3 mit folgender Maßgabe Anwendung:

1. Die Anwendung des zu prüfenden Arzneimittels muss nach den Erkenntnissen der medizinischen Wissenschaft angezeigt sein, um das Leben der betroffenen Person zu retten, ihre Gesundheit wiederherzustellen oder ihr Leiden zu erleichtern; außerdem müssen sich derartige Forschungen unmittelbar auf einen lebensbedrohlichen oder sehr geschwächten klinischen Zustand beziehen, in dem sich die betroffene Person befindet, und die klinische Prüfung muss für die betroffene Person mit möglichst wenig Belastungen und anderen vorhersehbaren Risiken verbunden sein; sowohl der Belastungsgrad als auch die Risikoschwelle müssen im Prüfplan eigens definiert und vom Prüfer ständig überprüft werden. Die klinische Prüfung darf nur durchgeführt werden, wenn die begründete Erwartung besteht, dass der Nutzen der Anwendung des Prüfpräparates für die betroffene Person die Risiken überwiegt oder keine Risiken mit sich bringt.

2. Die Einwilligung wird durch den gesetzlichen Vertreter oder Bevollmächtigten abgegeben, nachdem er entsprechend § 40 Abs. 2 aufgeklärt worden ist. § 40 Abs. 4 Nr. 3 Satz 2, 3 und 5 gilt entsprechend.

3. Die Forschung muss für die Bestätigung von Daten, die bei klinischen Prüfungen an zur Einwilligung nach Aufklärung fähigen Personen oder mittels anderer Forschungsmethoden gewonnen wurden, unbedingt erforderlich sein. § 40 Abs. 4 Nr. 2 gilt entsprechend.

4. Vorteile mit Ausnahme einer angemessenen Entschädigung dürfen nicht gewährt werden.

§ 42
Verfahren bei der Ethik-Kommission,
Genehmigungsverfahren bei der Bundesoberbehörde

(1) Die nach § 40 Abs. 1 Satz 2 erforderliche zustimmende Bewertung der Ethik-Kommission ist vom Sponsor bei der nach Landesrecht für den Prüfer zuständigen unabhängigen interdisziplinär besetzten Ethik-Kommission zu beantragen. Wird die klinische Prüfung von mehreren Prüfern durchgeführt, so ist der Antrag bei der für den Hauptprüfer oder Leiter der klinischen Prüfung zuständigen unabhängigen Ethik-Kommission zu stellen. Das Nähere zur Bil-

dung, Zusammensetzung und Finanzierung der Ethik-Kommission wird durch Landesrecht bestimmt. Der Sponsor hat der Ethik-Kommission alle Angaben und Unterlagen vorzulegen, die diese zur Bewertung benötigt. Zur Bewertung der Unterlagen kann die Ethik-Kommission eigene wissenschaftliche Erkenntnisse verwerten, Sachverständige beiziehen oder Gutachten anfordern. Sie hat Sachverständige beizuziehen oder Gutachten anzufordern, wenn es sich um eine klinische Prüfung bei Minderjährigen handelt und sie nicht über eigene Fachkenntnisse auf dem Gebiet der Kinderheilkunde, einschließlich ethischer und psychosozialer Fragen der Kinderheilkunde, verfügt oder wenn es sich um eine klinische Prüfung von xenogenen Zelltherapeutika oder Gentransfer-Arzneimitteln handelt. Die zustimmende Bewertung darf nur versagt werden, wenn

1. die vorgelegten Unterlagen auch nach Ablauf einer dem Sponsor gesetzten angemessenen Frist zur Ergänzung unvollständig sind,

2. die vorgelegten Unterlagen einschließlich des Prüfplans, der Prüferinformation und der Modalitäten für die Auswahl der Prüfungsteilnehmer nicht dem Stand der wissenschaftlichen Erkenntnisse entsprechen, insbesondere die klinische Prüfung ungeeignet ist, den Nachweis der Unbedenklichkeit oder Wirksamkeit eines Arzneimittels einschließlich einer unterschiedlichen Wirkungsweise bei Frauen und Männern zu erbringen, oder

3. die in § 40 Abs. 1 Satz 3 Nr. 2 bis 9, Abs. 4 und § 41 geregelten Anforderungen nicht erfüllt sind.

Das Nähere wird in der Rechtsverordnung nach Absatz 3 bestimmt. Die Ethik-Kommission hat eine Entscheidung über den Antrag nach Satz 1 innerhalb einer Frist von höchstens 60 Tagen nach Eingang der erforderlichen Unterlagen zu übermitteln, die nach Maßgabe der Rechtsverordnung nach Absatz 3 verlängert oder verkürzt werden kann; für die Prüfung xenogener Zelltherapeutika gibt es keine zeitliche Begrenzung für den Genehmigungszeitraum.

(2) Die nach § 40 Abs. 1 Satz 2 erforderliche Genehmigung der zuständigen Bundesoberbehörde ist vom Sponsor bei der zuständigen Bundesoberbehörde zu beantragen. Der Sponsor hat dabei alle Angaben und Unterlagen vorzulegen, die diese zur Bewertung benötigt, insbesondere die Ergebnisse der analytischen und der pharmakologisch-toxikologischen Prüfung sowie den Prüfplan und die klinischen Angaben zum Arzneimittel einschließlich der Prüferinformation. Die Genehmigung darf nur versagt werden, wenn

1. die vorgelegten Unterlagen auch nach Ablauf einer dem Sponsor gesetzten angemessenen Frist zur Ergänzung unvollständig sind,

2. die vorgelegten Unterlagen, insbesondere die Angaben zum Arzneimittel und der Prüfplan einschließlich der Prüferinformation nicht dem Stand der wissenschaftlichen Erkenntnisse entsprechen, insbesondere die klinische Prüfung ungeeignet ist, den Nachweis der Unbedenklichkeit oder Wirk-

samkeit eines Arzneimittels einschließlich einer unterschiedlichen Wirkungsweise bei Frauen und Männern zu erbringen, oder

3. die in § 40 Abs. 1 Satz 3 Nr. 1, 2, 2a und 6, bei xenogenen Zelltherapeutika auch die in Nummer 8 geregelten Anforderungen insbesondere im Hinblick auf eine Versicherung von Drittrisiken nicht erfüllt sind.

Die Genehmigung gilt als erteilt, wenn die zuständige Bundesoberbehörde dem Sponsor innerhalb von höchstens 30 Tagen nach Eingang der Antragsunterlagen keine mit Gründen versehenen Einwände übermittelt. Wenn der Sponsor auf mit Gründen versehene Einwände den Antrag nicht innerhalb einer Frist von höchstens 90 Tagen entsprechend abgeändert hat, gilt der Antrag als abgelehnt. Das Nähere wird in der Rechtsverordnung nach Absatz 3 bestimmt. Abweichend von Satz 4 darf die klinische Prüfung von Arzneimitteln,

1. die unter die Nummer 1 des Anhangs der Verordnung (EG) Nr. 726/2004 fallen,

2. die somatische Zelltherapeutika, xenogene Zelltherapeutika, Gentransfer-Arzneimittel sind,

3. die genetisch veränderte Organismen enthalten oder

4. deren Wirkstoff ein biologisches Produkt menschlichen oder tierischen Ursprungs ist oder biologische Bestandteile menschlichen oder tierischen Ursprungs enthält oder zu seiner Herstellung derartige Bestandteile erfordert

nur begonnen werden, wenn die zuständige Bundesoberbehörde dem Sponsor eine schriftliche Genehmigung erteilt hat. Die zuständige Bundesoberbehörde hat eine Entscheidung über den Antrag auf Genehmigung von Arzneimitteln nach Satz 7 Nr. 2 bis 4 innerhalb einer Frist von höchstens 60 Tagen nach Eingang der in Satz 2 genannten erforderlichen Unterlagen zu treffen, die nach Maßgabe einer Rechtsverordnung nach Absatz 3 verlängert oder verkürzt werden kann; für die Prüfung xenogener Zelltherapeutika gibt es keine zeitliche Begrenzung für den Genehmigungszeitraum.

(2a) Die für die Genehmigung einer klinischen Prüfung nach Absatz 2 zuständige Bundesoberbehörde unterrichtet die nach Absatz 1 zuständige Ethik-Kommission, sofern ihr Informationen zu anderen klinischen Prüfungen vorliegen, die für die Bewertung der von der Ethik-Kommission begutachteten Prüfung von Bedeutung sind; dies gilt insbesondere für Informationen über abgebrochene oder sonst vorzeitig beendete Prüfungen. Dabei unterbleibt die Übermittlung personenbezogener Daten, ferner sind Betriebs- und Geschäftsgeheimnisse dabei zu wahren.

(3) Das Bundesministerium wird ermächtigt, durch Rechtsverordnung mit Zustimmung des Bundesrates Regelungen zur Gewährleistung der ordnungsgemäßen Durchführung der klinischen Prüfung und der Erzielung dem wissenschaftlichen Erkenntnisstand entsprechender Unterlagen zu treffen. In

der Rechtsverordnung können insbesondere Regelungen getroffen werden über:

1. die Aufgaben und Verantwortungsbereiche des Sponsors, der Prüfer oder anderer Personen, die die klinische Prüfung durchführen oder kontrollieren einschließlich von Anzeige-, Dokumentations- und Berichtspflichten insbesondere über Nebenwirkungen und sonstige unerwünschte Ereignisse, die während der Studie auftreten und die Sicherheit der Studienteilnehmer oder die Durchführung der Studie beeinträchtigen könnten,

2. die Aufgaben der und das Verfahren bei Ethikkommissionen einschließlich der einzureichenden Unterlagen, auch mit Angaben zur angemessenen Beteiligung von Frauen und Männern als Prüfungsteilnehmerinnen und Prüfungsteilnehmer, der Unterbrechung oder Verlängerung oder Verkürzung der Bearbeitungsfrist und der besonderen Anforderungen an die Ethik-Kommissionen bei klinischen Prüfungen nach § 40 Abs. 4 und § 41 Abs. 2 und 3,

3. die Aufgaben der zuständigen Behörden und das behördliche Genehmigungsverfahren einschließlich der einzureichenden Unterlagen, auch mit Angaben zur angemessenen Beteiligung von Frauen und Männern als Prüfungsteilnehmerinnen und Prüfungsteilnehmer, und der Unterbrechung oder Verlängerung oder Verkürzung der Bearbeitungsfrist, das Verfahren zur Überprüfung von Unterlagen in Betrieben und Einrichtungen sowie die Voraussetzungen und das Verfahren für Rücknahme, Widerruf und Ruhen der Genehmigung oder Untersagung einer klinischen Prüfung,

4. die Anforderungen an das Führen und Aufbewahren von Nachweisen,

5. die Übermittlung von Namen und Sitz des Sponsors und des verantwortlichen Prüfers und nicht personenbezogener Angaben zur klinischen Prüfung von der zuständigen Behörde an eine europäische Datenbank,

6. die Befugnisse zur Erhebung und Verwendung personenbezogener Daten, soweit diese für die Durchführung und Überwachung der klinischen Prüfung oder bei klinischen Prüfungen mit Arzneimitteln, die aus einem gentechnisch veränderten Organismus oder einer Kombination von gentechnisch veränderten Organismen bestehen oder solche enthalten, für die Abwehr von Gefahren für die Gesundheit Dritter oder für die Umwelt in ihrem Wirkungsgefüge erforderlich sind; dies gilt auch für die Verarbeitung von Daten, die nicht in Dateien verarbeitet oder genutzt werden,

7. die Aufgaben und Befugnisse der Behörden zur Abwehr von Gefahren für die Gesundheit Dritter und für die Umwelt in ihrem Wirkungsgefüge bei klinischen Prüfungen mit Arzneimitteln, die aus einem gentechnisch veränderten Organismus oder einer Kombination von gentechnisch veränderten Organismen bestehen oder solche enthalten;

ferner kann die Weiterleitung von Unterlagen und Ausfertigungen der Entscheidungen an die zuständigen Behörden und die für die Prüfer zuständigen Ethik-Kommissionen bestimmt sowie vorgeschrieben werden, dass Unterlagen in mehrfacher Ausfertigung sowie auf elektronischen oder optischen Speichermedien eingereicht werden. In der Rechtsverordnung sind für zugelassene Arzneimittel Ausnahmen entsprechend der Richtlinie 2001/20/EG vorzusehen.

§ 42a
Rücknahme, Widerruf und Ruhen der Genehmigung

(1) Die Genehmigung ist zurückzunehmen, wenn bekannt wird, dass ein Versagungsgrund nach § 42 Abs. 2 Satz 3 Nr. 1, Nr. 2 oder Nr. 3 bei der Erteilung vorgelegen hat; sie ist zu widerrufen, wenn nachträglich Tatsachen eintreten, die die Versagung nach § 42 Abs. 2 Satz 3 Nr. 2 oder Nr. 3 rechtfertigen würden. In den Fällen des Satzes 1 kann auch das Ruhen der Genehmigung befristet angeordnet werden.

(2) Die zuständige Bundesoberbehörde kann die Genehmigung widerrufen, wenn die Gegebenheiten der klinischen Prüfung nicht mit den Angaben im Genehmigungsantrag übereinstimmen oder wenn Tatsachen Anlass zu Zweifeln an der Unbedenklichkeit oder der wissenschaftlichen Grundlage der klinischen Prüfung geben. In diesem Fall kann auch das Ruhen der Genehmigung befristet angeordnet werden. Die zuständige Bundesoberbehörde unterrichtet unter Angabe der Gründe unverzüglich die anderen für die Überwachung zuständigen Behörden und Ethik-Kommissionen sowie die Kommission der Europäischen Gemeinschaften und die Europäische Arzneimittel-Agentur.

(3) Vor einer Entscheidung nach den Absätzen 1 und 2 ist dem Sponsor Gelegenheit zur Stellungnahme innerhalb einer Frist von einer Woche zu geben. § 28 Abs. 2 Nr. 1 des Verwaltungsverfahrensgesetzes gilt entsprechend. Ordnet die zuständige Bundesoberbehörde die sofortige Unterbrechung der Prüfung an, so übermittelt sie diese Anordnung unverzüglich dem Sponsor. Widerspruch und Anfechtungsklage gegen den Widerruf, die Rücknahme oder die Anordnung des Ruhens der Genehmigung sowie gegen Anordnungen nach Absatz 5 haben keine aufschiebende Wirkung.

(4) Ist die Genehmigung einer klinischen Prüfung zurückgenommen oder widerrufen oder ruht sie, so darf die klinische Prüfung nicht fortgesetzt werden.

(5) Wenn der zuständigen Bundesoberbehörde im Rahmen ihrer Tätigkeit Tatsachen bekannt werden, die die Annahme rechtfertigen, dass der Sponsor, ein Prüfer oder ein anderer Beteiligter seine Verpflichtungen im Rahmen der ordnungsgemäßen Durchführung der klinischen Prüfung nicht mehr erfüllt, informiert die zuständige Bundesoberbehörde die betreffende Person unverzüglich und ordnet die von dieser Person durchzuführenden Abhilfemaßnahmen an; betrifft die Maßnahme nicht den Sponsor, so ist dieser von der

Anordnung zu unterrichten. Maßnahmen der zuständigen Überwachungsbehörde gemäß § 69 bleiben davon unberührt.

Siebenter Abschnitt
Abgabe von Arzneimitteln

§ 43
Apothekenpflicht, Inverkehrbringen durch Tierärzte

(1) Arzneimittel im Sinne des § 2 Abs. 1 oder Abs. 2 Nr. 1, die nicht durch die Vorschriften des § 44 oder der nach § 45 Abs. 1 erlassenen Rechtsverordnung für den Verkehr außerhalb der Apotheken freigegeben sind, dürfen außer in den Fällen des § 47 berufs- oder gewerbsmäßig für den Endverbrauch nur in Apotheken und ohne behördliche Erlaubnis nicht im Wege des Versandes in den Verkehr gebracht werden; das Nähere regelt das Apothekengesetz. Außerhalb der Apotheken darf außer in den Fällen des Absatzes 4 und des § 47 Abs. 1 mit den nach Satz 1 den Apotheken vorbehaltenen Arzneimitteln kein Handel getrieben werden.

(2) Die nach Absatz 1 Satz 1 den Apotheken vorbehaltenen Arzneimittel dürfen von juristischen Personen, nicht rechtsfähigen Vereinen und Gesellschaften des bürgerlichen Rechts und des Handelsrechts an ihre Mitglieder nicht abgegeben werden, es sei denn, dass es sich bei den Mitgliedern um Apotheken oder um die in § 47 Abs. 1 genannten Personen und Einrichtungen handelt und die Abgabe unter den dort bezeichneten Voraussetzungen erfolgt.

(3) Auf Verschreibung dürfen Arzneimittel im Sinne des § 2 Abs. 1 oder Abs. 2 Nr. 1 nur von Apotheken abgegeben werden. § 56 Abs. 1 bleibt unberührt.

(4) Arzneimittel im Sinne des § 2 Abs. 1 oder Abs. 2 Nr. 1 dürfen ferner im Rahmen des Betriebes einer tierärztlichen Hausapotheke durch Tierärzte an Halter der von ihnen behandelten Tiere abgegeben und zu diesem Zweck vorrätig gehalten werden. Dies gilt auch für die Abgabe von Arzneimitteln zur Durchführung tierärztlich gebotener und tierärztlich kontrollierter krankheitsvorbeugender Maßnahmen bei Tieren, wobei der Umfang der Abgabe den auf Grund tierärztlicher Indikation festgestellten Bedarf nicht überschreiten darf. Weiterhin dürfen Arzneimittel im Sinne des § 2 Abs. 1 oder Abs. 2 Nr. 1, die zur Durchführung tierseuchenrechtlicher Maßnahmen bestimmt und nicht verschreibungspflichtig sind, in der jeweils erforderlichen Menge durch Veterinärbehörden an Tierhalter abgegeben werden. Mit der Abgabe ist dem Tierhalter eine schriftliche Anweisung über Art, Zeitpunkt und Dauer der Anwendung auszuhändigen.

(5) Zur Anwendung bei Tieren bestimmte Arzneimittel, die nicht für den Verkehr außerhalb der Apotheken freigegeben sind, dürfen an den Tierhalter oder an andere in § 47 Abs. 1 nicht genannte Personen nur in der Apotheke oder tierärztlichen Hausapotheke oder durch den Tierarzt ausgehändigt werden. Dies gilt nicht für Fütterungsarzneimittel und für Arzneimittel im Sinne des Absatzes 4 Satz 3.

(6) Arzneimittel dürfen im Rahmen der Übergabe einer tierärztlichen Praxis an den Nachfolger im Betrieb der tierärztlichen Hausapotheke abgegeben werden.

§ 44
Ausnahme von der Apothekenpflicht

(1) Arzneimittel, die von dem pharmazeutischen Unternehmer ausschließlich zu anderen Zwecken als zur Beseitigung oder Linderung von Krankheiten, Leiden, Körperschäden oder krankhaften Beschwerden zu dienen bestimmt sind, sind für den Verkehr außerhalb der Apotheken freigegeben.

(2) Ferner sind für den Verkehr außerhalb der Apotheken freigegeben:

1. a) natürliche Heilwässer sowie deren Salze, auch als Tabletten oder Pastillen,

   b) künstliche Heilwässer sowie deren Salze, auch als Tabletten oder Pastillen, jedoch nur, wenn sie in ihrer Zusammensetzung natürlichen Heilwässern entsprechen,

2. Heilerde, Bademoore und andere Peloide, Zubereitungen zur Herstellung von Bädern, Seifen zum äußeren Gebrauch,

3. mit ihren verkehrsüblichen deutschen Namen bezeichnete

   a) Pflanzen und Pflanzenteile, auch zerkleinert,

   b) Mischungen aus ganzen oder geschnittenen Pflanzen oder Pflanzenteilen als Fertigarzneimittel,

   c) Destillate aus Pflanzen und Pflanzenteilen,

   d) Presssäfte aus frischen Pflanzen und Pflanzenteilen, sofern sie ohne Lösungsmittel mit Ausnahme von Wasser hergestellt sind,

4. Pflaster,

5. ausschließlich oder überwiegend zum äußeren Gebrauch bestimmte Desinfektionsmittel sowie Mund- und Rachendesinfektionsmittel.

(3) Die Absätze 1 und 2 gelten nicht für Arzneimittel, die

1. nur auf ärztliche, zahnärztliche oder tierärztliche Verschreibung abgegeben werden dürfen oder

2. durch Rechtsverordnung nach § 46 vom Verkehr außerhalb der Apotheken ausgeschlossen sind.

§ 45
Ermächtigung zu weiteren Ausnahmen von der Apothekenpflicht

(1) Das Bundesministerium wird ermächtigt, im Einvernehmen mit dem Bundesministerium für Wirtschaft und Arbeit nach Anhörung von Sachverständi-

gen durch Rechtsverordnung mit Zustimmung des Bundesrates Stoffe, Zubereitungen aus Stoffen oder Gegenstände, die dazu bestimmt sind, teilweise oder ausschließlich zur Beseitigung oder Linderung von Krankheiten, Leiden, Körperschäden oder krankhaften Beschwerden zu dienen, für den Verkehr außerhalb der Apotheken freizugeben,

1. soweit sie nicht nur auf ärztliche, zahnärztliche oder tierärztliche Verschreibung abgegeben werden dürfen,

2. soweit sie nicht wegen ihrer Zusammensetzung oder Wirkung die Prüfung, Aufbewahrung und Abgabe durch eine Apotheke erfordern,

3. soweit nicht durch ihre Freigabe eine unmittelbare oder mittelbare Gefährdung der Gesundheit von Mensch oder Tier, insbesondere durch unsachgemäße Behandlung, zu befürchten ist oder

4. soweit nicht durch ihre Freigabe die ordnungsgemäße Arzneimittelversorgung gefährdet wird.

Die Rechtsverordnung wird vom Bundesministerium für Verbraucherschutz, Ernährung und Landwirtschaft im Einvernehmen mit dem Bundesministerium und dem Bundesministerium für Wirtschaft und Arbeit erlassen, soweit es sich um Arzneimittel handelt, die zur Anwendung bei Tieren bestimmt sind.

(2) Die Freigabe kann auf Fertigarzneimittel, auf bestimmte Dosierungen, Anwendungsgebiete oder Darreichungsformen beschränkt werden.

(3) Die Rechtsverordnung ergeht im Einvernehmen mit dem Bundesministerium für Umwelt, Naturschutz und Reaktorsicherheit, soweit es sich um radioaktive Arzneimittel und um Arzneimittel handelt, bei deren Herstellung ionisierende Strahlen verwendet werden.

§ 46
Ermächtigung zur Ausweitung der Apothekenpflicht

(1) Das Bundesministerium wird ermächtigt, im Einvernehmen mit dem Bundesministerium für Wirtschaft und Arbeit nach Anhörung von Sachverständigen durch Rechtsverordnung mit Zustimmung des Bundesrates Arzneimittel im Sinne des § 44 vom Verkehr außerhalb der Apotheken auszuschließen, soweit auch bei bestimmungsgemäßem oder bei gewohnheitsmäßigem Gebrauch eine unmittelbare oder mittelbare Gefährdung der Gesundheit von Mensch oder Tier zu befürchten ist. Die Rechtsverordnung wird vom Bundesministerium für Verbraucherschutz, Ernährung und Landwirtschaft im Einvernehmen mit dem Bundesministerium und dem Bundesministerium für Wirtschaft und Arbeit erlassen, soweit es sich um Arzneimittel handelt, die zur Anwendung bei Tieren bestimmt sind.

(2) Die Rechtsverordnung nach Absatz 1 kann auf bestimmte Dosierungen, Anwendungsgebiete oder Darreichungsformen beschränkt werden.

(3) Die Rechtsverordnung ergeht im Einvernehmen mit dem Bundesministerium für Umwelt, Naturschutz und Reaktorsicherheit, soweit es sich um radioaktive Arzneimittel und um Arzneimittel handelt, bei deren Herstellung ionisierende Strahlen verwendet werden.

§ 47
Vertriebsweg

(1) Pharmazeutische Unternehmer und Großhändler dürfen Arzneimittel, deren Abgabe den Apotheken vorbehalten ist, außer an Apotheken nur abgeben an

1. andere pharmazeutische Unternehmer und Großhändler,

2. Krankenhäuser und Ärzte, soweit es sich handelt um

    a) aus menschlichem Blut gewonnene Blutzubereitungen oder gentechnologisch hergestellte Blutbestandteile, die, soweit es sich um Gerinnungsfaktorenzubereitungen handelt, von dem hämostaseologisch qualifizierten Arzt im Rahmen der ärztlich kontrollierten Selbstbehandlung von Blutern an seine Patienten abgegeben werden dürfen,

    b) menschliches oder tierisches Gewebe,

    c) Infusionslösungen in Behältnissen mit mindestens 500 ml, die zum Ersatz oder zur Korrektur von Körperflüssigkeit bestimmt sind, sowie Lösungen zur Hämodialyse und Peritonealdialyse,

    d) Zubereitungen, die ausschließlich dazu bestimmt sind, die Beschaffenheit, den Zustand oder die Funktion des Körpers oder seelische Zustände erkennen zu lassen,

    e) medizinische Gase, bei denen auch die Abgabe an Heilpraktiker zulässig ist,

    f) radioaktive Arzneimittel oder

    g) Arzneimittel, die mit dem Hinweis „Zur klinischen Prüfung bestimmt" versehen sind, sofern sie kostenlos zur Verfügung gestellt werden,

3. Krankenhäuser, Gesundheitsämter und Ärzte, soweit es sich um Impfstoffe handelt, die dazu bestimmt sind, bei einer unentgeltlichen auf Grund des § 20 Abs. 5, 6 oder 7 des Infektionsschutzgesetzes vom 20. Juli 2000 (BGBl. I S. 1045) durchgeführten Schutzimpfung angewendet zu werden oder soweit eine Abgabe von Impfstoffen zur Abwendung einer Seuchen- oder Lebensgefahr erforderlich ist,

3a. anerkannte Impfzentren, soweit es sich um Gelbfieberimpfstoff handelt,

3b. Krankenhäuser und Gesundheitsämter, soweit es sich um Arzneimittel mit antibakterieller oder antiviraler Wirkung handelt, die dazu bestimmt sind, auf Grund des § 20 Abs. 5, 6 oder 7 des Infektionsschutzgesetzes zur spezifischen Prophylaxe gegen übertragbare Krankheiten angewendet zu werden,

3c. Gesundheitsbehörden des Bundes oder der Länder oder von diesen im Einzelfall benannte Stellen, soweit es sich um Arzneimittel handelt, die für den Fall einer bedrohlichen übertragbaren Krankheit, deren Ausbreitung eine sofortige und das übliche Maß erheblich überschreitende Bereitstellung von spezifischen Arzneimitteln erforderlich macht, bevorratet werden,

4. Veterinärbehörden, soweit es sich um Arzneimittel handelt, die zur Durchführung öffentlich-rechtlicher Maßnahmen bestimmt sind,

5. auf gesetzlicher Grundlage eingerichtete oder im Benehmen mit dem Bundesministerium von der zuständigen Behörde anerkannte zentrale Beschaffungsstellen für Arzneimittel,

6. Tierärzte im Rahmen des Betriebes einer tierärztlichen Hausapotheke, soweit es sich um Fertigarzneimittel handelt, zur Anwendung an den von ihnen behandelten Tieren und zur Abgabe an deren Halter,

7. zur Ausübung der Zahnheilkunde berechtigte Personen, soweit es sich um Fertigarzneimittel handelt, die ausschließlich in der Zahnheilkunde verwendet und bei der Behandlung am Patienten angewendet werden,

8. Einrichtungen von Forschung und Wissenschaft, denen eine Erlaubnis nach § 3 des Betäubungsmittelgesetzes erteilt worden ist, die zum Erwerb des betreffenden Arzneimittels berechtigt,

9. Hochschulen, soweit es sich um Arzneimittel handelt, die für die Ausbildung der Studierenden der Pharmazie und der Veterinärmedizin benötigt werden.

Die Anerkennung der zentralen Beschaffungsstelle nach Satz 1 Nr. 5 erfolgt, soweit es sich um zur Anwendung bei Tieren bestimmte Arzneimittel handelt, im Benehmen mit dem Bundesministerium für Verbraucherschutz, Ernährung und Landwirtschaft.

(1a) Pharmazeutische Unternehmer und Großhändler dürfen Arzneimittel, die zur Anwendung bei Tieren bestimmt sind, an die in Absatz 1 Nr. 1 oder 6 bezeichneten Empfänger erst abgeben, wenn diese ihnen eine Bescheinigung der zuständigen Behörde vorgelegt haben, dass sie ihrer Anzeigepflicht nach § 67 nachgekommen sind.

(1b) Pharmazeutische Unternehmer und Großhändler haben über den Bezug und die Abgabe zur Anwendung bei Tieren bestimmter verschreibungspflichtiger Arzneimittel, die nicht ausschließlich zur Anwendung bei anderen Tieren als solchen, die der Gewinnung von Lebensmitteln dienen, bestimmt sind, Nachweise zu führen, aus denen gesondert für jedes dieser Arzneimittel zeitlich geordnet die Menge des Bezugs unter Angabe des oder der Lieferanten und die Menge der Abgabe unter Angabe des oder der Bezieher nachgewiesen werden kann, und diese Nachweise der zuständigen Behörde auf Verlangen vorzulegen.

(1c) Pharmazeutische Unternehmer und Großhändler haben über die Abgabe an Tierärzte von in den Anhängen I und III der Verordnung (EWG) Nr. 2377/90 genannten Stoffen mit antimikrobieller Wirkung, nach Anhang IV der Verordnung (EWG) 2377/90 verbotenen Stoffen, diese enthaltende Fertigarzneimittel sowie von Arzneimitteln, die der Verordnung über Stoffe mit pharmakologischer Wirkung unterliegen, an das zentrale Informationssystem über Arzneimittel nach § 67a Abs. 1 Mitteilung nach Maßgabe der Rechtsverordnung nach § 67a Abs. 3 zu machen.

(2) Die in Absatz 1 Nr. 5 bis 9 bezeichneten Empfänger dürfen die Arzneimittel nur für den eigenen Bedarf im Rahmen der Erfüllung ihrer Aufgaben beziehen. Die in Absatz 1 Nr. 5 bezeichneten zentralen Beschaffungsstellen dürfen nur anerkannt werden, wenn nachgewiesen wird, dass sie unter fachlicher Leitung eines Apothekers oder, soweit es sich um zur Anwendung bei Tieren bestimmte Arzneimittel handelt, eines Tierarztes stehen und geeignete Räume und Einrichtungen zur Prüfung, Kontrolle und Lagerung der Arzneimittel vorhanden sind.

(3) Pharmazeutische Unternehmer dürfen Muster eines Fertigarzneimittels abgeben oder abgeben lassen an

1. Ärzte, Zahnärzte oder Tierärzte,

2. andere Personen, die die Heilkunde oder Zahnheilkunde berufsmäßig ausüben, soweit es sich nicht um verschreibungspflichtige Arzneimittel handelt,

3. Ausbildungsstätten für die Heilberufe.

Pharmazeutische Unternehmer dürfen Muster eines Fertigarzneimittels an Ausbildungsstätten für die Heilberufe nur in einem dem Zweck der Ausbildung angemessenen Umfang abgeben oder abgeben lassen. Muster dürfen keine Stoffe oder Zubereitungen im Sinne des § 2 des Betäubungsmittelgesetzes enthalten, die als solche in Anlage II oder III des Betäubungsmittelgesetzes aufgeführt sind.

(4) Pharmazeutische Unternehmer dürfen Muster eines Fertigarzneimittels an Personen nach Absatz 3 Satz 1 nur auf jeweilige schriftliche Anforderung, in der kleinsten Packungsgröße und in einem Jahr von einem Fertigarzneimittel nicht mehr als zwei Muster abgeben oder abgeben lassen. Mit den Mustern ist die Fachinformation, soweit diese nach § 11a vorgeschrieben ist, zu übersenden. Das Muster dient insbesondere der Information des Arztes über den Gegenstand des Arzneimittels. Über die Empfänger von Mustern sowie über Art, Umfang und Zeitpunkt der Abgabe von Mustern sind gesondert für jeden Empfänger Nachweise zu führen und auf Verlangen der zuständigen Behörde vorzulegen.

§ 47a
Sondervertriebsweg, Nachweispflichten

(1) Pharmazeutische Unternehmer dürfen ein Arzneimittel, das zur Vornahme eines Schwangerschaftsabbruchs zugelassen ist, nur an Einrichtungen im Sinne des § 13 des Schwangerschaftskonfliktgesetzes vom 27. Juli 1992 (BGBl. I S. 1398), geändert durch Artikel 1 des Gesetzes vom 21. August 1995 (BGBl. I S. 1050), und nur auf Verschreibung eines dort behandelnden Arztes abgeben. Andere Personen dürfen die in Satz 1 genannten Arzneimittel nicht in den Verkehr bringen.

(2) Pharmazeutische Unternehmer haben die zur Abgabe bestimmten Packungen der in Absatz 1 Satz 1 genannten Arzneimittel fortlaufend zu nummerieren; ohne diese Kennzeichnung darf das Arzneimittel nicht abgegeben werden. Über die Abgabe haben pharmazeutische Unternehmer, über den Erhalt und die Anwendung haben die Einrichtung und der behandelnde Arzt Nachweise zu führen und diese Nachweise auf Verlangen der zuständigen Behörde zur Einsichtnahme vorzulegen.

(2a) Pharmazeutische Unternehmer sowie die Einrichtung haben die in Absatz 1 Satz 1 genannten Arzneimittel, die sich in ihrem Besitz befinden, gesondert aufzubewahren und gegen unbefugte Entnahme zu sichern.

(3) Die §§ 43 und 47 finden auf die in Absatz 1 Satz 1 genannten Arzneimittel keine Anwendung.

§ 48
Verschreibungspflicht

(1) Arzneimittel, die

1. durch Rechtsverordnung nach Absatz 2, auch in Verbindung mit den Absätzen 4 und 5, bestimmte Stoffe, Zubereitungen aus Stoffen oder Gegenstände sind oder denen solche Stoffe oder Zubereitungen aus Stoffen zugesetzt sind, oder die

2. nicht unter Nummer 1 fallen und zur Anwendung bei Tieren, die der Gewinnung von Lebensmitteln dienen, bestimmt sind,

dürfen nur bei Vorliegen einer ärztlichen, zahnärztlichen oder tierärztlichen Verschreibung an Verbraucher abgegeben werden. Satz 1 Nr. 1 gilt nicht für die Abgabe zur Ausstattung von Kauffahrteischiffen durch Apotheken nach Maßgabe der hierfür geltenden gesetzlichen Vorschriften.

(2) Das Bundesministerium wird ermächtigt, im Einvernehmen mit dem Bundesministerium für Wirtschaft und Arbeit durch Rechtsverordnung mit Zustimmung des Bundesrates

1. Stoffe, Zubereitungen aus Stoffen oder Gegenstände mit in der medizinischen Wissenschaft nicht allgemein bekannten Wirkungen, die in Arznei-

mitteln im Sinne des § 2 Abs. 1 oder Abs. 2 Nr. 1 enthalten sind, zu bestimmen. Dies gilt auch für Zubereitungen aus in ihren Wirkungen allgemein
bekannten Stoffen, wenn die Wirkungen dieser Zubereitungen in der
medizinischen Wissenschaft nicht allgemein bekannt sind, es sei denn,
dass die Wirkungen nach Zusammensetzung, Dosierung, Darreichungsform oder Anwendungsgebiet der Zubereitungen bestimmbar sind. Dies
gilt nicht für Arzneimittel, die Zubereitungen aus Stoffen bekannter Wirkungen sind, soweit diese außerhalb der Apotheken abgegeben werden
dürfen,

oder nach Anhörung von Sachverständigen

2. Stoffe, Zubereitungen aus Stoffen oder Gegenstände zu bestimmen,

   a) die die Gesundheit des Menschen oder, sofern sie zur Anwendung bei
      Tieren bestimmt sind die Gesundheit des Tieres, des Anwenders oder
      die Umwelt auch bei bestimmungsgemäßem Gebrauch unmittelbar
      oder mittelbar gefährden können, wenn sie ohne ärztliche, zahnärztliche
      oder tierärztliche Überwachung angewendet werden,

   b) die häufig in erheblichem Umfang nicht bestimmungsgemäß gebraucht
      werden, wenn dadurch die Gesundheit von Mensch oder Tier unmittel-
      bar oder mittelbar gefährdet werden kann, oder

   c) sofern sie zur Anwendung bei Tieren bestimmt sind, deren Anwendung
      eine vorherige tierärztliche Diagnose erfordert oder Auswirkungen ha-
      ben kann, die die späteren diagnostischen oder therapeutischen Maß-
      nahmen erschweren oder überlagern,

3. die Verschreibungspflicht für Arzneimittel aufzuheben, wenn auf Grund der
   bei der Anwendung des Arzneimittels gemachten Erfahrungen die Voraussetzungen nach Nummer 2 nicht oder nicht mehr vorliegen, bei Arzneimitteln nach Nummer 1 kann frühestens drei Jahre nach Inkrafttreten der
   zugrunde liegenden Rechtsverordnung die Verschreibungspflicht aufgehoben werden,

4. für Stoffe oder Zubereitungen aus Stoffen vorzuschreiben, dass sie nur
   abgegeben werden dürfen, wenn in der Verschreibung bestimmte Höchstmengen für den Einzel- und Tagesgebrauch nicht überschritten werden
   oder wenn die Überschreitung vom Verschreibenden ausdrücklich kenntlich gemacht worden ist,

5. zu bestimmen, dass ein Arzneimittel auf eine Verschreibung nicht wieder-
   holt abgegeben werden darf,

6. vorzuschreiben, dass ein Arzneimittel nur auf eine Verschreibung von Ärzten eines bestimmten Fachgebietes oder zur Anwendung in für die Behandlung mit dem Arzneimittel zugelassenen Einrichtungen abgegeben
   werden darf oder über die Verschreibung, Abgabe und Anwendung Nachweise geführt werden müssen,

7. Vorschriften über die Form und den Inhalt der Verschreibung, einschließlich der Verschreibung in elektronischer Form, zu erlassen.

(3) Die Rechtsverordnung nach Absatz 2, auch in Verbindung mit den Absätzen 4 und 5, kann auf bestimmte Dosierungen, Potenzierungen, Darreichungsformen, Fertigarzneimittel oder Anwendungsbereiche beschränkt werden. Ebenso kann eine Ausnahme von der Verschreibungspflicht für die Abgabe an Hebammen und Entbindungspfleger vorgesehen werden, soweit dies für eine ordnungsgemäße Berufsausübung erforderlich ist. Die Beschränkung auf bestimmte Fertigarzneimittel zur Anwendung am Menschen nach Satz 1 erfolgt, wenn gemäß Artikel 74a der Richtlinie 2001/83/EG die Aufhebung der Verschreibungspflicht auf Grund signifikanter vorklinischer oder klinischer Versuche erfolgt ist; dabei ist der nach Artikel 74a vorgesehene Zeitraum von einem Jahr zu beachten.

(4) Die Rechtsverordnung wird vom Bundesministerium für Verbraucherschutz, Ernährung und Landwirtschaft im Einvernehmen mit dem Bundesministerium und dem Bundesministerium für Wirtschaft und Arbeit erlassen, soweit es sich um Arzneimittel handelt, die zur Anwendung bei Tieren bestimmt sind.

(5) Die Rechtsverordnung ergeht im Einvernehmen mit dem Bundesministerium für Umwelt, Naturschutz und Reaktorsicherheit, soweit es sich um radioaktive Arzneimittel und um Arzneimittel handelt, bei deren Herstellung ionisierende Strahlen verwendet werden.

(6) Das Bundesministerium für Verbraucherschutz, Ernährung und Landwirtschaft wird ermächtigt, im Einvernehmen mit dem Bundesministerium durch Rechtsverordnung mit Zustimmung des Bundesrates im Falle des Absatzes 1 Satz 1 Nr. 2 Arzneimittel von der Verschreibungspflicht auszunehmen, soweit die auf Grund des Artikels 67 Doppelbuchstabe aa der Richtlinie 2001/82/EG festgelegten Anforderungen eingehalten sind.

§ 49
(weggefallen)

§ 50
Einzelhandel mit freiverkäuflichen Arzneimitteln

(1) Einzelhandel außerhalb von Apotheken mit Arzneimitteln im Sinne des § 2 Abs. 1 oder Abs. 2 Nr. 1, die zum Verkehr außerhalb der Apotheken freigegeben sind, darf nur betrieben werden, wenn der Unternehmer, eine zur Vertretung des Unternehmens gesetzlich berufene oder eine von dem Unternehmer mit der Leitung des Unternehmens oder mit dem Verkauf beauftragte Person die erforderliche Sachkenntnis besitzt. Bei Unternehmen mit mehreren

Betriebsstellen muss für jede Betriebsstelle eine Person vorhanden sein, die die erforderliche Sachkenntnis besitzt.

(2) Die erforderliche Sachkenntnis besitzt, wer Kenntnisse und Fertigkeiten über das ordnungsgemäße Abfüllen, Abpacken, Kennzeichnen, Lagern und Inverkehrbringen von Arzneimitteln, die zum Verkehr außerhalb der Apotheken freigegeben sind, sowie Kenntnisse über die für diese Arzneimittel geltenden Vorschriften nachweist. Das Bundesministerium wird ermächtigt, im Einvernehmen mit dem Bundesministerium für Wirtschaft und Arbeit und dem Bundesministerium für Bildung und Forschung durch Rechtsverordnung mit Zustimmung des Bundesrates Vorschriften darüber zu erlassen, wie der Nachweis der erforderlichen Sachkenntnis zu erbringen ist, um einen ordnungsgemäßen Verkehr mit Arzneimitteln zu gewährleisten. Es kann dabei Prüfungszeugnisse über eine abgeleistete berufliche Aus- oder Fortbildung als Nachweis anerkennen. Es kann ferner bestimmen, dass die Sachkenntnis durch eine Prüfung vor der zuständigen Behörde oder einer von ihr bestimmten Stelle nachgewiesen wird und das Nähere über die Prüfungsanforderungen und das Prüfungsverfahren regeln. Die Rechtsverordnung wird, soweit es sich um Arzneimittel handelt, die zur Anwendung bei Tieren bestimmt sind, vom Bundesministerium für Verbraucherschutz, Ernährung und Landwirtschaft im Einvernehmen mit dem Bundesministerium, dem Bundesministerium für Wirtschaft und Arbeit und dem Bundesministerium für Bildung und Forschung erlassen.

(3) Einer Sachkenntnis nach Absatz 1 bedarf nicht, wer Fertigarzneimittel im Einzelhandel in den Verkehr bringt, die

1. im Reisegewerbe abgegeben werden dürfen,

2. zur Verhütung der Schwangerschaft oder von Geschlechtskrankheiten beim Menschen bestimmt sind,

3. (weggefallen)

4. ausschließlich zum äußeren Gebrauch bestimmte Desinfektionsmittel sind oder

5. Sauerstoff.

6. (weggefallen)

§ 51
Abgabe im Reisegewerbe

(1) Das Feilbieten von Arzneimitteln und das Aufsuchen von Bestellungen auf Arzneimittel im Reisegewerbe sind verboten; ausgenommen von dem Verbot sind für den Verkehr außerhalb der Apotheken freigegebene Fertigarzneimittel, die

1. mit ihren verkehrsüblichen deutschen Namen bezeichnete, in ihren Wirkungen allgemein bekannte Pflanzen oder Pflanzenteile oder Presssäfte

aus frischen Pflanzen oder Pflanzenteilen sind, sofern diese mit keinem anderen Lösungsmittel als Wasser hergestellt wurden, oder

2. Heilwässer und deren Salze in ihrem natürlichen Mischungsverhältnis oder ihre Nachbildungen sind.

(2) Das Verbot des Absatzes 1 erster Halbsatz findet keine Anwendung, soweit der Gewerbetreibende andere Personen im Rahmen ihres Geschäftsbetriebes aufsucht, es sei denn, dass es sich um Arzneimittel handelt, die für die Anwendung bei Tieren in land- und forstwirtschaftlichen Betrieben, in gewerblichen Tierhaltungen sowie in Betrieben des Gemüse-, Obst-, Garten- und Weinbaus, der Imkerei und der Fischerei feilgeboten oder dass bei diesen Betrieben Bestellungen auf Arzneimittel, deren Abgabe den Apotheken vorbehalten ist, aufgesucht werden. Dies gilt auch für Handlungsreisende und andere Personen, die im Auftrag und im Namen eines Gewerbetreibenden tätig werden.

§ 52
Verbot der Selbstbedienung

(1) Arzneimittel im Sinne des § 2 Abs. 1 oder Abs. 2 Nr. 1 dürfen

1. nicht durch Automaten und

2. nicht durch andere Formen der Selbstbedienung in den Verkehr gebracht werden.

(2) Absatz 1 gilt nicht für Fertigarzneimittel, die

1. im Reisegewerbe abgegeben werden dürfen,

2. zur Verhütung der Schwangerschaft oder von Geschlechtskrankheiten beim Menschen bestimmt und zum Verkehr außerhalb der Apotheken freigegeben sind, z.B. Kondome

3. (weggefallen)

4. ausschließlich zum äußeren Gebrauch bestimmte Desinfektionsmittel oder

5. Sauerstoff.

6. (weggefallen)

(3) Absatz 1 Nr. 2 gilt ferner nicht für Arzneimittel, die für den Verkehr außerhalb der Apotheken freigegeben sind, wenn eine Person, die die Sachkenntnis nach § 50 besitzt, zur Verfügung steht.

§ 52a
Großhandel mit Arzneimitteln

(1) Wer Großhandel mit Arzneimitteln im Sinne des § 2 Abs. 1 oder Abs. 2 Nr. 1, Testsera oder Testantigenen betreibt, bedarf einer Erlaubnis. Ausgenommen von dieser Erlaubnispflicht sind die in § 51 Abs. 1 zweiter Halbsatz

genannten für den Verkehr außerhalb der Apotheken freigegebenen Fertigarzneimittel sowie Gase für medizinische Zwecke.

(2) Mit dem Antrag hat der Antragsteller

1. die bestimmte Betriebsstätte zu benennen, für die die Erlaubnis erteilt werden soll,

2. Nachweise darüber vorzulegen, dass er über geeignete und ausreichende Räumlichkeiten, Anlagen und Einrichtungen verfügt, um eine ordnungsgemäße Lagerung und einen ordnungsgemäßen Vertrieb und, soweit vorgesehen, ein ordnungsgemäßes Umfüllen, Abpacken und Kennzeichnen von Arzneimitteln zu gewährleisten,

3. eine verantwortliche Person zu benennen, die die zur Ausübung der Tätigkeit erforderliche Sachkenntnis besitzt, und

4. eine Erklärung beizufügen, in der er sich schriftlich verpflichtet, die für den ordnungsgemäßen Betrieb eines Großhandels geltenden Regelungen einzuhalten.

(3) Die Entscheidung über die Erteilung der Erlaubnis trifft die zuständige Behörde des Landes, in dem die Betriebsstätte liegt oder liegen soll. Die zuständige Behörde hat eine Entscheidung über den Antrag auf Erteilung der Erlaubnis innerhalb einer Frist von drei Monaten zu treffen. Verlangt die zuständige Behörde vom Antragsteller weitere Angaben zu den Voraussetzungen nach Absatz 2, so wird die in Satz 2 genannte Frist so lange ausgesetzt, bis die erforderlichen ergänzenden Angaben der zuständigen Behörde vorliegen.

(4) Die Erlaubnis darf nur versagt werden, wenn

1. die Voraussetzungen nach Absatz 2 nicht vorliegen oder

2. Tatsachen die Annahme rechtfertigen, dass der Antragsteller oder die verantwortliche Person nach Absatz 2 Nr. 3 die zur Ausübung ihrer Tätigkeit erforderliche Zuverlässigkeit nicht besitzt.

(5) Die Erlaubnis ist zurückzunehmen, wenn nachträglich bekannt wird, dass einer der Versagungsgründe nach Absatz 4 bei der Erteilung vorgelegen hat. Die Erlaubnis ist zu widerrufen, wenn die Voraussetzungen für die Erteilung der Erlaubnis nicht mehr vorliegen; anstelle des Widerrufs kann auch das Ruhen der Erlaubnis angeordnet werden.

(6) Eine Erlaubnis nach § 13 oder § 72 umfasst auch die Erlaubnis zum Großhandel mit den Arzneimitteln, auf die sich die Erlaubnis nach § 13 oder § 72 erstreckt.

(7) Die Absätze 1 bis 5 gelten nicht für die Tätigkeit der Apotheken im Rahmen des üblichen Apothekenbetriebes.

(8) Der Inhaber der Erlaubnis hat jede Änderung der in Absatz 2 genannten Angaben sowie jede wesentliche Änderung der Großhandelstätigkeit unter

Vorlage der Nachweise der zuständigen Behörde vorher anzuzeigen. Bei einem unvorhergesehenen Wechsel der verantwortlichen Person nach Absatz 2 Nr. 3 hat die Anzeige unverzüglich zu erfolgen.

§ 53
Anhörung von Sachverständigen

(1) Soweit nach § 36 Abs. 1, § 45 Abs. 1 und § 46 Abs. 1 vor Erlass von Rechtsverordnungen Sachverständige anzuhören sind, errichtet hierzu das Bundesministerium durch Rechtsverordnung ohne Zustimmung des Bundesrates einen Sachverständigen-Ausschuss. Dem Ausschuss sollen Sachverständige aus der medizinischen und pharmazeutischen Wissenschaft, den Krankenhäusern, den Heilberufen, den beteiligten Wirtschaftskreisen und den Sozialversicherungsträgern angehören. In der Rechtsverordnung kann das Nähere über die Zusammensetzung, die Berufung der Mitglieder und das Verfahren des Ausschusses bestimmt werden. Die Rechtsverordnung wird vom Bundesministerium für Verbraucherschutz, Ernährung und Landwirtschaft im Einvernehmen mit dem Bundesministerium erlassen, soweit es sich um Arzneimittel handelt, die zur Anwendung bei Tieren bestimmt sind.

(2) Soweit nach § 48 Abs. 2 vor Erlass der Rechtsverordnung Sachverständige anzuhören sind, gilt Absatz 1 entsprechend mit der Maßgabe, dass dem Ausschuss Sachverständige aus der medizinischen und pharmazeutischen Wissenschaft und Praxis und der pharmazeutischen Industrie angehören sollen.

Achter Abschnitt
Sicherung und Kontrolle der Qualität

§ 54
Betriebsverordnungen

(1) Das Bundesministerium wird ermächtigt, im Einvernehmen mit dem Bundesministerium für Wirtschaft und Arbeit durch Rechtsverordnung mit Zustimmung des Bundesrates Betriebsverordnungen für Betriebe oder Einrichtungen zu erlassen, die Arzneimittel in den Geltungsbereich dieses Gesetzes verbringen oder in denen Arzneimittel entwickelt, hergestellt, geprüft, gelagert, verpackt oder in den Verkehr gebracht werden, soweit es geboten ist, um einen ordnungsgemäßen Betrieb und die erforderliche Qualität der Arzneimittel sicherzustellen; dies gilt entsprechend für Wirkstoffe und andere zur Arzneimittelherstellung bestimmte Stoffe. Die Rechtsverordnung wird vom Bundesministerium für Verbraucherschutz, Ernährung und Landwirtschaft im Einvernehmen mit dem Bundesministerium und dem Bundesministerium für Wirtschaft und Arbeit erlassen, soweit es sich um Arzneimittel handelt, die zur Anwendung bei Tieren bestimmt sind. Die Rechtsverordnung ergeht jeweils im Einvernehmen mit dem Bundesministerium für Umwelt, Naturschutz und Re-

aktorsicherheit, soweit es sich um radioaktive Arzneimittel oder um Arzneimittel handelt, bei deren Herstellung ionisierende Strahlen verwendet werden.

(2) In der Rechtsverordnung nach Absatz 1 können insbesondere Regelungen
getroffen werden über die

1. Entwicklung, Herstellung, Prüfung, Lagerung, Verpackung, Qualitätssicherung, den Erwerb und das Inverkehrbringen,

2. Führung und Aufbewahrung von Nachweisen über die in der Nummer 1
   genannten Betriebsvorgänge,

3. Haltung und Kontrolle der bei der Herstellung und Prüfung der Arzneimittel verwendeten Tiere und die Nachweise darüber,

4. Anforderungen an das Personal,

5. Beschaffenheit, Größe und Einrichtung der Räume,

6. Anforderungen an die Hygiene,

7. Beschaffenheit der Behältnisse,

8. Kennzeichnung der Behältnisse, in denen Arzneimittel und deren Ausgangsstoffe vorrätig gehalten werden,

9. Dienstbereitschaft für Arzneimittelgroßhandelsbetriebe,

10. Zurückstellung von Chargenproben sowie deren Umfang und Lage-
    rungsdauer,

11. Kennzeichnung, Absonderung oder Vernichtung nicht verkehrsfähiger
    Arzneimittel,

12. Voraussetzungen für und die Anforderungen an die in Nummer 1 be-
    zeichneten Tätigkeiten durch den Tierarzt (Betrieb einer tierärztlichen
    Hausapotheke) sowie die Anforderungen an die Anwendung von Arznei-
    mitteln durch den Tierarzt an den von ihm behandelten Tieren.

(2a) (weggefallen)

(3) Die in den Absätzen 1, 2 und 2a getroffenen Regelungen gelten auch für
Personen, die die in Absatz 1 genannten Tätigkeiten berufsmäßig ausüben.

(4) Die Absätze 1 und 2 gelten für Apotheken im Sinne des Gesetzes über das
Apothekenwesen, soweit diese einer Erlaubnis nach § 13, § 52a oder § 72
bedürfen.

§ 55
Arzneibuch

(1) Das Arzneibuch ist eine vom Bundesministerium bekanntgemachte
Sammlung anerkannter pharmazeutischer Regeln über die Qualität, Prüfung,
Lagerung, Abgabe und Bezeichnung von Arzneimitteln und den bei ihrer Her-

stellung verwendeten Stoffen. Das Arzneibuch enthält auch Regeln für die Beschaffenheit von Behältnissen und Umhüllungen.

(2) Die Regeln des Arzneibuchs werden von der Deutschen Arzneibuch-Kommission oder der Europäischen Arzneibuch-Kommission beschlossen. Die Bekanntmachung der Regeln kann aus rechtlichen oder fachlichen Gründen abgelehnt oder rückgängig gemacht werden.

(3) Die Deutsche Arzneibuch-Kommission hat die Aufgabe, über die Regeln des Arzneibuches zu beschließen und das Bundesministerium bei den Arbeiten im Rahmen des Übereinkommens über die Ausarbeitung eines Europäischen Arzneibuches zu unterstützen.

(4) Die Deutsche Arzneibuch-Kommission wird beim Bundesinstitut für Arzneimittel und Medizinprodukte gebildet. Das Bundesministerium beruft im Einvernehmen mit dem Bundesministerium für Verbraucherschutz, Ernährung und Landwirtschaft die Mitglieder der Deutschen Arzneibuch-Kommission aus Sachverständigen der medizinischen und pharmazeutischen Wissenschaft, der Heilberufe, der beteiligten Wirtschaftskreise und der Arzneimittelüberwachung im zahlenmäßig gleichen Verhältnis. Das Bundesministerium bestellt im Einvernehmen mit dem Bundesministerium für Verbraucherschutz, Ernährung und Landwirtschaft den Vorsitzenden der Kommission und seine Stellvertreter und erlässt nach Anhörung der Kommission eine Geschäftsordnung.

(5) Die Deutsche Arzneibuch-Kommission soll über die Regeln des Arzneibuches grundsätzlich einstimmig beschließen. Beschlüsse, denen nicht mehr als drei Viertel der Mitglieder der Kommission zugestimmt haben, sind unwirksam. Das Nähere regelt die Geschäftsordnung.

(6) Die Absätze 2 bis 5 finden auf die Tätigkeit der Deutschen Homöopathischen Arzneibuch-Kommission entsprechende Anwendung.

(7) Die Bekanntmachung erfolgt im Bundesanzeiger. Sie kann sich darauf beschränken, auf die Bezugsquelle der Fassung des Arzneibuches und den Beginn der Geltung der Neufassung hinzuweisen.

(8) Arzneimittel dürfen nur hergestellt und zur Abgabe an den Verbraucher im Geltungsbereich dieses Gesetzes in den Verkehr gebracht werden, wenn die in ihnen enthaltenen Stoffe und ihre Darreichungsformen den anerkannten pharmazeutischen Regeln entsprechen. Arzneimittel dürfen ferner zur Abgabe an den Verbraucher im Geltungsbereich dieses Gesetzes nur in den Verkehr gebracht werden, wenn ihre Behältnisse und Umhüllungen, soweit sie mit den Arzneimitteln in Berührung kommen, den anerkannten pharmazeutischen Regeln entsprechen. Die Sätze 1 und 2 gelten nicht für Arzneimittel im Sinne des § 2 Abs. 2 Nr. 4.

(9) Soweit es sich um Arzneimittel handelt, die zur Anwendung bei Tieren bestimmt sind, tritt in den Fällen des Absatzes 1 Satz 1 und des Absatzes 3 an die Stelle des Bundesministeriums das Bundesministerium für Verbraucher-

schutz, Ernährung und Landwirtschaft; die Bekanntmachung nach Absatz 1 Satz 1 erfolgt im Einvernehmen mit dem Bundesministerium.

§ 55a
Amtliche Sammlung von Untersuchungsverfahren

Die zuständige Bundesoberbehörde veröffentlicht eine amtliche Sammlung von Verfahren zur Probenahme und Untersuchung von Arzneimitteln und ihren Ausgangsstoffen. Die Verfahren werden unter Mitwirkung von Sachkennern aus den Bereichen der Überwachung, der Wissenschaft und der pharmazeutischen Unternehmer festgelegt. Die Sammlung ist laufend auf dem neuesten Stand zu halten.

Neunter Abschnitt
Sondervorschriften für Arzneimittel, die bei Tieren angewendet werden

§ 56
Fütterungsarzneimittel

(1) Fütterungsarzneimittel dürfen abweichend von § 47 Abs. 1, jedoch nur auf Verschreibung eines Tierarztes, vom Hersteller nur unmittelbar an Tierhalter abgegeben werden; dies gilt auch, wenn die Fütterungsarzneimittel in einem anderen Mitgliedstaat der Europäischen Union oder in einem anderen Vertragsstaat des Abkommens über den Europäischen Wirtschaftsraum unter Verwendung im Geltungsbereich dieses Gesetzes zugelassener Arzneimittel-Vormischungen oder solcher Arzneimittel-Vormischungen, die die gleiche qualitative und eine vergleichbare quantitative Zusammensetzung haben wie im Geltungsbereich dieses Gesetzes zugelassene Arzneimittel-Vormischungen, hergestellt werden, die sonstigen im Geltungsbereich dieses Gesetzes geltenden arzneimittelrechtlichen Vorschriften beachtet werden und den Fütterungsarzneimitteln eine Begleitbescheinigung nach dem vom Bundesministerium für Verbraucherschutz, Ernährung und Landwirtschaft bekannt gemachten Muster beigegeben ist. Im Falle des Satzes 1 zweiter Halbsatz hat der verschreibende Tierarzt der nach § 64 Abs. 1 für die Überwachung der Einhaltung der arzneimittelrechtlichen Vorschriften durch den Tierhalter zuständigen Behörde unverzüglich eine Kopie der Verschreibung zu übersenden. Die wiederholte Abgabe auf eine Verschreibung ist nicht zulässig. Das Bundesministerium für Verbraucherschutz, Ernährung und Landwirtschaft wird ermächtigt, im Einvernehmen mit dem Bundesministerium und dem Bundesministerium für Wirtschaft und Arbeit durch Rechtsverordnung Vorschriften über Form und Inhalt der Verschreibung zu erlassen.

(2) Zur Herstellung eines Fütterungsarzneimittels darf nur eine nach § 25 Abs. 1 zugelassene oder auf Grund des § 36 Abs. 1 von der Pflicht zur Zulassung freigestellte Arzneimittel-Vormischung verwendet werden. Auf Ver-

schreibung darf abweichend von Satz 1 ein Fütterungsarzneimittel aus höchstens drei Arzneimittel-Vormischungen, die jeweils zur Anwendung bei der zu behandelnden Tierart zugelassen sind, hergestellt werden, sofern

1. für das betreffende Anwendungsgebiet eine zugelassene Arzneimittel-Vormischung nicht zur Verfügung steht,

2. im Einzelfall im Fütterungsarzneimittel nicht mehr als zwei Arzneimittel-Vormischungen mit jeweils einem antimikrobiell wirksamen Stoff enthalten sind oder höchstens eine Arzneimittel-Vormischung mit mehreren solcher Stoffe enthalten ist und

3. eine homogene und stabile Verteilung der wirksamen Bestandteile in dem Fütterungsarzneimittel gewährleistet ist.

(3) Werden Fütterungsarzneimittel hergestellt, so muss das verwendete Mischfuttermittel vor und nach der Vermischung den futtermittelrechtlichen Vorschriften entsprechen und es darf kein Antibiotikum oder Kokzidiostatikum als Futtermittelzusatzstoff enthalten.

(4) Für Fütterungsarzneimittel dürfen nur Mischfuttermittel verwendet werden, die einer Rechtsverordnung nach § 4 Abs. 1 des Futtermittelgesetzes entsprechen. Die Arzneimitteltagesdosis muss in einer Menge Mischfuttermittel enthalten sein, die die tägliche Futterration der behandelten Tiere, bei Wiederkäuern den täglichen Bedarf an Ergänzungsfuttermitteln, ausgenommen Mineralfutter, mindestens zur Hälfte deckt. Die verfütterungsfertigen Mischungen müssen durch das deutlich sichtbare Wort „Fütterungsarzneimittel" gekennzeichnet sowie mit der Angabe darüber versehen sein, zu welchem Prozentsatz sie den Futterbedarf nach Satz 2 zu decken bestimmt sind.

(5) Der Tierarzt darf Fütterungsarzneimittel nur verschreiben,

1. wenn sie zur Anwendung an den von ihm behandelten Tieren bestimmt sind,

2. wenn sie für die in den Packungsbeilagen der Arzneimittel-Vormischungen bezeichneten Tierarten und Anwendungsgebiete bestimmt sind,

3. wenn ihre Anwendung nach Anwendungsgebiet und Menge nach dem Stand der veterinärmedizinischen Wissenschaft gerechtfertigt ist, um das Behandlungsziel zu erreichen, und

4. wenn die zur Anwendung bei Tieren, die der Gewinnung von Lebensmitteln dienen, verschriebene Menge von Fütterungsarzneimitteln, die

   a) vorbehaltlich des Buchstaben b, verschreibungspflichtige Arzneimittel-Vormischungen enthalten, zur Anwendung innerhalb der auf die Abgabe folgenden 31 Tage bestimmt ist, oder

   b) antimikrobiell wirksame Stoffe enthalten, zur Anwendung innerhalb der auf die Abgabe folgenden sieben Tage bestimmt ist, sofern die Zulassungsbedingungen der Arzneimittel-Vormischung nicht eine längere Anwendungsdauer vorsehen.

§ 56a Abs. 2 gilt für die Verschreibung von Fütterungsarzneimitteln entsprechend. Im Falle der Verschreibung von Fütterungsarzneimitteln nach Satz 1 Nr. 4 gilt zusätzlich § 56a Abs. 1 Satz 2 entsprechend.

§ 56a
Verschreibung, Abgabe und Anwendung von Arzneimitteln durch Tierärzte

(1) Der Tierarzt darf für den Verkehr außerhalb der Apotheken nicht freigegebene Arzneimittel dem Tierhalter nur verschreiben oder an diesen nur abgeben, wenn

1. sie für die von ihm behandelten Tiere bestimmt sind,

2. sie zugelassen sind oder sie auf Grund des § 21 Abs. 2 Nr. 4 in Verbindung mit Abs. 1 in Verkehr gebracht werden dürfen oder in den Anwendungsbereich einer Rechtsverordnung nach § 36 oder § 39 Abs. 3 Satz 1 Nr. 2 fallen oder sie nach § 38 Abs. 1 in den Verkehr gebracht werden dürfen,

3. sie nach der Zulassung für das Anwendungsgebiet bei der behandelten Tierart bestimmt sind,

4. ihre Anwendung nach Anwendungsgebiet und Menge nach dem Stand der veterinärmedizinischen Wissenschaft gerechtfertigt ist, um das Behandlungsziel zu erreichen, und

5. die zur Anwendung bei Tieren, die der Gewinnung von Lebensmitteln dienen,

   a) vorbehaltlich des Buchstaben b, verschriebene oder abgegebene Menge verschreibungspflichtiger Arzneimittel zur Anwendung innerhalb der auf die Abgabe folgenden 31 Tage bestimmt ist, oder

   b) verschriebene oder abgegebene Menge von Arzneimitteln, die antimikrobiell wirksame Stoffe enthalten und nach den Zulassungsbedingungen nicht ausschließlich zur lokalen Anwendung vorgesehen sind, zur Anwendung innerhalb der auf die Abgabe folgenden sieben Tage bestimmt ist,

sofern die Zulassungsbedingungen nicht eine längere Anwendungsdauer vorsehen.

Der Tierarzt darf verschreibungspflichtige Arzneimittel zur Anwendung bei Tieren, die der Gewinnung von Lebensmitteln dienen, für den jeweiligen Behandlungsfall erneut nur abgeben oder verschreiben, sofern er in einem Zeitraum von 31 Tagen vor dem Tag der entsprechend seiner Behandlungsanweisung vorgesehenen letzten Anwendung der abzugebenden oder zu verschreibenden Arzneimittel die behandelten Tiere oder den behandelten Tierbestand untersucht hat. Satz 1 Nr. 2 bis 4 gilt für die Anwendung durch den Tierarzt entsprechend.

Abweichend von Satz 1 darf der Tierarzt dem Tierhalter Arzneimittel-Vormischungen, die nicht zugleich als Fertigarzneimittel zugelassen sind, weder verschreiben noch an diesen abgeben.

(2) Soweit die notwendige arzneiliche Versorgung der Tiere ansonsten ernstlich gefährdet wäre und eine unmittelbare oder mittelbare Gefährdung der Gesundheit von Mensch und Tier nicht zu befürchten ist, darf der Tierarzt bei Einzeltieren oder Tieren eines bestimmten Bestandes abweichend von Absatz 1 Satz 1 Nr. 3 , auch in Verbindung mit Absatz 1 Satz 3, nachfolgend bezeichnete zugelassene oder von der Zulassung freigestellte Arzneimittel verschreiben, anwenden oder abgeben:

1. soweit für die Behandlung ein zugelassenes Arzneimittel für die betreffende Tierart und das betreffende Anwendungsgebiet nicht zur Verfügung steht, ein Arzneimittel mit der Zulassung für die betreffende Tierart und ein anderes Anwendungsgebiet;

2. soweit ein nach Nummer 1 geeignetes Arzneimittel für die betreffende Tierart nicht zur Verfügung steht, ein für eine andere Tierart zugelassenes Arzneimittel;

3. soweit ein nach Nummer 2 geeignetes Arzneimittel nicht zur Verfügung steht, ein zur Anwendung beim Menschen zugelassenes Arzneimittel oder, auch abweichend von Absatz 1 Satz 1 Nr. 2, auch in Verbindung mit Absatz 1 Satz 3, ein Arzneimittel, das in einem Mitgliedstaat der Europäischen Union oder einem anderen Vertragsstaat des Abkommens über den Europäischen Wirtschaftsraum zur Anwendung bei Tieren zugelassen ist; im Falle von Tieren, die der Gewinnung von Lebensmitteln dienen, jedoch nur solche Arzneimittel aus anderen Mitgliedstaaten der Europäischen Union oder anderen Vertragsstaaten des Abkommens über den Europäischen Wirtschaftsraum, die zur Anwendung bei Tieren, die der Gewinnung von Lebensmitteln dienen, zugelassen sind;

4. soweit ein nach Nummer 3 geeignetes Arzneimittel nicht zur Verfügung steht, ein in einer Apotheke oder durch den Tierarzt nach § 13 Abs. 2 Satz 1 Nr. 3 Buchstabe d hergestelltes Arzneimittel.

Bei Tieren, die der Gewinnung von Lebensmitteln dienen, darf das Arzneimittel jedoch nur durch den Tierarzt angewendet oder unter seiner Aufsicht verabreicht werden und nur pharmakologisch wirksame Stoffe enthalten, die in Anhang I, II oder III der Verordnung (EWG) Nr. 2377/90 aufgeführt sind.

Der Tierarzt hat die Wartezeit anzugeben; das Nähere regelt die Verordnung über tierärztliche Hausapotheken. Die Sätze 1 bis 3 gelten entsprechend für

Arzneimittel, die nach § 21 Abs. 2 Nr. 4 in Verbindung mit Abs. 2a hergestellt werden. Registrierte oder von der Registrierung freigestellte homöopathische Arzneimittel dürfen abweichend von Absatz 1 Satz 1 Nr. 3 verschrieben, abgegeben und angewendet werden; dies gilt für Arzneimittel, die zur Anwendung bei Tieren bestimmt sind, die der Gewinnung von Lebensmitteln dienen, nur dann wenn sie ausschließlich Wirkstoffe enthalten, die in Anhang II der Verordnung (EWG) Nr. 2377/90 aufgeführt sind.

(2a) Abweichend von Absatz 2 Satz 2 dürfen Arzneimittel für Einhufer, die der Gewinnung von Lebensmitteln dienen und für die diese Eigenschaft in Teil III – A des Kapitels IX des Equidenpasses im Sinne der Entscheidung 93/623/EWG der Kommission vom 20. Oktober 1993 über das Dokument zur Identifizierung eingetragener Equiden (Equidenpass) (ABl. EG Nr. L 298 S. 45), geändert durch die Entscheidung 2000/68/EG der Kommission vom 22. Dezember 1999 (ABl. EG Nr. L 23 S. 72), eingetragen ist, auch angewendet, verschrieben oder abgegeben werden, wenn sie Stoffe enthalten, die in der auf Grund des Artikels 10 Abs. 3 der Richtlinie 2001/82/EG erstellten Liste aufgeführt sind. Die Liste wird vom Bundesministerium für Verbraucherschutz, Ernährung und Landwirtschaft im Bundesanzeiger bekannt gemacht, sofern die Liste nicht Teil eines unmittelbar geltenden Rechtsaktes der Kommission der Europäischen Gemeinschaften oder des Rates der Europäischen Union ist.

(3) Das Bundesministerium für Verbraucherschutz, Ernährung und Landwirtschaft wird ermächtigt, im Einvernehmen mit dem Bundesministerium durch Rechtsverordnung mit Zustimmung des Bundesrates Anforderungen an die Abgabe von Arzneimitteln zur Anwendung an Tieren festzulegen und dabei vorzuschreiben, dass

1. Tierärzte über die Verschreibung und Anwendung von für den Verkehr außerhalb der Apotheken nicht freigegebenen Arzneimitteln Nachweise führen müssen,

2. bestimmte Arzneimittel nur durch den Tierarzt selbst angewendet werden dürfen, wenn diese Arzneimittel

   a) die Gesundheit von Mensch oder Tier auch bei bestimmungsgemäßem Gebrauch unmittelbar oder mittelbar gefährden können, sofern sie nicht fachgerecht angewendet werden, oder

   b) häufig in erheblichem Umfang nicht bestimmungsgemäß gebraucht werden und dadurch die Gesundheit von Mensch oder Tier unmittelbar oder mittelbar gefährdet werden kann.

In der Rechtsverordnung können Art, Form und Inhalt der Nachweise sowie die Dauer der Aufbewahrung geregelt werden. Die Nachweispflicht kann auf bestimmte Arzneimittel, Anwendungsbereiche oder Darreichungsformen beschränkt werden.

(4) Der Tierarzt darf durch Rechtsverordnung nach Absatz 3 Satz 1 Nr. 2 bestimmte Arzneimittel dem Tierhalter weder verschreiben noch an diesen abgeben.

(5) Das Bundesministerium für Verbraucherschutz, Ernährung und Landwirtschaft wird ermächtigt, im Einvernehmen mit dem Bundesministerium durch Rechtsverordnung mit Zustimmung des Bundesrates eine Tierarzneimittelanwendungskommission zu errichten. Die Tierarzneimittelanwendungskommission beschreibt in Leitlinien den Stand der veterinärmedizinischen Wissenschaft, insbesondere für die Anwendung von Arzneimitteln, die antimikrobiell wirksame Stoffe enthalten. In der Rechtsverordnung ist das Nähere über die Zusammensetzung, die Berufung der Mitglieder und das Verfahren der Tierarzneimittelanwendungskommission zu bestimmen. Ferner können der Tierarzneimittelanwendungskommission durch Rechtsverordnung weitere Aufgaben übertragen werden.

(6) Es wird vermutet, dass eine Rechtfertigung nach dem Stand der veterinärmedizinischen Wissenschaft im Sinne des Absatzes 1 Satz 1 Nr. 4 oder des § 56 Abs. 5 Satz 1 Nr. 3 gegeben ist, sofern die Leitlinien der Tierarzneimittelanwendungskommission nach Absatz 5 Satz 2 beachtet worden sind.

§ 56b
Ausnahmen

Das Bundesministerium für Verbraucherschutz, Ernährung und Landwirtschaft wird ermächtigt, im Einvernehmen mit dem Bundesministerium durch Rechtsverordnung mit Zustimmung des Bundesrates Ausnahmen von § 56a zuzulassen, soweit die notwendige arzneiliche Versorgung der Tiere sonst ernstlich gefährdet wäre.

§ 57
Erwerb und Besitz durch Tierhalter, Nachweise

(1) Der Tierhalter darf Arzneimittel, die zum Verkehr außerhalb der Apotheken nicht freigegeben sind, zur Anwendung bei Tieren nur in Apotheken, bei dem den Tierbestand behandelnden Tierarzt oder in den Fällen des § 56 Abs. 1 bei Herstellern erwerben. Andere Personen, die in § 47 Abs. 1 nicht genannt sind, dürfen solche Arzneimittel nur in Apotheken erwerben. Satz 1 gilt nicht für Arzneimittel im Sinne des § 43 Abs. 4 Satz 3. Abweichend von Satz 1 darf der Tierhalter Arzneimittel-Vormischungen, die nicht zugleich als Fertigarzneimittel zugelassen sind, nicht erwerben.

(1a) Tierhalter dürfen Arzneimittel, bei denen durch Rechtsverordnung vorgeschrieben ist, dass sie nur durch den Tierarzt selbst angewendet werden dürfen, nicht im Besitz haben. Dies gilt nicht, wenn die Arzneimittel für einen anderen Zweck als zur Anwendung bei Tieren bestimmt sind oder der Besitz nach der Richtlinie 96/22/EG des Rates vom 29. April 1996 über das Verbot der Verwendung bestimmter Stoffe mit hormonaler beziehungsweise thyreostatischer Wirkung und von ß-Agonisten in der tierischen Erzeugung und zur Aufhebung der Richtlinien 81/602/EWG, 88/146/EWG und 88/299/EWG (ABl. EG Nr. L 125 S. 3) erlaubt ist.

(2) Das Bundesministerium für Verbraucherschutz, Ernährung und Landwirtschaft wird ermächtigt, im Einvernehmen mit dem Bundesministerium durch Rechtsverordnung mit Zustimmung des Bundesrates vorzuschreiben, dass

1. Betriebe, die Tiere halten, die der Gewinnung von Lebensmitteln dienen, und diese oder von diesen stammende Erzeugnisse in Verkehr bringen, und

2. andere Personen, die nach Absatz 1 Arzneimittel nur in Apotheken erwerben dürfen,

Nachweise über den Erwerb, die Aufbewahrung und den Verbleib der Arzneimittel und Register oder Nachweise über die Anwendung der Arzneimittel zu führen haben, soweit es geboten ist, um eine ordnungsgemäße Anwendung von Arzneimitteln zu gewährleisten und sofern es sich um Betriebe nach Nummer 1 handelt, dies zur Durchführung von Rechtsakten der Europäischen Gemeinschaften auf diesem Gebiet erforderlich ist. In der Rechtsverordnung können Art, Form und Inhalt der Register und Nachweise sowie die Dauer ihrer Aufbewahrung geregelt werden.

§ 58
Anwendung bei Tieren, die der Gewinnung von Lebensmitteln dienen

(1) Tierhalter und andere Personen, die nicht Tierärzte sind, dürfen verschreibungspflichtige Arzneimittel oder andere vom Tierarzt verschriebene oder erworbene Arzneimittel bei Tieren, die der Gewinnung von Lebensmitteln dienen, nur nach einer tierärztlichen Behandlungsanweisung für den betreffenden Fall anwenden. Nicht verschreibungspflichtige Arzneimittel, die nicht für den Verkehr außerhalb der Apotheken freigegeben sind und deren Anwendung nicht auf Grund einer tierärztlichen Behandlungsanweisung erfolgt, dürfen nur angewendet werden,

1. wenn sie zugelassen sind oder in den Anwendungsbereich einer Rechtsverordnung nach § 36 oder § 39 Abs. 3 Satz 1 Nr. 2 fallen oder sie nach § 38 Abs. 1 in den Verkehr gebracht werden dürfen,

2. für die in der Kennzeichnung oder Packungsbeilage der Arzneimittel bezeichneten Tierarten und Anwendungsgebiete und

3. in einer Menge, die nach Dosierung und Anwendungsdauer der Kennzeichnung des Arzneimittels entspricht.

Abweichend von Satz 2 dürfen Arzneimittel im Sinne des § 43 Abs. 4 Satz 3 nur nach der veterinärbehördlichen Anweisung nach § 43 Abs. 4 Satz 4 angewendet werden.

(2) Das Bundesministerium für Verbraucherschutz, Ernährung und Landwirtschaft wird ermächtigt, im Einvernehmen mit dem Bundesministerium durch Rechtsverordnung mit Zustimmung des Bundesrates zu verbieten, dass Arzneimittel, die zur Anwendung bei Tieren bestimmt sind, die der Gewinnung von Lebensmitteln dienen, für bestimmte Anwendungsgebiete oder -bereiche in den Verkehr gebracht oder zu diesen Zwecken angewendet werden, soweit es geboten ist, um eine mittelbare Gefährdung der Gesundheit des Menschen zu verhüten.

§ 59
Klinische Prüfung und Rückstandsprüfung bei Tieren, die der Lebensmittelgewinnung dienen

(1) Ein Arzneimittel im Sinne des § 2 Abs. 1 oder Abs. 2 Nr. 1 darf abweichend von § 56a Abs. 1 vom Hersteller oder in dessen Auftrag zum Zweck der klinischen Prüfung und der Rückstandsprüfung angewendet werden, wenn sich die Anwendung auf eine Prüfung beschränkt, die nach Art und Umfang nach dem jeweiligen Stand der wissenschaftlichen Erkenntnisse erforderlich ist.

(2) Von den Tieren, bei denen diese Prüfungen durchgeführt werden, dürfen Lebensmittel nicht gewonnen werden. Satz 1 gilt nicht, wenn die zuständige Bundesoberbehörde eine angemessene Wartezeit festgelegt hat. Die Wartezeit muss

1. mindestens der Wartezeit nach der Verordnung über tierärztliche Hausapotheken entsprechen und gegebenenfalls einen Sicherheitsfaktor einschließen, mit dem die Art des Arzneimittels berücksichtigt wird, oder

2. wenn Höchstmengen für Rückstände von der Gemeinschaft gemäß der Verordnung (EWG) Nr. 2377/90 festgelegt wurden, sicherstellen, dass diese Höchstmengen in den Lebensmitteln, die von den Tieren gewonnen werden, nicht überschritten werden.

Der Hersteller hat der zuständigen Bundesoberbehörde Prüfungsergebnisse über Rückstände der angewendeten Arzneimittel und ihrer Umwandlungsprodukte in Lebensmitteln unter Angabe der angewandten Nachweisverfahren vorzulegen.

(3) Wird eine klinische Prüfung oder Rückstandsprüfung bei Tieren durchgeführt, die der Gewinnung von Lebensmitteln dienen, muss die Anzeige nach § 67 Abs. 1 Satz 1 zusätzlich folgende Angaben enthalten:

1. Name und Anschrift des Herstellers und der Personen, die in seinem Auftrag Prüfungen durchführen,

2. Art und Zweck der Prüfung,

3. Art und Zahl der für die Prüfung vorgesehenen Tiere,

4. Ort, Beginn und voraussichtliche Dauer der Prüfung,

5. Angaben zur vorgesehenen Verwendung der tierischen Erzeugnisse, die während oder nach Abschluss der Prüfung gewonnen werden.

(4) Über die durchgeführten Prüfungen sind Aufzeichnungen zu führen, die der zuständigen Behörde auf Verlangen vorzulegen sind.

§ 59a
Verkehr mit Stoffen und Zubereitungen aus Stoffen

(1) Personen, Betriebe und Einrichtungen, die in § 47 Abs. 1 aufgeführt sind, dürfen Stoffe oder Zubereitungen aus Stoffen, die auf Grund einer Rechtsverordnung nach § 6 bei der Herstellung von Arzneimitteln für Tiere nicht verwendet werden dürfen, zur Herstellung solcher Arzneimittel oder zur Anwendung bei Tieren nicht erwerben und für eine solche Herstellung oder Anwendung nicht anbieten, lagern, verpacken, mit sich führen oder in den Verkehr bringen. Tierhalter sowie andere Personen, Betriebe und Einrichtungen, die in § 47 Abs. 1 nicht aufgeführt sind, dürfen solche Stoffe oder Zubereitungen nicht erwerben, lagern, verpacken oder mit sich führen, es sei denn, dass sie für eine durch Rechtsverordnung nach § 6 nicht verbotene Herstellung oder Anwendung bestimmt sind.

(2) Tierärzte dürfen Stoffe oder Zubereitungen aus Stoffen, die nicht für den Verkehr außerhalb der Apotheken freigegeben sind, zur Anwendung bei Tieren nur beziehen und solche Stoffe oder Zubereitungen dürfen an Tierärzte nur abgegeben werden, wenn sie als Arzneimittel zugelassen sind oder sie auf Grund des § 21 Abs. 2 Nr. 3 oder 5 oder auf Grund einer Rechtsverordnung nach § 36 ohne Zulassung in den Verkehr gebracht werden dürfen. Tierhalter dürfen sie für eine Anwendung bei Tieren nur erwerben oder lagern, wenn sie von einem Tierarzt als Arzneimittel verschrieben oder durch einen Tierarzt abgegeben worden sind. Andere Personen, Betriebe und Einrichtungen, die in § 47 Abs. 1 nicht aufgeführt sind, dürfen durch Rechtsverordnung nach § 48 bestimmte Stoffe oder Zubereitungen aus Stoffen nicht erwerben, lagern, verpacken, mit sich führen oder in den Verkehr bringen, es sei denn, dass die Stoffe oder Zubereitungen für einen anderen Zweck als zur Anwendung bei Tieren bestimmt sind.

(3) Die futtermittelrechtlichen Vorschriften bleiben unberührt.

§ 59b
Stoffe zur Durchführung von Rückstandskontrollen

Der pharmazeutische Unternehmer hat für Arzneimittel, die zur Anwendung bei Tieren bestimmt sind, die der Gewinnung von Lebensmitteln dienen, der zuständigen Behörde die zur Durchführung von Rückstandskontrollen erforderlichen Stoffe auf Verlangen in ausreichender Menge gegen eine angemessene Entschädigung zu überlassen. Für Arzneimittel, die von dem pharmazeutischen Unternehmer nicht mehr in den Verkehr gebracht werden, gelten die Verpflichtungen nach Satz 1 bis zum Ablauf von drei Jahren nach dem Zeitpunkt des letztmaligen Inverkehrbringens durch den pharmazeutischen Unternehmer, höchstens jedoch bis zu dem nach § 10 Abs. 7 angegebenen Verfalldatum der zuletzt in Verkehr gebrachten Charge.

§ 59c
Nachweispflichten für Stoffe, die als Tierarzneimittel verwendet werden können

Betriebe und Einrichtungen, die Stoffe oder Zubereitungen aus Stoffen, die als Tierarzneimittel oder zur Herstellung von Tierarzneimitteln verwendet werden können und anabole, infektionshemmende, parasitenabwehrende, entzündungshemmende, hormonale oder psychotrope Eigenschaften aufweisen, herstellen, lagern, einführen oder in den Verkehr bringen, haben Nachweise über den Bezug oder die Abgabe dieser Stoffe oder Zubereitungen aus Stoffen zu führen, aus denen sich Vorlieferant oder Empfänger sowie die jeweils erhaltene oder abgegebene Menge ergeben, diese Nachweise mindestens drei Jahre aufzubewahren und auf Verlangen der zuständigen Behörde vorzulegen. Satz 1 gilt auch für Personen, die diese Tätigkeiten berufsmäßig ausüben. Soweit es sich um Stoffe oder Zubereitungen aus Stoffen mit thyreostatischer, östrogener, androgener oder gestagener Wirkung oder ß-Agonisten mit anaboler Wirkung handelt, sind diese Nachweise in Form eines Registers zu führen, in dem die hergestellten oder erworbenen Mengen sowie die zur Herstellung von Arzneimitteln veräußerten oder verwendeten Mengen chronologisch unter Angabe des Vorlieferanten und Empfängers erfasst werden.

§ 60
Heimtiere

(1) Auf Arzneimittel, die ausschließlich zur Anwendung bei Zierfischen, Zier- oder Singvögeln, Brieftauben, Terrarientieren, Kleinnagern, Frettchen oder nicht der Gewinnung von Lebensmitteln dienenden Kaninchen bestimmt und für den Verkehr außerhalb der Apotheken zugelassen sind, finden die Vorschriften der §§ 21 bis 39d und 50 keine Anwendung.

(2) Die Vorschriften über die Herstellung von Arzneimitteln finden mit der Maßgabe Anwendung, dass der Nachweis einer zweijährigen praktischen Tätigkeit nach § 15 Abs. 1 entfällt.

(3) Das Bundesministerium für Verbraucherschutz, Ernährung und Landwirtschaft wird ermächtigt, im Einvernehmen mit dem Bundesministerium für Wirtschaft und Arbeit und dem Bundesministerium durch Rechtsverordnung mit Zustimmung des Bundesrates die Vorschriften über die Zulassung auf Arzneimittel für die in Absatz 1 genannten Tiere auszudehnen, soweit es geboten ist, um eine unmittelbare oder mittelbare Gefährdung der Gesundheit von Mensch oder Tier zu verhüten.

(4) Die zuständige Behörde kann Ausnahmen von § 43 Abs. 5 Satz 1 zulassen, soweit es sich um die Arzneimittelversorgung der in Absatz 1 genannten Tiere handelt.

§ 61
Befugnisse tierärztlicher Bildungsstätten

Einrichtungen der tierärztlichen Bildungsstätten im Hochschulbereich, die der Arzneimittelversorgung der dort behandelten Tiere dienen und von einem Tierarzt oder Apotheker geleitet werden, haben die Rechte und Pflichten, die ein Tierarzt nach den Vorschriften dieses Gesetzes hat.

Zehnter Abschnitt
Beobachtung, Sammlung und Auswertung von Arzneimittelrisiken

§ 62
Organisation

Die zuständige Bundesoberbehörde hat zur Verhütung einer unmittelbaren oder mittelbaren Gefährdung der Gesundheit von Mensch oder Tier die bei der Anwendung von Arzneimitteln auftretenden Risiken, insbesondere Nebenwirkungen, Wechselwirkungen mit anderen Mitteln, Verfälschungen sowie potenzielle Risiken für die Umwelt auf Grund der Anwendung eines Tierarzneimittels, zentral zu erfassen, auszuwerten und die nach diesem Gesetz zu ergreifenden Maßnahmen zu koordinieren. Sie wirkt dabei mit den Dienststellen der Weltgesundheitsorganisation, der Europäischen Arzneimittel-Agentur, den Arzneimittelbehörden anderer Länder, den Gesundheits- und Veterinärbehörden der Bundesländer, den Arzneimittelkommissionen der Kammern der Heilberufe, nationalen Pharmakovigilanzzentren sowie mit anderen Stellen zusammen, die bei der Durchführung ihrer Aufgaben Arzneimittelrisiken erfassen. Die zuständige Bundesoberbehörde kann die Öffentlichkeit über Arzneimittelrisiken und beabsichtigte Maßnahmen informieren.

§ 63
Stufenplan

Die Bundesregierung erstellt durch allgemeine Verwaltungsvorschrift mit Zustimmung des Bundesrates zur Durchführung der Aufgaben nach § 62 einen Stufenplan. In diesem werden die Zusammenarbeit der beteiligten Behörden und Stellen auf den verschiedenen Gefahrenstufen, die Einschaltung der pharmazeutischen Unternehmer sowie die Beteiligung der oder des Beauftragten der Bundesregierung für die Belange der Patientinnen und Patienten näher geregelt und die jeweils nach den Vorschriften dieses Gesetzes zu ergreifenden Maßnahmen bestimmt. In dem Stufenplan können ferner Informationsmittel und -wege bestimmt werden.

§ 63a
Stufenplanbeauftragter

(1) Wer als pharmazeutischer Unternehmer Fertigarzneimittel, die Arzneimittel im Sinne des § 2 Abs. 1 oder Abs. 2 Nr. 1 sind, in den Verkehr bringt, hat eine <u>in einem Mitgliedstaat der Europäischen Union ansässige qualifizierte</u> Person mit der erforderlichen Sachkenntnis und der zur Ausübung ihrer Tätigkeit erforderlichen Zuverlässigkeit (Stufenplanbeauftragter) zu beauftragen, bekannt gewordene Meldungen über Arzneimittelrisiken zu sammeln, zu bewerten und die notwendigen Maßnahmen zu koordinieren. Satz 1 gilt nicht für Personen, soweit sie nach § 13 Abs. 2 Satz 1 Nr. 1, 2, 3 oder 5 keiner Herstellungserlaubnis bedürfen. Der Stufenplanbeauftragte ist für die Erfüllung von Anzeigepflichten verantwortlich, soweit sie Arzneimittelrisiken betreffen. <u>Er hat ferner sicherzustellen, dass auf Verlangen der zuständigen Bundesoberbehörde weitere Informationen für die Beurteilung des Nutzen-Risiko-Verhältnisses eines Arzneimittels, einschließlich eigener Bewertungen, unverzüglich und vollständig übermittelt werden.</u> Das Nähere regelt die Betriebsverordnung für pharmazeutische Unternehmer. Andere Personen als in Satz 1 bezeichnet dürfen eine Tätigkeit als Stufenplanbeauftragter nicht ausüben.

(2) Der Nachweis der erforderlichen Sachkenntnis als Stufenplanbeauftragter wird erbracht durch das Zeugnis über eine nach abgeschlossenem Hochschulstudium der Humanmedizin, der Humanbiologie, der Veterinärmedizin oder der Pharmazie abgelegte Prüfung und eine mindestens zweijährige Berufserfahrung oder durch den Nachweis nach § 15. Der Stufenplanbeauftragte kann gleichzeitig <u>sachkundige Person nach § 14</u> sein.

(3) Der pharmazeutische Unternehmer hat der zuständigen Behörde den Stufenplanbeauftragten unter Vorlage der Nachweise über die Anforderungen nach Absatz 2 und jeden Wechsel vorher mitzuteilen. Bei einem unvorhergesehenen Wechsel des Stufenplanbeauftragten hat die Mitteilung unverzüglich zu erfolgen.

§ 63b
Dokumentations- und Meldepflichten

(1) Der Inhaber der Zulassung hat ausführliche Unterlagen über alle Verdachtsfälle von Nebenwirkungen, die in der Gemeinschaft oder einem Drittland auftreten, sowie Angaben über die abgegebenen Mengen, bei Blutzubereitungen auch über die Anzahl der Rückrufe zu führen.

(2) Der <u>Inhaber der Zulassung</u> hat ferner

1. jeden ihm bekannt gewordenen Verdachtsfall einer schwerwiegenden Nebenwirkung, der im Geltungsbereich dieses Gesetzes aufgetreten ist, zu erfassen und der zuständigen Bundesoberbehörde unverzüglich, spätestens aber innerhalb von 15 Tagen nach Bekanntwerden,

2. a) jeden ihm durch einen Angehörigen eines Gesundheitsberufes bekannt gewordenen Verdachtsfall einer schwerwiegenden unerwarteten Nebenwirkung, der nicht in einem Mitgliedstaat der Europäischen Union aufgetreten ist,

b) bei Arzneimitteln, die Bestandteile aus Ausgangsmaterial von Mensch oder Tier enthalten, jeden ihm bekannt gewordenen Verdachtsfall einer Infektion, die eine schwerwiegende Nebenwirkung ist und durch eine Kontamination dieser Arzneimittel mit Krankheitserregern verursacht wurde und nicht in einem Mitgliedstaat der Europäischen Union aufgetreten ist,

unverzüglich, spätestens aber innerhalb von 15 Tagen nach Bekanntwerden, der zuständigen Bundesoberbehörde sowie der Europäische Arzneimittel-Agentur, und

3. häufigen oder im Einzelfall in erheblichem Umfang beobachteten Missbrauch, wenn durch ihn die Gesundheit von Mensch oder Tier unmittelbar gefährdet werden kann, der zuständigen Bundesoberbehörde unverzüglich

anzuzeigen. Die Anzeigepflicht nach Satz 1 Nr. 1 und Nr. 2 Buchstabe a gilt entsprechend für Nebenwirkungen beim Menschen auf Grund der Anwendung eines zur Anwendung bei Tieren bestimmten Arzneimittels. Die Anzeigepflicht nach Satz 1 Nr. 2 Buchstabe a und b besteht gegenüber der Europäischen Arzneimittel-Agentur nicht bei Arzneimitteln aus Blut und Geweben im Sinne der Richtlinie 2002/98/EG des Europäischen Parlaments und des Rates vom 27. Januar 2003 zur Festlegung von Qualitäts- und Sicherheitsstandards für die Gewinnung, Testung, Verarbeitung, Lagerung und Verteilung von menschlichem Blut und Blutbestandteilen und zur Änderung der Richtlinie 2001/83/EG (ABl. EU Nr. L 33 S. 30) und der Richtlinie 2004/23/EG des Europäischen Parlaments und des Rates vom 31. März 2004 zur Festlegung von Qualitäts- und Sicherheitsstandards für die Spende, Beschaffung, Testung, Verarbeitung, Konservierung, Lagerung und Verteilung von menschlichen Geweben und Zellen (ABl. EU Nr. L 102 S. 48).

(3) Der Inhaber der Zulassung, der die Zulassung im Wege der gegenseitigen Anerkennung oder im dezentralisierten Verfahren erhalten hat, stellt ferner sicher, dass jeder Verdachtsfall

1. einer schwerwiegenden Nebenwirkung oder

2. einer Nebenwirkung beim Menschen auf Grund der Anwendung eines zur Anwendung bei Tieren bestimmten Arzneimittels,

der im Geltungsbereich dieses Gesetzes aufgetreten ist, auch der zuständigen Behörde des Mitgliedstaates zugänglich ist, dessen Zulassung Grundlage der Anerkennung war oder die im Rahmen eines Schiedsverfahrens nach Artikel 32 der Richtlinie 2001/83/EG oder Artikel 36 der Richtlinie 2001/82/EG Berichterstatter war.

(4) Der zuständigen Bundesoberbehörde sind alle zur Beurteilung von Verdachtsfällen oder beobachteten Missbrauchs vorliegenden Unterlagen sowie eine wissenschaftliche Bewertung vorzulegen.

(5) Der Inhaber der Zulassung hat, sofern nicht durch Auflage oder in Satz 5 oder 6 anderes bestimmt ist, auf der Grundlage der in Absatz 1 und in § 63a Abs. 1 genannten Verpflichtungen der zuständigen Bundesoberbehörde einen regelmäßig aktualisierten Bericht über die Unbedenklichkeit des Arzneimittels unverzüglich nach Aufforderung oder mindestens alle sechs Monate nach der Zulassung bis zum Inverkehrbringen vorzulegen. Ferner hat er solche Berichte unverzüglich nach Aufforderung oder mindestens alle sechs Monate während der ersten beiden Jahre nach dem ersten Inverkehrbringen und einmal jährlich in den folgenden zwei Jahren vorzulegen. Danach hat er die Berichte in Abständen von drei Jahren oder unverzüglich nach Aufforderung vorzulegen. Die regelmäßigen aktualisierten Berichte über die Unbedenklichkeit von Arzneimitteln umfassen auch eine wissenschaftliche Beurteilung des Nutzens und der Risiken des betreffenden Arzneimittels. Die zuständige Bundesoberbehörde kann auf Antrag die Berichtsintervalle verlängern. Bei Arzneimitteln, die nach § 36 Abs. 1 von der Zulassung freigestellt sind, bestimmt die zuständige Bundesoberbehörde den Zeitpunkt der Vorlage der regelmäßigen aktualisierten Berichte über die Unbedenklichkeit des Arzneimittels in einer Bekanntmachung, die im Bundesanzeiger veröffentlicht wird. Bei Blutzubereitungen hat der Inhaber der Zulassung auf der Grundlage der in Satz 1 genannten Verpflichtungen der zuständigen Bundesoberbehörde einen aktualisierten Bericht über die Unbedenklichkeit des Arzneimittels unverzüglich nach Aufforderung oder, soweit Rückrufe oder Fälle oder Verdachtsfälle schwerwiegender Nebenwirkungen betroffen sind, mindestens einmal jährlich vorzulegen. Die Sätze 1 bis 7 gelten nicht für einen Parallelimporteur.

(5a) Die zuständige Bundesoberbehörde kann in Betrieben und Einrichtungen, die Arzneimittel herstellen oder in den Verkehr bringen oder klinisch prüfen, die Sammlung und Auswertung von Arzneimittelrisiken und die Koordinierung notwendiger Maßnahmen überprüfen. Zu diesem Zweck können Beauftragte der zuständigen Bundesoberbehörde im Benehmen mit der zuständigen Behörde Betriebs- und Geschäftsräume zu den üblichen Geschäftszeiten betreten, Unterlagen einsehen sowie Auskünfte verlangen.

(5b) Der Inhaber der Zulassung darf im Zusammenhang mit dem zugelassenen Arzneimittel keine die Pharmakovigilanz betreffenden Informationen ohne vorherige oder gleichzeitige Mitteilung an die zuständige Bundesoberbehörde öffentlich bekannt machen. Er stellt sicher, dass solche Informationen in objektiver und nicht irreführender Weise dargelegt werden.

(6) Die zuständige Bundesoberbehörde hat jeden ihr zur Kenntnis gegebenen Verdachtsfall einer schwerwiegenden Nebenwirkung, der im Geltungsbereich dieses Gesetzes aufgetreten ist, unverzüglich, spätestens aber innerhalb von

15 Tagen nach Bekanntwerden, an die Europäische Arzneimittel-Agentur und erforderlichenfalls an den Inhaber der Zulassung zu übermitteln. Dies gilt nicht für die in Absatz 2 Satz 3 genannten Arzneimittel.

(7) Die Verpflichtungen nach den Absätzen 1 bis 4 gelten entsprechend für den Inhaber der Registrierung, für den Antragsteller vor Erteilung der Zulassung und für den Inhaber der Zulassung unabhängig davon, ob sich das Arzneimittel noch im Verkehr befindet oder die Zulassung noch besteht. Die Absätze 1 bis 5a gelten entsprechend für einen pharmazeutischen Unternehmer, der nicht Inhaber der Zulassung ist. Die Erfüllung der Verpflichtungen nach den Absätzen 1 bis 5 können durch schriftliche Vereinbarung zwischen dem Inhaber der Zulassung und dem pharmazeutischen Unternehmer, der nicht Inhaber der Zulassung ist, ganz oder teilweise auf den Inhaber der Zulassung übertragen werden.

(8) Die Absätze 1 bis 7 finden keine Anwendung auf Arzneimittel, für die von der Kommission der Europäischen Gemeinschaften oder dem Rat der Europäischen Union eine Genehmigung für das Inverkehrbringen erteilt worden ist. Für diese Arzneimittel gelten die Verpflichtungen des pharmazeutischen Unternehmers nach der Verordnung (EG) Nr. 726/2004 und seine Verpflichtungen nach der Verordnung (EG) Nr. 540/95 der Kommission der Europäischen Gemeinschaften oder des Rates der Europäischen Union zur Festlegung der Bestimmungen für die Mitteilung von vermuteten unerwarteten, nicht schwerwiegenden Nebenwirkungen, die innerhalb oder außerhalb der Gemeinschaft an gemäß der Verordnung (EWG) Nr. 2309/93 zugelassenen Human- oder Tierarzneimitteln festgestellt werden (ABl. EG Nr. L 55 S. 5) in der jeweils geltenden Fassung mit der Maßgabe, dass im Geltungsbereich des Gesetzes die Verpflichtung zur Mitteilung an die Mitgliedstaaten oder zur Unterrichtung der Mitgliedstaaten gegenüber der jeweils zuständigen Bundesoberbehörde besteht. Bei Arzneimitteln, bei denen eine Zulassung der zuständigen Bundesoberbehörde Grundlage der gegenseitigen Anerkennung ist oder bei denen eine Bundesoberbehörde Berichterstatter in einem Schiedsverfahren nach Artikel 32 der Richtlinie 2001/83/EG oder Artikel 36 der Richtlinie 2001/82/EG ist, übernimmt die zuständige Bundesoberbehörde die Verantwortung für die Analyse und Überwachung aller Verdachtsfälle schwerwiegender Nebenwirkungen, die in der Europäischen Gemeinschaft auftreten; dies gilt auch für Arzneimittel, die im dezentralisierten Verfahren zugelassen worden sind.

Elfter Abschnitt
Überwachung

§ 64
Durchführung der Überwachung

(1) Betriebe und Einrichtungen, in denen Arzneimittel hergestellt, geprüft, gelagert, verpackt oder in den Verkehr gebracht werden oder in denen sonst mit

ihnen Handel getrieben wird, unterliegen insoweit der Überwachung durch die zuständige Behörde; das Gleiche gilt für Betriebe und Einrichtungen, die Arzneimittel entwickeln, klinisch prüfen, einer Rückstandsprüfung unterziehen oder Arzneimittel nach § 47a Abs. 1 Satz 1 oder zur Anwendung bei Tieren bestimmte Arzneimittel erwerben oder anwenden. Die Entwicklung, Herstellung, Prüfung, Lagerung, Verpackung und das Inverkehrbringen von Wirkstoffen und anderen zur Arzneimittelherstellung bestimmten Stoffen sowie der sonstige Handel mit diesen Wirkstoffen und Stoffen unterliegen der Überwachung, soweit sie durch eine Rechtsverordnung nach § 54 geregelt sind. Satz 1 gilt auch für Personen, die diese Tätigkeiten berufsmäßig ausüben oder Arzneimittel nicht ausschließlich für den Eigenbedarf mit sich führen, für den Sponsor einer klinischen Prüfung oder seinen Vertreter nach § 40 Abs. 1 Satz 3 Nr. 1 sowie für Personen oder Personenvereinigungen, die Arzneimittel für andere sammeln.

(2) Die mit der Überwachung beauftragten Personen müssen diese Tätigkeit hauptberuflich ausüben. Die zuständige Behörde kann Sachverständige beiziehen. Sie soll Angehörige der zuständigen Bundesoberbehörde als Sachverständige beteiligen, soweit es sich um Blutzubereitungen, radioaktive Arzneimittel, gentechnisch hergestellte Arzneimittel, Sera, Impfstoffe, Allergene, Gentransfer-Arzneimittel, somatische Zelltherapeutika, xenogene Zelltherapeutika oder um Wirkstoffe oder andere Stoffe, die menschlicher, tierischer oder mikrobieller Herkunft sind oder die auf gentechnischem Wege hergestellt werden, handelt. Bei Apotheken, die keine Krankenhausapotheken sind oder die einer Erlaubnis nach § 13 nicht bedürfen, kann die zuständige Behörde Sachverständige mit der Überwachung beauftragen.

(3) Die zuständige Behörde hat sich davon zu überzeugen, dass die Vorschriften über den Verkehr mit Arzneimitteln, über die Werbung auf dem Gebiete des Heilwesens und über das Apothekenwesen beachtet werden. Sie hat regelmäßig in angemessenem Umfang unter besonderer Berücksichtigung möglicher Risiken Besichtigungen vorzunehmen und Arzneimittelproben amtlich untersuchen zu lassen; Betriebe und Einrichtungen, die einer Erlaubnis nach § 13 oder § 72 bedürfen, sowie tierärztliche Hausapotheken sind in der Regel alle zwei Jahre zu besichtigen. Eine Erlaubnis nach § 13, § 52a oder § 72 wird von der zuständigen Behörde erst erteilt, wenn sie sich durch eine Besichtigung davon überzeugt hat, dass die Voraussetzungen für die Erlaubniserteilung vorliegen. Innerhalb von 90 Tagen nach einer Inspektion wird dem Hersteller ein Zertifikat über die Gute Herstellungspraxis ausgestellt, wenn die Inspektion zu dem Ergebnis führt, dass dieser Hersteller die Grundsätze und Leitlinien der Guten Herstellungspraxis des Gemeinschaftsrechts einhält. Die Bestätigung ist zurückzunehmen, wenn nachträglich bekannt wird, dass die Voraussetzungen nicht vorgelegen haben; sie ist zu widerrufen, wenn die Voraussetzungen nicht mehr gegeben sind. Die Angaben über die Ausstellung, die Versagung, die Rücknahme oder den Widerruf sind in eine Datenbank nach § 67a einzugeben. Die Sätze 4 bis 6 gelten nicht, sofern die Betriebe und Einrichtungen ausschließlich Fütterungsarzneimittel herstellen.

(4) Die mit der Überwachung beauftragten Personen sind befugt

1. Grundstücke, Geschäftsräume, Betriebsräume, Beförderungsmittel und
    zur Verhütung dringender Gefahr für die öffentliche Sicherheit und Ordnung
    auch Wohnräume zu den üblichen Geschäftszeiten zu betreten und zu be-
    sichtigen, in denen eine Tätigkeit nach Absatz 1 ausgeübt wird; das
    Grundrecht des Artikels 13 des Grundgesetzes auf Unverletzlichkeit der
    Wohnung wird insoweit eingeschränkt,

2. Unterlagen über Entwicklung, Herstellung, Prüfung, klinische Prüfung oder
    Rückstandsprüfung, Erwerb, Lagerung, Verpackung, Inverkehrbringen und
    sonstigen Verbleib der Arzneimittel sowie über das im Verkehr befindliche
    Werbematerial und über die nach § 94 erforderliche Deckungsvorsorge
    einzusehen und, soweit es sich nicht um personenbezogene Daten von
    Patienten handelt, hieraus Abschriften oder Ablichtungen anzufertigen,

3. von natürlichen und juristischen Personen und nicht rechtsfähigen Per-
    sonenvereinigungen alle erforderlichen Auskünfte, insbesondere über die
    in Nummer 2 genannten Betriebsvorgänge zu verlangen,

4. vorläufige Anordnungen, auch über die Schließung des Betriebes oder der
    Einrichtung zu treffen, soweit es zur Verhütung dringender Gefahren für die
    öffentliche Sicherheit und Ordnung geboten ist.

(4a) Soweit es zur Durchführung dieses Gesetzes oder der auf Grund dieses
Gesetzes erlassenen Rechtsverordnungen oder der Verordnung (EG)
Nr. 726/2004 erforderlich ist, dürfen auch die Sachverständigen der Mitgliedstaaten der Europäischen Union, soweit sie die mit der Überwachung beauftragten Personen begleiten, Befugnisse nach Absatz 4 Nr. 1 wahrnehmen.

(5) Der zur Auskunft Verpflichtete kann die Auskunft auf solche Fragen verweigern, deren Beantwortung ihn selbst oder einen seiner in § 383 Abs. 1 Nr. 1
bis 3 der Zivilprozessordnung bezeichneten Angehörigen der Gefahr straf-
rechtlicher Verfolgung oder eines Verfahrens nach dem Gesetz über Ordnungswidrigkeiten aussetzen würde.

(6) Das Bundesministerium wird ermächtigt, durch Rechtsverordnung mit
Zustimmung des Bundesrates Regelungen über die Wahrnehmung von Überwachungsaufgaben in den Fällen festzulegen, in denen Arzneimittel von einem
pharmazeutischen Unternehmer im Geltungsbereich des Gesetzes in den
Verkehr gebracht werden, der keinen Sitz im Geltungsbereich des Gesetzes
hat, soweit es zur Durchführung der Vorschriften über den Verkehr mit Arzneimitteln sowie über die Werbung auf dem Gebiete des Heilwesens erforderlich
ist. Dabei kann die federführende Zuständigkeit für Überwachungsaufgaben,
die sich auf Grund des Verbringens eines Arzneimittels aus einem bestimmten
Mitgliedstaat der Europäischen Union ergeben, jeweils einem bestimmten
Land oder einer von den Ländern getragenen Einrichtung zugeordnet werden.
Die Rechtsverordnung wird vom Bundesministerium für Verbraucherschutz,
Ernährung und Landwirtschaft im Einvernehmen mit dem Bundesministerium

erlassen, soweit es sich um Arzneimittel handelt, die zur Anwendung bei Tieren bestimmt sind.

§ 65
Probenahme

(1) Soweit es zur Durchführung der Vorschriften über den Verkehr mit Arzneimitteln, über die Werbung auf dem Gebiete des Heilwesens und über das Apothekenwesen erforderlich ist, sind die mit der Überwachung beauftragten Personen befugt, gegen Empfangsbescheinigung Proben nach ihrer Auswahl zum Zwecke der Untersuchung zu fordern oder zu entnehmen. Diese Befugnis erstreckt sich insbesondere auf die Entnahme von Proben von Futtermitteln, Tränkwasser und bei lebenden Tieren, einschließlich der dabei erforderlichen Eingriffe an diesen Tieren. Soweit der pharmazeutische Unternehmer nicht ausdrücklich darauf verzichtet, ist ein Teil der Probe oder, sofern die Probe nicht oder ohne Gefährdung des Untersuchungszwecks nicht in Teile von gleicher Qualität teilbar ist, ein zweites Stück der gleichen Art, wie das als Probe entnommene, zurückzulassen.

(2) Zurückzulassende Proben sind amtlich zu verschließen oder zu versiegeln. Sie sind mit dem Datum der Probenahme und dem Datum des Tages zu versehen, nach dessen Ablauf der Verschluss oder die Versiegelung als aufgehoben gelten.

(3) Für Proben, die nicht bei dem pharmazeutischen Unternehmer entnommen werden, ist durch den pharmazeutischen Unternehmer eine angemessene Entschädigung zu leisten, soweit nicht ausdrücklich darauf verzichtet wird.

(4) Als privater Sachverständiger zur Untersuchung von Proben, die nach Absatz 1 Satz 2 zurückgelassen sind, kann nur bestellt werden, wer

1. die Sachkenntnis nach § 15 besitzt. Anstelle der praktischen Tätigkeit nach § 15 Abs. 1 und 4 kann eine praktische Tätigkeit in der Untersuchung und Begutachtung von Arzneimitteln in Arzneimitteluntersuchungsstellen oder in anderen gleichartigen Arzneimittelinstituten treten,

2. die zur Ausübung der Tätigkeit als Sachverständiger zur Untersuchung von amtlichen Proben erforderliche Zuverlässigkeit besitzt und

3. über geeignete Räume und Einrichtungen für die beabsichtigte Untersuchung und Begutachtung von Arzneimitteln verfügt.

§ 66
Duldungs- und Mitwirkungspflicht

Wer der Überwachung nach § 64 Abs. 1 unterliegt, ist verpflichtet, die Maßnahmen nach den §§ 64 und 65 zu dulden und die in der Überwachung tätigen Personen bei der Erfüllung ihrer Aufgaben zu unterstützen, insbesondere ihnen auf Verlangen die Räume und Beförderungsmittel zu bezeichnen, Räume,

Behälter und Behältnisse zu öffnen, Auskünfte zu erteilen und die Entnahme der Proben zu ermöglichen. Die gleiche Verpflichtung besteht für die sachkundige Person nach § 14, den Leiter der Herstellung, Leiter der Qualitätskontrolle, Stufenplanbeauftragten, Informationsbeauftragten, die verantwortliche Person nach § 52a und den Leiter der klinischen Prüfung sowie deren Vertreter, auch im Hinblick auf Anfragen der zuständigen Bundesoberbehörde.

§ 67
Allgemeine Anzeigepflicht

(1) Betriebe und Einrichtungen, die Arzneimittel entwickeln, herstellen, klinisch prüfen oder einer Rückstandsprüfung unterziehen, prüfen, lagern, verpacken, in den Verkehr bringen oder sonst mit ihnen Handel treiben, haben dies vor der Aufnahme der Tätigkeiten der zuständigen Behörde, bei einer klinischen Prüfung bei Menschen auch der zuständigen Bundesoberbehörde, anzuzeigen. Die Entwicklung von Arzneimitteln ist anzuzeigen, soweit sie durch eine Rechtsverordnung nach § 54 geregelt ist. Das Gleiche gilt für Personen, die diese Tätigkeiten selbständig und berufsmäßig ausüben, sowie für Personen oder Personenvereinigungen, die Arzneimittel für andere sammeln. In der Anzeige sind die Art der Tätigkeit und die Betriebsstätte anzugeben; werden Arzneimittel gesammelt, so ist das Nähere über die Art der Sammlung und über die Lagerstätte anzugeben. Ist nach Satz 1 eine klinische Prüfung bei Menschen anzuzeigen, so sind auch deren Sponsor, sofern vorhanden dessen Vertreter nach § 40 Abs. 1 Satz 3 Nr. 1 sowie sämtliche Prüfer, soweit erforderlich auch mit Angabe der Stellung als Hauptprüfer oder Leiter der klinischen Prüfung namentlich zu benennen. Die Sätze 1 bis 4 gelten entsprechend für Betriebe und Einrichtungen, die Wirkstoffe oder andere zur Arzneimittelherstellung bestimmte Stoffe herstellen, prüfen, lagern, verpacken, in den Verkehr bringen oder sonst mit ihnen Handel treiben, soweit diese Tätigkeiten durch eine Rechtsverordnung nach § 54 geregelt sind.

(2) Ist die Herstellung von Arzneimitteln beabsichtigt, für die es einer Erlaubnis nach § 13 nicht bedarf, so sind die Arzneimittel mit ihrer Bezeichnung und Zusammensetzung anzuzeigen.

(3) Nachträgliche Änderungen sind ebenfalls anzuzeigen. Ist nach Absatz 1 der Beginn einer klinischen Prüfung bei Menschen anzuzeigen, so sind deren Verlauf, Beendigung und Ergebnisse der zuständigen Bundesoberbehörde mitzuteilen; das Nähere wird in der Rechtsverordnung nach § 42 bestimmt.

(4) Die Absätze 1 bis 3 gelten mit Ausnahme der Anzeigepflicht für die klinische Prüfung nicht für diejenigen, die eine Erlaubnis nach § 13, § 52a oder § 72 haben, und für Apotheken nach dem Gesetz über das Apothekenwesen. Absatz 2 gilt nicht für tierärztliche Hausapotheken.

(5) Wer als pharmazeutischer Unternehmer ein Arzneimittel, das nach § 36 Abs. 1 von der Zulassung freigestellt und für den Verkehr außerhalb der Apo-

theken nicht freigegeben ist, in den Verkehr bringt, hat dies unverzüglich der zuständigen Bundesoberbehörde anzuzeigen. In der Anzeige sind die verwendete Bezeichnung und die verwendeten nicht wirksamen Bestandteile anzugeben, soweit sie nicht in der Verordnung nach § 36 Abs. 1 festgelegt sind.

(6) Der pharmazeutische Unternehmer hat Untersuchungen, die dazu bestimmt sind, Erkenntnisse bei der Anwendung zugelassener oder registrierter Arzneimittel zu sammeln, den kassenärztlichen Bundesvereinigungen, den Spitzenverbänden der Krankenkassen sowie der zuständigen Bundesoberbehörde unverzüglich anzuzeigen. Dabei sind Ort, Zeit und Ziel der Anwendungsbeobachtung anzugeben sowie die beteiligten Ärzte namentlich zu benennen.

<h2 style="text-align:center">§ 67a
Datenbankgestütztes Informationssystem</h2>

(1) Die für den Vollzug dieses Gesetzes zuständigen Behörden des Bundes und der Länder wirken mit dem Deutschen Institut für Medizinische Dokumentation und Information (DIMDI) zusammen, um ein gemeinsam nutzbares zentrales Informationssystem über Arzneimittel und deren Hersteller oder Einführer zu errichten. Dieses Informationssystem fasst die für die Erfüllung der jeweiligen Aufgaben behördenübergreifend notwendigen Informationen zusammen. Das DIMDI errichtet dieses Informationssystem auf der Grundlage der von den zuständigen Behörden oder Bundesoberbehörden nach der Rechtsverordnung nach Absatz 3 zur Verfügung gestellten Daten und stellt dessen laufenden Betrieb sicher. Daten aus dem Informationssystem werden an die zuständigen Behörden und Bundesoberbehörden zur Erfüllung ihrer im Gesetz geregelten Aufgaben sowie an die Europäische Arzneimittel-Agentur übermittelt. Die zuständigen Behörden und Bundesoberbehörden erhalten darüber hinaus für ihre im Gesetz geregelten Aufgaben Zugriff auf die aktuellen Daten aus dem Informationssystem. Eine Übermittlung an andere Stellen ist zulässig, soweit dies die Rechtsverordnung nach Absatz 3 vorsieht. Für seine Leistungen erhebt das DIMDI Gebühren nach Maßgabe der Rechtsverordnung nach Absatz 3.

(2) Das DIMDI kann auch allgemein verfügbare Datenbanken, die einen Bezug zu Arzneimitteln haben, bereitstellen.

(3) Das Bundesministerium wird ermächtigt, Befugnisse zur Verarbeitung und Nutzung von Daten für die Zwecke der Absätze 1 und 2 und zur Erhebung von Daten für die Zwecke des Absatzes 2 im Einvernehmen mit dem Bundesministerium des Innern und dem Bundesministerium für Wirtschaft und Arbeit durch Rechtsverordnung mit Zustimmung des Bundesrates einzuräumen und Regelungen zu treffen hinsichtlich der Übermittlung von Daten durch Behörden des Bundes und der Länder an das DIMDI, einschließlich der personenbezogenen Daten für die in diesem Gesetz geregelten Zwecke, und der Art, des Umfangs und der Anforderungen an die Daten. In dieser Rechtsver-

ordnung kann auch vorgeschrieben werden, dass Anzeigen auf elektronischen oder optischen Speichermedien erfolgen dürfen oder müssen, soweit dies für eine ordnungsgemäße Durchführung der Vorschriften über den Verkehr mit Arzneimitteln erforderlich ist. Ferner können in dieser Rechtsverordnung Gebühren für Leistungen des DIMDI festgesetzt werden. Die Rechtsverordnung wird vom Bundesministerium für Verbraucherschutz, Ernährung und Landwirtschaft im Einvernehmen mit dem Bundesministerium, dem Bundesministerium des Innern und dem Bundesministerium für Wirtschaft und Arbeit erlassen, soweit es sich um Arzneimittel handelt, die zur Anwendung bei Tieren bestimmt sind.

(4) Die Rechtsverordnung nach Absatz 3 ergeht im Einvernehmen mit dem Bundesministerium für Umwelt, Naturschutz und Reaktorsicherheit, soweit es sich um radioaktive Arzneimittel oder um Arzneimittel handelt, bei deren Herstellung ionisierende Strahlen verwendet werden.

(5) Das DIMDI ergreift die notwendigen Maßnahmen, damit Daten nur den dazu befugten Personen übermittelt werden und nur diese Zugang zu diesen Daten erhalten.

§ 68
Mitteilungs- und Unterrichtungspflichten

(1) Die für die Durchführung dieses Gesetzes zuständigen Behörden und Stellen des Bundes und der Länder haben sich

1. die für den Vollzug des Gesetzes zuständigen Behörden, Stellen und Sachverständigen mitzuteilen und

2. bei Zuwiderhandlungen und bei Verdacht auf Zuwiderhandlungen gegen Vorschriften des Arzneimittelrechts für den jeweiligen Zuständigkeitsbereich unverzüglich zu unterrichten und bei der Ermittlungstätigkeit gegenseitig zu unterstützen.

(2) Die Behörden nach Absatz 1

1. erteilen der zuständigen Behörde eines anderen Mitgliedstaates der Europäischen Union auf begründetes Ersuchen Auskünfte und übermitteln die erforderlichen Urkunden und Schriftstücke, soweit dies für die Überwachung der Einhaltung der arzneimittelrechtlichen Vorschriften erforderlich ist,

2. überprüfen alle von der ersuchenden Behörde eines anderen Mitgliedstaates mitgeteilten Sachverhalte und teilen ihr das Ergebnis der Prüfung mit.

(3) Die Behörden nach Absatz 1 teilen den zuständigen Behörden eines anderen Mitgliedstaates alle Informationen mit, die für die Überwachung der Einhaltung der arzneimittelrechtlichen Vorschriften in diesem Mitgliedstaat erforderlich sind. In Fällen von Zuwiderhandlungen oder des Verdachts von Zuwiderhandlungen können auch die zuständigen Behörden anderer Mitglied-

staaten, das Bundesministerium, soweit es sich um Arzneimittel handelt, die zur Anwendung bei Tieren bestimmt sind, auch das Bundesministerium für Verbraucherschutz, Ernährung und Landwirtschaft sowie die Europäische Arzneimittel-Agentur und die Kommission der Europäischen Gemeinschaften unterrichtet werden.

(4) Die Behörden nach Absatz 1 können, soweit dies zur Einhaltung der arzneimittelrechtlichen Anforderungen erforderlich ist, auch die zuständigen Behörden anderer Staaten und die zuständigen Stellen des Europarates unterrichten. Bei der Unterrichtung von Vertragsstaaten des Abkommens über den Europäischen Wirtschaftsraum, die nicht Mitgliedstaaten der Europäischen Union sind, erfolgt diese über die Kommission der Europäischen Gemeinschaften.

(5) Der Verkehr mit den zuständigen Behörden anderer Staaten, Stellen des Europarates, der Europäischen Arzneimittel-Agentur und der Kommission der Europäischen Gemeinschaften obliegt dem Bundesministerium. Das Bundesministerium kann diese Befugnis auf die zuständigen Bundesoberbehörden oder durch Rechtsverordnung mit Zustimmung des Bundesrates auf die zuständigen obersten Landesbehörden übertragen. Ferner kann das Bundesministerium im Einzelfall der zuständigen obersten Landesbehörde die Befugnis übertragen, sofern diese ihr Einverständnis damit erklärt. Die obersten Landesbehörden können die Befugnisse nach den Sätzen 2 und 3 auf andere Behörden übertragen. Soweit es sich um Arzneimittel handelt, die zur Anwendung bei Tieren bestimmt sind, tritt an die Stelle des Bundesministeriums das Bundesministerium für Verbraucherschutz, Ernährung und Landwirtschaft. Die Rechtsverordnung nach Satz 2 ergeht in diesem Fall im Einvernehmen mit dem Bundesministerium.

(6) In den Fällen des Absatzes 3 Satz 2 und des Absatzes 4 unterbleibt die Übermittlung personenbezogener Daten, soweit durch sie schutzwürdige Interessen der Betroffenen beeinträchtigt würden, insbesondere wenn beim Empfänger kein angemessener Datenschutzstandard gewährleistet ist. Personenbezogene Daten dürfen auch dann übermittelt werden, wenn beim Empfänger kein angemessener Datenschutzstandard gewährleistet ist, soweit dies aus Gründen des Gesundheitsschutzes erforderlich ist.

§ 69
Maßnahmen der zuständigen Behörden

(1) Die zuständigen Behörden treffen die zur Beseitigung festgestellter Verstöße und die zur Verhütung künftiger Verstöße notwendigen Anordnungen. Sie können insbesondere das Inverkehrbringen von Arzneimitteln oder Wirkstoffen untersagen, deren Rückruf anordnen und diese sicherstellen, wenn

1. die erforderliche Zulassung oder Registrierung für das Arzneimittel nicht vorliegt oder deren Ruhen angeordnet ist,

2. das Arzneimittel oder der Wirkstoff nicht die nach den anerkannten pharmazeutischen Regeln angemessene Qualität aufweist,

3. dem Arzneimittel die therapeutische Wirksamkeit fehlt,

4. der begründete Verdacht besteht, dass das Arzneimittel bei bestimmungsgemäßem Gebrauch schädliche Wirkungen hat, die über ein nach den Erkenntnissen der medizinischen Wissenschaft vertretbares Maß hinausgehen,

5. die vorgeschriebenen Qualitätskontrollen nicht durchgeführt sind,

6. die erforderliche Erlaubnis für das Herstellen des Arzneimittels oder des Wirkstoffes oder das Verbringen in den Geltungsbereich des Gesetzes nicht vorliegt oder ein Grund zur Rücknahme oder zum Widerruf der Erlaubnis nach § 18 Abs. 1 gegeben ist oder

7. die erforderliche Erlaubnis zum Betreiben eines Großhandels nach § 52a nicht vorliegt oder ein Grund für die Rücknahme oder den Widerruf der Erlaubnis nach § 52a Abs. 5 gegeben ist.

Im Falle des Satzes 2 Nr. 4 kann die zuständige Bundesoberbehörde den Rückruf eines Arzneimittels anordnen, sofern ihr Tätigwerden im Zusammenhang mit Maßnahmen nach § 28, § 30, § 31 Abs. 4 Satz 2 oder § 32 Abs. 5 zur Abwehr von Gefahren für die Gesundheit von Mensch oder Tier durch Arzneimittel geboten ist.

(1a) Bei Arzneimitteln, für die eine Genehmigung für das Inverkehrbringen oder Zulassung

1. gemäß der Verordnung (EG) Nr. 726/2004 oder

2. im Verfahren der Anerkennung gemäß Kapitel 4 der Richtlinie 2001/83/EG oder Kapitel 4 der Richtlinie 2001/82/EG oder

3. auf Grund eines Gutachtens des Ausschusses gemäß Artikel 4 der Richtlinie 87/22/EWG vom 22. Dezember 1986 vor dem 1. Januar 1995

erteilt worden ist, unterrichtet die zuständige Bundesoberbehörde den Ausschuss für Arzneispezialitäten oder den Ausschuss für Tierarzneimittel über festgestellte Verstöße gegen arzneimittelrechtliche Vorschriften nach Maßgabe der in den genannten Rechtsakten vorgesehenen Verfahren unter Angabe einer eingehenden Begründung und des vorgeschlagenen Vorgehens. Bei diesen Arzneimitteln können die zuständigen Behörden vor der Unterrichtung des Ausschusses nach Satz 1 die zur Beseitigung festgestellter und zur Verhütung künftiger Verstöße notwendigen Anordnungen treffen, sofern diese zum Schutz der Gesundheit von Mensch oder Tier oder zum Schutz der Umwelt dringend erforderlich sind. In den Fällen des Satzes 1 Nr. 2 und 3 unterrichten die zuständigen Behörden die Kommission der Europäischen Gemeinschaften und die anderen Mitgliedstaaten, in den Fällen des Satzes 1 Nr. 1 die Kommission der Europäischen Gemeinschaften und die Europäische

Arzneimittel-Agentur über die zuständige Bundesoberbehörde spätestens am folgenden Arbeitstag über die Gründe dieser Maßnahmen. Im Fall des Absatzes 1 Satz 2 Nr. 4 kann auch die zuständige Bundesoberbehörde das Ruhen der Zulassung anordnen oder den Rückruf eines Arzneimittels anordnen, sofern ihr Tätigwerden zum Schutz der in Satz 2 genannten Rechtsgüter dringend erforderlich ist; in diesem Fall gilt Satz 3 entsprechend.

(2) Die zuständigen Behörden können das Sammeln von Arzneimitteln untersagen, wenn eine sachgerechte Lagerung der Arzneimittel nicht gewährleistet ist oder wenn der begründete Verdacht besteht, dass die gesammelten Arzneimittel missbräuchlich verwendet werden. Gesammelte Arzneimittel können sichergestellt werden, wenn durch unzureichende Lagerung oder durch ihre Abgabe die Gesundheit von Mensch und Tier gefährdet wird.

(2a) Die zuständigen Behörden können ferner zur Anwendung bei Tieren bestimmte Arzneimittel sowie Stoffe und Zubereitungen aus Stoffen im Sinne des § 59a sicherstellen, wenn Tatsachen die Annahme rechtfertigen, dass Vorschriften über den Verkehr mit Arzneimitteln nicht beachtet worden sind.

(3) Die zuständigen Behörden können Werbematerial sicherstellen, das den Vorschriften über den Verkehr mit Arzneimitteln und über die Werbung auf dem Gebiete des Heilwesens nicht entspricht.

(4) Im Falle des Absatzes 1 Satz 3 kann auch eine öffentliche Warnung durch die zuständige Bundesoberbehörde erfolgen.

§ 69a
Überwachung von Stoffen, die als Tierarzneimittel verwendet werden können

Die §§ 64 bis 69 gelten entsprechend für die in § 59c genannten Betriebe, Einrichtungen und Personen sowie für solche Betriebe, Einrichtungen und Personen, die Stoffe, die in den Anhang IV der Verordnung (EWG) Nr. 2377/90 aufgenommen sind, herstellen, lagern, einführen oder in den Verkehr bringen.

§ 69b
Verwendung bestimmter Daten

(1) Die nach der Viehverkehrsverordnung für die Erhebung der Daten für die Anzeige und die Registrierung Vieh haltender Betriebe zuständigen Behörden übermitteln der für die Überwachung nach § 64 Abs. 1 Satz 1 zweiter Halbsatz zuständigen Behörde auf Ersuchen die zu deren Aufgabenerfüllung erforderlichen Daten.

(2) Die Daten dürfen für die Dauer von drei Jahren aufbewahrt werden. Die Frist beginnt mit Ablauf desjenigen Jahres, in dem die Daten übermittelt worden sind. Nach Ablauf der Frist sind die Daten zu löschen, sofern sie nicht auf Grund anderer Vorschriften länger aufbewahrt werden dürfen.

Zwölfter Abschnitt
Sondervorschriften für Bundeswehr, Bundespolizei, Bereitschaftspolizei, Zivilschutz

§ 70
Anwendung und Vollzug des Gesetzes

(1) Die Vorschriften dieses Gesetzes finden auf Einrichtungen, die der Arznei-mittelversorgung der Bundeswehr, der Bundespolizei und der Bereitschafts-polizeien der Länder dienen, sowie auf die Arzneimittelbevorratung für den Zivilschutz entsprechende Anwendung.

(2) Im Bereich der Bundeswehr obliegt der Vollzug dieses Gesetzes bei der Überwachung des Verkehrs mit Arzneimitteln den zuständigen Stellen und Sachverständigen der Bundeswehr. Im Bereich der Bundespolizei obliegt er den zuständigen Stellen und Sachverständigen der Bundespolizei. Im Bereich der Arzneimittelbevorratung für den Zivilschutz obliegt er den vom Bundes-ministerium des Innern bestimmten Stellen; soweit Landesstellen bestimmt werden, bedarf es hierzu der Zustimmung des Bundesrates.

§ 71
Ausnahmen

(1) Die in § 10 Abs. 1 Nr. 9 vorgeschriebene Angabe des Verfalldatums kann entfallen bei Arzneimitteln, die an die Bundeswehr, die Bundespolizei sowie für Zwecke des Zivil- und Katastrophenschutzes an Bund oder Länder abge-geben werden. Die zuständigen Bundesministerien oder, soweit Arzneimittel an Länder abgegeben werden, die zuständigen Behörden der Länder stellen sicher, dass Qualität, Wirksamkeit und Unbedenklichkeit auch bei solchen Arzneimitteln gewährleistet sind.

(2) Das Bundesministerium wird ermächtigt, durch Rechtsverordnung Aus-nahmen von den Vorschriften dieses Gesetzes und der auf Grund dieses Ge-setzes erlassenen Rechtsverordnungen für den Bereich der Bundeswehr, der Bundespolizei, der Bereitschaftspolizeien der Länder und des Zivil- und Ka-tastrophenschutzes zuzulassen, soweit dies zur Durchführung der be-sonderen Aufgaben in diesen Bereichen gerechtfertigt ist und der Schutz der Gesundheit von Mensch oder Tier gewahrt bleibt. Die Rechtsverordnung wird vom Bundesministerium für Verbraucherschutz, Ernährung und Landwirt-schaft im Einvernehmen mit dem Bundesministerium erlassen, soweit es sich um Arzneimittel handelt, die zur Anwendung bei Tieren bestimmt sind.

(3) Die Rechtsverordnung ergeht, soweit sie den Bereich der Bundeswehr berührt, im Einvernehmen mit dem Bundesministerium der Verteidigung, und, soweit sie den Bereich der Bundespolizei und des Zivilschutzes berührt, im Einvernehmen mit dem Bundesministerium des Innern, jeweils ohne Zu-stimmung des Bundesrates; soweit die Rechtsverordnung den Bereich der Bereitschaftspolizeien der Länder oder des Katastrophenschutzes berührt,

ergeht sie im Einvernehmen mit dem Bundesministerium des Innern mit Zustimmung des Bundesrates.

Dreizehnter Abschnitt
Einfuhr und Ausfuhr

§ 72
Einfuhrerlaubnis

(1) Wer Arzneimittel im Sinne des § 2 Abs. 1 oder Abs. 2 Nr. 1, Testsera oder Testantigene oder Wirkstoffe, die menschlicher, tierischer oder mikrobieller Herkunft sind und nicht für die Herstellung von nach einer im Homöopathischen Teil des Arzneibuches beschriebenen Verfahrenstechnik herzustellenden Arzneimitteln bestimmt sind, oder Wirkstoffe, die auf gentechnischem Wege hergestellt werden, sowie andere zur Arzneimittelherstellung bestimmte Stoffe menschlicher Herkunft gewerbs- oder berufsmäßig zum Zwecke der Abgabe an andere oder zur Weiterverarbeitung aus Ländern, die nicht Mitgliedstaaten der Europäischen Union oder andere Vertragsstaaten des Abkommens über den Europäischen Wirtschaftsraum sind, in den Geltungsbereich dieses Gesetzes verbringen will, bedarf einer Erlaubnis der zuständigen Behörde. § 13 Abs. 1 Satz 2 und Abs. 4 und die §§ 14 bis 20a sind entsprechend anzuwenden.

(2) Einer Erlaubnis der zuständigen Behörde bedarf auch, wer gewerbs- oder berufsmäßig aus den in Absatz 1 genannten Ländern Arzneimittel menschlicher Herkunft zur unmittelbaren Anwendung bei Menschen in den Geltungsbereich dieses Gesetzes verbringen will. Die Erlaubnis ist zu versagen, wenn der Antragsteller nicht nachweist, dass qualifiziertes und erfahrenes Personal vorhanden ist, das die Qualität und Sicherheit der Arzneimittel nach dem Stand von Wissenschaft und Technik beurteilen kann.

§ 72a
Zertifikate

(1) Der Einführer darf Arzneimittel im Sinne des § 2 Abs. 1 und 2 Nr. 1, 1a, 2 und 4 oder Wirkstoffe aus Ländern, die nicht Mitgliedstaaten der Europäischen Union oder andere Vertragsstaaten des Abkommens über den Europäischen Wirtschaftsraum sind, in den Geltungsbereich dieses Gesetzes nur verbringen, wenn

1. die zuständige Behörde des Herstellungslandes durch ein Zertifikat bestätigt hat, dass die Arzneimittel oder Wirkstoffe entsprechend anerkannten Grundregeln für die Herstellung und die Sicherung ihrer Qualität, insbesondere der Europäischen Gemeinschaften, der Weltgesundheitsorganisation oder der Pharmazeutischen Inspektions-Konvention, hergestellt werden und solche Zertifikate für Arzneimittel im Sinne des § 2 Abs. 1 und 2 Nr. 1, die zur Anwendung bei Menschen bestimmt sind, und Wirkstoffe, die menschlicher, tierischer oder mikrobieller Herkunft sind, oder Wirk-

stoffe, die auf gentechnischem Wege hergestellt werden, gegenseitig anerkannt sind,

2. die zuständige Behörde bescheinigt hat, dass die genannten Grundregeln bei der Herstellung der Arzneimittel sowie der dafür eingesetzten Wirkstoffe, soweit sie menschlicher, tierischer oder mikrobieller Herkunft sind, oder Wirkstoffe, die auf gentechnischem Wege hergestellt werden, oder bei der Herstellung der Wirkstoffe, eingehalten werden oder

3. die zuständige Behörde bescheinigt hat, dass die Einfuhr im öffentlichen Interesse liegt.

Die zuständige Behörde darf eine Bescheinigung nach

a) Nummer 2 nur ausstellen, wenn ein Zertifikat nach Nummer 1 nicht vorliegt und sie oder eine zuständige Behörde eines Mitgliedstaates der Europäischen Union oder eines anderen Vertragsstaates des Abkommens über den Europäischen Wirtschaftsraum sich regelmäßig im Herstellungsland vergewissert hat, dass die genannten Grundregeln bei der Herstellung der Arzneimittel oder Wirkstoffe eingehalten werden,

b) Nummer 3 nur erteilen, wenn ein Zertifikat nach Nummer 1 nicht vorliegt und eine Bescheinigung nach Nummer 2 nicht vorgesehen oder nicht möglich ist.

(1a) Absatz 1 Satz 1 gilt nicht für

1. Arzneimittel, die zur klinischen Prüfung beim Menschen bestimmt sind,

2. Arzneimittel menschlicher Herkunft zur unmittelbaren Anwendung,

3. Wirkstoffe, die menschlicher, tierischer oder mikrobieller Herkunft sind und für die Herstellung von nach einer im Homöopathischen Teil des Arzneibuches beschriebenen Verfahrenstechnik herzustellenden Arzneimitteln bestimmt sind,

4. Wirkstoffe, die Stoffe nach § 3 Nr. 2 in unbearbeitetem oder bearbeitetem Zustand sind oder enthalten, soweit die Bearbeitung nicht über eine Trocknung, Zerkleinerung und initiale Extraktion hinausgeht.

(1b) Die in Absatz 1 Satz 1 Nr. 1 und 2 für Wirkstoffe, die menschlicher, tierischer oder mikrobieller Herkunft sind, oder für Wirkstoffe, die auf gentechnischem Wege hergestellt werden, enthaltenen Regelungen gelten entsprechend für andere zur Arzneimittelherstellung bestimmte Stoffe menschlicher Herkunft.

(1c) Arzneimittel und Wirkstoffe, die menschlicher, tierischer oder mikrobieller Herkunft sind oder Wirkstoffe, die auf gentechnischem Wege hergestellt werden, sowie andere zur Arzneimittelherstellung bestimmte Stoffe menschlicher Herkunft, ausgenommen die in Absatz 1a Nr. 1 und 2 genannten Arzneimittel, dürfen nicht auf Grund einer Bescheinigung nach Absatz 1 Satz 1 Nr. 3 einge-führt werden.

(1d) Absatz 1 Satz 1 findet auf die Einfuhr von Wirkstoffen sowie anderen zur Arzneimittelherstellung bestimmten Stoffen menschlicher Herkunft Anwen-dung, soweit ihre Überwachung durch eine Rechtsverordnung nach § 54 ge-regelt ist.

(2) Das Bundesministerium wird ermächtigt, durch Rechtsverordnung mit Zustimmung des Bundesrates zu bestimmen, dass Stoffe und Zubereitungen aus Stoffen, die als Arzneimittel oder zur Herstellung von Arzneimitteln ver-wendet werden können, aus bestimmten Ländern, die nicht Mitgliedstaaten der Europäischen Union oder andere Vertragsstaaten des Abkommens über den Europäischen Wirtschaftsraum sind, nicht eingeführt werden dürfen, so-fern dies zur Abwehr von Gefahren für die Gesundheit des Menschen oder zur Risikovorsorge erforderlich ist.

(3) Das Bundesministerium wird ferner ermächtigt, durch Rechtsverordnung mit Zustimmung des Bundesrates die weiteren Voraussetzungen für die Ein-fuhr von den unter Absatz 1a Nr. 1 und 2 genannten Arzneimitteln aus Län-dern, die nicht Mitgliedstaaten der Europäischen Union oder andere Ver-tragsstaaten des Abkommens über den Europäischen Wirtschaftsraum sind, zu bestimmen, sofern dies erforderlich ist, um eine ordnungsgemäße Qualität der Arzneimittel zu gewährleisten. Es kann dabei insbesondere Regelungen zu den von der sachkundigen Person nach § 14 durchzuführenden Prüfungen und der Möglichkeit einer Überwachung im Herstellungsland durch die zu-ständige Behörde treffen.

§ 73
Verbringungsverbot

(1) Arzneimittel, die der Pflicht zur Zulassung oder zur Registrierung unterlie-gen, dürfen in den Geltungsbereich dieses Gesetzes, ausgenommen in eine Freizone des Kontrolltyps I oder ein Freilager, nur verbracht werden, wenn sie zum Verkehr im Geltungsbereich dieses Gesetzes zugelassen oder registriert oder von der Zulassung oder der Registrierung freigestellt sind und

1. der Empfänger in dem Fall des Verbringens aus einem Mitgliedstaat der Europäischen Union oder einem anderen Vertragsstaat des Abkommens über den Europäischen Wirtschaftsraum pharmazeutischer Unternehmer, Großhändler oder Tierarzt ist oder eine Apotheke betreibt,

1a. im Falle des Versandes an den Endverbraucher das Arzneimittel zur An-wendung am oder im menschlichen Körper bestimmt ist und von einer Apotheke eines Mitgliedstaates der Europäischen Union oder eines an-deren Vertragsstaates des Abkommens über den Europäischen Wirt-schaftsraum, welche für den Versandhandel nach ihrem nationalen Recht, soweit es dem deutschen Apothekenrecht in Hinblick auf die Vorschriften zum Versandhandel entspricht, oder nach dem deutschen Apothekengesetz befugt ist, entsprechend den deutschen Vorschriften zum Versandhandel oder zum elektronischen Handel versandt wird oder

2. der Empfänger in dem Fall des Verbringens aus einem Land, das nicht Mitgliedstaat der Europäischen Union oder ein anderer Vertragsstaat des Abkommens über den Europäischen Wirtschaftsraum ist, eine Erlaubnis nach § 72 besitzt.

Die in § 47a Abs. 1 Satz 1 genannten Arzneimitteln dürfen nur in den Geltungsbereich dieses Gesetzes verbracht werden, wenn der Empfänger eine der dort genannten Einrichtungen ist.

Das Bundesministerium veröffentlicht in regelmäßigen Abständen eine aktualisierte Übersicht über die Mitgliedstaaten der Europäischen Union und die anderen Vertragsstaaten des Europäischen Wirtschaftsraums, in denen für den Versandhandel und den elektronischen Handel mit Arzneimitteln dem deutschen Recht vergleichbare Sicherheitsstandards bestehen.

(1a) Fütterungsarzneimittel dürfen in den Geltungsbereich dieses Gesetzes nur verbracht werden, wenn sie

1. den im Geltungsbereich dieses Gesetzes geltenden arzneimittelrechtlichen Vorschriften entsprechen und

2. der Empfänger zu den in Absatz 1 genannten Personen gehört oder im Falle des § 56 Abs. 1 Satz 1 Tierhalter ist.

(2) Absatz 1 Satz 1 gilt nicht für Arzneimittel, die

1. im Einzelfall in geringen Mengen für die Arzneimittelversorgung bestimmter Tiere bei Tierschauen, Turnieren oder ähnlichen Veranstaltungen bestimmt sind,

2. für den Eigenbedarf der Einrichtungen von Forschung und Wissenschaft bestimmt sind und zu wissenschaftlichen Zwecken benötigt werden, mit Ausnahme von Arzneimitteln, die zur klinischen Prüfung bei Menschen bestimmt sind,

2a. in geringen Mengen von einem pharmazeutischen Unternehmer als Anschauungsmuster oder zu analytischen Zwecken benötigt werden,

3. unter zollamtlicher Überwachung durch den Geltungsbereich des Gesetzes befördert oder in ein Zolllagerverfahren oder eine Freizone des Kontrolltyps II übergeführt werden,

3a. in einem Mitgliedstaat der Europäischen Union oder einem anderen Vertragsstaat des Abkommens über den Europäischen Wirtschaftsraum zugelassen sind und nach Zwischenlagerung bei einem pharmazeutischen Unternehmer oder Großhändler wiederausgeführt oder weiterverbracht oder zurückverbracht werden,

4. für das Oberhaupt eines auswärtigen Staates oder seine Begleitung eingebracht werden und zum Gebrauch während seines Aufenthalts im Geltungsbereich dieses Gesetzes bestimmt sind,

5. zum persönlichen Gebrauch oder Verbrauch durch die Mitglieder einer diplomatischen Mission oder konsularischen Vertretung im Geltungsbereich dieses Gesetzes oder Beamte internationaler Organisationen, die dort ihren Sitz haben, sowie deren Familienangehörige bestimmt sind, soweit diese Personen weder Deutsche noch im Geltungsbereich dieses Gesetzes ständig ansässig sind,

6. bei der Einreise in den Geltungsbereich dieses Gesetzes in einer dem üblichen persönlichen Bedarf entsprechenden Menge eingebracht werden,

6a. im Herkunftsland in Verkehr gebracht werden dürfen und ohne gewerbs- oder berufsmäßige Vermittlung in einer dem üblichen persönlichen Bedarf entsprechenden Menge aus einem Mitgliedstaat der Europäischen Union oder einem anderen Vertragsstaat des Abkommens über den Europäischen Wirtschaftsraum bezogen werden,

7. in Verkehrsmitteln mitgeführt werden und ausschließlich zum Gebrauch oder Verbrauch der durch diese Verkehrsmittel beförderten Personen bestimmt sind,

8. zum Gebrauch oder Verbrauch auf Seeschiffen bestimmt sind und an Bord der Schiffe verbraucht werden,

9. als Proben der zuständigen Bundesoberbehörde zum Zwecke der Zulassung oder der staatlichen Chargenprüfung übersandt werden,

10. durch Bundes- oder Landesbehörden im zwischenstaatlichen Verkehr bezogen werden.

(3) Abweichend von Absatz 1 Satz 1 dürfen Fertigarzneimittel, die nicht zum Verkehr im Geltungsbereich dieses Gesetzes zugelassen oder registriert oder von der Zulassung oder der Registrierung freigestellt sind, in den Geltungsbereich dieses Gesetzes verbracht werden, wenn sie in dem Staat in Verkehr gebracht werden dürfen, aus dem sie in den Geltungsbereich dieses Gesetzes verbracht werden, und von Apotheken oder im Rahmen des Betriebs einer tierärztlichen Hausapotheke vom Tierarzt für die von ihm behandelten Tiere bestellt sind. Apotheken dürfen solche Arzneimittel, außer in Fällen, in denen sie im Auftrag eines Tierarztes bestellt und an diesen abgegeben werden,

1. nur in geringen Mengen und auf besondere Bestellung einzelner Personen beziehen und nur im Rahmen der bestehenden Apothekenbetriebserlaubnis abgeben und,

a) soweit es sich nicht um Arzneimittel aus Mitgliedstaaten der Europäischen Union oder anderen Vertragsstaaten des Abkommens über den Europäischen Wirtschaftsraum handelt, nur auf ärztliche oder zahnärztliche Verschreibung, wenn hinsichtlich des Wirkstoffes identische und hinsichtlich der Wirkstärke vergleichbare Fertigarzneimittel im Geltungsbereich dieses Gesetzes für das betreffende Anwendungsgebiet nicht zur Verfügung stehen,

b) soweit es sich um Arzneimittel aus Mitgliedstaaten der Europäischen Union oder anderen Vertragsstaaten des Abkommens über den Europäischen Wirtschaftsraum handelt, die zur Anwendung bei Tieren bestimmt sind, die der Gewinnung von Lebensmitteln dienen, nur auf tierärztliche Verschreibung

beziehen, oder

2. soweit sie nach den apothekenrechtlichen Vorschriften oder berufsgenossenschaftlichen Vorgaben für Notfälle vorrätig gehalten werden oder kurzfristig beschaffbar sein müssen, nur beziehen und im Rahmen des üblichen Apothekenbetriebs abgeben, wenn im Geltungsbereich dieses Gesetzes Arzneimittel für das betreffende Anwendungsgebiet nicht zur Verfügung stehen;

das Nähere regelt die Apothekenbetriebsordnung. Tierärzte und, soweit Arzneimittel im Sinne des Satzes 1 im Auftrag eines Tierarztes bestellt und an diesen abgegeben werden, Apotheken dürfen solche Arzneimittel nur beziehen,

1. soweit es sich um zur Anwendung bei Tieren bestimmte Arzneimittel aus Mitgliedstaaten der Europäischen Union oder anderen Vertragsstaaten des Abkommens über den Europäischen Wirtschaftsraum handelt, und

2. soweit im Geltungsbereich dieses Gesetzes kein zur Erreichung des Behandlungszieles geeignetes zugelassenes Arzneimittel, das zur Anwendung bei Tieren bestimmt ist, zur Verfügung steht.

Der Tierarzt hat unverzüglich nach seiner Bestellung, seinem Auftrag sowie jeder Verschreibung eines Arzneimittels nach Satz 3 dies der zuständigen Behörde nach Maßgabe des Satzes 5 anzuzeigen. In der Anzeige ist anzugeben, für welche Tierart und welches Anwendungsgebiet die Anwendung des Arzneimittels vorgesehen ist, der Staat, aus dem das Arzneimittel in den Geltungsbereich des Gesetzes verbracht wird, die Bezeichnung und die bestellte Menge des Arzneimittels sowie seine Wirkstoffe nach Art und Menge.

(4) Auf Arzneimittel nach Absatz 2 Nr. 4 und 5 finden die Vorschriften dieses Gesetzes keine Anwendung. Auf Arzneimittel nach Absatz 2 Nr. 1 bis 3 und 6 bis 10 und Absatz 3 Satz 1 und 2 finden die Vorschriften dieses Gesetzes keine Anwendung mit Ausnahme der §§ 5, 6a, 8, 64 bis 69a und 78, ferner in den Fällen des Absatzes 2 Nr. 2 und des Absatzes 3 Satz 1 und 2 auch mit Ausnahme der §§ 48, 95 Abs. 1 Nr. 1 und 3a, Abs. 2 bis 4, § 96 Nr. 3, 10 und 11 und § 97 Abs. 1, 2 Nr. 1 und 9 und Abs. 3 und ferner in den Fällen des Absatzes 3 Satz 1, auch in Verbindung mit Satz 3, und Satz 2 auch mit Ausnahme

der §§ 56a, 57, 58 Abs. 1 Satz 1, §§ 59, 95 Abs. 1 Nr. 6, 8, 9 und 10, § 96 Nr. 15 bis 17 und § 97 Abs. 2 Nr. 21 bis 24 und 31 und der auf Grund des § 12 Abs. 1 Nr. 1 und 2 und Abs. 2, des § 48 Abs. 2 Nr. 4 und Abs. 4, des § 54 Abs. 1, 2 und 3 sowie des § 56a Abs. 3 erlassenen Verordnung über Tierärztliche Hausapotheken und der auf Grund der §§ 12, 54 und 57 erlassenen Verordnung über Nachweispflichten für Arzneimittel, die zur Anwendung bei Tieren bestimmt sind.

(5) Ärzte und Tierärzte dürfen bei der Ausübung ihres Berufes im kleinen Grenzverkehr nur Arzneimittel mitführen, die zum Verkehr im Geltungsbereich dieses Gesetzes zugelassen oder registriert oder von der Zulassung oder Registrierung freigestellt sind. Abweichend von Satz 1 dürfen Tierärzte, die als Staatsangehörige eines Mitgliedstaates der Europäischen Union oder eines anderen Vertragsstaates des Abkommens über den Europäischen Wirtschaftsraum eine Dienstleistung erbringen, am Ort ihrer Niederlassung zugelassene Arzneimittel in kleinen Mengen in einem für das Erbringen der Dienstleistung unerlässlichen Umfang in der Originalverpackung mit sich führen, wenn und soweit Arzneimittel gleicher Zusammensetzung und für gleiche Anwendungsgebiete auch im Geltungsbereich dieses Gesetzes zugelassen sind; der Tierarzt darf diese Arzneimittel nur selbst anwenden und hat den Tierhalter auf die für das entsprechende, im Geltungsbereich dieses Gesetzes zugelassene Arzneimittel festgesetzte Wartezeit hinzuweisen.

(6) Für die zollamtliche Abfertigung zum freien Verkehr im Falle des Absatzes 1 Nr. 2 sowie des Absatzes 1a Nr. 2 in Verbindung mit Absatz 1 Nr. 2 ist die Vorlage einer Bescheinigung der für den Empfänger zuständigen Behörde erforderlich, in der die Arzneimittel bezeichnet sind und bestätigt wird, dass die Voraussetzungen nach Absatz 1 oder Absatz 1a erfüllt sind. Die Zolldienststelle übersendet auf Kosten des Zollbeteiligten die Bescheinigung der Behörde, die diese Bescheinigung ausgestellt hat.

(7) Im Falle des Absatzes 1 Nr. 1 hat ein Empfänger, der Großhändler ist oder eine Apotheke betreibt, das Bestehen der Deckungsvorsorge nach § 94 nachzuweisen.

§ 73a
Ausfuhr

(1) Abweichend von den §§ 5 und 8 Abs. 1 dürfen die dort bezeichneten Arzneimittel ausgeführt werden, wenn die zuständige Behörde des Bestimmungslandes die Einfuhr genehmigt hat. Aus der Einfuhrgenehmigung muss hervorgehen, dass der zuständigen Behörde des Bestimmungslandes die Versagungsgründe bekannt sind, die dem Inverkehrbringen im Geltungsbereich dieses Gesetzes entgegenstehen.

(2) Auf Antrag des pharmazeutischen Unternehmers, des Herstellers, des Ausführers oder der zuständigen Behörde des Bestimmungslandes stellt die zuständige Behörde ein Zertifikat entsprechend dem Zertifikatsystem der

Weltgesundheitsorganisation aus. Wird der Antrag von der zuständigen Behörde des Bestimmungslandes gestellt, ist vor Erteilung des Zertifikats die Zustimmung des Herstellers einzuholen.

§ 74
Mitwirkung von Zolldienststellen

(1) Das Bundesministerium der Finanzen und die von ihm bestimmten Zolldienststellen wirken bei der Überwachung des Verbringens von Arzneimitteln und Wirkstoffen in den Geltungsbereich dieses Gesetzes und der Ausfuhr mit. Die genannten Behörden können

1. Sendungen der in Satz 1 genannten Art sowie deren Beförderungsmittel, Behälter, Lade- und Verpackungsmittel zur Überwachung anhalten,

2. den Verdacht von Verstößen gegen Verbote und Beschränkungen dieses Gesetzes oder der nach diesem Gesetz erlassenen Rechtsverordnungen, der sich bei der Abfertigung ergibt, den zuständigen Verwaltungsbehörden mitteilen,

3. in den Fällen der Nummer 2 anordnen, dass die Sendungen der in Satz 1 genannten Art auf Kosten und Gefahr des Verfügungsberechtigten einer für die Arzneimittelüberwachung zuständigen Behörde vorgeführt werden.

(2) Das Bundesministerium der Finanzen regelt im Einvernehmen mit dem Bundesministerium durch Rechtsverordnung, die nicht der Zustimmung des Bundesrates bedarf, die Einzelheiten des Verfahrens nach Absatz 1. Es kann dabei insbesondere Pflichten zu Anzeigen, Anmeldungen, Auskünften und zur Leistung von Hilfsdiensten sowie zur Duldung der Einsichtnahme in Geschäftspapiere und sonstige Unterlagen und zur Duldung von Besichtigungen und von Entnahmen unentgeltlicher Proben vorsehen. Die Rechtsverordnung ergeht im Einvernehmen mit dem Bundesministerium für Umwelt, Naturschutz und Reaktorsicherheit, soweit es sich um radioaktive Arzneimittel und Wirkstoffe oder um Arzneimittel und Wirkstoffe handelt, bei deren Herstellung ionisierende Strahlen verwendet werden, und im Einvernehmen mit dem Bundesministerium für Verbraucherschutz, Ernährung und Landwirtschaft, soweit es sich um Arzneimittel und Wirkstoffe handelt, die zur Anwendung bei Tieren bestimmt sind.

Vierzehnter Abschnitt
Informationsbeauftragter, Pharmaberater

§ 74a
Informationsbeauftragter

(1) Wer als pharmazeutischer Unternehmer Fertigarzneimittel, die Arzneimittel im Sinne des § 2 Abs. 1 oder Abs. 2 Nr. 1 sind, in den Verkehr bringt, hat eine Person mit der erforderlichen Sachkenntnis und der zur Ausübung ihrer Tätig-

keit erforderlichen Zuverlässigkeit zu beauftragen, die Aufgabe der wissenschaftlichen Information über die Arzneimittel verantwortlich wahrzunehmen (Informationsbeauftragter). Der Informationsbeauftragte ist insbesondere dafür verantwortlich, dass das Verbot des § 8 Abs. 1 Nr. 2 beachtet wird und die Kennzeichnung, die Packungsbeilage, die Fachinformation und die Werbung mit dem Inhalt der Zulassung oder der Registrierung oder, sofern das Arzneimittel von der Zulassung oder Registrierung freigestellt ist, mit den Inhalten der Verordnungen über die Freistellung von der Zulassung oder von der Registrierung nach § 36 oder § 39 Abs. 3 übereinstimmen. Satz 1 gilt nicht für Personen, soweit sie nach § 13 Abs. 2 Satz 1 Nr. 1, 2, 3 oder 5 keiner Herstellungserlaubnis bedürfen. Andere Personen als in Satz 1 bezeichnet dürfen eine Tätigkeit als Informationsbeauftragter nicht ausüben.

(2) Der Nachweis der erforderlichen Sachkenntnis als Informationsbeauftragter wird erbracht durch das Zeugnis über eine nach abgeschlossenem Hochschulstudium der Humanmedizin, der Humanbiologie, der Veterinärmedizin, der Pharmazie, der Biologie oder der Chemie abgelegte Prüfung und eine mindestens zweijährige Berufserfahrung oder durch den Nachweis nach § 15. Der Informationsbeauftragte kann gleichzeitig Stufenplanbeauftragter sein.

(3) Der pharmazeutische Unternehmer hat der zuständigen Behörde den Informationsbeauftragten unter Vorlage der Nachweise über die Anforderungen nach Absatz 2 und jeden Wechsel vorher mitzuteilen. Bei einem unvorhergesehenen Wechsel des Informationsbeauftragten hat die Mitteilung unverzüglich zu erfolgen.

§ 75
Sachkenntnis

(1) Pharmazeutische Unternehmer dürfen nur Personen, die die in Absatz 2 bezeichnete Sachkenntnis besitzen, beauftragen, hauptberuflich Angehörige von Heilberufen aufzusuchen, um diese über Arzneimittel im Sinne des § 2 Abs. 1 oder Abs. 2 Nr. 1 fachlich zu informieren (Pharmaberater). Satz 1 gilt auch für eine fernmündliche Information. Andere Personen als in Satz 1 bezeichnet dürfen eine Tätigkeit als Pharmaberater nicht ausüben.

(2) Die Sachkenntnis besitzen

1. Apotheker oder Personen mit einem Zeugnis über eine nach abgeschlossenem Hochschulstudium der Pharmazie, der Chemie, der Biologie, der Human- oder der Veterinärmedizin abgelegte Prüfung,

2. Apothekerassistenten sowie Personen mit einer abgeschlossenen Ausbildung als technische Assistenten in der Pharmazie, der Chemie, der Biologie, der Human- oder Veterinärmedizin,

3. Pharmareferenten.

(3) Die zuständige Behörde kann eine abgelegte Prüfung oder abgeschlossene Ausbildung als ausreichend anerkennen, die einer der Ausbildungen der in Absatz 2 genannten Personen mindestens gleichwertig ist.

§ 76
Pflichten

(1) Der Pharmaberater hat, soweit er Angehörige der Heilberufe über einzelne Arzneimittel fachlich informiert, die Fachinformation nach § 11a vorzulegen. Er hat Mitteilungen von Angehörigen der Heilberufe über Nebenwirkungen und Gegenanzeigen oder sonstige Risiken bei Arzneimitteln schriftlich aufzuzeichnen und dem Auftraggeber schriftlich mitzuteilen.

(2) Soweit der Pharmaberater vom pharmazeutischen Unternehmer beauftragt wird, Muster von Fertigarzneimitteln an die nach § 47 Abs. 3 berechtigten Personen abzugeben, hat er über die Empfänger von Mustern sowie über Art, Umfang und Zeitpunkt der Abgabe von Mustern Nachweise zu führen und auf Verlangen der zuständigen Behörde vorzulegen.

Fünfzehnter Abschnitt
Bestimmung der zuständigen Bundesoberbehörden und sonstige Bestimmungen

§ 77
Zuständige Bundesoberbehörde

(1) Zuständige Bundesoberbehörde ist das Bundesinstitut für Arzneimittel und Medizinprodukte, es sei denn, dass das Paul-Ehrlich-Institut oder das Bundesamt für Verbraucherschutz und Lebensmittelsicherheit zuständig ist.

(2) Das Paul-Ehrlich-Institut ist zuständig für Sera, Impfstoffe, Blutzubereitungen, Knochenmarkzubereitungen, Gewebezubereitungen, Allergene, Testsera, Testantigene, Gentransfer-Arzneimittel, somatische Zelltherapeutika, xenogene Zelltherapeutika und gentechnisch hergestellte Blutbestandteile.

(3) Das Bundesamt für Verbraucherschutz und Lebensmittelsicherheit ist zuständig für Arzneimittel, die zur Anwendung bei Tieren bestimmt sind.

(4) Das Bundesministerium wird ermächtigt, durch Rechtsverordnung ohne Zustimmung des Bundesrates die Zuständigkeit des Bundesinstituts für Arzneimittel und Medizinprodukte und des Paul-Ehrlich-Instituts zu ändern, sofern dies erforderlich ist, um neueren wissenschaftlichen Entwicklungen Rechnung zu tragen oder wenn Gründe der gleichmäßigen Arbeitsauslastung eine solche Änderung erfordern.

§ 77a
Unabhängigkeit und Transparenz

(1) Die zuständigen Bundesoberbehörden und die zuständigen Behörden stellen im Hinblick auf die Gewährleistung von Unabhängigkeit und Transparenz sicher, dass mit der Zulassung und Überwachung befasste Bedienstete der Zulassungsbehörden oder anderer zuständiger Behörden oder von ihnen beauftragte Sachverständige keine finanziellen oder sonstigen Interes-

sen in der pharmazeutischen Industrie haben, die ihre Neutralität beeinflussen könnten. Diese Personen geben jährlich dazu eine Erklärung ab.

(2) Im Rahmen der Durchführung ihrer Aufgaben nach diesem Gesetz machen die zuständigen Bundesoberbehörden und die zuständigen Behörden die Geschäftsordnungen ihrer Ausschüsse, die Tagesordnungen sowie die Ergebnisprotokolle ihrer Sitzungen öffentlich zugänglich; dabei sind Betriebs-, Dienst- und Geschäftsgeheimnisse zu wahren.

§ 78
Preise

(1) Das Bundesministerium für Wirtschaft und Arbeit wird ermächtigt, im Einvernehmen mit dem Bundesministerium und, soweit es sich um Arzneimittel handelt, die zur Anwendung bei Tieren bestimmt sind, im Einvernehmen mit dem Bundesministerium für Verbraucherschutz, Ernährung und Landwirtschaft durch Rechtsverordnung mit Zustimmung des Bundesrates

1. Preisspannen für Arzneimittel, die im Großhandel, in Apotheken oder von Tierärzten im Wiederverkauf abgegeben werden,

2. Preise für Arzneimittel, die in Apotheken oder von Tierärzten hergestellt und abgegeben werden, sowie für Abgabegefäße,

3. Preise für besondere Leistungen der Apotheken bei der Abgabe von Arzneimitteln

festzusetzen. Abweichend von Satz 1 wird das Bundesministerium für Wirtschaft und Arbeit ermächtigt, im Einvernehmen mit dem Bundesministerium für Gesundheit und Soziale Sicherung durch Rechtsverordnung, die nicht der Zustimmung des Bundesrates bedarf, den Festzuschlag entsprechend der Kostenentwicklung der Apotheken bei wirtschaftlicher Betriebsführung anzupassen.

(2) Die Preise und Preisspannen müssen den berechtigten Interessen der Arzneimittelverbraucher, der Tierärzte, der Apotheken und des Großhandels Rechnung tragen. Ein einheitlicher Apothekenabgabepreis für Arzneimittel, die vom Verkehr außerhalb der Apotheken ausgeschlossen sind, ist zu gewährleisten. Satz 2 gilt nicht für nicht verschreibungspflichtige Arzneimittel, die nicht zu Lasten der gesetzlichen Krankenversicherung abgegeben werden.

§ 79
Ausnahmeermächtigungen für Krisenzeiten

(1) Das Bundesministerium wird ermächtigt, im Einvernehmen mit dem Bundesministerium für Wirtschaft und Arbeit durch Rechtsverordnung, die nicht der Zustimmung des Bundesrates bedarf, Ausnahmen von den Vorschriften dieses Gesetzes und der auf Grund dieses Gesetzes erlassenen Rechtsverordnungen zuzulassen, wenn die notwendige Versorgung der Bevölkerung mit Arzneimitteln sonst ernstlich gefährdet wäre und eine unmittelbare oder mittelbare Gefährdung der Gesundheit von Menschen durch Arzneimittel nicht zu

befürchten ist; insbesondere können Regelungen getroffen werden, um einer Verbreitung von Gefahren zu begegnen, die als Reaktion auf die vermutete oder bestätigte Verbreitung von krankheitserregenden Substanzen, Toxinen, Chemikalien oder eine Aussetzung ionisierender Strahlung auftreten können.

(2) Das Bundesministerium für Verbraucherschutz, Ernährung und Landwirtschaft wird ermächtigt, im Einvernehmen mit dem Bundesministerium und dem Bundesministerium für Wirtschaft und Arbeit durch Rechtsverordnung, die nicht der Zustimmung des Bundesrates bedarf, Ausnahmen von den Vorschriften dieses Gesetzes und der auf Grund dieses Gesetzes erlassenen Rechtsverordnungen zuzulassen, wenn die notwendige Versorgung der Tierbestände mit Arzneimitteln sonst ernstlich gefährdet wäre und eine unmittelbare oder mittelbare Gefährdung der Gesundheit von Mensch oder Tier durch Arzneimittel nicht zu befürchten ist.

(3) Die Rechtsverordnungen nach Absatz 1 oder 2 ergehen im Einvernehmen mit dem Bundesministerium für Umwelt, Naturschutz und Reaktorsicherheit, soweit es sich um radioaktive Arzneimittel und um Arzneimittel, bei deren Herstellung ionisierende Strahlen verwendet werden, oder um Regelungen zur Abwehr von Gefahren durch ionisierende Strahlung handelt.

(4) Die Geltungsdauer der Rechtsverordnung nach Absatz 1 oder 2 ist auf sechs Monate zu befristen.

§ 80
Ermächtigung für Verfahrens- und Härtefallregelungen

Das Bundesministerium wird ermächtigt, durch Rechtsverordnung, die nicht der Zustimmung des Bundesrates bedarf, die weiteren Einzelheiten über das Verfahren bei

1. der Zulassung einschließlich der Verlängerung der Zulassung,

2. der staatlichen Chargenprüfung und der Freigabe einer Charge,

3. den Anzeigen zur Änderung der Zulassungsunterlagen,

3a. der zuständigen Bundesoberbehörde und den beteiligten Personen im Falle des Inverkehrbringens in Härtefällen nach § 21 Abs. 2 Satz 1 Nr. 6 in Verbindung mit Artikel 83 der Verordnung (EG) Nr. 726/2004,

4. der Registrierung und

5. den Meldungen von Arzneimittelrisiken

zu regeln; es kann dabei die Weiterleitung von Ausfertigungen an die zuständigen Behörden bestimmen sowie vorschreiben, dass Unterlagen in mehrfacher Ausfertigung sowie auf elektronischen oder optischen Speichermedien eingereicht werden. Das Bundesministerium kann diese Ermächtigung ohne Zustimmung des Bundesrates auf die zuständige Bundesoberbehörde übertragen. In der Rechtsverordnung nach Satz 1 Nr. 3a können insbesondere die

Aufgaben der zuständigen Bundesoberbehörde im Hinblick auf die Beteiligung der Europäischen Arzneimittel-Agentur und des Ausschusses für Humanarzneimittel entsprechend Artikel 83 der Verordnung (EG) Nr. 726/2004 sowie die Verantwortungsbereiche der behandelnden Ärzte und der pharmazeutischen Unternehmer oder Sponsoren geregelt werden, einschließlich von Anzeige-, Dokumentations- und Berichtspflichten insbesondere für Nebenwirkungen entsprechend Artikel 24 Abs. 1 und Artikel 25 der Verordnung (EG) Nr. 726/2004. Dabei können auch Regelungen für Arzneimittel getroffen werden, die unter den Artikel 83 der Verordnung (EG) Nr. 726/2004 entsprechenden Voraussetzungen Arzneimittel betreffen, die nicht zu den in Artikel 3 Abs. 1 oder 2 dieser Verordnung genannten gehören. Die Rechtsverordnungen nach den Sätzen 1 und 2 ergehen im Einvernehmen mit dem Bundesministerium für Verbraucherschutz, Ernährung und Landwirtschaft, soweit es sich um Arzneimittel handelt, die zur Anwendung bei Tieren bestimmt sind.

§ 81
Verhältnis zu anderen Gesetzen

Die Vorschriften des Betäubungsmittel- und Atomrechts und des Tierschutzgesetzes bleiben unberührt.

§ 82
Allgemeine Verwaltungsvorschriften

Die Bundesregierung erlässt mit Zustimmung des Bundesrates die zur Durchführung dieses Gesetzes erforderlichen allgemeinen Verwaltungsvorschriften. Soweit sich diese an die zuständige Bundesoberbehörde richten, werden die allgemeinen Verwaltungsvorschriften von dem Bundesministerium erlassen. Die allgemeinen Verwaltungsvorschriften nach Satz 2 ergehen im Einvernehmen mit dem Bundesministerium für Verbraucherschutz, Ernährung und Landwirtschaft, soweit es sich um Arzneimittel handelt, die zur Anwendung bei Tieren bestimmt sind.

§ 83
Angleichung an Gemeinschaftsrecht

(1) Rechtsverordnungen oder allgemeine Verwaltungsvorschriften nach diesem Gesetz können auch zum Zwecke der Angleichung der Rechts- und Verwaltungsvorschriften der Mitgliedstaaten der Europäischen Wirtschaftsgemeinschaft erlassen werden, soweit dies zur Durchführung von Verordnungen, Richtlinien oder Entscheidungen des Rates oder der Kommission der Europäischen Gemeinschaften, die Sachbereiche dieses Gesetzes betreffen, erforderlich ist.

(2) Rechtsverordnungen, die ausschließlich der Umsetzung von Richtlinien oder Entscheidungen des Rates oder der Kommission der Europäischen Ge-

meinschaften in nationales Recht dienen, bedürfen nicht der Zustimmung des Bundesrates.

Sechzehnter Abschnitt
Haftung für Arzneimittelschäden

§ 84
Gefährdungshaftung

(1) Wird infolge der Anwendung eines zum Gebrauch bei Menschen bestimmten Arzneimittels, das im Geltungsbereich dieses Gesetzes an den Verbraucher abgegeben wurde und der Pflicht zur Zulassung unterliegt oder durch Rechtsverordnung von der Zulassung befreit worden ist, ein Mensch getötet oder der Körper oder die Gesundheit eines Menschen nicht unerheblich verletzt, so ist der pharmazeutische Unternehmer, der das Arzneimittel im Geltungsbereich dieses Gesetz in den Verkehr gebracht hat, verpflichtet, dem Verletzten den daraus entstandenen Schaden zu ersetzen. Die Ersatzpflicht besteht nur, wenn

1. das Arzneimittel bei bestimmungsgemäßem Gebrauch schädliche Wirkungen hat, die über ein nach den Erkenntnissen der medizinischen Wissenschaft vertretbares Maß hinausgehen oder

2. der Schaden infolge einer nicht den Erkenntnissen der medizinischen Wissenschaft entsprechenden Kennzeichnung, Fachinformation oder Gebrauchsinformation eingetreten ist.

(2) Ist das angewendete Arzneimittel nach den Gegebenheiten des Einzelfalls geeignet, den Schaden zu verursachen, so wird vermutet, dass der Schaden durch dieses Arzneimittel verursacht ist. Die Eignung im Einzelfall beurteilt sich nach der Zusammensetzung und der Dosierung des angewendeten Arzneimittels, nach der Art und Dauer seiner bestimmungsgemäßen Anwendung, nach dem zeitlichen Zusammenhang mit dem Schadenseintritt, nach dem Schadensbild und dem gesundheitlichen Zustand des Geschädigten im Zeitpunkt der Anwendung sowie allen sonstigen Gegebenheiten, die im Einzelfall für oder gegen die Schadensverursachung sprechen. Die Vermutung gilt nicht, wenn ein anderer Umstand nach den Gegebenheiten des Einzelfalls geeignet ist, den Schaden zu verursachen. Ein anderer Umstand liegt nicht in der Anwendung weiterer Arzneimittel, die nach den Gegebenheiten des Einzelfalls geeignet sind, den Schaden zu verursachen, es sei denn, dass wegen der Anwendung dieser Arzneimittel Ansprüche nach dieser Vorschrift aus anderen Gründen als der fehlenden Ursächlichkeit für den Schaden nicht gegeben sind.

(3) Die Ersatzpflicht des pharmazeutischen Unternehmers nach Absatz 1 Satz 2 Nr. 1 ist ausgeschlossen, wenn nach den Umständen davon auszugehen ist, dass die schädlichen Wirkungen des Arzneimittels ihre Ursache nicht im Bereich der Entwicklung und Herstellung haben.

§ 84a
Auskunftsanspruch

(1) Liegen Tatsachen vor, die die Annahme begründen, dass ein Arzneimittel den Schaden verursacht hat, so kann der Geschädigte von dem pharmazeutischen Unternehmer Auskunft verlangen, es sei denn, dies ist zur Feststellung, ob ein Anspruch auf Schadensersatz nach § 84 besteht, nicht erforderlich. Der Anspruch richtet sich auf dem pharmazeutischen Unternehmer bekannte Wirkungen, Nebenwirkungen und Wechselwirkungen sowie ihm bekannt gewordene Verdachtsfälle von Nebenwirkungen und Wechselwirkungen und sämtliche weiteren Erkenntnisse, die für die Bewertung der Vertretbarkeit schädlicher Wirkungen von Bedeutung sein können. Die §§ 259 bis 261 des Bürgerlichen Gesetzbuchs sind entsprechend anzuwenden. Ein Auskunftsanspruch besteht insoweit nicht, als die Angaben auf Grund gesetzlicher Vorschriften geheim zu halten sind oder die Geheimhaltung einem überwiegenden Interesse des pharmazeutischen Unternehmers oder eines Dritten entspricht.

(2) Ein Auskunftsanspruch besteht unter den Voraussetzungen des Absatzes 1 auch gegenüber den Behörden, die für die Zulassung und Überwachung von Arzneimitteln zuständig sind. Die Behörde ist zur Erteilung der Auskunft nicht verpflichtet, soweit Angaben auf Grund gesetzlicher Vorschriften geheim zu halten sind oder die Geheimhaltung einem überwiegenden Interesse des pharmazeutischen Unternehmers oder eines Dritten entspricht.

§ 85
Mitverschulden

Hat bei der Entstehung des Schadens ein Verschulden des Geschädigten mitgewirkt, so gilt § 254 des Bürgerlichen Gesetzbuchs.

§ 86
Umfang der Ersatzpflicht bei Tötung

(1) Im Falle der Tötung ist der Schadensersatz durch Ersatz der Kosten einer versuchten Heilung sowie des Vermögensnachteils zu leisten, den der Getötete dadurch erlitten hat, dass während der Krankheit seine Erwerbsfähigkeit aufgehoben oder gemindert oder eine Vermehrung seiner Bedürfnisse eingetreten war. Der Ersatzpflichtige hat außerdem die Kosten der Beerdigung demjenigen zu ersetzen, dem die Verpflichtung obliegt, diese Kosten zu tragen.

(2) Stand der Getötete zur Zeit der Verletzung zu einem Dritten in einem Verhältnis, vermöge dessen er diesem gegenüber kraft Gesetzes unterhaltspflichtig war oder unterhaltspflichtig werden konnte, und ist dem Dritten infolge der Tötung das Recht auf Unterhalt entzogen, so hat der Ersatzpflichtige dem Dritten insoweit Schadensersatz zu leisten, als der Getötete während der mutmaßlichen Dauer seines Lebens zur Gewährung des Unterhalts verpflichtet gewesen sein würde. Die Ersatzpflicht tritt auch dann ein, wenn der Dritte zur Zeit der Verletzung erzeugt, aber noch nicht geboren war.

§ 87
Umfang der Ersatzpflicht bei Körperverletzung

Im Falle der Verletzung des Körpers oder der Gesundheit ist der Schadensersatz durch Ersatz der Kosten der Heilung sowie des Vermögensnachteils zu leisten, den der Verletzte dadurch erleidet, dass infolge der Verletzung zeitweise oder dauernd seine Erwerbsfähigkeit aufgehoben oder gemindert oder eine Vermehrung seiner Bedürfnisse eingetreten ist. In diesem Fall kann auch wegen des Schadens, der nicht Vermögensschaden ist, eine billige Entschädigung in Geld verlangt werden.

§ 88
Höchstbeträge

Der Ersatzpflichtige haftet

1. im Falle der Tötung oder Verletzung eines Menschen nur bis zu einem Kapitalbetrag von 600 000 Euro oder bis zu einem Rentenbetrag von jährlich 36 000 Euro,

2. im Falle der Tötung oder Verletzung mehrerer Menschen durch das gleiche Arzneimittel unbeschadet der in Nummer 1 bestimmten Grenzen bis zu einem Kapitalbetrag von 120 Millionen Euro oder bis zu einem Rentenbetrag von jährlich 7,2 Millionen Euro.

Übersteigen im Falle des Satzes 1 Nr. 2 die den mehreren Geschädigten zu leistenden Entschädigungen die dort vorgesehenen Höchstbeträge, so verringern sich die einzelnen Entschädigungen in dem Verhältnis, in welchem ihr Gesamtbetrag zu dem Höchstbetrag steht.

§ 89
Schadensersatz durch Geldrenten

(1) Der Schadensersatz wegen Aufhebung oder Minderung der Erwerbsfähigkeit und wegen Vermehrung der Bedürfnisse des Verletzten sowie der nach § 86 Abs. 2 einem Dritten zu gewährende Schadensersatz ist für die Zukunft durch Entrichtung einer Geldrente zu leisten.

(2) Die Vorschriften des § 843 Abs. 2 bis 4 des Bürgerlichen Gesetzbuchs und des § 708 Nr. 8 der Zivilprozessordnung finden entsprechende Anwendung.

(3) Ist bei der Verurteilung des Verpflichteten zur Entrichtung einer Geldrente nicht auf Sicherheitsleistung erkannt worden, so kann der Berechtigte gleichwohl Sicherheitsleistung verlangen, wenn die Vermögensverhältnisse des Verpflichteten sich erheblich verschlechtert haben; unter der gleichen Voraussetzung kann er eine Erhöhung der in dem Urteil bestimmten Sicherheit verlangen.

§ 90
Verjährung

(weggefallen)

§ 91
Weitergehende Haftung

Unberührt bleiben gesetzliche Vorschriften, nach denen ein nach § 84 Ersatzpflichtiger im weiteren Umfang als nach den Vorschriften dieses Abschnitts haftet oder nach denen ein anderer für den Schaden verantwortlich ist.

§ 92
Unabdingbarkeit

Die Ersatzpflicht nach diesem Abschnitt darf im voraus weder ausgeschlossen noch beschränkt werden. Entgegenstehende Vereinbarungen sind nichtig.

§ 93
Mehrere Ersatzpflichtige

Sind mehrere ersatzpflichtig, so haften sie als Gesamtschuldner. Im Verhältnis der Ersatzpflichtigen zueinander hängt die Verpflichtung zum Ersatz sowie der Umfang des zu leistenden Ersatzes von den Umständen, insbesondere davon ab, inwieweit der Schaden vorwiegend von dem einen oder dem anderen Teil verursacht worden ist.

§ 94
Deckungsvorsorge

(1) Der pharmazeutische Unternehmer hat dafür Vorsorge zu treffen, dass er seinen gesetzlichen Verpflichtungen zum Ersatz von Schäden nachkommen kann, die durch die Anwendung eines von ihm in den Verkehr gebrachten, zum Gebrauch bei Menschen bestimmten Arzneimittels entstehen, das der Pflicht zur Zulassung unterliegt oder durch Rechtsverordnung von der Zulassung befreit worden ist (Deckungsvorsorge). Die Deckungsvorsorge muss in Höhe der in § 88 Satz 1 genannten Beträge erbracht werden. Sie kann nur

1. durch eine Haftpflichtversicherung bei einem im Geltungsbereich dieses Gesetzes zum Geschäftsbetrieb befugten Versicherungsunternehmen oder

2. durch eine Freistellungs- oder Gewährleistungsverpflichtung eines inländischen Kreditinstituts oder eines Kreditinstituts eines anderen Mitgliedstaates der Europäischen Union oder eines anderen Vertragsstaates des Abkommens über den Europäischen Wirtschaftsraum

erbracht werden.

(2) Wird die Deckungsvorsorge durch eine Haftpflichtversicherung erbracht, so gelten die §§ 158c bis 158k des Gesetzes über den Versicherungsvertrag vom 30. Mai 1908 (RGBl. S. 263), zuletzt geändert durch das Gesetz vom 30. Juni 1967 (BGBl. I S. 609), sinngemäß.

(3) Durch eine Freistellungs- oder Gewährleistungsverpflichtung eines Kreditinstituts kann die Deckungsvorsorge nur erbracht werden, wenn gewährleistet ist, dass das Kreditinstitut, solange mit seiner Inanspruchnahme gerechnet werden muss, in der Lage sein wird, seine Verpflichtungen im Rahmen der Deckungsvorsorge zu erfüllen. Für die Freistellungs- oder Gewährleistungsverpflichtung gelten die §§ 158c bis 158k des Gesetzes über den Versicherungsvertrag sinngemäß.

(4) Zuständige Stelle im Sinne des § 158c Abs. 2 des Gesetzes über den Versicherungsvertrag ist die für die Durchführung der Überwachung nach § 64 zuständige Behörde.

(5) Die Bundesrepublik Deutschland und die Länder sind zur Deckungsvorsorge gemäß Absatz 1 nicht verpflichtet.

§ 94a
Örtliche Zuständigkeit

(1) Für Klagen, die auf Grund des § 84 oder des § 84a Abs. 1 erhoben werden, ist auch das Gericht zuständig, in dessen Bezirk der Kläger zur Zeit der Klageerhebung seinen Wohnsitz, in Ermangelung eines solchen seinen gewöhnlichen Aufenthaltsort hat.

(2) Absatz 1 bleibt bei der Ermittlung der internationalen Zuständigkeit der Gerichte eines ausländischen Staates nach § 328 Abs. 1 Nr. 1 der Zivilprozessordnung außer Betracht.

Siebzehnter Abschnitt
Straf- und Bußgeldvorschriften
§ 95
Strafvorschriften

(1) Mit Freiheitsstrafe bis zu drei Jahren oder mit Geldstrafe wird bestraft, wer

1. entgegen § 5, auch in Verbindung mit § 73a, Arzneimittel, bei denen begründeter Verdacht auf schädliche Wirkungen besteht, in den Verkehr bringt,

2. einer Rechtsverordnung nach § 6, die das Inverkehrbringen von Arzneimitteln untersagt, zuwiderhandelt, soweit sie für einen bestimmten Tatbestand auf diese Strafvorschrift verweist,

2a. entgegen § 6a Abs. 1 Arzneimittel zu Dopingzwecken im Sport in den Verkehr bringt, verschreibt oder bei anderen anwendet,

3. entgegen § 7 Abs. 1 radioaktive Arzneimittel oder Arzneimittel, bei deren Herstellung ionisierende Strahlen verwendet worden sind, in den Verkehr bringt,

3a. entgegen § 8 Abs. 1 Nr. 1 oder 1a, auch in Verbindung mit § 73 Abs. 4 oder § 73a, Arzneimittel herstellt oder in den Verkehr bringt,

4. entgegen § 43 Abs. 1 Satz 2, Abs. 2 oder 3 Satz 1 mit Arzneimitteln, die nur auf Verschreibung an Verbraucher abgegeben werden dürfen, Handel treibt oder diese Arzneimittel abgibt,

5. Arzneimittel, die nur auf Verschreibung an Verbraucher abgegeben werden dürfen, entgegen § 47 Abs. 1 an andere als dort bezeichnete Personen oder Stellen oder entgegen § 47 Abs. 1a abgibt oder entgegen § 47 Abs. 2 Satz 1 bezieht,

5a. entgegen § 47a Abs. 1 ein dort bezeichnetes Arzneimittel an andere als die dort bezeichneten Einrichtungen abgibt oder in den Verkehr bringt,

6. entgegen § 48 Abs. 1 Satz 1 in Verbindung mit einer Rechtsverordnung nach § 48 Abs. 2 Nr. 1 oder 2 Arzneimittel, die zur Anwendung bei Tieren bestimmt sind, die der Gewinnung von Lebensmitteln dienen, abgibt,

7. Fütterungsarzneimittel entgegen § 56 Abs. 1 ohne die erforderliche Verschreibung an Tierhalter abgibt,

8. entgegen § 56a Abs. 1 Satz 1, auch in Verbindung mit Satz 3, oder Satz 2 Arzneimittel verschreibt, abgibt oder anwendet, die zur Anwendung bei Tieren bestimmt sind, die der Gewinnung von Lebensmitteln dienen, und nur auf Verschreibung an Verbraucher abgegeben werden dürfen,

9. Arzneimittel, die nur auf Verschreibung an Verbraucher abgegeben werden dürfen, entgegen § 57 Abs. 1 erwirbt,

10. entgegen § 58 Abs. 1 Satz 1 Arzneimittel, die nur auf Verschreibung an Verbraucher abgegeben werden dürfen, bei Tieren anwendet, die der Gewinnung von Lebensmitteln dienen oder

11. entgegen Artikel 5 Abs. 2 der Verordnung (EWG) Nr. 2377/90 einen Stoff einem dort genannten Tier verabreicht.

(2) Der Versuch ist strafbar.

(3) In besonders schweren Fällen ist die Strafe Freiheitsstrafe von einem Jahr bis zu zehn Jahren. Ein besonders schwerer Fall liegt in der Regel vor, wenn der Täter durch eine der in Absatz 1 bezeichneten Handlungen

1. die Gesundheit einer großen Zahl von Menschen gefährdet,

2. einen anderen in die Gefahr des Todes oder einer schweren Schädigung an Körper oder Gesundheit bringt,

3. aus grobem Eigennutz für sich oder einen anderen Vermögensvorteile großen Ausmaßes erlangt oder

4. im Falle des Absatzes 1 Nr. 2a Arzneimittel zu Dopingzwecken im Sport an Personen unter 18 Jahren abgibt oder bei diesen Personen anwendet.

(4) Handelt der Täter in den Fällen des Absatzes 1 fahrlässig, so ist die Strafe Freiheitsstrafe bis zu einem Jahr oder Geldstrafe.

§ 96
Strafvorschriften

Mit Freiheitsstrafe bis zu einem Jahr oder mit Geldstrafe wird bestraft, wer

1. einer Rechtsverordnung nach § 6, die die Verwendung bestimmter Stoffe, Zubereitungen aus Stoffen oder Gegenständen bei der Herstellung von Arzneimitteln vorschreibt, beschränkt oder verbietet, zuwiderhandelt, soweit sie für einen bestimmten Tatbestand auf diese Strafvorschrift verweist,

2. (weggefallen),

3. entgegen § 8 Abs. 1 Nr. 2, auch in Verbindung mit § 73a, Arzneimittel herstellt oder in den Verkehr bringt,

4. Arzneimittel im Sinne des § 2 Abs. 1 oder Abs. 2 Nr. 1, Testsera oder Testantigene oder Wirkstoffe, die menschlicher oder tierischer Herkunft sind oder auf gentechnischem Wege hergestellt werden, sowie andere zur Arzneimittelherstellung bestimmte Stoffe menschlicher Herkunft entgegen § 13 Abs. 1 ohne Erlaubnis herstellt oder ohne die nach § 72 erforderliche Erlaubnis oder ohne die nach § 72a erforderliche Bestätigung oder Bescheinigung aus Ländern, die nicht Mitgliedstaaten der Europäischen Union oder andere Vertragsstaaten des Abkommens über den Europäischen Wirtschaftsraum sind, in den Geltungsbereich dieses Gesetzes verbringt,

5. entgegen § 21 Abs. 1 Fertigarzneimittel oder Arzneimittel, die zur Anwendung bei Tieren bestimmt sind, oder in einer Rechtsverordnung nach § 35 Abs. 1 Nr. 2 oder § 60 Abs. 3 bezeichnete Arzneimittel ohne Zulassung oder ohne Genehmigung der Kommission der Europäischen Gemeinschaften oder des Rates der Europäischen Union in den Verkehr bringt,

6. eine nach § 22 Abs. 1 Nr. 3, 5 bis 9, 11, 12, 14 oder 15, Abs. 3b oder 3c Satz 1 oder § 23 Abs. 2 Satz 2 oder 3 erforderliche Angabe nicht vollständig oder nicht richtig macht oder eine nach § 22 Abs. 2 oder 3, § 23 Abs. 1, Abs. 2 Satz 2 oder 3, Abs. 3, auch in Verbindung mit § 38 Abs. 2, erforderliche Unterlage oder durch vollziehbare Anordnung nach § 28 Abs. 3, 3a oder 3c Satz 1 Nr. 2 geforderte Unterlage nicht vollständig oder mit nicht richtigem Inhalt vorlegt,

7. entgegen § 30 Abs. 4 Satz 1 Nr. 1, auch in Verbindung mit einer Rechts-
    verordnung nach § 35 Abs. 1 Nr. 2, ein Arzneimittel in den Verkehr bringt,

8. entgegen § 32 Abs. 1 Satz 1, auch in Verbindung mit einer Rechtsver-
    ordnung nach § 35 Abs. 1 Nr. 3, eine Charge ohne Freigabe in den Verkehr
    bringt,

9. entgegen § 38 Abs. 1 Satz 1 oder § 39a Satz 1 Fertigarzneimittel als ho-
    möopathische oder als traditionelle pflanzliche Arzneimittel ohne Regis-
    trierung in den Verkehr bringt,

10. entgegen § 40 Abs. 1 Satz 3 Nr. 2, 2a Buchstabe a, Nr. 3, 4, 5, 6 oder 8,
    jeweils auch in Verbindung mit Abs. 4 oder § 41 die klinische Prüfung ei-
    nes Arzneimittels durchführt,

11. entgegen § 40 Abs. 1 Satz 2 die klinische Prüfung eines Arzneimittels be-
    ginnt,

12. entgegen § 47a Abs. 1 Satz 1 ein dort bezeichnetes Arzneimittel ohne
    Verschreibung abgibt, wenn die Tat nicht nach § 95 Abs. 1 Nr. 5a mit
    Strafe bedroht ist,

13. entgegen § 48 Abs. 1 Satz 1 Nr. 1 in Verbindung mit einer Rechtsver-
    ordnung nach § 48 Abs. 2 Nr. 1 oder 2 Arzneimittel abgibt, wenn die Tat
    nicht in § 95 Abs. 1 Nr. 6 mit Strafe bedroht ist,

14. ohne Erlaubnis nach § 52a Abs. 1 Satz 1 Großhandel betreibt,

15. entgegen § 56a Abs. 4 Arzneimittel verschreibt oder abgibt,

16. entgegen § 57 Abs. 1a Satz 1 in Verbindung mit einer Rechtsverordnung
    nach § 56a Abs. 3 Satz 1 Nr. 2 ein dort bezeichnetes Arzneimittel in Besitz
    hat,

17. entgegen § 59 Abs. 2 Satz 1 Lebensmittel gewinnt,

18. entgegen § 59a Abs. 1 oder 2 Stoffe oder Zubereitungen aus Stoffen er-
    wirbt, anbietet, lagert, verpackt, mit sich führt oder in den Verkehr bringt,

19. ein zum Gebrauch bei Menschen bestimmtes Arzneimittel in den Verkehr
    bringt, obwohl die nach § 94 erforderliche Haftpflichtversicherung oder
    Freistellungs- oder Gewährleistungsverpflichtung nicht oder nicht mehr
    besteht oder

20. gegen die Verordnung (EG) Nr. 726/2004 des Europäischen Parlaments
    und des Rates vom 31. März 2004 zur Festlegung von Gemeinschafts-
    verfahren für die Genehmigung und Überwachung von Human- und Tier-
    arzneimitteln und zur Errichtung einer Europäischen Arzneimittel-Agentur
    (ABl. EU Nr. L 136 S. 1) verstößt, indem er

    a) entgegen Artikel 6 Abs. 1 Satz 1 der Verordnung in Verbindung mit Ar-
       tikel 8 Abs. 3 Unterabsatz 1 Buchstabe c bis e, h bis ia oder ib der

Richtlinie 2001/83/EG des Europäischen Parlaments und des Rates vom 6. November 2001 zur Schaffung eines Gemeinschaftskodexes für Humanarzneimittel (ABl. EG Nr. L 311 S. 67), zuletzt geändert durch Richtlinie 2004/27/EG des Europäischen Parlaments und des Rates vom 31. März 2004 (ABl. EU Nr. L 136 S. 34), eine Angabe oder eine Unterlage nicht richtig oder nicht vollständig beifügt oder

b) entgegen Artikel 31 Abs. 1 Satz 1 der Verordnung in Verbindung mit Artikel 12 Abs. 3 Unterabsatz 1 Satz 2 Buchstabe c bis e, h bis j oder k der Richtlinie 2001/82/EG des Europäischen Parlaments und des Rates vom 6. November 2001 zur Schaffung eines Gemeinschaftskodexes für Tierarzneimittel (ABl. EG Nr. L 311 S. 1), geändert durch Richtlinie 2004/28/EG des Europäischen Parlaments und des Rates vom 31. März 2004 (ABl. EU Nr. L 136 S. 58), eine Angabe nicht richtig oder nicht vollständig beifügt.

21. (weggefallen).

§ 97
Bußgeldvorschriften

(1) Ordnungswidrig handelt, wer eine der in § 96 bezeichneten Handlungen fahrlässig begeht.

(2) Ordnungswidrig handelt auch, wer vorsätzlich oder fahrlässig

1. entgegen § 8 Abs. 2 Arzneimittel in den Verkehr bringt, deren Verfalldatum abgelaufen ist,

2. entgegen § 9 Abs. 1 Arzneimittel, die nicht den Namen oder die Firma des pharmazeutischen Unternehmers tragen, in den Verkehr bringt,

3. entgegen § 9 Abs. 2 Satz 1 Arzneimittel in den Verkehr bringt, ohne seinen Sitz im Geltungsbereich dieses Gesetzes oder in einem anderen Mitgliedstaat der Europäischen Union oder in einem anderen Vertragsstaat des Abkommens über den Europäischen Wirtschaftsraum zu haben,

4. entgegen § 10, auch in Verbindung mit § 109 Abs. 1 Satz 1 oder einer Rechtsverordnung nach § 12 Abs. 1 Nr. 1, Arzneimittel ohne die vorgeschriebene Kennzeichnung in den Verkehr bringt,

5. entgegen § 11 Abs. 1 Satz 1, auch in Verbindung mit Abs. 2a bis 3b oder 4, jeweils auch in Verbindung mit einer Rechtsverordnung nach § 12 Abs. 1 Nr. 1, Arzneimittel ohne die vorgeschriebene Packungsbeilage in den Verkehr bringt,

6. einer vollziehbaren Anordnung nach § 18 Abs. 2 zuwiderhandelt,

7. entgegen § 20, § 29 Abs. 1 <u>oder 1c Satz 1, § 52a Abs. 8</u>, § 63b Abs. 2, 3 oder 4, jeweils auch in Verbindung mit § 63a Abs. 1 Satz 3 oder § 63b Abs. 7 Satz 1 oder 2, § 67 Abs. 1, auch in Verbindung mit § 69a, <u>§ 67 Abs. 2, 3, 5 oder 6 oder § 73 Abs. 3 Satz 4 eine Anzeige nicht, nicht richtig, nicht vollständig oder nicht rechtzeitig erstattet,</u>

7a. <u>entgegen § 29 Abs. 1a Satz 1, Abs. 1b oder 1d eine Mitteilung nicht, nicht richtig, nicht vollständig oder nicht rechtzeitig macht,</u>

8. entgegen § 30 Abs. 4 Satz 1 Nr. 2 oder § 73 Abs. 1 oder 1a Arzneimittel in den Geltungsbereich dieses Gesetzes verbringt,

9. entgegen § 40 Abs. 1 Satz 3 Nr. 7 die klinische Prüfung eines Arzneimittels durchführt,

10. entgegen § 43 Abs. 1, 2 oder 3 Satz 1 Arzneimittel berufs- oder gewerbsmäßig in den Verkehr bringt oder mit Arzneimitteln, die ohne Verschreibung an Verbraucher abgegeben werden dürfen, Handel treibt oder diese Arzneimittel abgibt,

11. entgegen § 43 Abs. 5 Satz 1 zur Anwendung bei Tieren bestimmte Arzneimittel, die für den Verkehr außerhalb der Apotheken nicht freigegeben sind, in nicht vorschriftsmäßiger Weise abgibt,

12. Arzneimittel, die ohne Verschreibung an Verbraucher abgegeben werden dürfen, entgegen § 47 Abs. 1 an andere als dort bezeichnete Personen oder Stellen oder entgegen § 47 Abs. 1a abgibt oder entgegen § 47 Abs. 2 Satz 1 bezieht,

12a. entgegen § 47 Abs. 4 Satz 1 Muster ohne schriftliche Anforderung, in einer anderen als der kleinsten Packungsgröße oder über die zulässige Menge hinaus abgibt oder abgeben lässt,

13. die in § 47 Abs. 1b oder Abs. 4 Satz 3 oder in § 47a Abs. 2 Satz 2 vorgeschriebenen Nachweise nicht oder nicht richtig führt, oder der zuständigen Behörde auf Verlangen nicht vorlegt,

13a. entgegen § 47a Abs. 2 Satz 1 ein dort bezeichnetes Arzneimittel ohne die vorgeschriebene Kennzeichnung abgibt,

14. entgegen § 50 Abs. 1 Einzelhandel mit Arzneimitteln betreibt,

15. entgegen § 51 Abs. 1 Arzneimittel im Reisegewerbe feilbietet oder Bestellungen darauf aufsucht,

16. entgegen § 52 Abs. 1 Arzneimittel im Wege der Selbstbedienung in den Verkehr bringt,

17. entgegen § 55 Abs. 8 Satz 1 oder 2 Arzneimittel zur Abgabe an den Verbraucher im Geltungsbereich dieses Gesetzes in den Verkehr bringt,

17a. <u>entgegen § 56 Abs. 1 Satz 2 eine Kopie einer Verschreibung nicht oder nicht rechtzeitig übersendet,</u>

18. entgegen § 56 Abs. 2 Satz 1, Abs. 3 oder 4 Satz 1 oder 2 Fütterungs-arzneimittel herstellt,

19. Fütterungsarzneimittel nicht nach § 56 Abs. 4 Satz 3 kennzeichnet,

20. entgegen § 56 Abs. 5 Satz 1 ein Fütterungsarzneimittel verschreibt,

21. entgegen § 56a Abs. 1 Satz 1 Nr. 1, 2, 3 oder 4, jeweils auch in Ver-bindung mit Satz 3, Arzneimittel,

   a) die zur Anwendung bei Tieren bestimmt sind, die nicht der Gewinnung von Lebensmitteln dienen, und nur auf Verschreibung an Verbraucher abgegeben werden dürfen,

   b) die ohne Verschreibung an Verbraucher abgegeben werden dürfen,

   verschreibt, abgibt oder anwendet,

21a. entgegen § 56a Abs. 1 Satz 4 Arzneimittel-Vormischungen verschreibt oder abgibt,

22. Arzneimittel, die ohne Verschreibung an Verbraucher abgegeben werden dürfen, entgegen § 57 Abs. 1 erwirbt,

23. entgegen § 58 Abs. 1 Satz 2 oder 3 Arzneimittel bei Tieren anwendet, die der Gewinnung von Lebensmitteln dienen,

24. einer Aufzeichnungs- oder Vorlagepflicht nach § 59 Abs. 4 zuwider-handelt,

24a. entgegen § 59b Satz 1 Stoffe nicht, nicht richtig oder nicht rechtzeitig überlässt,

24b. entgegen § 59c Satz 1, auch in Verbindung mit Satz 2, einen dort be-zeichneten Nachweis nicht, nicht richtig oder nicht vollständig führt, nicht oder nicht mindestens drei Jahre aufbewahrt oder nicht oder nicht rechtzeitig vorlegt,

24c. entgegen § 63a Abs. 1 Satz 1 einen Stufenplanbeauftragten nicht beauf-tragt oder entgegen § 63a Abs. 3 eine Mitteilung nicht, nicht vollständig oder nicht rechtzeitig erstattet,

24d. entgegen § 63a Abs. 1 Satz 5 eine Tätigkeit als Stufenplanbeauftragter ausübt,

25. einer vollziehbaren Anordnung nach § 64 Abs. 4 Nr. 4, auch in Verbindung mit § 69a, zuwiderhandelt,

26. einer Duldungs- oder Mitwirkungspflicht nach § 66, auch in Verbindung mit § 69a, zuwiderhandelt,

27. entgegen einer vollziehbaren Anordnung nach § 74 Abs. 1 Satz 2 Nr. 3 eine Sendung nicht vorführt,

27a. entgegen § 74a Abs. 1 Satz 1 einen Informationsbeauftragten nicht beauftragt oder entgegen § 74a Abs. 3 eine Mitteilung nicht, nicht vollständig oder nicht rechtzeitig erstattet,

27b. entgegen § 74a Abs. 1 Satz 4 eine Tätigkeit als Informationsbeauftragter ausübt,

28. entgegen § 75 Abs. 1 Satz 1 eine Person als Pharmaberater beauftragt,

29. entgegen § 75 Abs. 1 Satz 3 eine Tätigkeit als Pharmaberater ausübt,

30. einer Aufzeichnungs-, Mitteilungs- oder Nachweispflicht nach § 76 Abs. 1 Satz 2 oder Abs. 2 zuwiderhandelt,

30a. entgegen § 109 Abs. 1 Satz 2 ein Fertigarzneimittel in den Verkehr bringt,

31. einer Rechtsverordnung nach § 7 Abs. 2 Satz 2, § 12 Abs. 1 Nr. 3 Buchstabe a, § 12 Abs. 1b, § 42 Abs. 3, § 54 Abs. 1, § 56a Abs. 3, § 57 Abs. 2, § 58 Abs. 2 oder § 74 Abs. 2 zuwiderhandelt, soweit sie für einen bestimmten Tatbestand auf diese Bußgeldvorschrift verweist,

32. entgegen Artikel 16 Abs. 2 Satz 1 oder 2 der Verordnung (EG) Nr. 726/2004 in Verbindung mit Artikel 8 Abs. 3 Unterabsatz 1 Buchstabe c bis e, h bis ia oder ib der Richtlinie 2001/83/EG oder Artikel 41 Abs. 4 Satz 1 oder 2 der Verordnung (EG) Nr. 726/2004 in Verbindung mit Artikel 12 Abs. 3 Unterabsatz 1 Satz 2 Buchstabe c bis e, h bis j oder k der Richtlinie 2001/82/EG, jeweils in Verbindung mit § 29 Abs. 4 Satz 2, der Europäischen Arzneimittel-Agentur oder der zuständigen Bundesoberbehörde eine dort genannte Information nicht, nicht richtig, nicht vollständig oder nicht rechtzeitig mitteilt,

33. entgegen Artikel 24 Abs. 1 Unterabsatz 1 oder Abs. 2 Satz 1 oder Artikel 49 Abs. 1 Unterabsatz 1 oder Abs. 2 Satz 1 der Verordnung (EG) Nr. 726/2004, jeweils in Verbindung mit § 29 Abs. 4 Satz 2, nicht sicherstellt, dass der zuständigen Bundesoberbehörde oder der Europäischen Arzneimittel-Agentur eine dort bezeichnete Nebenwirkung mitgeteilt wird,

34. entgegen Artikel 24 Abs. 3 Unterabsatz 1 oder Artikel 49 Abs. 3 Unterabsatz 1 der Verordnung (EG) Nr. 726/2004 eine dort bezeichnete Unterlage nicht, nicht richtig oder nicht vollständig führt oder

35. entgegen Artikel 1 der Verordnung (EG) Nr. 540/95 der Kommission vom 10. März 1995 zur Festlegung der Bestimmungen für die Mitteilung von vermuteten unerwarteten, nicht schwerwiegenden Nebenwirkungen, die innerhalb oder außerhalb der Gemeinschaft an gemäß der Verordnung (EWG) Nr. 2309/93 zugelassenen Human- oder Tierarzneimitteln festgestellt werden (ABl. EG Nr. L 55 S. 5) in Verbindung mit § 63b Abs. 8 Satz 2 nicht sicherstellt, dass der Agentur und der zuständigen Bundesoberbehörde eine dort bezeichnete Nebenwirkung mitgeteilt wird.

(3) Die Ordnungswidrigkeit kann mit einer Geldbuße bis zu 25 000 Euro geahndet werden.

(4) Verwaltungsbehörde im Sinne des § 36 Abs. 1 Nr. 1 des Gesetzes über Ordnungswidrigkeiten ist in den Fällen des Absatzes 1 in Verbindung mit § 96 Nr. 6, 20 und 21, des Absatzes 2 Nr. 7 in Verbindung mit § 29 Abs. 1 und § 63b Abs. 2, 3 und 4 und des Absatzes 2 Nr. 32 bis 35 die nach § 77 zuständige Bundesoberbehörde.

§ 98
Einziehung

Gegenstände, auf die sich eine Straftat nach § 95 oder § 96 oder eine Ordnungswidrigkeit nach § 97 bezieht, können eingezogen werden. § 74a des Strafgesetzbuches und § 23 des Gesetzes über Ordnungswidrigkeiten sind anzuwenden.

Achtzehnter Abschnitt
Überleitungs- und Übergangsvorschriften

Erster Unterabschnitt
Überleitungsvorschriften aus Anlass des Gesetzes zur Neuordnung des Arzneimittelrechts
§ 99
Arzneimittelgesetz 1961

Arzneimittelgesetz 1961 im Sinne dieses Gesetzes ist das Gesetz über den Verkehr mit Arzneimitteln vom 16. Mai 1961 (BGBl. I S. 533), zuletzt geändert durch das Gesetz vom 2. Juli 1975 (BGBl. I S. 1745).

§ 100

(1) Eine Erlaubnis, die nach § 12 Abs. 1 oder § 19 Abs. 1 des Arzneimittelgesetzes 1961 erteilt worden ist und am 1. Januar 1978 rechtsgültig bestand, gilt im bisherigen Umfange als Erlaubnis im Sinne des § 13 Abs. 1 Satz 1 fort.

(2) Eine Erlaubnis, die nach § 53 Abs. 1 oder § 56 des Arzneimittelgesetzes 1961 als erteilt gilt und am 1. Januar 1978 rechtsgültig bestand, gilt im bisherigen Umfange als Erlaubnis nach § 13 Abs. 1 Satz 1 fort.

(3) War die Herstellung von Arzneimitteln nach dem Arzneimittelgesetz 1961 von einer Erlaubnis nicht abhängig, bedarf sie jedoch nach § 13 Abs. 1 Satz 1 einer Erlaubnis, so gilt diese demjenigen als erteilt, der die Tätigkeit der Herstellung von Arzneimitteln am 1. Januar 1978 seit mindestens drei Jahren befugt ausübt, jedoch nur, soweit die Herstellung auf bisher hergestellte oder nach der Zusammensetzung gleichartige Arzneimittel beschränkt bleibt.

§ 101

(weggefallen)

§ 102

(1) Wer am 1. Januar 1978 die Tätigkeit des Herstellungsleiters befugt ausübt, darf diese Tätigkeit im bisherigen Umfang weiter ausüben.

(2) Wer am 1. Januar 1978 die Sachkenntnis nach § 14 Abs. 1 des Arzneimittelgesetzes 1961 besitzt und die Tätigkeit als Herstellungsleiter nicht ausübt, darf die Tätigkeit als Herstellungsleiter ausüben, wenn er eine zweijährige Tätigkeit in der Arzneimittelherstellung nachweisen kann. Liegt die praktische Tätigkeit vor dem 10. Juni 1965, ist vor Aufnahme der Tätigkeit ein weiteres Jahr praktischer Tätigkeit nachzuweisen.

(3) Wer vor dem 10. Juni 1975 ein Hochschulstudium nach § 15 Abs. 1 begonnen hat, erwirbt die Sachkenntnis als Herstellungsleiter, wenn er bis zum 10. Juni 1985 das Hochschulstudium beendet und mindestens zwei Jahre lang eine Tätigkeit nach § 15 Abs. 1 und 3 ausgeübt hat. Absatz 2 bleibt unberührt.

(4) Die Absätze 2 und 3 gelten entsprechend für eine Person, die die Tätigkeit als Kontrollleiter ausüben will.

§ 102a

(weggefallen)

§ 103

(1) Für Arzneimittel, die nach § 19a oder nach § 19d in Verbindung mit § 19a des Arzneimittelgesetzes 1961 am 1. Januar 1978 zugelassen sind oder für die am 1. Januar 1978 eine Zulassung nach Artikel 4 Abs. 1 des Gesetzes über die Errichtung eines Bundesamtes für Sera und Impfstoffe vom 7. Juli 1972 (BGBl. I S. 1163) als erteilt gilt, gilt eine Zulassung nach § 25 als erteilt. Auf die Zulassung finden die §§ 28 bis 31 entsprechende Anwendung.

(2) (weggefallen)

§ 104

(weggefallen)

§ 105

(1) Fertigarzneimittel, die Arzneimittel im Sinne des § 2 Abs. 1 oder Abs. 2 Nr. 1 sind und sich am 1. Januar 1978 im Verkehr befinden, gelten als zugelassen, wenn sie sich am 1. September 1976 im Verkehr befinden oder auf

Grund eines Antrags, der bis zu diesem Zeitpunkt gestellt ist, in das Spezialitätenregister nach dem Arzneimittelgesetz 1961 eingetragen werden.

(2) Fertigarzneimittel nach Absatz 1 müssen innerhalb einer Frist von sechs Monaten seit dem 1. Januar 1978 der zuständigen Bundesoberbehörde unter Mitteilung der Bezeichnung der wirksamen Bestandteile nach Art und Menge und der Anwendungsgebiete angezeigt werden. Bei der Anzeige homöopathischer Arzneimittel kann die Mitteilung der Anwendungsgebiete entfallen. Eine Ausfertigung der Anzeige ist der zuständigen Behörde unter Mitteilung der vorgeschriebenen Angaben zu übersenden. Die Fertigarzneimittel dürfen nur weiter in den Verkehr gebracht werden, wenn die Anzeige fristgerecht eingeht.

(3) Die Zulassung eines nach Absatz 2 fristgerecht angezeigten Arzneimittels erlischt abweichend von § 31 Abs. 1 Nr. 3 am 30. April 1990, es sei denn, dass ein Antrag auf Verlängerung der Zulassung oder auf Registrierung vor dem Zeitpunkt des Erlöschens gestellt wird, oder das Arzneimittel durch Rechtsverordnung von der Zulassung oder von der Registrierung freigestellt ist. § 31 Abs. 4 Satz 1 findet auf die Zulassung nach Satz 1 Anwendung, sofern die Erklärung nach § 31 Abs. 1 Satz 1 Nr. 2 bis zum 31. 01. 2001 abgegeben wird.

(3a) Bei Fertigarzneimitteln nach Absatz 1 ist bis zur erstmaligen Verlängerung der Zulassung eine Änderung nach § 29 Abs. 2a Satz 1 Nr. 1, soweit sie die Anwendungsgebiete betrifft, und Nr. 3 nur dann zulässig, sofern sie zur Behebung der von der zuständigen Bundesoberbehörde dem Antragsteller mitgeteilten Mängel bei der Wirksamkeit oder Unbedenklichkeit erforderlich ist; im Übrigen findet auf Fertigarzneimittel nach Absatz 1 bis zur erstmaligen Verlängerung der Zulassung § 29 Abs. 2a Satz 1 Nr. 1, 2 und 5 keine Anwendung. Ein Fertigarzneimittel nach Absatz 1, das nach einer im Homöopathischen Teil des Arzneibuches beschriebenen Verfahrenstechnik hergestellt ist, darf bis zur erstmaligen Verlängerung der Zulassung abweichend von § 29 Abs. 3

1. in geänderter Zusammensetzung der arzneilich wirksamen Bestandteile nach Art und Menge, wenn die Änderung sich darauf beschränkt, dass ein oder mehrere bislang enthaltene arzneilich wirksame Bestandteile nach der Änderung nicht mehr oder in geringerer Menge enthalten sind,

2. mit geänderter Menge des arzneilich wirksamen Bestandteils und innerhalb des bisherigen Anwendungsbereiches mit geänderter Indikation, wenn das Arzneimittel insgesamt dem nach § 25 Abs. 7 Satz 1 in der vor dem 17. August 1994 geltenden Fassung bekannt gemachten Ergebnis angepasst wird,

3. (weggefallen)

4. mit geänderter Menge der arzneilich wirksamen Bestandteile, soweit es sich um ein Arzneimittel mit mehreren wirksamen Bestandteilen handelt, deren Anzahl verringert worden ist, oder

5. mit geänderter Art oder Menge der arzneilich wirksamen Bestandteile ohne Erhöhung ihrer Anzahl innerhalb des gleichen Anwendungsbereichs und der gleichen Therapierichtung, wenn das Arzneimittel insgesamt einem nach § 25 Abs. 7 Satz 1 in der vor dem 17. August 1994 geltenden Fassung bekannt gemachten Ergebnis oder einem vom Bundesinstitut für Arzneimittel und Medizinprodukte vorgelegten Muster für ein Arzneimittel angepasst und das Arzneimittel durch die Anpassung nicht verschreibungspflichtig wird,

in den Verkehr gebracht werden; eine Änderung ist nur dann zulässig sofern sie zur Behebung der von der zuständigen Bundesoberbehörde dem Antragsteller mitgeteilten Mängel bei der Wirksamkeit oder Unbedenklichkeit erforderlich ist. Der pharmazeutische Unternehmer hat die Änderung anzuzeigen und im Falle einer Änderung der Zusammensetzung die bisherige Bezeichnung des Arzneimittels mindestens für die Dauer von fünf Jahren mit einem deutlich unterscheidenden Zusatz, der Verwechslungen mit der bisherigen Bezeichnung ausschließt, zu versehen. Nach einer Frist von sechs Monaten nach der Anzeige darf der pharmazeutische Unternehmer das Arzneimittel nur noch in der geänderten Form in den Verkehr bringen. Hat die zuständige Bundesoberbehörde für bestimmte Arzneimittel durch Auflage nach § 28 Abs. 2 Nr. 3 die Verwendung einer Packungsbeilage mit einheitlichem Wortlaut vorgeschrieben, darf das Arzneimittel bei Änderungen nach Satz 2 Nr. 2 abweichend von § 109 Abs. 2 nur mit einer Packungsbeilage nach § 11 in den Verkehr gebracht werden.

(4) Dem Antrag auf Verlängerung der Zulassung sind abweichend von § 31 Abs. 2 die Unterlagen nach § 22 Abs. 1 Nr. 1 bis 6 beizufügen. Den Zeitpunkt der Einreichung der Unterlagen nach § 22 Abs. 1 Nr. 7 bis 15, Abs. 2 Nr. 1 und Abs. 3a, bei Arzneimittel-Vormischungen zusätzlich die Unterlagen nach § 23 Abs. 2 Satz 1 und 2 sowie das analytische Gutachten nach § 24 Abs. 1 bestimmt die zuständige Bundesoberbehörde im Einzelnen. Auf Anforderung der zuständigen Bundesoberbehörde sind ferner Unterlagen einzureichen, die die ausreichende biologische Verfügbarkeit der arzneilich wirksamen Bestandteile des Arzneimittels belegen, sofern das nach dem jeweiligen Stand der wissenschaftlichen Erkenntnisse erforderlich ist. Ein bewertendes Sachverständigengutachten ist beizufügen. § 22 Abs. 2 Satz 2 und Abs. 4 bis 7 und § 23 Abs. 3 finden entsprechende Anwendung. Die Unterlagen nach den Sätzen 2 bis 5 sind innerhalb von vier Monaten nach Anforderung der zuständigen Bundesoberbehörde einzureichen.

(4a) Zu dem Antrag auf Verlängerung der Zulassung nach Absatz 3 sind die Unterlagen nach § 22 Abs. 2 Nr. 2 und 3 sowie die Gutachten nach § 24 Abs. 1 Satz 2 Nr. 2 und 3 bis zum 1. Februar 2001 nachzureichen, soweit diese Unterlagen nicht bereits vom Antragsteller vorgelegt worden sind; § 22 Abs. 3 findet entsprechende Anwendung. Satz 1 findet keine Anwendung auf Arzneimittel, die nach einer im Homöopathischen Teil des Arzneibuches beschriebenen Verfahrenstechnik hergestellt sind. Für Vollblut, Plasma und

Blutzellen menschlichen Ursprungs bedarf es abweichend von Satz 1 nicht der Unterlagen nach § 22 Abs. 2 Nr. 2 sowie des Gutachtens nach § 24 Abs. 1 Satz 2 Nr. 2, es sei denn, dass darin Stoffen enthalten sind, die nicht im menschlichen Körper vorkommen. Ausgenommen in den Fällen des § 109a erlischt die Zulassung, wenn die in den Sätzen 1 bis 3 genannten Unterlagen nicht fristgerecht eingereicht worden sind.

(4b) Bei der Vorlage der Unterlagen nach § 22 Abs. 2 Nr. 2 kann bei Tierarzneimitteln, die pharmakologisch wirksame Stoffe enthalten, die nach der Verordnung (EWG) Nr. 2377/90 geprüft und in einen von deren Anhängen I bis III aufgenommen worden sind, auf die nach deren Anhang V eingereichten Unterlagen Bezug genommen werden, soweit ein Tierarzneimittel mit diesem pharmakologisch wirksamen Bestandteil bereits in einem Mitgliedstaat der Europäischen Gemeinschaften zugelassen ist und die Voraussetzungen für eine Bezugnahme nach § 24a erfüllt sind.

(4c) Ist das Arzneimittel nach Absatz 3 bereits in einem anderen Mitgliedstaat der Europäischen Union oder anderen Vertragsstaat des Abkommens über den Europäischen Wirtschaftsraum entsprechend der Richtlinie 2001/83/EG oder der Richtlinie 2001/82/EG zugelassen, ist die Verlängerung der Zulassung zu erteilen, wenn

1. sich das Arzneimitteln in dem anderen Mitgliedstaat im Verkehr befindet und

2. der Antragsteller

   a) alle in § 22 Abs. 6 vorgesehenen Angaben macht und die danach erforderlichen Kopien beifügt und

   b) schriftlich erklärt, dass die eingereichten Unterlagen nach den Absätzen 4 und 4a mit den Zulassungsunterlagen übereinstimmen, auf denen die Zulassung in dem anderen Mitgliedstaat beruht,

es sei denn, dass die Verlängerung der Zulassung des Arzneimittelns eine Gefahr für die öffentliche Gesundheit, bei Arzneimitteln zur Anwendung bei Tieren eine Gefahr für die Gesundheit von Mensch oder Tier oder für die Umwelt, darstellen kann.

(4d) Dem Antrag auf Registrierung sind abweichend von § 38 Abs. 2 die Unterlagen nach § 22 Abs. 1 Nr. 1 bis 4 beizufügen. Die Unterlagen nach § 22 Abs. 1 Nr. 7 bis 15 und Abs. 2 Nr. 1 sowie das analytische Gutachten nach § 24 Abs. 1 sind der zuständigen Bundesoberbehörde auf Anforderung einzureichen. § 22 Abs. 4 bis 7 mit Ausnahme des Entwurfs einer Fachinformation finden entsprechende Anwendung. Die Unterlagen nach den Sätzen 2 und 3 sind innerhalb von zwei Monaten nach Anforderung der zuständigen Bundesoberbehörde einzureichen.

(4e) Für die Entscheidung über den Antrag auf Verlängerung der Zulassung oder Registrierung nach Absatz 3 Satz 1 finden § 25 Abs. 5 Satz 5 und § 39 Abs. 1 Satz 2 entsprechende Anwendung.

(4f) Die Zulassung nach Absatz 1 ist auf Antrag nach Absatz 3 Satz 1 um fünf Jahre zu verlängern, wenn kein Versagungsgrund nach § 25 Abs. 2 vorliegt; für weitere Verlängerungen findet § 31 Anwendung. Die Besonderheiten einer bestimmten Therapierichtung (Phytotherapie, Homöopathie, Anthroposophie) sind zu berücksichtigen.

(4g) Bei Arzneimitteln, die Blutzubereitungen sind, findet § 25 Abs. 8 entsprechende Anwendung.

(5) Bei Beanstandungen hat der Antragsteller innerhalb einer angemessenen Frist, jedoch höchstens innerhalb von zwölf Monaten nach Mitteilung der Beanstandungen den Mängeln abzuhelfen; die Mängelbeseitigung ist in einem Schriftsatz darzulegen. Wird den Mängeln nicht innerhalb dieser Frist abgeholfen, so ist die Zulassung zu versagen. Nach einer Entscheidung über die Versagung der Zulassung ist das Einreichen von Unterlagen zur Mängelbeseitigung ausgeschlossen. Die zuständige Bundesbehörde hat in allen geeigneten Fällen keine Beanstandung nach Satz 1 erster Halbsatz auszusprechen, sondern die Verlängerung der Zulassung auf der Grundlage des Absatzes 5a Satz 1 und 2 mit einer Auflage zu verbinden, mit der dem Antragsteller aufgegeben wird, die Mängel innerhalb einer von ihr nach pflichtgemäßem Ermessen zu bestimmenden Frist zu beheben.

(5a) Die zuständige Bundesoberbehörde kann die Verlängerung der Zulassung nach Absatz 3 Satz 1 mit Auflagen verbinden. Auflagen können neben der Sicherstellung der in § 28 Abs. 2 genannten Anforderungen auch die Gewährleistung von Anforderungen an die Qualität, Unbedenklichkeit und Wirksamkeit zum Inhalt haben, es sei denn, dass wegen gravierender Mängel der pharmazeutischen Qualität, der Wirksamkeit oder der Unbedenklichkeit Beanstandungen nach Absatz 5 mitgeteilt oder die Verlängerung der Zulassung versagt werden muss. Satz 2 gilt entsprechend für die Anforderung von Unterlagen nach § 23 Abs. 1 Nr. 1. Im Bescheid über die Verlängerung ist anzugeben, ob der Auflage unverzüglich oder bis zu einem von der zuständigen Bundesoberbehörde festgelegten Zeitpunkt entsprochen werden muss. Die Erfüllung der Auflagen ist der zuständigen Bundesoberbehörde unter Beifügung einer eidesstattlichen Erklärung eines unabhängigen Gegensachverständigen mitzuteilen, in der bestätigt wird, dass die Qualität des Arzneimittels dem Stand der wissenschaftlichen Erkenntnisse entspricht. § 25 Abs. 5 Satz 5, 6 und 8 sowie § 30 Abs. 2 Satz 1 Nr. 2 zweite Alternative gelten entsprechend. Die Sätze 1 bis 6 gelten entsprechend für die Registrierung nach Absatz 3 Satz 1.

(5b) Ein Vorverfahren nach § 68 der Verwaltungsgerichtsordnung findet bei Rechtsmitteln gegen die Entscheidung über die Verlängerung der Zulassung nach Absatz 3 Satz 1 nicht statt. Die sofortige Vollziehung soll nach § 80 Abs. 2 Nr. 4 der Verwaltungsgerichtsordnung angeordnet werden, es sei denn, dass die Vollziehung für den pharmazeutischen Unternehmer eine unbillige, nicht durch überwiegende öffentliche Interessen gebotene Härte zur Folge hätte.

(5c) Abweichend von Absatz 3 Satz 1 erlischt die Zulassung eines nach Absatz 2 fristgerecht angezeigten Arzneimittels, für das der pharmazeutische Unternehmer bis zum 31. Dezember 1999 erklärt hat, dass er den Antrag auf Verlängerung der Zulassung nach Absatz 3 Satz 1 zurücknimmt am 1. Februar 2001, es sei denn, das Verfahren zur Verlängerung der Zulassung ist nach Satz 2 wieder aufzugreifen. Hatte der pharmazeutische Unternehmer nach einer vor dem 17. August 1994 ausgesprochenen Anforderung nach Absatz 4 Satz 2 die nach Absatz 4 erforderlichen Unterlagen fristgerecht eingereicht oder lag der Einreichungszeitpunkt für das betreffende Arzneimittel nach diesem Datum oder ist die Anforderung für das betreffende Arzneimittel erst nach diesem Datum ausgesprochen worden, so ist das Verfahren zur Verlängerung der Zulassung von der zuständigen Bundesoberbehörde auf seinen Antrag wieder aufzugreifen; der Antrag ist bis zum 31. Januar 2001 unter Vorlage der Unterlagen nach Absatz 4a Satz 1 zu stellen.

(5d) Absatz 3 Satz 2 und Absätze 3a bis 5c gelten entsprechend für Arzneimittel, für die gemäß § 4 Abs. 2 der EG-Rechtüberleitungsverordnung vom 18. Dezember 1990 (BGBl. I S. 2915) Anlage 3 zu § 2 Nr. 2 Kapitel II Nr. 1 und 2 bis zum 30. Juni 1991 ein Verlängerungsantrag gestellt wurde.

(6) weggefallen

(7) Die Absätze 1 bis 5d gelten auch für zur Anwendung bei Tieren bestimmte Arzneimittel, die keine Fertigarzneimittel sind, soweit sie der Pflicht zur Zulassung oder Registrierung unterliegen und sich am 1. Januar 1978 im Verkehr befinden.

§ 105a

(1) (weggefallen)

(2) (weggefallen)

(3) Die zuständige Bundesoberbehörde kann bei Fertigarzneimitteln, die nicht der Verschreibungspflicht nach § 49 unterliegen, zunächst von einer Prüfung der vorgelegten Fachinformation absehen und den pharmazeutischen Unternehmer von den Pflichten nach § 11a und den Pharmaberater von der Pflicht nach § 76 Abs. 1 Satz 1 freistellen, bis der einheitliche Wortlaut einer Fachinformation für entsprechende Arzneimittel durch Auflage nach § 28 Abs. 2 Nr. 3 angeordnet ist.

(4) Die Absätze 1 bis 3 gelten nicht für Arzneimittel, die zur Anwendung bei Tieren bestimmt sind oder die in die Zuständigkeit des Paul-Ehrlich-Instituts fallen.

§ 105b

Der Anspruch auf Zahlung von Kosten, die nach § 33 Abs. 1 in Verbindung mit einer nach § 33 Abs. 2 oder einer nach § 39 Abs. 3 erlassenen Rechtsverordnung für die Verlängerung der Zulassung oder die Registrierung eines Fertigarzneimittels im Sinne des § 105 Abs. 1 zu erheben sind, verjährt mit Ablauf des vierten Jahres nach der Bekanntgabe der abschließenden Entscheidung über die Verlängerung der Zulassung oder die Registrierung an den Antragsteller.

§ 106

(weggefallen)

§ 107

(weggefallen)

§ 108

(weggefallen)

§ 108a

Die Charge eines Serums, eines Impfstoffes, eines Testallergens, eines Testserums oder eines Testantigens, die bei Wirksamwerden des Beitritts nach § 16 der Zweiten Durchführungsbestimmung zum Arzneimittelgesetz vom 1. Dezember 1986 (GBl. I Nr. 36 S. 483) freigegeben ist, gilt in dem in Artikel 3 des Einigungsvertrages genannten Gebiet als freigegeben im Sinne des § 32 Abs. 1 Satz 1. Auf die Freigabe findet § 32 Abs. 5 entsprechende Anwendung.

§ 108b

(weggefallen)

§ 109

(1) Auf Fertigarzneimittel, die Arzneimittel im Sinne des § 2 Abs. 1 oder Abs. 2 Nr. 1 sind und sich am 1. Januar 1978 im Verkehr befunden haben, findet § 10 mit der Maßgabe Anwendung, dass anstelle der in § 10 Abs. 1 Satz 1 Nr. 3 genannten Zulassungsnummer, soweit vorhanden, die Registernummer des Spezialitätenregisters nach dem Arzneimittelgesetz 1961 mit der Abkürzung „Reg.-Nr." tritt. Fertigarzneimittel nach Satz 1 und nach § 105 Abs. 5d dürfen nur in den Verkehr gebracht werden, wenn in die Packungsbeilage nach § 11 der nachstehende Hinweis aufgenommen wird: „Dieses Arzneimittel ist nach den gesetzlichen Übergangsvorschriften im Verkehr. Die behördliche Prüfung auf pharmazeutische Qualität, Wirksamkeit und Unbedenklichkeit ist noch nicht abgeschlossen." Der Hinweis nach Satz 2 ist auch in die Fachinformation nach § 11a, soweit vorhanden, aufzunehmen. Die Sätze 1 bis 4 gelten bis zur ersten Verlängerung der Zulassung oder der Registrierung.

(2) Die Texte für Kennzeichnung und Packungsbeilage sind spätestens bis zum 31. Juli 2001 vorzulegen. Bis zu diesem Zeitpunkt dürfen Arzneimittel nach Absatz 1 Satz 1 vom pharmazeutischen Unternehmer, nach diesem Zeitpunkt weiterhin von Groß- und Einzelhändlern, mit einer Kennzeichnung und Packungsbeilage in den Verkehr gebracht werden, die den bis zu dem in Satz 1 genannten Zeitpunkt geltenden Vorschriften entspricht.

(3) Fertigarzneimittel, die Arzneimittel im Sinne des § 105 Abs. 1 und nach § 44 Abs. 1 oder Abs. 2 Nr. 1 bis 3 oder § 45 für den Verkehr außerhalb der Apotheken freigegeben sind und unter die Buchstaben a bis e fallen, dürfen unbeschadet der Regelungen der Absätze 1 und 2 ab 1. Januar 1992 vom pharmazeutischen Unternehmer nur in den Verkehr gebracht werden, wenn sie auf dem Behältnis und, soweit verwendet, der äußeren Umhüllung und einer Packungsbeilage einen oder mehrere der folgenden Hinweise tragen:

„Traditionell angewendet:

a) zur Stärkung oder Kräftigung,

b) zur Besserung des Befindens,

c) zur Unterstützung der Organfunktion,

d) zur Vorbeugung,

e) als mild wirkendes Arzneimittel."

Satz 1 findet keine Anwendung, soweit sich die Anwendungsgebiete im Rahmen einer Zulassung nach § 25 Abs. 1 oder eines nach § 25 Abs. 7 Satz 1 in der vor dem 17. August 1994 geltenden Fassung bekanntgemachten Ergebnisses halten.

§ 109a

(1) Für die in § 109 Abs. 3 genannten Arzneimittel sowie für Arzneimittel, die nicht verschreibungspflichtig und nicht durch eine Rechtsverordnung auf Grund des § 45 oder des § 46 wegen ihrer Inhaltsstoffe, wegen ihrer Darreichungsform oder weil sie chemische Verbindungen mit bestimmten pharmakologischen Wirkungen sind oder ihnen solche zugesetzt sind, vom Verkehr außerhalb der Apotheken ausgeschlossen sind, kann die Verlängerung der Zulassung nach § 105 Abs. 3 und sodann nach § 31 nach Maßgabe der Absätze 2 und 3 erteilt werden.

(2) Die Anforderungen an die erforderliche Qualität sind erfüllt, wenn die Unterlagen nach § 22 Abs. 2 Nr. 1 sowie das analytische Gutachten nach § 24 Abs. 1 vorliegen und von seiten des pharmazeutischen Unternehmers eidesstattlich versichert wird, dass das Arzneimittel nach Maßgabe der allgemeinen Verwaltungsvorschrift nach § 26 geprüft ist und die erforderliche pharmazeutische Qualität aufweist. Form und Inhalt der eidesstattlichen Versicherung werden durch die zuständige Bundesoberbehörde festgelegt.

(3) Die Anforderungen an die Wirksamkeit sind erfüllt, wenn das Arzneimittel Anwendungsgebiete beansprucht, die in einer von der zuständigen Bundesoberbehörde nach Anhörung von einer vom Bundesministerium berufenen Kommission, für die § 25 Abs. 6 Satz 4 bis 6 entsprechende Anwendung findet, erstellten Aufstellung der Anwendungsgebiete für Stoffe oder Stoffkombinationen anerkannt sind. Diese Anwendungsgebiete werden unter Berücksichtigung der Besonderheiten der Arzneimittel und der tradierten und dokumentierten Erfahrung festgelegt und erhalten den Zusatz: „Traditionell angewendet". Solche Anwendungsgebiete sind: „Zur Stärkung oder Kräftigung des...", „Zur Besserung des Befindens...", „Zur Unterstützung der Organfunktion des...", „Zur Vorbeugung gegen...", „Als mild wirkendes Arzneimittel bei...". Anwendungsgebiete, die zur Folge haben, dass das Arzneimittel vom Verkehr außerhalb der Apotheken ausgeschlossen ist, dürfen nicht anerkannt werden.

(4) Die Absätze 1 bis 3 finden nur dann Anwendung, wenn Unterlagen nach § 105 Abs. 4a nicht eingereicht worden sind und der Antragsteller schriftlich erklärt, dass er eine Verlängerung der Zulassung nach § 105 Abs. 3 nach Maßgabe der Absätze 2 und 3 anstrebt.

(4a) Abweichend von Absatz 4 finden die Absätze 2 und 3 auf Arzneimittel nach Absatz 1 Anwendung, wenn die Verlängerung der Zulassung zu versagen wäre, weil ein nach § 25 Abs. 7 Satz 1 in der vor dem 17. August 1994 geltenden Fassung bekannt gemachtes Ergebnis zum Nachweis der Wirksamkeit nicht mehr anerkannt werden kann.

§ 110

Bei Arzneimitteln, die nach § 21 der Pflicht zur Zulassung oder nach § 38 der Pflicht zur Registrierung unterliegen und die sich am 1. Januar 1978 im Verkehr befinden, kann die zuständige Bundesoberbehörde durch Auflagen Warnhinweise anordnen, soweit es erforderlich ist, um bei der Anwendung des Arzneimittels eine unmittelbare oder mittelbare Gefährdung von Mensch oder Tier zu verhüten. § 38a des Arzneimittelgesetzes 1961 in Verbindung mit Artikel 9 Nr. 1 des Gesetzes zur Neuordnung des Arzneimittelrechts bleibt unberührt.

§ 111

(weggefallen)

§ 112

Wer am 1. Januar 1978 Arzneimittel im Sinne des § 2 Abs. 1 oder Abs. 2 Nr. 1, die zum Verkehr außerhalb der Apotheken freigegeben sind, im Einzelhandel außerhalb der Apotheken in den Verkehr bringt, kann diese Tätigkeit weiter ausüben, soweit er nach dem Gesetz über die Berufsausübung im Einzelhandel vom 5. August 1957 (BGBl. I S. 1121), geändert durch Artikel 150

Abs. 2 Nr. 15 des Gesetzes vom 24. Mai 1968 (BGBl. I S. 503), dazu berechtigt war.

§ 113

Arzneimittel dürfen abweichend von § 58 Abs. 1 angewendet werden, wenn aus der Kennzeichnung oder den Begleitpapieren hervorgeht, dass das Arzneimittel nach § 105 Abs. 1 weiter in den Verkehr gebracht werden darf.

§ 114

(weggefallen)

§ 115

Eine Person, die am 1. Januar 1978 die Tätigkeit eines Pharmaberaters nach § 75 ausübt, bedarf des dort vorgeschriebenen Ausbildungsnachweises nicht.

§ 116

Ärzte, die am 1. Januar 1978 nach landesrechtlichen Vorschriften zur Herstellung sowie zur Abgabe von Arzneimitteln an die von ihnen behandelten Personen berechtigt sind, dürfen diese Tätigkeit im bisherigen Umfang weiter ausüben. § 78 findet Anwendung.

§ 117

(weggefallen)

§ 118

§ 84 gilt nicht für Schäden, die durch Arzneimittel verursacht werden, die vor dem 1. Januar 1978 abgegeben worden sind.

§ 119

Fertigarzneimittel, die Arzneimittel im Sinne des § 2 Abs. 1 oder Abs. 2 Nr. 1 sind und sich bei Wirksamwerden des Beitritts in dem in Artikel 3 des Einigungsvertrages genannten Gebiet im Verkehr befinden, dürfen ohne die in § 11 vorgeschriebene Packungsbeilage noch von Groß- und Einzelhändlern in Verkehr gebracht werden, sofern sie den vor Wirksamwerden des Beitritts geltenden arzneimittelrechtlichen Vorschriften der Deutschen Demokratischen Republik entsprechen. Die zuständige Bundesoberbehörde kann durch Auflagen Warnhinweise anordnen, soweit es erforderlich ist, um bei der Anwendung des Arzneimittels eine unmittelbare oder mittelbare Gefährdung von Mensch oder Tier zu verhüten.

§ 120

Bei einer klinischen Prüfung, die bei Wirksamwerden des Beitritts in dem in Artikel 3 des Einigungsvertrages genannten Gebiet durchgeführt wird, ist die Versicherung nach § 40 Abs. 1 Nr. 8 abzuschließen.

§ 121

(weggefallen)

§ 122

Die Anzeigepflicht nach § 67 gilt nicht für Betriebe, Einrichtungen und für Personen in dem in Artikel 3 des Einigungsvertrages genannten Gebiet, die bereits bei Wirksamwerden des Beitritts eine Tätigkeit im Sinne jener Vorschrift ausüben.

§ 123

Die erforderliche Sachkenntnis als Pharmaberater nach § 75 Abs. 2 Nr. 2 besitzt auch, wer in dem in Artikel 3 des Einigungsvertrages genannten Gebiet eine Ausbildung als Pharmazieingenieur, Apothekenassistent oder Veterinäringenieur abgeschlossen hat.

§ 124

Die §§ 84 bis 94a sind nicht auf Arzneimittel anwendbar, die in dem in Artikel 3 des Einigungsvertrages genannten Gebiet vor Wirksamwerden des Beitritts an den Verbraucher abgegeben worden sind.

Zweiter Unterabschnitt
Übergangsvorschriften aus Anlass des Ersten Gesetzes
zur Änderung des Arzneimittelgesetzes

§ 125

(1) Die zuständige Bundesoberbehörde bestimmt nach Anhörung der Kommissionen nach § 25 Abs. 6 und 7 für Arzneimittel, die am 2. März 1983 zugelassen sind, die Frist, innerhalb derer die Unterlagen über die Kontrollmethode nach § 23 Abs. 2 Satz 3 vorzulegen sind.

(2) Für Arzneimittel, deren Zulassung nach dem 1. März 1983 und vor dem 4. März 1998 beantragt worden ist, gelten die Vorschriften des § 23 mit der Maßgabe, dass Unterlagen über die Kontrollmethoden nicht vor dem aus Absatz 1 sich ergebenden Zeitpunkt vorgelegt werden müssen.

(3) Ist eine Frist für die Vorlage von Unterlagen über die Kontrollmethode nach Absatz 1 bestimmt worden und werden Unterlagen nicht vorgelegt oder ent-

sprechen sie nicht den Anforderungen des § 23 Abs. 2 Satz 3, kann die Zulassung widerrufen werden.

§ 126

Für Arzneimittel, die zur Anwendung bei Tieren bestimmt sind und die bei Wirksamwerden des Beitritts in dem in Artikel 3 des Einigungsvertrages genannten Gebiet zugelassen sind, gilt § 125 Abs. 1 und 3 entsprechend.

Dritter Unterabschnitt
Übergangsvorschriften aus Anlass des Zweiten Gesetzes zur Änderung des Arzneimittelgesetzes

§ 127

(1) Arzneimittel, die sich am 1. Februar 1987 im Verkehr befinden und den Kennzeichnungsvorschriften des § 10 unterliegen, müssen ein Jahr nach der ersten auf den 1. Februar 1987 erfolgenden Verlängerung der Zulassung oder nach der Freistellung von der Zulassung, oder, soweit sie homöopathische Arzneimittel sind, fünf Jahre nach dem 1. Februar 1987 vom pharmazeutischen Unternehmer entsprechend der Vorschrift des § 10 Abs. 1 Nr. 9 in den Verkehr gebracht werden. Bis zu diesem Zeitpunkt dürfen Arzneimittel nach Satz 1 vom pharmazeutischen Unternehmer, nach diesem Zeitpunkt weiterhin von Groß- und Einzelhändlern ohne Angabe eines Verfalldatums in den Verkehr gebracht werden, wenn die Dauer der Haltbarkeit mehr als drei Jahre oder bei Arzneimitteln, für die die Regelung des § 109 gilt, mehr als zwei Jahre beträgt. § 109 bleibt unberührt.

(2) Arzneimittel, die sich am 1. Februar 1987 im Verkehr befinden und den Kennzeichnungsvorschriften des § 10 Abs. 1a unterliegen, dürfen vom pharmazeutischen Unternehmer noch bis zum 31. Dezember 1988, von Groß- und Einzelhändlern auch nach diesem Zeitpunkt ohne die Angaben nach § 10 Abs. 1a in den Verkehr gebracht werden.

§ 128

(1) Der pharmazeutische Unternehmer hat für Fertigarzneimittel, die sich am 1. Februar 1987 im Verkehr befinden, mit dem ersten auf den 1. Februar 1987 gestellten Antrag auf Verlängerung der Zulassung oder Registrierung der zuständigen Bundesoberbehörde den Wortlaut der Fachinformation vorzulegen. Satz 1 gilt nicht, soweit die zuständige Bundesoberbehörde bis auf weiteres Arzneimittel, die nicht der Verschreibungspflicht nach § 49 unterliegen, von den Pflichten nach § 11a freigestellt hat; in diesem Fall ist der Entwurf der Fachinformation nach Aufforderung der zuständigen Bundesoberbehörde vorzulegen.

(2) In den Fällen des Absatzes 1 gelten die §§ 11a, 47 Abs. 3 Satz 2 und § 76 Abs. 1 ab dem Zeitpunkt der Verlängerung der Zulassung oder Registrierung

oder der Festlegung einer Fachinformation durch § 36 Abs. 1 oder in den Fällen des Absatzes 1 Satz 2 sechs Monate nach der Entscheidung der zuständigen Bundesoberbehörde über den Inhalt der Fachinformation. Bis zu diesem Zeitpunkt dürfen Fertigarzneimittel in den Verkehr gebracht werden, bei denen die Packungsbeilage nicht den Vorschriften des § 11 Abs. 1 in der Fassung des Zweiten Gesetzes zur Änderung des Arzneimittelgesetzes entspricht.

§ 129

§ 11 Abs. 1a findet auf Arzneimittel, die sich am 1. Februar 1987 im Verkehr befinden, mit der Maßgabe Anwendung, dass ihre Packungsbeilage nach der nächsten Verlängerung der Zulassung oder Registrierung der zuständigen Behörde zu übersenden ist.

§ 130

Wer am 1. Februar 1987 als privater Sachverständiger zur Untersuchung von Proben nach § 65 Abs. 2 bestellt ist, darf diese Tätigkeit im bisherigen Umfang weiter ausüben.

§ 131

Für die Verpflichtung zur Vorlage oder Übersendung einer Fachinformation nach § 11a gilt § 128 für Arzneimittel, die sich bei Wirksamwerden des Beitritts in dem in Artikel 3 des Einigungsvertrages genannten Gebiet in Verkehr befinden, entsprechend.

Vierter Unterabschnitt
Übergangsvorschriften aus Anlass des Fünften Gesetzes
zur Änderung des Arzneimittelgesetzes

§ 132

(1) Arzneimittel, die sich am 17. August 1994 im Verkehr befinden und den Vorschriften der §§ 10 und 11 unterliegen, müssen ein Jahr nach der ersten auf den 17. August 1994 erfolgenden Verlängerung der Zulassung oder, soweit sie von der Zulassung freigestellt sind, zu dem in der Rechtsverordnung nach § 36 genannten Zeitpunkt, oder, soweit sie homöopathische Arzneimittel sind, fünf Jahre nach dem 17. August 1994 vom pharmazeutischen Unternehmer entsprechend den Vorschriften der §§ 10 und 11 in den Verkehr gebracht werden. Bis zu diesem Zeitpunkt dürfen Arzneimittel nach Satz 1 vom pharmazeutischen Unternehmer, nach diesem Zeitpunkt weiterhin von Groß- und Einzelhändlern mit einer Kennzeichnung und Packungsbeilage in den Verkehr gebracht werden, die den bis zum 17. August 1994 geltenden Vorschriften entspricht. § 109 bleibt unberührt.

(2) Der pharmazeutische Unternehmer hat für Fertigarzneimittel, die sich am 17. August 1994 in Verkehr befinden, mit dem ersten auf den 17. August 1994 gestellten Antrag auf Verlängerung der Zulassung der zuständigen Bundesoberbehörde den Wortlaut der Fachinformation vorzulegen, die § 11a in der Fassung dieses Gesetzes entspricht. § 128 Abs. 1 Satz 2 bleibt unberührt.

(2a) Eine Herstellungserlaubnis, die nicht dem § 16 entspricht, ist bis zum 17. August 1996 an § 16 anzupassen. Satz 1 gilt für § 72 entsprechend.

(2b) Wer am 17. August 1994 die Tätigkeit als Herstellungsleiter für die Herstellung oder als Kontrollleiter für die Prüfung von Blutzubereitungen ausübt und die Voraussetzungen des § 15 Abs. 3 in der bis zum 17. August 1994 geltenden Fassung erfüllt, darf diese Tätigkeit weiter ausüben.

(3) § 23 Abs. 1 Nr. 2 und 3 und § 25 Abs. 2 Satz 1 Nr. 6c finden bis zu dem in Artikel 14 der Verordnung (EWG) Nr. 2377/90 aufgeführten Zeitpunkt keine Anwendung auf ein Arzneimittel, dessen pharmakologisch wirksamer Bestandteil am 1. Januar 1992 im Geltungsbereich dieses Gesetzes in einem Arzneimittel zugelassen war, das zur Anwendung bei Tieren bestimmt ist, die der Gewinnung von Lebensmitteln dienen.

(4) § 39 Abs. 2 Nr. 4a und 5a findet keine Anwendung auf Arzneimittel, die bis zum 31. Dezember 1993 registriert worden sind, oder deren Registrierung bis zu diesem Zeitpunkt beantragt worden ist oder die nach § 105 Abs. 2 angezeigt worden sind und nach § 38 Abs. 1 Satz 3 in der vor dem 11. September 1998 geltenden Fassung in den Verkehr gebracht worden sind. § 39 Abs. 2 Nr. 4a findet ferner keine Anwendung auf Arzneimittel nach Satz 1, für die eine neue Registrierung beantragt wird, weil ein Bestandteil entfernt werden soll oder mehrere Bestandteile entfernt werden sollen oder der Verdünnungsgrad von Bestandteilen erhöht werden soll. § 39 Abs. 2 Nr. 4a und 5a findet ferner bei Entscheidungen über die Registrierung oder über ihre Verlängerung keine Anwendung auf Arzneimittel, die nach Art und Menge der Bestandteile und hinsichtlich der Darreichungsform mit den in Satz 1 genannten Arzneimitteln identisch sind. § 21 Abs. 2a Satz 5 und § 56a Abs. 2 Satz 5 gelten auch für zur Anwendung bei Tieren bestimmte Arzneimittel, deren Verdünnungsgrad die sechste Dezimalpotenz unterschreitet, sofern sie gemäß Satz 1 oder 2 registriert worden oder sie von der Registrierung freigestellt sind.

Fünfter Unterabschnitt
Übergangsvorschrift aus Anlass des Siebten Gesetzes zur Änderung des Arzneimittelgesetzes

§ 133

Die Anzeigepflicht nach § 67 in Verbindung mit § 69a gilt für die in § 59c genannten Betriebe, Einrichtungen und Personen, die bereits am 4. März 1998 eine Tätigkeit im Sinne des § 59c ausüben mit der Maßgabe, dass die Anzeige spätestens bis zum 1. April 1998 zu erfolgen hat.

Sechster Unterabschnitt
Übergangsvorschriften aus Anlass des Transfusionsgesetzes

§ 134

Wer bei Inkrafttreten des Transfusionsgesetzes vom 1. Juli 1998 (BGBl. I S. 1752) die Tätigkeit als Herstellungsleiter für die Herstellung oder als Kontrollleiter für die Prüfung von Blutzubereitungen oder Sera aus menschlichem Blut ausübt und die Voraussetzungen des § 15 Abs. 3 in der bis zu dem genannten Zeitpunkt geltenden Fassung erfüllt, darf diese Tätigkeit weiter ausüben. Wer zu dem in Satz 1 genannten Zeitpunkt die Tätigkeit der Vorbehandlung von Personen zur Separation von Blutstammzellen oder anderen Blutbestandteilen nach dem Stand von Wissenschaft und Technik ausübt, darf diese Tätigkeit weiter ausüben.

Siebter Unterabschnitt
Übergangsvorschriften aus Anlass des Achten Gesetzes zur Änderung des Arzneimittelgesetzes

§ 135

(1) Arzneimittel, die sich am 11. September 1998 im Verkehr befinden und den Vorschriften der §§ 10 und 11 unterliegen, müssen ein Jahr nach der ersten auf den 11. September 1998 erfolgenden Verlängerung der Zulassung oder, soweit sie von der Zulassung freigestellt sind, zu dem in der Rechtsverordnung nach § 36 genannten Zeitpunkt oder, soweit sie homöopathische Arzneimittel sind, am 1. Oktober 2003 vom pharmazeutischen Unternehmer entsprechend den Vorschriften der §§ 10 und 11 in den Verkehr gebracht werden. Bis zu diesem Zeitpunkt dürfen Arzneimittel nach Satz 1 vom pharmazeutischen Unternehmer, nach diesem Zeitpunkt weiterhin von Groß- und Einzelhändlern mit einer Kennzeichnung und Packungsbeilage in den Verkehr gebracht werden, die den bis zum 11. September 1998 geltenden Vorschriften entspricht. § 109 bleibt unberührt.

(2) Wer am 11. September 1998 die Tätigkeit als Herstellungs- oder Kontrollleiter für die in § 15 Abs. 3a genannten Arzneimittel oder Wirkstoffe befugt ausübt, darf diese Tätigkeit im bisherigen Umfang weiter ausüben. § 15 Abs. 4 findet bis zum 1. Oktober 2001 keine Anwendung auf die praktische Tätigkeit für die Herstellung von Arzneimitteln und Wirkstoffen nach § 15 Abs. 3a.

(3) Homöopathische Arzneimittel, die sich am 11. September 1998 im Verkehr befinden und für die bis zum 1. Oktober 1999 ein Antrag auf Registrierung gestellt worden ist, dürfen abweichend von § 38 Abs. 1 Satz 3 bis zur Entscheidung über die Registrierung in den Verkehr gebracht werden, sofern sie den bis zum 11. September 1998 geltenden Vorschriften entsprechen.

(4) § 41 Nr. 6 findet in der geänderten Fassung keine Anwendung auf Einwilligungserklärungen, die vor dem 11. September 1998 abgegeben worden sind.

Achter Unterabschnitt
Übergangsvorschriften aus Anlass des Zehnten Gesetzes
zur Änderung des Arzneimittelgesetzes

§ 136

(1) Für Arzneimittel, bei denen die nach § 105 Abs. 3 Satz 1 beantragte Verlängerung bereits erteilt worden ist, sind die in § 105 Abs. 4a Satz 1 bezeichneten Unterlagen spätestens mit dem Antrag nach § 31 Abs. 1 Nr. 3 vorzulegen. Bei diesen Arzneimitteln ist die Zulassung zu verlängern, wenn kein Versagungsgrund nach § 25 Abs. 2 vorliegt; für weitere Verlängerungen findet § 31 Anwendung.

(1a) Auf Arzneimittel nach § 105 Abs. 3 Satz 1, die nach einer nicht im Homöopathischen Teil des Arzneibuchs beschriebenen Verfahrenstechnik hergestellt sind, findet § 105 Abs. 3 Satz 2 in der bis zum 12. Juli 2000 geltenden Fassung bis zu einer Entscheidung der Kommission nach § 55 Abs. 6 über die Aufnahme dieser Verfahrenstechnik Anwendung, sofern bis zum 1. Oktober 2000 ein Antrag auf Aufnahme in den Homöopathischen Teil des Arzneibuchs gestellt wurde.

(2) Für Arzneimittel, bei denen dem Antragsteller vor dem 12. Juli 2000 Mängel bei der Wirksamkeit oder Unbedenklichkeit mitgeteilt worden sind, findet § 105 Abs. 3a in der bis zum 12. Juli 2000 geltenden Fassung Anwendung.

(2a) § 105 Abs. 3a Satz 2 findet in der bis zum 12. Juli 2000 geltenden Fassung bis zum 31. Januar 2001 mit der Maßgabe Anwendung, dass es eines Mängelbescheides nicht bedarf und eine Änderung nur dann zulässig ist, sofern sie sich darauf beschränkt, dass ein oder mehrere bislang enthaltene arzneilich wirksame Bestandteile nach der Änderung nicht mehr enthalten sind.

(3) Für Arzneimittel, die nach einer im Homöopathischen Teil des Arzneibuches beschriebenen Verfahrenstechnik hergestellt worden sind, gilt § 105 Abs. 5c weiter in der vor dem 12. Juli 2000 geltenden Fassung.

Neunter Unterabschnitt
Übergangsvorschriften aus Anlass des Elften Gesetzes
zur Änderung des Arzneimittelgesetzes

§ 137

Abweichend von § 13 Abs. 2, § 47 Abs. 1 Nr. 6, § 56 Abs. 2 Satz 2 und Abs. 5 Satz 1 dürfen Fütterungsarzneimittel noch bis zum 31. Dezember 2005 nach den bis zum 1. November 2002 geltenden Regelungen hergestellt, in Verkehr gebracht und angewendet werden.

Bis zum 31. Dezember 2005 darf die Herstellung eines Fütterungsarzneimittels dabei abweichend von § 56 Abs. 2 Satz 1 aus höchstens drei Arzneimittel-Vormischungen, die jeweils zur Anwendung bei der zu behandelnden Tierart zugelassen sind, erfolgen, sofern

1. für das betreffende Anwendungsgebiet eine zugelassene Arzneimittel-Vormischung nicht zur Verfügung steht,

2. im Einzelfall im Fütterungsarzneimittel nicht mehr als zwei antibiotikahaltige ArzneimittelVormischungen enthalten sind und

3. eine homogene und stabile Verteilung der wirksamen Bestandteile in dem Fütterungsarzneimittel gewährleistet ist.

Abweichend von Satz 2 Nr. 2 darf im Fütterungsarzneimittel nur eine antibiotikahaltige Arzneimittel-Vormischung enthalten sein, sofern diese zwei oder mehr antibiotisch wirksame Stoffe enthält.

Zehnter Unterabschnitt
Übergangvorschriften aus Anlass des Zwölften Gesetzes zur Änderung des Arzneimittelgesetzes

§ 138

(1) Für die Herstellung und Einfuhr von Wirkstoffen, die mikrobieller Herkunft sind, sowie von anderen zur Arzneimittelherstellung bestimmten Stoffen menschlicher Herkunft, die gewerbs- oder berufsmäßig zum Zwecke der Abgabe an andere hergestellt oder in den Geltungsbereich dieses Gesetzes verbracht werden, finden die §§ 13, 72 und 72a in der bis zum 5. August 2004 geltenden Fassung bis zum 1. September 2006 Anwendung, es sei denn, es handelt sich um zur Arzneimittelherstellung bestimmtes Blut und Blutbestandteile menschlicher Herkunft. Wird Blut zur Aufbereitung oder Vermehrung von autologen Körperzellen im Rahmen der Gewebezüchtung zur Geweberegeneration entnommen und ist dafür noch keine Herstellungserlaubnis beantragt worden, findet § 13 bis zum 1. September 2006 keine Anwendung.

(2) Wer am 5. August 2004 befugt ist, die Tätigkeit des Herstellungs- oder Kontrollleiters auszuüben, darf diese Tätigkeit abweichend von § 15 Abs. 1 weiter ausüben.

(3) Für klinische Prüfungen von Arzneimitteln bei Menschen, für die vor dem 6. August 2004 die nach § 40 Abs. 1 Satz 2 in der bis zum 6. August 2004 geltenden Fassung erforderlichen Unterlagen der für den Leiter der klinischen Prüfung zuständigen Ethik-Kommission vorgelegt worden sind, finden die §§ 40 bis 42, 96 Nr. 10 und § 97 Abs. 2 Nr. 9 in der bis zum 6. August 2004 geltenden Fassung Anwendung.

(4) Wer die Tätigkeit des Großhandels mit Arzneimitteln am 6. August 2004 befugt ausübt und bis zum 1. Dezember 2004 nach § 52a Abs. 1 einen Antrag auf Erteilung einer Erlaubnis zum Betrieb eines Großhandels mit Arzneimitteln gestellt hat, darf abweichend von § 52a Abs. 1 bis zur Entscheidung über den gestellten Antrag die Tätigkeit des Großhandels mit Arzneimitteln ausüben; § 52a Abs. 3 Satz 2 bis 3 findet keine Anwendung.

(5) Eine amtliche Anerkennung, die auf Grund der Rechtsverordnung nach § 54 Abs. 2a für den Großhandel mit zur Anwendung bei Tieren bestimmten Arzneimitteln erteilt wurde, gilt als Erlaubnis im Sinne des § 52a für den Großhandel mit zur Anwendung bei Tieren bestimmten Arzneimitteln. Der Inhaber der Anerkennung hat bis zum 1. März 2005 der zuständigen Behörde dem § 52a Abs. 2 entsprechende Unterlagen und Erklärungen vorzulegen.

(6) Wer andere Stoffe als Wirkstoffe, die menschlicher oder tierischer Herkunft sind oder auf gentechnischem Wege hergestellt werden, am 6. August 2004 befugt ohne Einfuhrerlaubnis nach § 72 in den Geltungsbereich dieses Gesetzes verbracht hat, darf diese Tätigkeit bis zum 1. September 2005 weiter ausüben.

(7) Arzneimittel, die vor dem 30. Oktober 2005 von der zuständigen Bundesoberbehörde zugelassen worden sind, dürfen abweichend von § 10 Abs. 1b von pharmazeutischen Unternehmern bis zur nächsten Verlängerung der Zulassung, jedoch nicht länger als bis zum 30. Oktober 2007, weiterhin in den Verkehr gebracht werden. Arzneimittel, die von pharmazeutischen Unternehmern gemäß Satz 1 in den Verkehr gebracht worden sind, dürfen abweichend von § 10 Abs. 1b von Groß- und Einzelhändlern weiterhin in den Verkehr gebracht werden.

Elfter Unterabschnitt
Übergangsvorschriften aus Anlass des Ersten Gesetzes zur Änderung des Transfusionsgesetzes und arzneimittelrechtlicher Vorschriften

§ 139

Wer bei Inkrafttreten von Artikel 2 Nr. 3 des Ersten Gesetzes zur Änderung des Tranfusionsgesetzes und arzneimittelrechtlicher Vorschriften vom 10. Februar 2005 (BGBl. I S. 234) die Tätigkeit als Herstellungsleiter oder als Kontrollleiter für die Prüfung von Blutstammzellenzubereitungen ausübt und die Voraussetzungen des 15 Abs. 3 in der bis zu diesem Zeitpunkt geltenden Fassung erfüllt, darf diese Tätigkeit weiter ausüben.

Zwölfter Unterabschnitt
Übergangsvorschriften aus Anlass des Dreizehnten Gesetzes zur Änderung des Arzneimittelgesetzes

§ 140

Abweichend von § 56a Abs. 2 und § 73 Abs. 3 dürfen Arzneimittel bei Tieren, die nicht der Gewinnung von Lebensmitteln dienen, noch bis zum 29. Oktober 2005 nach den bis zum 1. September 2005 geltenden Regelungen in den Geltungsbereich dieses Gesetzes verbracht, verschrieben, abgegeben und angewandt werden.

Dreizehnter Unterabschnitt
Übergangsvorschriften aus Anlass des Vierzehnten Gesetzes
zur Änderung des Arzneimittelgesetzes

§ 141

(1) Arzneimittel, die sich am 5. September 2005 im Verkehr befinden und den Vorschriften der §§ 10 und 11 unterliegen, müssen zwei Jahre nach der ersten auf den 6. September 2005 folgenden Verlängerung der Zulassung oder Registrierung oder, soweit sie von der Zulassung oder Registrierung freigestellt sind, zu dem in der Rechtsverordnung nach § 36 oder § 39 genannten Zeitpunkt oder, soweit sie keiner Verlängerung bedürfen, am 1. Januar 2009 vom pharmazeutischen Unternehmer entsprechend den Vorschriften der §§ 10 und 11 in den Verkehr gebracht werden. Bis zu den jeweiligen Zeitpunkten nach Satz 1 dürfen Arzneimittel vom pharmazeutischen Unternehmer, nach diesen Zeitpunkten weiter von Groß- und Einzelhändlern mit einer Kennzeichnung und Packungsbeilage in den Verkehr gebracht werden, die den bis zum 5. September 2005 geltenden Vorschriften entspricht. § 109 bleibt unberührt.

(2) Der pharmazeutische Unternehmer hat für Fertigarzneimittel, die sich am 5. September 2005 im Verkehr befinden, mit dem ersten nach dem 6. September 2005 gestellten Antrag auf Verlängerung der Zulassung der zuständigen Bundesoberbehörde den Wortlaut der Fachinformation vorzulegen, die § 11a entspricht; soweit diese Arzneimittel keiner Verlängerung bedürfen, gilt die Verpflichtung vom 1. Januar 2009 an.

(3) Eine Person, die die Sachkenntnis nach § 15 nicht hat, aber am 5. September 2005 befugt ist, die in § 19 beschriebenen Tätigkeiten einer sachkundigen Person auszuüben, gilt als sachkundige Person nach § 14.

(4) Fertigarzneimittel, die sich am 5. September 2005 im Verkehr befinden und nach dem 6. September 2005 nach § 4 Abs. 1 erstmalig der Zulassungspflicht nach § 21 unterliegen, dürfen weiter in den Verkehr gebracht werden, wenn für sie bis zum 1. September 2008 ein Antrag auf Zulassung gestellt worden ist.

(5) Die Zeiträume für den Unterlagenschutz nach § 24b Abs. 1, 4, 7 und 8 gelten nicht für Referenzarzneimittel, deren Zulassung vor dem 30. Oktober 2005 beantragt wurde; für diese Arzneimittel gelten die Schutzfristen nach § 24a in der bis zum Ablauf des 5. September 2005 geltenden Fassung und beträgt der Zeitraum in § 24b Abs. 4 zehn Jahre.

(6) Für Arzneimittel, deren Zulassung vor dem 1. Januar 2001 verlängert wurde, findet § 31 Abs. 1 Nr. 3 in der bis zum 5. September 2005 geltenden Fassung Anwendung; § 31 Abs. 1a gilt für diese Arzneimittel erst dann, wenn sie nach dem 6. September 2005 verlängert worden sind. Für Zulassungen, deren fünfjährige Geltungsdauer bis zum 1. Juli 2006 endet, gilt weiterhin die Frist des § 31 Abs. 1 Nr. 3 in der vor dem 6. September 2005 geltenden Fassung. Die zuständige Bundesoberbehörde kann für Arzneimittel, deren Zu-

lassung nach dem 1. Januar 2001 und vor dem 6. September 2005 verlängert wurde, das Erfordernis einer weiteren Verlängerung anordnen, sofern dies erforderlich ist, um das sichere Inverkehrbringen des Arzneimittels weiterhin zu gewährleisten. Vor dem 6. September 2005 gestellte Anträge auf Verlängerung von Zulassungen, die nach diesem Absatz keiner Verlängerung mehr bedürfen, gelten als erledigt. Die Sätze 1 und 4 gelten entsprechend für Registrierungen. Zulassungsverlängerungen oder Registrierungen von Arzneimitteln, die nach § 105 Abs. 1 als zugelassen galten, gelten als Verlängerung im Sinne dieses Absatzes. § 136 Abs. 1 bleibt unberührt.

(7) Der Inhaber der Zulassung hat für ein Arzneimittel, das am 5. September 2005 zugelassen ist, sich aber zu diesem Zeitpunkt nicht im Verkehr befindet, der zuständigen Bundesoberbehörde unverzüglich anzuzeigen, dass das betreffende Arzneimittel nicht in den Verkehr gebracht wird.

(8) Für Widersprüche, die vor dem 5. September 2005 erhoben wurden, findet § 33 in der bis zum 5. September 2005 geltenden Fassung Anwendung.

(9) § 25 Abs. 9 und § 34 Abs. 1a sind nicht auf Arzneimittel anzuwenden, deren Zulassung vor dem 6. September 2005 beantragt wurde.

(10) Auf Arzneimittel, die bis zum 6. September 2005 als homöopathische Arzneimittel registriert worden sind oder deren Registrierung vor dem 30. April 2005 beantragt wurde, sind die bis dahin geltenden Vorschriften weiter anzuwenden. Das Gleiche gilt für Arzneimittel, die nach § 105 Abs. 2 angezeigt worden sind und nach § 38 Abs. 1 Satz 3 in der vor dem 11. September 1998 geltenden Fassung in den Verkehr gebracht worden sind. § 39 Abs. 2 Nr. 5b findet ferner bei Entscheidungen über die Registrierung oder über ihre Verlängerung keine Anwendung auf Arzneimittel, die nach Art und Menge der Bestandteile und hinsichtlich der Darreichungsform mit den in Satz 1 genannten Arzneimitteln identisch sind.

(11) § 48 Abs. 1 Satz 1 Nr. 2 ist erst ab dem Tag anzuwenden, an dem eine Rechtsverordnung nach § 48 Abs. 6 Satz 1 in Kraft getreten ist, spätestens jedoch am 1. Januar 2007. Das Bundesministerium für Verbraucherschutz, Ernährung und Landwirtschaft gibt den Tag nach Satz 1 im Bundesgesetzblatt bekannt.

(12) § 56a Abs. 2a ist erst anzuwenden, nachdem die dort genannte Liste erstellt und vom Bundesministerium für Verbraucherschutz, Ernährung und Landwirtschaft im Bundesanzeiger bekannt gemacht oder, sofern sie Teil eines unmittelbar geltenden Rechtsaktes der Kommission der Europäischen Gemeinschaften oder des Rates der Europäischen Union ist, im Amtsblatt der Europäischen Union veröffentlicht worden ist.

(13) Für Arzneimittel, die sich am 5. September 2005 im Verkehr befinden und für die zu diesem Zeitpunkt die Berichtspflicht nach § 63b Abs. 5 Satz 2 in der

bis zum 5. September 2005 geltenden Fassung besteht, findet § 63b Abs. 5 Satz 3 nach dem nächsten auf den 6. September 2005 vorzulegenden Bericht Anwendung.

(14) Die Zulassung eines traditionellen pflanzlichen Arzneimittels, die nach § 105 in Verbindung mit § 109a verlängert wurde, erlischt am 30. April 2011, es sei denn, dass vor dem 1. Januar 2009 ein Antrag auf Zulassung oder Registrierung nach § 39a gestellt wurde.

Gesetz
über die Werbung auf dem Gebiete des Heilwesens
(Heilmittelwerbegesetz – HWG)

**in der Fassung der Bekanntmachung vom 19. Oktober 1994
(BGBl. I S. 3068),**

**zuletzt geändert durch Artikel 2 des Gesetzes vom 29. August 2005
(BGBl. I S. 2570)**

§ 1[1])

(1) Dieses Gesetz findet Anwendung auf die Werbung für

1. Arzneimittel im Sinne des § 2 des Arzneimittelgesetzes,

1a. Medizinprodukte im Sinne des § 3 des Medizinproduktegesetzes,

2. andere Mittel, Verfahren, Behandlungen und Gegenstände, soweit sich die Werbeaussage auf die Erkennung, Beseitigung oder Linderung von Krankheiten, Leiden, Körperschäden oder krankhaften Beschwerden bei Mensch oder Tier bezieht,

(2) Andere Mittel im Sinne des Absatzes 1 Nr. 2 sind kosmetische Mittel im Sinne des § 4 des Lebensmittel- und Bedarfsgegenständegesetzes. Gegenstände im Sinne des Absatzes 1 Nr. 2 sind auch Gegenstände zur Körperpflege im Sinne des § 5 Abs. 1 Nr. 4 des Lebensmittel- und Bedarfsgegenständegesetzes.

(3) Eine Werbung im Sinne dieses Gesetzes ist auch das Ankündigen oder Anbieten von Werbeaussagen, auf die dieses Gesetz Anwendung findet.

(4) Dieses Gesetz findet keine Anwendung auf die Werbung für Gegenstände zur Verhütung von Unfallschäden.

(5) Das Gesetz findet keine Anwendung auf den Schriftwechsel und die Unterlagen, die nicht Werbezwecken dienen und die zur Beantwortung einer konkreten Anfrage zu einem bestimmten Arzneimittel erforderlich sind.

(6) Das Gesetz findet ferner keine Anwendung beim elektronischen Handel mit Arzneimitteln auf das Bestellformular und die dort aufgeführten Angaben, soweit diese für eine ordnungsgemäße Bestellung notwendig sind.

---

1) Am 1. April 2006 erhält § 1 Abs. 1 Nr. 2 folgende Fassung:
„2. andere Mittel, Verfahren, Behandlungen und Gegenstände, soweit sich die Werbeaussage auf die Erkennung, Beseitigung oder Linderung von Krankheiten, Leiden, Körperschäden oder krankhaften Beschwerden bei Mensch oder Tier bezieht, sowie operative plastisch-chirurgische Eingriffe, soweit sich die Werbeaussage auf die Veränderung des menschlichen Körpers ohne medizinische Notwendigkeit bezieht." (Art. 2 des 14. AMG-ÄndG.)

§ 2

Fachkreise im Sinne dieses Gesetzes sind Angehörige der Heilberufe oder des Heilgewerbes, Einrichtungen, die der Gesundheit von Mensch und Tier dienen, oder sonstige Personen, soweit sie mit Arzneimitteln, Medizinprodukten, Verfahren, Behandlungen, Gegenständen oder anderen Mitteln erlaubterweise Handel treiben oder sie in Ausübung ihres Berufes anwenden.

§ 3

Unzulässig ist eine irreführende Werbung. Eine Irreführung liegt insbesondere dann vor,

1. wenn Arzneimitteln, Medizinprodukten, Verfahren, Behandlungen, Gegenständen oder anderen Mitteln eine therapeutische Wirksamkeit oder Wirkungen beigelegt werden, die sie nicht haben,

2. wenn fälschlich der Eindruck erweckt wird, dass

    a) ein Erfolg mit Sicherheit erwartet werden kann,

    b) bei bestimmungsgemäßem oder längerem Gebrauch keine schädlichen Wirkungen eintreten,

    c) die Werbung nicht zu Zwecken des Wettbewerbs veranstaltet wird,

3. wenn unwahre oder zur Täuschung geeignete Angaben

    a) über die Zusammensetzung oder Beschaffenheit von Arzneimitteln, Medizinprodukten, Gegenständen oder anderen Mitteln oder über die Art und Weise der Verfahren oder Behandlungen oder

    b) über die Person, Vorbildung, Befähigung oder Erfolge des Herstellers, Erfinders oder der für sie tätigen oder tätig gewesenen Personen

gemacht werden.

§ 3a

Unzulässig ist eine Werbung für Arzneimittel, die der Pflicht zur Zulassung unterliegen und die nicht nach den arzneimittelrechtlichen Vorschriften zugelassen sind oder als zugelassen gelten. Satz 1 findet auch Anwendung, wenn sich die Werbung auf Anwendungsgebiete oder Darreichungsformen bezieht, die nicht von der Zulassung erfasst sind.

§ 4

(1) Jede Werbung für Arzneimittel im Sinne des § 2 Abs. 1 oder Abs. 2 Nr. 1 des Arzneimittelgesetzes muss folgende Angaben enthalten:

1. den Namen oder die Firma und den Sitz des pharmazeutischen Unternehmens,

2. die Bezeichnung des Arzneimittels,

3. die Zusammensetzung des Arzneimittels gemäß § 11 Abs. 1 Satz 1 <u>Nr. 6 Buchstabe d</u> des Arzneimittelgesetzes,

4. die Anwendungsgebiete,

5. die Gegenanzeigen,

6. die Nebenwirkungen,

7. Warnhinweise, soweit sie für die Kennzeichnung der Behältnisse und äußeren Umhüllungen vorgeschrieben sind,

7a. bei Arzneimitteln, die nur auf ärztliche, zahnärztliche oder tierärztliche Verschreibung abgegeben werden dürfen, den Hinweis „Verschreibungspflichtig",

8. die Wartezeit bei Arzneimitteln, die zur Anwendung bei Tieren bestimmt sind, die der Gewinnung von Lebensmitteln dienen.

<u>Eine Werbung für traditionelle pflanzliche Arzneimittel, die nach dem Arzneimittelgesetz registriert sind, muss folgenden Hinweis enthalten: „Traditionelles pflanzliches Arzneimittel zur Anwendung bei (spezifiziertes Anwendungsgebiet/spezifizierte Anwendungsgebiete) ausschließlich auf Grund langjähriger Anwendung."</u>

(1a) Bei Arzneimitteln, die nur einen arzneilich wirksamen Bestandteil enthalten, muss der Angabe nach Absatz 1 Nr. 2 die Bezeichung dieses Bestandteils mit dem Hinweis: „Wirkstoff:" folgen; dies gilt nicht, wenn in der Angabe nach Absatz 1 Nr. 2 die Bezeichnung des Wirkstoffs enthalten ist.

(2) Die Angaben nach den Absätzen 1 und 1a müssen mit denjenigen übereinstimmen, die nach § 11 oder § 12 des Arzneimittelgesetzes für die Packungsbeilage vorgeschrieben sind. Können die in § 11 Abs. 1 <u>Satz 1 Nr. 3 Buchstabe a und c und Nr. 5</u> des Arzneimittelgesetzes vorgeschriebenen Angaben nicht gemacht werden, so können sie entfallen.

(3) Bei einer Werbung außerhalb der Fachkreise ist der Text „Zu Risiken und Nebenwirkungen lesen Sie die Packungsbeilage und fragen Sie Ihren Arzt oder Apotheker" gut lesbar und von den übrigen Werbeaussagen deutlich abgesetzt und abgegrenzt anzugeben. Bei einer Werbung für Heilwässer tritt an die Stelle der Angabe „die Packungsbeilage" die Angabe „das Etikett" und bei einer Werbung für Tierarzneimittel an die Stelle „Ihren Arzt" die Angabe „den Tierarzt". Die Angaben nach Absatz 1 Nr. 1, 3, 5 und 6 können entfallen. Satz 1 findet keine Anwendung auf Arzneimittel, die für den Verkehr außerhalb der Apotheken freigegeben sind, es sei denn, dass in der Packungsbeilage oder auf dem Behältnis Nebenwirkungen oder sonstige Risiken angegeben sind.

(4) Die nach Absatz 1 vorgeschriebenen Angaben müssen von den übrigen Werbeaussagen deutlich abgesetzt, abgegrenzt und gut lesbar sein.

(5) Nach einer Werbung in audiovisuellen Medien ist der nach Absatz 3 Satz 1 oder 2 vorgeschriebene Text einzublenden, der im Fernsehen vor neutralem Hintergrund gut lesbar wiederzugeben und gleichzeitig zu sprechen ist, sofern nicht die Angabe dieses Textes nach Absatz 3 Satz 4 entfällt. Die Angaben nach Absatz 1 können entfallen.

(6) Die Absätze 1,1a und 5 gelten nicht für eine Erinnerungswerbung. Eine Erinnerungswerbung liegt vor, wenn ausschließlich mit der Bezeichnung eines Arzneimittels oder zusätzlich mit dem Namen, der Firma, der Marke des pharmazeutischen Unternehmers oder dem Hinweis: „Wirkstoff:" geworben wird.

§ 4a[2])

Unzulässig ist es, in der Packungsbeilage eines Arzneimittels für andere Arzneimittel oder andere Mittel zu werben.

§ 5

Für homöopathische Arzneimittel, die nach dem Arzneimittelgesetz registriert oder von der Registrierung freigestellt sind, darf mit der Angabe von Anwendungsgebieten nicht geworben werden.

§ 6

Unzulässig ist eine Werbung, wenn

1. Gutachten oder Zeugnisse veröffentlicht oder erwähnt werden, die nicht von wissenschaftlich oder fachlich hierzu berufenen Personen erstattet worden sind und nicht die Angabe des Namens, Berufes und Wohnortes der Person, die das Gutachten erstellt oder das Zeugnis ausgestellt hat, sowie den Zeitpunkt der Ausstellung des Gutachtens oder Zeugnisses enthalten,

2. auf wissenschaftliche, fachliche oder sonstige Veröffentlichungen Bezug genommen wird, ohne dass aus der Werbung hervorgeht, ob die Veröffentlichung das Arzneimittel, das Verfahren, die Behandlung, den Gegenstand oder ein anderes Mittel selbst betrifft, für die geworben wird, und ohne dass der Name des Verfassers, der Zeitpunkt der Veröffentlichung und die Fundstelle genannt werden,

3. aus der Fachliteratur entnommene Zitate, Tabellen oder sonstige Darstellungen nicht wortgetreu übernommen werden.

---

2) Am 1. April 2006 erhält § 4a folgende Fassung:
„(1) Unzulässig ist es, in der Packungsbeilage eines Arzneimittels für andere Arzneimittel oder andere Mittel zu werben.
(2) Unzulässig ist es auch, außerhalb der Fachkreise für die im Rahmen der vertragsärztlichen Versorgung bestehende Verordnungsfähigkeit eines Arzneimittels zu werben" (Art. 2 des 14. AMG-ÄndG).

§ 7

(1) Es ist unzulässig, Zuwendungen und sonstige Werbegaben (Waren oder Leistungen) anzubieten, anzukündigen oder zu gewähren oder als Angehöriger der Fachkreise anzunehmen, es sei denn, dass

1. es sich bei den Zuwendungen oder Werbegaben um Gegenstände von geringem Wert, die durch eine dauerhafte und deutlich sichtbare Bezeichnung des Werbenden oder des beworbenen Produkts oder beider gekennzeichnet sind, oder um geringwertige Kleinigkeiten handelt;

2. die Zuwendungen oder Werbegaben in

   a) einem bestimmten oder auf bestimmte Art zu berechnenden Geldbetrag oder

   b) einer bestimmten oder auf bestimmte Art zu berechnenden Menge gleicher Ware gewährt werden;

   für apothekenpflichtige Arzneimittel gilt dies nur, soweit die Zuwendungen oder Werbegaben zusätzlich zur Lieferung eines pharmazeutischen Unternehmers oder Großhändlers an die in § 47 des Arzneimittelgesetzes genannten Personen, Einrichtungen oder Behörden gewährt werden;

3. die Zuwendungen oder Werbegaben nur in handelsüblichem Zubehör zur Ware oder in handelsüblichen Nebenleistungen bestehen; als handelsüblich gilt insbesondere eine im Hinblick auf den Wert der Ware oder Leistung angemessene teilweise oder vollständige Erstattung oder Übernahme von Fahrtkosten für Verkehrsmittel des öffentlichen Personennahverkehrs, die im Zusammenhang mit dem Besuch des Geschäftslokals oder des Orts der Erbringung der Leistung aufgewendet werden;

4. die Zuwendungen oder Werbegaben in der Erteilung von Auskünften oder Ratschlägen bestehen oder

5. es sich um unentgeltlich an Verbraucherinnen und Verbraucher abzugebende Zeitschriften handelt, die nach ihrer Aufmachung und Ausgestaltung der Kundenwerbung und den Interessen der verteilenden Person dienen, durch einen entsprechenden Aufdruck auf der Titelseite diesen Zweck erkennbar machen und in ihren Herstellungskosten geringwertig sind (Kundenzeitschriften).

Werbegaben für Angehörige der Heilberufe sind unbeschadet des Satzes 1 nur dann zulässig, wenn sie zur Verwendung in der ärztlichen, tierärztlichen oder pharmazeutischen Praxis bestimmt sind. § 47 Abs. 3 des Arzneimittelgesetzes bleibt unberührt.

(2) Absatz 1 gilt nicht für Zuwendungen im Rahmen ausschließlich berufsbezogener wissenschaftlicher Veranstaltungen, sofern diese einen vertretbaren Rahmen nicht überschreiten, insbesondere in Bezug auf den wissenschaftlichen Zweck der Veranstaltung von untergeordneter Bedeutung

sind und sich nicht auf andere als im Gesundheitswesen tätige Personen erstrecken.

(3) Es ist unzulässig, für die Entnahme oder sonstige Beschaffung von Blut- und Gewebespenden zur Herstellung von Blut- und Gewebeprodukten und anderen Produkten mit der Zahlung einer finanziellen Zuwendung oder Aufwandsentschädigung zu werben.

§ 8

Unzulässig ist die Werbung, Arzneimittel im Wege des Teleshoppings oder bestimmte Arzneimittel im Wege der Einzeleinfuhr nach § 73 Abs. 2 Nr. 6a oder § 73 Abs. 3 des Arzneimittelgesetzes zu beziehen.

§ 9

Unzulässig ist eine Werbung für die Erkennung oder Behandlung von Krankheiten, Leiden, Körperschäden oder krankhaften Beschwerden, die nicht auf eigener Wahrnehmung an dem zu behandelnden Menschen oder Tier beruht (Fernbehandlung).

§ 10

(1) Für verschreibungspflichtige Arzneimittel darf nur bei Ärzten, Zahnärzten, Tierärzten, Apothekern und Personen, die mit diesen Arzneimitteln erlaubterweise Handel treiben, geworben werden.

(2) Für Arzneimittel, die dazu bestimmt sind, bei Menschen die Schlaflosigkeit oder psychische Störungen zu beseitigen oder die Stimmungslage zu beeinflussen, darf außerhalb der Fachkreise nicht geworben werden.

§ 11

Außerhalb der Fachkreise darf für Arzneimittel, Verfahren, Behandlungen, Gegenstände oder andere Mittel nicht geworben werden

1. mit Gutachten, Zeugnissen, wissenschaftlichen oder fachlichen Veröffentlichungen sowie mit Hinweisen darauf,

2. mit Angaben, dass das Arzneimittel, das Verfahren, die Behandlung, der Gegenstand oder das andere Mittel ärztlich, zahnärztlich, tierärztlich oder anderweitig fachlich empfohlen oder geprüft ist oder angewendet wird,

3. mit der Wiedergabe von Krankengeschichten sowie mit Hinweisen darauf,

4. mit der bildlichen Darstellung von Personen in der Berufskleidung oder bei der Ausübung der Tätigkeit von Angehörigen der Heilberufe, des Heilgewerbes oder des Arzneimittelhandels,

5. mit der bildlichen Darstellung

a) von Veränderungen des menschlichen Körpers oder seiner Teile durch Krankheiten, Leiden oder Körperschäden,

b) der Wirkung eines Arzneimittels, eines Verfahrens, einer Behandlung, eines Gegenstandes oder eines anderen Mittels durch vergleichende Darstellung des Körperzustandes oder des Aussehens vor und nach der Anwendung,

c) des Wirkungsvorganges eines Arzneimittels, eines Verfahrens, einer Behandlung, eines Gegenstandes oder eines anderen Mittels am menschlichen Körper oder an seinen Teilen,

6. mit fremd- oder fachsprachlichen Bezeichnungen, soweit sie nicht in den allgemeinen deutschen Sprachgebrauch eingegangen sind,

7. mit einer Werbeaussage, die geeignet ist, Angstgefühle hervorzurufen oder auszunutzen,

8. durch Werbevorträge, mit denen ein Feilbieten oder eine Entgegennahme von Anschriften verbunden ist,

9. mit Veröffentlichungen, deren Werbezweck missverständlich oder nicht deutlich erkennbar ist,

10. mit Veröffentlichungen, die dazu anleiten, bestimmte Krankheiten, Leiden, Körperschäden oder krankhafte Beschwerden beim Menschen selbst zu erkennen und mit den in der Werbung bezeichneten Arzneimitteln, Gegenständen, Verfahren, Behandlungen oder anderen Mitteln zu behandeln, sowie mit entsprechenden Anleitungen in audiovisuellen Medien,

11. mit Äußerungen Dritter, insbesondere mit Dank-, Anerkennungs- oder Empfehlungsschreiben, oder mit Hinweisen auf solche Äußerungen,

12. mit Werbemaßnahmen, die sich ausschließlich oder überwiegend an Kinder unter 14 Jahren richten,

13. mit Preisausschreiben, Verlosungen oder anderen Verfahren, deren Ergebnis vom Zufall abhängig ist,

14. durch die Abgabe von Mustern oder Proben von Arzneimitteln oder durch Gutscheine dafür,

15. durch die nicht verlangte Abgabe von Mustern oder Proben von anderen Mitteln oder Gegenständen oder durch Gutscheine dafür.

Für Medizinprodukte gilt Satz 1 Nr. 6 bis 9,11 und 12 entsprechend.

§ 12

(1) Außerhalb der Fachkreise darf sich die Werbung für Arzneimittel und Medizinprodukte nicht auf die Erkennung, Verhütung, Beseitigung oder Linderung der in Abschnitt A der Anlage zu diesem Gesetz aufgeführten Krankheiten oder Leiden beim Menschen beziehen, die Werbung außerdem nicht auf die

Erkennung, Verhütung, Beseitigung oder Linderung der in Abschnitt B dieser Anlage aufgeführten Krankheiten oder Leiden beim Tier. Abschnitt A Nr. 2 der Anlage findet keine Anwendung auf die Werbung für Medizinprodukte.

(2) Die Werbung für andere Mittel, Verfahren, Behandlungen oder Gegenstände außerhalb der Fachkreise darf sich nicht auf die Erkennung, Beseitigung oder Linderung dieser Krankheiten oder Leiden beziehen. Dies gilt nicht für die Werbung für Verfahren oder Behandlungen in Heilbädern, Kurorten und Kuranstalten.

§ 13

Die Werbung eines Unternehmens mit Sitz außerhalb des Geltungsbereichs dieses Gesetzes ist unzulässig, wenn nicht ein Unternehmen mit Sitz oder eine natürliche Person mit gewöhnlichem Aufenthalt im Geltungsbereich dieses Gesetzes oder in einem anderen Mitgliedstaat der Europäischen Gemeinschaften oder in einem anderen Vertragsstaat des Abkommens über den Europäischen Wirtschaftsraum, die nach diesem Gesetz unbeschränkt strafrechtlich verfolgt werden kann, ausdrücklich damit betraut ist, die sich aus diesem Gesetz ergebenden Pflichten zu übernehmen.

§ 14

Wer dem Verbot der irreführenden Werbung (§ 3) zuwiderhandelt, wird mit Freiheitsstrafe bis zu einem Jahr oder mit Geldstrafe bestraft.

§ 15

(1) Ordnungswidrig handelt, wer vorsätzlich oder fahrlässig

1. entgegen § 3a eine Werbung für ein Arzneimittel betreibt, das der Pflicht zur Zulassung unterliegt und das nicht nach den arzneimittelrechtlichen Vorschriften zugelassen ist oder als zugelassen gilt,

2. eine Werbung betreibt, die die nach § 4 vorgeschriebenen Angaben nicht enthält oder entgegen § 5 mit der Angabe von Anwendungsgebieten wirbt,

3. in einer nach § 6 unzulässigen Weise mit Gutachten, Zeugnissen oder Bezugnahmen auf Veröffentlichungen wirbt,

4. entgegen § 7 Abs. 1 und 3 eine mit Zuwendungen oder sonstigen Werbegaben verbundene Werbung betreibt,

4a. entgegen § 7 Abs. 1 als Angehöriger der Fachkreise eine Zuwendung oder sonstige Werbegabe annimmt,

5. entgegen § 8 eine dort genannte Werbung betreibt,

6. entgegen § 9 für eine Fernbehandlung wirbt,

7. entgegen § 10 für die dort bezeichneten Arzneimittel wirbt,

8. auf eine durch § 11 verbotene Weise außerhalb der Fachkreise wirbt,

9. entgegen § 12 eine Werbung betreibt, die sich auf die in der Anlage zu § 12 aufgeführten Krankheiten oder Leiden bezieht,

10. eine nach § 13 unzulässige Werbung betreibt.

(2) Ordnungswidrig handelt ferner, wer fahrlässig dem Verbot der irreführenden Werbung (§ 3) zuwiderhandelt.

(3) Die Ordnungswidrigkeit nach Absatz 1 kann mit einer Geldbuße bis zu fünfzigtausend Euro, die Ordnungswidrigkeit nach Absatz 2 mit einer Geldbuße bis zu zwanzigtausend Euro geahndet werden.

§ 16

Werbematerial und sonstige Gegenstände, auf die sich eine Straftat nach § 14 oder eine Ordnungswidrigkeit nach § 15 bezieht, können eingezogen werden. § 74a des Strafgesetzbuches und § 23 des Gesetzes über Ordnungswidrigkeiten sind anzuwenden.

§ 17

Das Gesetz gegen den unlauteren Wettbewerb bleibt unberührt.

§ 18

Werbematerial, das den Vorschriften des § 4 nicht entspricht, jedoch den Vorschriften des Gesetzes in der bis zum 10. September 1998 geltenden Fassung, darf noch bis zum 31. März 1999 verwendet werden.

Anlage
(zu § 12)

Krankheiten und Leiden,
auf die sich die Werbung gemäß § 12 nicht beziehen darf

A. Krankheiten und Leiden beim Menschen

1. Nach dem Infektionsschutzgesetz vom 20. Juli 2000 (BGBl. I S. 1045) meldepflichtige Krankheiten oder durch meldepflichtige Krankheitserreger verursachte Infektionen,

2. bösartige Neubildungen,

3. Suchtkrankheiten, ausgenommen Nikotinabhängigkeit,

4. krankhafte Komplikationen der Schwangerschaft, der Entbindung und des Wochenbetts.

B. Krankheiten und Leiden beim Tier

1. Nach der Verordnung über anzeigepflichtige Tierseuchen und der Verordnung über meldepflichtige Tierkrankheiten in ihrer jeweils geltenden Fassung anzeige- oder meldepflichtige Seuchen und Krankheiten,

2. bösartige Neubildungen,

3. bakterielle Eutererkrankungen bei Kühen, Ziegen und Schafen,

4. Kolik bei Pferden und Rindern.

Gesetz über das Apothekenwesen
(Apothekengesetz – ApoG)

**in der Fassung der Bekanntmachung vom 15. Oktober 1980
(BGBl. I S. 1993),
zuletzt geändert durch Artikel 2a des Gesetzes vom 29. August 2005
(BGBl. I S. 2570)**

Erster Abschnitt
Die Erlaubnis

§ 1   *ordnungsgemäße AM-Versorgung*

(1) Den Apotheken obliegt die im öffentlichen Interesse gebotene Sicherstellung einer ordnungsgemäßen Arzneimittelversorgung der Bevölkerung.

(2) Wer eine Apotheke betreiben will, bedarf der Erlaubnis der zuständigen Behörde.

(3) Die Erlaubnis gilt nur für den Apotheker, dem sie erteilt ist, und für die in der Erlaubnisurkunde bezeichneten Räume.

§ 2   *Erteilen der Erlaubnis*

(1) Die Erlaubnis ist auf Antrag zu erteilen, wenn der Antragsteller

1. Deutscher im Sinne des Artikels 116 des Grundgesetzes, Angehöriger eines der übrigen Mitgliedstaaten der Europäischen Gemeinschaften oder eines anderen Vertragsstaates des Abkommens über den Europäischen Wirtschaftsraum oder heimatloser Ausländer im Sinne des Gesetzes über die Rechtsstellung heimatloser Ausländer ist;

2. voll geschäftsfähig ist;

3. die deutsche Approbation als Apotheker besitzt;

4. die für den Betrieb einer Apotheke erforderliche Zuverlässigkeit besitzt; dies ist nicht der Fall, wenn Tatsachen vorliegen, welche die Unzuverlässigkeit des Antragstellers in Bezug auf das Betreiben einer Apotheke dartun, insbesondere wenn strafrechtliche oder schwere sittliche Verfehlungen vorliegen, die ihn für die Leitung einer Apotheke ungeeignet erscheinen lassen, oder wenn er sich durch gröbliche oder beharrliche Zuwiderhandlung gegen dieses Gesetz, die auf Grund dieses Gesetzes erlassene Apothekenbetriebsordnung oder die für die Herstellung von Arzneimitteln und den Verkehr mit diesen erlassenen Rechtsvorschriften als unzuverlässig erwiesen hat;

4a. (weggefallen)

5. die eidesstattliche Versicherung abgibt, dass er keine Vereinbarungen getroffen hat, die gegen § 8 Satz 2, § 9 Abs. 1, § 10 oder § 11 verstoßen, und den Kauf- oder Pachtvertrag über die Apotheke sowie auf Verlangen

der zuständigen Behörde auch andere Verträge, die mit der Einrichtung und dem Betrieb der Apotheke in Zusammenhang stehen, vorlegt;

6. nachweist, dass er im Falle der Erteilung der Erlaubnis über die nach der Apothekenbetriebsordnung (§ 21) vorgeschriebenen Räume verfügen wird;

7. nicht in gesundheitlicher Hinsicht ungeeignet ist, eine Apotheke ordnungsgemäß zu leiten;

8. mitteilt, ob und gegebenenfalls an welchem Ort er in einem anderen Mitgliedstaat der Europäischen Gemeinschaften oder in einem anderen Vertragsstaat des Abkommens über den Europäischen Wirtschaftsraum eine oder mehrere Apotheken betreibt.

(2) Abweichend von Absatz 1 ist dem Antragsteller, der Angehöriger eines der übrigen Mitgliedstaaten der Europäischen Gemeinschaften oder eines anderen Vertragsstaates des Abkommens über den Europäischen Wirtschaftsraum ist und seine pharmazeutische Ausbildung mit einem in der Anlage aufgeführten Diplom abgeschlossen hat, die Erlaubnis nur zu erteilen, wenn sie für eine Apotheke und bis zu drei Filialapotheken beantragt wird, die seit mindestens drei Jahren betrieben werden. Sofern die pharmazeutische Ausbildung mit dem in der Anlage bezeichneten griechischen Diplom abgeschlossen wurde, ist eine Erlaubnis erst dann zu erteilen, wenn die Gegenseitigkeit gewährleistet ist.

(2a) Ergänzend zu Absatz 1 Nr. 1 ist einem Antragsteller, der Bürger eines anderen Staates ist, die Erlaubnis für den Betrieb einer Apotheke in dem in Artikel 3 des Einigungsvertrages genannten Gebiet zu erteilen, wenn er am 1. Januar 1990 seinen ständigen Wohnsitz in dem in Artikel 3 des Einigungsvertrages genannten Gebiet hatte und die übrigen Voraussetzungen des Absatzes 1 erfüllt.

(3) Hat der Apotheker nach seiner Approbation oder nach Erteilung eines der in der Anlage zu diesem Gesetz aufgeführten Diplome, Prüfungszeugnisse oder sonstigen Befähigungsnachweise mehr als zwei Jahre lang ununterbrochen keine pharmazeutische Tätigkeit ausgeübt, so ist ihm die Erlaubnis nur zu erteilen, wenn er im letzten Jahr vor der Antragstellung eine solche Tätigkeit mindestens sechs Monate lang wieder in einer in einem Mitgliedstaat der Europäischen Gemeinschaften oder in einem anderen Vertragsstaat des Abkommens über den Europäischen Wirtschaftsraum gelegenen Apotheke oder Krankenhausapotheke ausgeübt hat.

(4) Die Erlaubnis zum Betrieb mehrerer öffentlicher Apotheken ist auf Antrag zu erteilen, wenn

1. der Antragsteller die Voraussetzungen nach den Absätzen 1 bis 3 für jede der beantragten Apotheken erfüllt und

2. die von ihm zu betreibende Apotheke und die von ihm zu betreibenden Filialapotheken innerhalb desselben Kreises oder derselben kreisfreien Stadt oder in einander benachbarten Kreisen oder kreisfreien Städten liegen.

(5) Für den Betrieb mehrerer öffentlicher Apotheken gelten die Vorschriften dieses Gesetzes mit folgenden Maßgaben entsprechend:

1. Der Betreiber hat eine der Apotheken (Hauptapotheke) persönlich zu führen.

2. Für jede weitere Apotheke (Filialapotheke) hat der Betreiber schriftlich einen Apotheker als Verantwortlichen zu benennen, der die Verpflichtungen zu erfüllen hat, wie sie in diesem Gesetz und in der Apothekenbetriebsordnung für Apothekenleiter festgelegt sind. Soll die Person des Verantwortlichen geändert werden, so ist dies der Behörde von dem Betreiber eine Woche vor der Änderung schriftlich anzuzeigen.

§ 3 *Erlöschen der Erlaubnis*

Die Erlaubnis erlischt

1. durch Tod;

2. durch Verzicht;

3. durch Rücknahme oder Widerruf der Approbation als Apotheker, durch Verzicht auf die Approbation oder durch Widerruf der Erlaubnis nach § 2 Abs. 2 der Bundes-Apothekerordnung;

4. wenn ein Jahr lang von der Erlaubnis kein Gebrauch gemacht worden ist; die zuständige Behörde kann die Frist verlängern, wenn ein wichtiger Grund vorliegt.

5. (weggefallen)

§ 4 *Rücknahme / Widerruf*

(1) Die Erlaubnis ist zurückzunehmen, wenn bei ihrer Erteilung eine der Voraussetzungen nach § 2 nicht vorgelegen hat.

(2) Die Erlaubnis ist zu widerrufen, wenn nachträglich eine der Voraussetzungen nach § 2 Abs. 1 Nr. 1, 2, 4, 6 oder 7 weggefallen ist. Die Erlaubnis kann widerrufen werden, wenn der Erlaubnisinhaber nachträglich Vereinbarungen getroffen hat, die gegen § 8 Satz 2, auch in Verbindung mit Satz 4, § 9 Abs. 1, § 10 oder § 11 verstoßen.

§ 5 *Schließen der Apotheke*

Wird eine Apotheke ohne Erlaubnis betrieben, so hat die zuständige Behörde die Apotheke zu schließen.

§ 6 *Abnahme (Eröffnung d. Apotheke)*

Eine Apotheke darf erst eröffnet werden, nachdem die zuständige Behörde bescheinigt hat, dass die Apotheke den gesetzlichen Anforderungen entspricht (Abnahme).

§ 7 *persönliche Leitung*

Die Erlaubnis verpflichtet zur persönlichen Leitung der Apotheke in eigener Verantwortung. Die persönliche Leitung einer Krankenhausapotheke obliegt dem angestellten Apotheker. Im Falle des § 2 Abs. 4 obliegen dem vom Betreiber nach § 2 Abs. 5 Nr. 2 benannten Apotheker die Pflichten entsprechend Satz 1; die Verpflichtungen des Betreibers bleiben unberührt.

§ 8 *erlaubte Gesellschaftsformen*

Mehrere Personen zusammen können eine Apotheke nur in der Rechtsform einer Gesellschaft bürgerlichen Rechts oder einer offenen Handelsgesellschaft betreiben; in diesen Fällen bedürfen alle Gesellschafter der Erlaubnis. Beteiligungen an einer Apotheke in Form einer Stillen Gesellschaft und Vereinbarungen, bei denen die Vergütung für den Erlaubnisinhaber gewährte Darlehen oder sonst überlassene Vermögenswerte am Umsatz oder am Gewinn der Apotheke ausgerichtet ist, insbesondere auch am Umsatz oder Gewinn ausgerichtete Mietverträge sind unzulässig. Pachtverträge über Apotheken nach § 9, bei denen die Pacht vom Umsatz oder Gewinn abhängig ist, gelten nicht als Vereinbarungen im Sinne des Satzes 2. Die Sätze 1 bis 3 gelten für Apotheken nach § 2 Abs. 4 entsprechend.

§ 9 *Verpachtung*

(1) Die Verpachtung einer Apotheke oder von Apotheken nach § 2 Abs. 4 ist nur in folgenden Fällen zulässig:

1. wenn und solange der Verpächter im Besitz der Erlaubnis ist und die Apotheke aus einem in seiner Person liegenden wichtigen Grund nicht selbst betreiben kann oder die Erlaubnis wegen des Wegfalls einer der Voraussetzungen nach § 2 Abs. 1 Nr. 7 widerrufen oder durch Widerruf der Approbation wegen des Wegfalls einer der Voraussetzungen nach § 4 Abs. 1 Satz 1 Nr. 3 der Bundes-Apothekerordnung erloschen ist;

2. nach dem Tode eines Erlaubnisinhabers durch seine erbberechtigten Kinder bis zu dem Zeitpunkt, in dem das jüngste der Kinder das 23. Lebensjahr vollendet. Ergreift eines dieser Kinder vor Vollendung des 23. Lebensjahres den Apothekerberuf, so kann die Frist auf Antrag verlängert werden, bis es in seiner Person die Voraussetzungen für die Erteilung der Erlaubnis erfüllen kann;

3. durch den überlebenden erbberechtigten Ehegatten bis zu dem Zeitpunkt der Wiederverheiratung, sofern er nicht selbst eine Erlaubnis gemäß § 1 erhält.

Die Zulässigkeit der Verpachtung wird nicht dadurch berührt, dass nach Eintritt der in Satz 1 genannten Fälle eine Apotheke innerhalb desselben Ortes, in Städten innerhalb desselben oder in einen angrenzenden Stadtbezirk, verlegt wird oder dass ihre Betriebsräume geändert werden. Handelt es sich im Falle der Verlegung oder der Veränderung der Betriebsräume um eine Apotheke, die nach Satz 1 Nr. 1 verpachtet ist, so bedarf der Verpächter keiner neuen Erlaubnis. § 3 Nr. 5 bleibt unberührt.

(1a) Stirbt der Verpächter vor Ablauf der vereinbarten Pachtzeit, so kann die zuständige Behörde zur Vermeidung unbilliger Härten für den Pächter zulassen, dass das Pachtverhältnis zwischen dem Pächter und dem Erben für die Dauer von höchstens zwölf Monaten fortgesetzt wird.

(2) Der Pächter bedarf der Erlaubnis nach § 1. Der Pachtvertrag darf die berufliche Verantwortlichkeit und Entscheidungsfreiheit des pachtenden Apothekers nicht beeinträchtigen.

(3) Für die Dauer der Verpachtung finden auf die Erlaubnis des Verpächters § 3 Nr. 4, § 4 Abs. 2, soweit sich diese Vorschrift auf § 2 Abs. 1 Nr. 6 bezieht, sowie § 7 Satz 1 keine Anwendung.

(4) Die nach Absatz 2 erteilte Erlaubnis ist zurückzunehmen, wenn bei ihrer Erteilung eine der Voraussetzungen nach Absatz 1 nicht vorgelegen hat; sie ist zu widerrufen, wenn nachträglich eine dieser Voraussetzungen weggefallen ist. § 4 bleibt unberührt.

§ 10

Der Erlaubnisinhaber darf sich nicht verpflichten, bestimmte Arzneimittel ausschließlich oder bevorzugt anzubieten oder abzugeben oder anderweitig die Auswahl der von ihm abzugebenden Arzneimittel auf das Angebot bestimmter Hersteller oder Händler oder von Gruppen von solchen zu beschränken.

§ 11

(1) Erlaubnisinhaber und Personal von Apotheken dürfen mit Ärzten oder anderen Personen, die sich mit der Behandlung von Krankheiten befassen, keine Rechtsgeschäfte vornehmen oder Absprachen treffen, die eine bevorzugte Lieferung bestimmter Arzneimittel, die Zuführung von Patienten, die Zuweisung von Verschreibungen oder die Fertigung von Arzneimitteln ohne volle Angabe der Zusammensetzung zum Gegenstand haben. § 140a des Fünften Buches Sozialgesetzbuch bleibt unberührt.

(2) Abweichend von Absatz 1 darf der Inhaber einer Erlaubnis zum Betrieb einer öffentlichen Apotheke auf Grund einer Absprache anwendungsfertige Zytostatikazubereitungen, die im Rahmen des üblichen Apothekenbetriebes hergestellt worden sind, unmittelbar an den anwendenden Arzt abgeben.

(3) Der Inhaber einer Erlaubnis zum Betrieb einer Krankenhausapotheke darf auf Anforderung des Inhabers einer Erlaubnis zum Betrieb einer öffentlichen Apotheke die im Rahmen seiner Apotheke hergestellten anwendungsfertigen Zytostatikazubereitungen an diese öffentliche Apotheke oder auf Anforderung des Inhabers einer Erlaubnis zum Betrieb einer anderen Krankenhausapotheke an diese Krankenhausapotheke abgeben. Dies gilt entsprechend für

den Inhaber einer Erlaubnis zum Betrieb einer öffentlichen Apotheke für die Abgabe der in Satz 1 genannten Arzneimittel an eine Krankenhausapotheke oder an eine andere öffentliche Apotheke. Eines Vertrages nach § 14 Abs. 3 oder 4 bedarf es nicht.

(4) Im Falle einer bedrohlichen übertragbaren Krankheit, deren Ausbreitung eine sofortige oder das übliche Maß erheblich überschreitende Bereitstellung von spezifischen Arzneimitteln erforderlich macht,

a) findet Absatz 1 keine Anwendung auf Arzneimittel, die von den Gesundheitsbehörden des Bundes oder der Länder oder von diesen benannten Stellen nach § 47 Abs. 1 Satz 1 Nummer 3c des Arzneimittelgesetzes bevorratet oder nach § 21 Abs. 1c des Arzneimittelgesetzes hergestellt wurden,

b) gilt Absatz 3 Satz 1 entsprechend für Zubereitungen aus von den Gesundheitsbehörden des Bundes oder der Länder oder von diesen benannten Stellen bevorrateten Wirkstoffen.

in Seuchenfall

§ 11a  *Arzneimittelversand*

Die Erlaubnis zum Versand von apothekenpflichtigen Arzneimitteln gemäß § 43 Abs. 1 Satz 1 des Arzneimittelgesetzes ist dem Inhaber einer Erlaubnis nach § 2 auf Antrag zu erteilen, wenn er schriftlich versichert, dass er im Falle der Erteilung der Erlaubnis folgende Anforderungen erfüllen wird:

1. Der Versand wird aus einer öffentlichen Apotheke zusätzlich zu dem üblichen Apothekenbetrieb und nach den dafür geltenden Vorschriften erfolgen, soweit für den Versandhandel keine gesonderten Vorschriften bestehen.

2. Mit einem Qualitätssicherungssystem wird sichergestellt, dass

   a) das zu versendende Arzneimittel so verpackt, transportiert und ausgeliefert wird, dass seine Qualität und Wirksamkeit erhalten bleibt,

   b) das versandte Arzneimittel der Person ausgeliefert wird, die von dem Auftraggeber der Bestellung der Apotheke mitgeteilt wird. Diese Festlegung kann insbesondere die Aushändigung an eine namentlich bekannte natürliche Person oder einen benannten Personenkreis beinhalten,

   c) die Patientin oder der Patient auf das Erfordernis hingewiesen wird, mit dem behandelnden Arzt Kontakt aufzunehmen, sofern Probleme bei der Medikation auftreten und

   d) die Beratung durch pharmazeutisches Personal in deutscher Sprache erfolgen wird.

3. Es wird sichergestellt, dass

a) innerhalb von zwei Arbeitstagen nach Eingang der Bestellung das bestellte Arzneimittel versandt wird, soweit das Arzneimittel in dieser Zeit zur Verfügung steht, es sei denn, es wurde eine andere Absprache mit der Person getroffen, die das Arzneimittel bestellt hat; soweit erkennbar ist, dass das bestellte Arzneimittel nicht innerhalb der in Satz 1 genannten Frist versendet werden kann, ist der Besteller in geeigneter Weise davon zu unterrichten,

b) alle bestellten Arzneimittel geliefert werden, soweit sie im Geltungsbereich des Arzneimittelgesetzes in den Verkehr gebracht werden dürfen und verfügbar sind,

c) für den Fall von bekannt gewordenen Risiken bei Arzneimitteln ein geeignetes System zu Meldung solcher Risiken durch Kunden, zur Information der Kunden über solche Risiken und zu innerbetrieblichen Abwehrmaßnahmen zur Verfügung steht,

d) eine kostenfreie Zweitzustellung veranlasst wird,

e) ein System zur Sendungsverfolgung unterhalten wird und

f) eine Transportversicherung abgeschlossen wird.

Im Falle des elektronischen Handels mit apothekenpflichtigen Arzneimitteln gilt Satz 1 mit der Maßgabe, dass die Apotheke auch über die dafür geeigneten Einrichtungen und Geräte verfügen wird.

§ 11b *Rücknahme / Widerruf der Versanderlaubnis*

(1) Die Erlaubnis nach § 11a ist zurückzunehmen, wenn bei ihrer Erteilung eine der Voraussetzungen nach § 11a nicht vorgelegen hat.

(2) Die Erlaubnis ist zu widerrufen, wenn nachträglich eine der Voraussetzungen nach § 11a weggefallen ist. Die Erlaubnis kann widerrufen werden, wenn Tatsachen die Annahme rechtfertigen, dass der Erlaubnisinhaber entgegen einer vollziehbaren Anordnung der zuständigen Behörde die Apotheke nicht den Anforderungen des § 11a Satz 1 Nr. 1 bis 3, Satz 2 oder einer Rechtsverordnung nach § 21 entsprechend betreibt.

(3) Wird der Versandhandel ohne Erlaubnis betrieben, gilt § 5 entsprechend.

§ 12

Rechtsgeschäfte, die ganz oder teilweise gegen § 8 Satz 2, § 9 Abs. 1, § 10 oder § 11 verstoßen, sind nichtig.

§ 12a *Heimversorgung*

(1) Der Inhaber einer Erlaubnis zum Betrieb einer öffentlichen Apotheke ist verpflichtet, zur Versorgung von Bewohnern von Heimen im Sinne des § 1 des Heimgesetzes mit Arzneimitteln und apothekenpflichtigen Medizinprodukten

mit dem Träger der Heime einen schriftlichen Vertrag zu schließen. Der Vertrag bedarf zu seiner Rechtswirksamkeit der Genehmigung der zuständigen Behörde. Die Genehmigung ist zu erteilen, wenn

1. die öffentliche Apotheke und die zu versorgenden Heime innerhalb desselben Kreises oder derselben kreisfreien Stadt oder in einander benachbarten Kreisen oder kreisfreien Städten liegen,

2. die ordnungsgemäße Arzneimittelversorgung gewährleistet ist, insbesondere Art und Umfang der Versorgung, das Zutrittsrecht zum Heim sowie die Pflichten zur Überprüfung der ordnungsgemäßen, bewohnerbezogenen Aufbewahrung der von ihm gelieferten Produkte durch pharmazeutisches Personal der Apotheke sowie die Dokumentation dieser Versorgung vertraglich festgelegt sind,

3. die Pflichten des Apothekers zur Information und Beratung von Heimbewohnern und des für die Verabreichung oder Anwendung der gelieferten Produkte Verantwortlichen festgelegt sind, soweit eine Information und Beratung zur Sicherheit der Heimbewohner oder der Beschäftigten des Heimes erforderlich sind,

4. der Vertrag die freie Apothekenwahl von Heimbewohnern nicht einschränkt und

5. der Vertrag keine Ausschließlichkeitsbindung zugunsten einer Apotheke enthält und die Zuständigkeitsbereiche mehrerer an der Versorgung beteiligter Apotheken klar abgrenzt.

Nachträgliche Änderungen oder Ergänzungen des Vertrages sind der zuständigen Behörde unverzüglich anzuzeigen.

(2) Die Versorgung ist vor Aufnahme der Tätigkeit der zuständigen Behörde anzuzeigen.

(3) Soweit Bewohner von Heimen sich selbst mit Arzneimitteln und apothekenpflichtigen Medizinprodukten aus öffentlichen Apotheken versorgen, bedarf es keines Vertrages nach Absatz 1.

§ 13 Verwaltung

(1) Nach dem Tode des Erlaubnisinhabers dürfen die Erben die Apotheke für längstens zwölf Monate durch einen Apotheker verwalten lassen.

(1a) Stirbt der Pächter einer Apotheke vor Ablauf der vereinbarten Pachtzeit, so kann die zuständige Behörde zur Vermeidung unbilliger Härten für den Verpächter zulassen, dass dieser die Apotheke für die Dauer von höchstens zwölf Monaten durch einen Apotheker verwalten lässt.

(1b) Der Verwalter bedarf für die Zeit der Verwaltung einer Genehmigung. Die Genehmigung ist zu erteilen, wenn er die Voraussetzungen des § 2 Abs. 1 Nr. 1 bis 4, 7 und 8 erfüllt.

(2) Die Genehmigung erlischt, wenn der Verwalter nicht mehr die Approbation als Apotheker besitzt. § 4 ist entsprechend anzuwenden.

(3) .Der Verwalter ist für die Beachtung der Apothekenbetriebsordnung und der Vorschriften über die Herstellung von Arzneimitteln und den Verkehr mit diesen verantwortlich.

Zweiter Abschnitt
Krankenhausapotheken; Bundeswehrapotheken;
Zweigapotheken; Notapotheken

§ 14 *Krankenhausapotheke*

(1) Dem Träger eines Krankenhauses ist auf Antrag die Erlaubnis zum Betrieb einer Krankenhausapotheke zu erteilen, wenn er

1. die Anstellung eines Apothekers, der die Voraussetzungen nach § 2 Abs. 1 Nr. 1 bis 4, 7 und 8 sowie Abs. 3, auch in Verbindung mit Abs. 2 oder 2a, erfüllt, und

2. die für Krankenhausapotheken nach der Apothekenbetriebsordnung vor-geschriebenen Räume nachweist.

Der Leiter der Krankenhausapotheke oder ein von ihm beauftragter Apotheker hat die Ärzte des Krankenhauses über Arzneimittel zu informieren und zu be-raten, insbesondere im Hinblick auf eine zweckmäßige und wirtschaftliche Arzneimitteltherapie. Dies gilt auch insoweit, als die ambulante Versorgung berührt ist.

(2) Die Erlaubnis ist zurückzunehmen, wenn nachträglich bekannt wird, dass bei der Erteilung eine der nach Absatz 1 Satz 1 erforderlichen Voraussetzungen nicht vorgelegen hat. Sie ist zu widerrufen, wenn eine der Voraussetzungen nach Absatz 1 weggefallen ist oder wenn der Erlaubnisinhaber oder eine von ihm beauftragte Person den Bestimmungen dieses Gesetzes, der auf Grund des § 21 erlassenen Rechtsverordnung oder den für die Herstellung von Arzneimitteln oder den Verkehr mit diesen erlassenen Rechtsvorschriften gröblich oder beharrlich zuwiderhandelt. Entsprechend ist hinsichtlich der Genehmigung nach Absatz 5 Satz 1 und 3 zu verfahren, wenn die Voraus-setzungen nach Absatz 5 Satz 2 nicht vorgelegen haben oder weggefallen sind.

(3) Wer als Inhaber einer Erlaubnis zum Betrieb einer Krankenhausapotheke nach Absatz 1 beabsichtigt, ein weiteres, nicht von ihm selbst getragenes Krankenhaus mit Arzneimitteln zu versorgen, hat dazu mit dem Träger dieses Krankenhauses einen schriftlichen Vertrag zu schließen.

(4) Wer als Träger eines Krankenhauses beabsichtigt, das Krankenhaus von dem Inhaber einer Erlaubnis zum Betrieb einer Apotheke nach § 1 Abs. 2 oder nach den Gesetzen eines anderen Mitgliedstaates der Europäischen Union oder eines anderen Vertragsstaates des Abkommens über den Europäischen

Wirtschaftsraum versorgen zu lassen, hat mit dem Inhaber dieser Erlaubnis einen schriftlichen Vertrag zu schließen. Erfüllungsort für die vertraglichen Versorgungsleistungen ist der Sitz des Krankenhauses. Anzuwendendes Recht ist deutsches Recht.

(5) Der nach Absatz 3 oder 4 geschlossene Vertrag bedarf zu seiner Rechtswirksamkeit der Genehmigung der zuständigen Behörde. Diese Genehmigung ist zu erteilen, wenn sichergestellt ist, dass das Krankenhaus mit einer Apotheke nach Absatz 3 oder 4 einen Vertrag über die Arzneimittelversorgung des Krankenhauses durch diese Apotheke geschlossen hat, der folgende Voraussetzungen erfüllt:

1. die ordnungsgemäße Arzneimittelversorgung ist gewährleistet, insbesondere sind die nach der Apothekenbetriebsordnung oder bei Apotheken, die ihren Sitz in einem anderen Mitgliedstaat der Europäischen Union oder einem anderen Vertragsstaat des Abkommens über den Europäischen Wirtschaftsraum haben, nach den in diesem Staat geltenden Vorschriften erforderlichen Räume und Einrichtungen sowie das erforderliche Personal vorhanden;

2. die Apotheke liefert dem Krankenhaus die von diesem bestellten Arzneimittel direkt oder im Falle des Versandes im Einklang mit den Anforderungen nach § 11a;

3. die Apotheke stellt Arzneimittel, die das Krankenhaus zur akuten medizinischen Versorgung besonders dringlich benötigt, unverzüglich und bedarfsgerecht zur Verfügung;

4. eine persönliche Beratung des Personals des Krankenhauses durch den Leiter der Apotheke nach Absatz 3 oder 4 oder den vom ihm beauftragten Apotheker der versorgenden Apotheke erfolgt bedarfsgerecht und im Notfall unverzüglich;

5. die versorgende Apotheke gewährleistet, dass das Personal des Krankenhauses im Hinblick auf eine zweckmäßige und wirtschaftliche Arzneimitteltherapie von ihr kontinuierlich beraten wird;

6. der Leiter der versorgenden Apotheken nach Absatz 3 oder 4 oder der von ihm beauftragte Apotheker ist Mitglied der Arzneimittelkommission des Krankenhauses.

Eine Genehmigung der zuständigen Behörde ist auch für die Versorgung eines anderen Krankhauses durch eine unter derselben Trägerschaft stehende Krankenhausapotheke erforderlich. Für die Erteilung der Genehmigung gilt Satz 2 entsprechend.

(6) Der Leiter der Krankenhausapotheke nach Absatz 1 oder einer Apotheke nach Absatz 4 oder ein von ihm beauftragter Apotheker hat die Arzneimittelvorräte des zu versorgenden Krankenhauses nach Maßgabe der Apothekenbetriebsordnung zu überprüfen und dabei insbesondere auf die einwandfreie Beschaffenheit und ordnungsgemäße Aufbewahrung der Arzneimittel zu ach-

ten. Zur Beseitigung festgestellter Mängel hat er eine angemessene Frist zu setzen und deren Nichteinhaltung der für die Apothekenaufsicht zuständigen Behörde anzuzeigen.

(7) Der Leiter der Krankenhausapotheke nach Absatz 1 oder ein von ihm beauftragter Apotheker oder der Leiter einer Apotheke nach Absatz 4 dürfen nur solche Krankenhäuser mit Arzneimitteln versorgen, mit denen rechtswirksame Verträge bestehen oder für deren Versorgung eine Genehmigung nach Absatz 5 Satz 3 erteilt wurde. Die in Satz 1 genannten Personen dürfen Arzneimittel nur an die einzelnen Stationen und anderen Teileinheiten des Krankenhauses zur Versorgung der Patienten abgeben, die in dem Krankenhaus vollstationär, teilstationär, vor- oder nachstationär (§ 115a des Fünften Buches Sozialgesetzbuch) behandelt, ambulant operiert oder im Rahmen sonstiger stationsersetzender Eingriffe (§ 115b des Fünften Buches Sozialgesetzbuch) versorgt werden, ferner zur unmittelbaren Anwendung bei Patienten an ermächtigte Ambulanzen des Krankenhauses, insbesondere an Hochschulambulanzen (§ 117 des Fünften Buches Sozialgesetzbuch), psychiatrische Institutsambulanzen (§ 118 des Fünften Buches Sozialgesetzbuch), sozialpädiatrische Zentren (§ 119 des Fünften Buches Sozialgesetzbuch) und ermächtigte Krankenhausärzte (§ 116 des Fünften Buches Sozialgesetzbuch) sowie an Patienten im Rahmen der ambulanten Behandlung im Krankenhaus, wenn das Krankenhaus hierzu ermächtigt (§ 116a des Fünften Buches Sozialgesetzbuch) oder vertraglich berechtigt (§§ 116b und 140b Abs. 4 Satz 3 des Fünften Buches Sozialgesetzbuch) ist. Bei der Entlassung von Patienten nach stationärer oder ambulanter Behandlung im Krankenhaus darf an diese die zur Überbrückung benötigte Menge an Arzneimitteln nur abgegeben werden, wenn im unmittelbaren Anschluss an die Behandlung ein Wochenende oder ein Feiertag folgt. An Beschäftigte des Krankenhauses dürfen Arzneimittel nur für deren unmittelbaren eigenen Bedarf abgegeben werden.

(8) Krankenhäuser im Sinne dieses Gesetzes sind Einrichtungen nach § 2 Nr. 1 des Krankenhausfinanzierungsgesetzes. Diesen stehen hinsichtlich der Arzneimittelversorgung gleich:

1. die nach Landesrecht bestimmten Träger und Durchführenden des Rettungsdienstes,

2. Kur- und Spezialeinrichtungen, die der Gesundheitsvorsorge oder der medizinischen oder beruflichen Rehabilitation dienen, sofern sie

    a) Behandlung oder Pflege sowie Unterkunft und Verpflegung gewähren,

    b) unter ständiger hauptberuflicher ärztlicher Leitung stehen und

    c) insgesamt mindestens 40 vom Hundert der jährlichen Leistungen für Patienten öffentlich-rechtlicher Leistungsträger oder für Selbstzahler abrechnen, die keine höheren als die den öffentlich-rechtlichen Leistungsträgern berechneten Entgelte zahlen.

Die nach Landesrecht bestimmten Träger und Durchführenden des Rettungsdienstes sowie Kur- und Spezialeinrichtungen sind als eine Station im Sinne des Absatzes 7 Satz 2 anzusehen, es sei denn, dass sie in Stationen oder andere Teileinheiten mit unterschiedlichem Versorgungszweck unterteilt sind. Dem Träger einer in Satz 2 genannten Einrichtung darf für diese eine Erlaubnis nach Absatz 1 nicht erteilt werden.

(9) Die Absätze 3, 4, 5 Satz 3 und Absatz 7 Satz 1 bis 3 finden keine Anwendung, soweit es sich um Arzneimittel zur Behandlung einer bedrohlichen übertragbaren Krankheit handelt, deren Ausbreitung eine sofortige und das übliche Maß erheblich überschreitende Bereitstellung von spezifischen Arzneimitteln erforderlich macht, und die von den Gesundheitsbehörden des Bundes oder der Länder oder von diesen benannten Stellen nach § 47 Abs. 1 Satz 1 Nr. 3c bevorratet oder nach § 21 Abs. 1c des Arzneimittelgesetzes hergestellt wurden.

§ 15 Bundeswehrapotheken

(1) Im Geschäftsbereich des Bundesministeriums der Verteidigung obliegt die Arzneimittelversorgung den Bundeswehrapotheken.

(2) Das Bundesministerium der Verteidigung regelt unter Berücksichtigung der besonderen militärischen Gegebenheiten in Dienstvorschriften die Errichtung der Bundeswehrapotheken sowie deren Einrichtung und Betrieb. Dabei stellt es sicher, dass die Angehörigen der Bundeswehr hinsichtlich der Arzneimittelversorgung und der Arzneimittelsicherheit nicht anders gestellt sind als Zivilpersonen.

§ 16 Verwaltete Zweigapotheken

(1) Tritt infolge Fehlens einer Apotheke ein Notstand in der Arzneimittelversorgung ein, so kann die zuständige Behörde dem Inhaber einer nahe gelegenen Apotheke auf Antrag die Erlaubnis zum Betrieb einer Zweigapotheke erteilen, wenn dieser die dafür vorgeschriebenen Räume nachweist.

(2) Zweigapotheken müssen verwaltet werden. § 13 gilt entsprechend.

(3) Die Erlaubnis nach Absatz 1 soll einem Apotheker nicht für mehr als eine Zweigapotheke erteilt werden.

(4) Die Erlaubnis wird für einen Zeitraum von fünf Jahren erteilt; sie kann erneut erteilt werden.

§ 17 Notapotheker

Ergibt sich sechs Monate nach öffentlicher Bekanntmachung eines Notstandes in der Arzneimittelversorgung der Bevölkerung, dass weder ein Antrag auf Betrieb einer Apotheke noch einer Zweigapotheke gestellt worden ist, so kann die zuständige Behörde einer Gemeinde oder einem Gemeindeverband die Erlaubnis zum Betrieb einer Apotheke unter Leitung eines von ihr anzustellenden Apothekers erteilen, wenn diese die nach diesem Gesetz vorgeschriebenen Räume und Einrichtungen nachweisen. Der Apotheker muss die Voraussetzungen des § 2 Abs. 1 Nr. 1 bis 4 und 7 erfüllen.

Dritter Abschnitt
Apothekenbetriebsordnung und Ausnahmeregelungen für Bundespolizei und Bereitschaftspolizei

§§ 18 bis 20

(weggefallen)

§ 21   *Ermächtigungsparagraph*

(1) Das Bundesministerium für Gesundheit und Soziale Sicherung wird ermächtigt, durch Rechtsverordnung mit Zustimmung des Bundesrates eine Apothekenbetriebsordnung zu erlassen, um einen ordnungsgemäßen Betrieb der Apotheken, Zweigapotheken und Krankenhausapotheken zu gewährleisten und um die Qualität der dort herzustellenden und abzugebenden Arzneimittel sicherzustellen. Hierbei sind die von der Weltgesundheitsorganisation aufgestellten Grundregeln für die Herstellung von Arzneimitteln und die Sicherung ihrer Qualität, die Vorschriften des Arzneibuches und die allgemein anerkannten Regeln der pharmazeutischen Wissenschaft zu berücksichtigen.

Mit Zustimmung des Bundesrates können durch die Apothekenbetriebsordnung nach Satz 1 Regelungen über die Organisation, Ausstattung und Mitwirkung von Apotheken bei der Durchführung von nach dem Fünften Buch Sozialgesetzbuch vereinbarten Versorgungsformen erlassen werden. Weiterhin wird das Bundesministerium ermächtigt, durch Rechtsverordnung mit Zustimmung des Bundesrates Regelungen insbesondere zur Gestaltung einschließlich des Betreibens und der Qualitätssicherung von Informationen in elektronischen Medien, die in Verbindung mit dem elektronischen Handel mit Arzneimitteln verwendet werden, zu treffen.

(2) In der Apothekenbetriebsordnung nach Absatz 1 Satz 1 können Regelungen getroffen werden über

1. das Entwickeln, Herstellen, Erwerben, Prüfen, Ab- und Umfüllen, Verpacken und Abpacken, Lagern, Feilhalten, Abgeben und die Kennzeichnung von Arzneimitteln sowie die Absonderung oder Vernichtung nicht verkehrsfähiger Arzneimittel und über sonstige Betriebsvorgänge,

1a. die Anforderungen an den Versand, an den elektronischen Handel einschließlich Versand, an die Beratung und Information in Verbindung mit diesem Arzneimittelhandel und Sicherstellung der ordnungsgemäßen Aushändigung dieser Arzneimittel an den Endverbraucher, an Dokumentationspflichten sowie zur Bestimmung von Arzneimitteln oder Arzneimittelgruppen, deren Abgabe auf dem Wege des Versandhandels aus

Gründen der Arzneimittelsicherheit oder des Verbraucherschutzes nicht zulässig ist, soweit nicht mit angemessenen Mitteln die Arzneimittelsicherheit und der Verbraucherschutz gewährleistet werden können und die Annahme der Risiken begründet ist und die Risiken unverhältnismäßig sind,

2. die Führung und Aufbewahrung von Nachweisen über die in Nummer 1 genannten Betriebsvorgänge, *Dokumentation*

3. die besonderen Versuchsbedingungen und die Kontrolle der bei der Entwicklung, Herstellung und Prüfung von Arzneimitteln verwendeten Tiere sowie die Führung und Aufbewahrung von Nachweisen darüber; die Vorschriften des Tierschutzgesetzes und der auf Grund des Tierschutzgesetzes erlassenen Rechtsverordnungen bleiben unberührt,

4. die Anforderungen an das Apothekenpersonal und dessen Einsatz,

5. die Vertretung des Apothekenleiters,

6. die Größe, Beschaffenheit, Ausstattung und Einrichtung der Apothekenbetriebsräume sowie der sonstigen Räume, die den Versand und den elektronischen Handel einschließlich Versand mit Arzneimitteln sowie die Beratung und Information in Verbindung mit diesem Handel betreffen,

7. die Beschaffenheit und die Kennzeichnung der Behältnisse in der Apotheke,

8. die apothekenüblichen Waren, die Nebengeschäfte, die Dienstbereitschaft und das Warenlager der Apotheken sowie die Arzneimittelabgabe innerhalb und außerhalb der Apothekenbetriebsräume,

9. die Voraussetzungen der Erlaubniserteilung für die Errichtung von Rezeptsammelstellen und das dabei zu beachtende Verfahren sowie die Voraussetzungen der Schließung von Rezeptsammelstellen und die Anforderungen an ihren Betrieb,

10. die Benennung und den Verantwortungsbereich von Kontrollleitern in Apotheken,

11. die Zurückstellung von Chargenproben sowie deren Umfang und Lagerungsdauer,

12. die Anforderungen an die Hygiene in den Apotheken und

13. die Überprüfung der Arzneimittelvorräte in Krankenhäusern sowie die Führung und Aufbewahrung von Nachweisen darüber.

(3) In der Rechtsverordnung nach Absatz 1 Satz 4 können insbesondere folgende Regelungen zur Gestaltung einschließlich des Betreibens und der Qualitätssicherung von Informationen in elektronischen Medien getroffen werden, die in Verbindung mit dem elektronischen Handel mit Arzneimitteln verwendet werden: *Versandhandel* :

1. Darbietung und Anwendungssicherheit,

2. Bestellformular und dort aufgeführte Angaben,

3. Fragebogen zu für die Arzneimitteltherapie relevanten Angaben, soweit diese aus Gründen der Arzneimittelsicherheit erforderlich sein können,

4. Informationen zur Arzneimittelsicherheit,

5. Vermittlungsart und -qualität der Information,

6. Qualitätssicherung, Qualitätskontrolle und Qualitätsbestätigung,

7. Zielgruppenorientierung,

8. Transparenz,

9. Urheberschaft der Webseite und der Informationen,

10. Geheimhaltung und Datenschutz,

11. Aktualisierung von Informationen,

12. Verantwortlichkeit und Ansprechpartner für Rückmeldungen,

13. Zugreifbarkeit auf gesundheits- oder arzneimittelbezogene Daten oder Inhalte,

14. Verlinkung zu anderen Webseiten und sonstigen Informationsträgern,

15. Einrichtungen zur Erkennung und Überprüfung des Status der Überwachung oder Überprüfung der Apotheke und der Webseite sowie deren Grundlagen.

(4) Soweit Apotheken eine Erlaubnis zur Herstellung von Arzneimitteln nach den Vorschriften des Arzneimittelgesetzes haben, gilt für den Apothekenbetrieb die Apothekenbetriebsordnung, für den Herstellungsbetrieb die entsprechenden Vorschriften des Arzneimittelrechts.

§ 22

Einrichtungen, die der Arzneimittelversorgung der Angehörigen der Bundespolizei und der Bereitschaftspolizeien der Länder im Rahmen der freien Heilfürsorge sowie ihrer Tierbestände dienen, unterliegen nicht den Vorschriften dieses Gesetzes.

Vierter Abschnitt
Straf- und Bußgeldbestimmungen
§ 23

Wer vorsätzlich oder fahrlässig ohne die erforderliche Erlaubnis oder Genehmigung eine Apotheke, Krankenhausapotheke oder Zweigapotheke betreibt oder verwaltet, wird mit Freiheitsstrafe bis zu sechs Monaten oder mit Geldstrafe bis zu einhundertachtzig Tagessätzen bestraft.

§ 24

(weggefallen)

§ 25

(1) Ordnungswidrig handelt, wer vorsätzlich oder fahrlässig

1. entgegen § 2 Abs. 5 Nr. 2 einen Verantwortlichen nicht, nicht richtig oder nicht rechtzeitig benennt,

2. auf Grund einer nach § 8 Satz 2, § 9 Abs. 1, § 10 oder § 11 Abs. 1 unzulässigen Vereinbarung Leistungen erbringt oder annimmt oder eine solche Vereinbarung in sonstiger Weise ausführt,

3. eine Apotheke durch eine Person verwalten lässt, der eine Genehmigung nach § 13 Abs. 1 b Satz 1 nicht erteilt worden ist,

4. entgegen § 14 Abs. 7 Satz 1 ein Krankenhaus mit Arzneimitteln versorgt oder

5. entgegen § 14 Abs. 7 Satz 2, 3 oder 4 Arzneimittel abgibt.

(2) Ordnungswidrig handelt auch, wer vorsätzlich oder fahrlässig einer nach § 21 erlassenen Rechtsverordnung zuwiderhandelt, soweit sie für einen bestimmten Tatbestand auf diese Bußgeldvorschrift verweist.

(3) Die Ordnungswidrigkeit kann in den Fällen des Absatzes 1 Nr. 2 mit einer Geldbuße bis zu zwanzigtausend Euro, in den Fällen des Absatzes 1 Nr. 1, 3 und 4 und des Absatzes 2 mit einer Geldbuße bis zu fünftausend Euro geahndet werden.

Fünfter Abschnitt
Schluss- und Übergangsbestimmungen
§ 26

(1) Personalkonzessionen, Realkonzessionen und sonstige persönliche Betriebserlaubnisse, die vor dem Inkrafttreten dieses Gesetzes erteilt worden sind, gelten als Erlaubnisse im Sinne des § 1. Dies gilt auch für Berechtigungen, deren Inhaber Gebietskörperschaften sind; die Apotheken können verpachtet werden; § 9 findet keine Anwendung.

(2) Die nach bisherigem Recht erteilten Erlaubnisse zum Betrieb einer Krankenhausapotheke gelten in ihrem bisherigen Umfange weiter. Die nach bisherigem Recht erteilten Erlaubnisse zum Betrieb einer Zweigapotheke gelten als Erlaubnisse im Sinne des § 16.

§ 27

(1) Inhaber von anderen als den in § 26 bezeichneten Apothekenbetriebs-
berechtigungen bedürfen zum Betreiben der Apotheke einer Erlaubnis nach
§ 1. Soweit sie beim Inkrafttreten dieses Gesetzes eine Apotheke auf Grund
einer solchen Berechtigung betreiben, gilt die Erlaubnis als erteilt.

(2) Soweit eine solche Berechtigung nach Maßgabe der Verleihungsurkunde
und der bis zum Inkrafttreten dieses Gesetzes geltenden landesrechtlichen
Bestimmungen von einer Person, die nicht eine der Voraussetzungen des § 2
Abs. 1 Nr. 3 erfüllt, genutzt werden durfte, verbleibt es dabei. Die Nutzung hat
durch Verpachtung zu erfolgen; § 9 findet keine Anwendung; § 13 bleibt unberührt.

(3) Inhabern einer solchen Berechtigung wird eine Erlaubnis zum Betrieb einer
anderen Apotheke, die keine Zweigapotheke ist, nur erteilt, wenn sie auf die
bisherige Berechtigung verzichten.

§ 28

(1) Bei verpachteten Apotheken gilt die dem Pächter verliehene Betriebser-
laubnis oder die Bestätigung als Pächter als Erlaubnis nach § 1.

(2) Am 1. Mai 1960 bestehende Verträge über die Verpachtung oder Verwaltung einer Apotheke, die den §§ 9 und 13 nicht entsprechen, bleiben bis zum
Ablauf der vereinbarten Vertragsdauer in Kraft, wenn sie nicht zu einem früheren Zeitpunkt ihre Gültigkeit verlieren.

§ 28a

(1) Die staatlichen öffentlichen Apotheken, die Pharmazeutischen Zentren
und weitere Einrichtungen des staatlichen Apothekenwesens in dem in Artikel 3 des Einigungsvertrages genannten Gebiet werden in die Treuhandschaft
der Treuhandanstalt mit dem Ziel ihrer Privatisierung überführt.

(2) Apotheken, die in dem in Artikel 3 des Einigungsvertrages genannten Gebiet vorrangig der Arzneimittelversorgung eines oder mehrerer Krankenhäuser
dienen und eine räumliche Einheit mit einem Krankenhaus bilden, werden als
Krankenhausapotheken in das Eigentum des jeweiligen Krankenhauses überführt.

Im Interesse der ordnungsgemäßen Arzneimittelversorgung kann abweichend
von § 14 Abs. 7 Satz 2 einer Krankenhausapotheke in dem in Artikel 3 des Einigungsvertrages genannten Gebiet auf Antrag des Trägers des Krankenhauses durch die zuständige Behörde die Genehmigung zur Belieferung von
Verschreibungen erteilt werden, die von Ärzten der zum Krankenhaus gehörenden Poliklinik ausgestellt wurden. Die Genehmigung ist zurückzunehmen,
wenn in zumutbarer Entfernung vom Krankenhaus eine Apotheke den Betrieb
aufnimmt. Die Genehmigung erlischt spätestens am 31. Dezember 1993.

(3) Für die zum Zeitpunkt des Wirksamwerdens des Beitritts bestehenden Apotheken in dem in Artikel 3 des Einigungsvertrages genannten Gebiet gilt die Erlaubnis als erteilt; bei staatlichen Apotheken für den jeweiligen Träger. Bei Wechsel des Trägers ist die Erlaubnis neu zu beantragen. Für die Treuhandanstalt und den Träger eines Krankenhauses gilt die Erlaubnis als erteilt.

(4) Die Bezirksapothekeninspektionen und Bezirksdirektionen des Apothekenwesens in dem in Artikel 3 des Einigungsvertrages genannten Gebiet sind mit Bildung der Länder aufzulösen. Die Auflösung der Pharmazeutischen Zentren ist bis 30. Juni 1991 abzuschließen.

(5) Die Treuhandanstalt ist verpflichtet, Apotheken auf Antrag berechtigter Personen nach Absatz 6

1. an diese bis zum 31. Dezember 1991 zu verkaufen oder

2. diesen die Verwaltung zu übertragen, wenn auf Grund der Rechtslage ein unmittelbarer Verkauf der Apotheke nicht möglich ist oder der Antragsteller sich nicht mehr als fünf Jahre vor Erreichen des Vorruhestandsalters befindet.

Die Verwaltung ist auf höchstens fünf Jahre zu beschränken. Sie ist so auszugestalten, dass sie mit dem 31. Dezember 1996 spätestens endet. Im Interesse der Sicherstellung der Arzneimittelversorgung kann die Dauer der Verwaltung bis zum Eintritt des Rentenalters verlängert werden. § 13 Abs. 2 und 3 findet entsprechende Anwendung.

(6) Voraussetzungen für den Kauf und die Verwaltung einer Apotheke sind

1. für den Käufer der Besitz einer Erlaubnis nach § 1 Abs. 2,

2. für den Verwalter der Besitz einer Genehmigung nach § 13 Abs. 1b,

3. eine Option gemäß Absatz 7.

Die Erlaubnis oder die Genehmigung und die Option sind dem Antrag nach Absatz 5 beizufügen.

(7) Die zuständige Behörde hat die in Treuhandschaft zu überführenden Apotheken zum Kauf oder zur Verwaltung auszuschreiben. Sie erteilt auf Antrag eine Option zum Kauf oder zur Verwaltung einer Apotheke. Die Entscheidung trifft durch Stimmenmehrheit eine Kommission, die sich zusammensetzt aus

1. einem Vertreter der zuständigen Behörde als Vorsitzenden,

2. einem Vertreter der Treuhandanstalt,

3. drei Apothekern, von denen mindestens einer Apothekenleiter und einer Mitarbeiter ist. Diese Apotheker werden von der Landesapothekenkammer benannt. Solange die Landesapothekenkammer noch nicht besteht, werden sie von dem Landesverband des Verbandes der Apotheker in den in Artikel 3 des Einigungsvertrages genannten Gebieten benannt.

(8) Einem Pharmazieingenieur, der aufgrund einer Ausnahmegenehmigung in dem in Artikel 3 des Einigungsvertrages genannten Gebiet eine Apotheke lei-

tet, kann auf Antrag die Genehmigung zur Verwaltung der von ihm bisher ge-
leiteten Apotheke erteilt werden, wenn der Antragsteller

a) diese Apotheke mindestens 10 Jahre zuverlässig geleitet hat und

b) die Anforderungen des § 2 Abs. 1 Nr. 4 und 7 erfüllt.

Die Erteilung der Genehmigung setzt ferner voraus, dass die vom Pharmazieingenieur verwaltete Apotheke Zweigapotheke einer öffentlichen Apotheke
wird. Über entsprechende Anträge ist gemäß Absatz 7 zu entscheiden. Die
Genehmigung zur Verwaltung gilt bis zum Eintritt des Rentenalters, höchstens
jedoch fünf Jahre.

(9) Der Verkauf oder die Übertragung einer Verwaltung von ehemals staatlichen Apotheken, die bei Wirksamwerden des Beitritts in dem in Artikel 3 des
Einigungsvertrages genannten Gebiet bestehen, ist bis zum 31. Dezember
1992 nur an Antragsteller gestattet, die bei Inkrafttreten dieses Vertrages Bürger des in Artikel 3 genannten Gebietes waren oder nach 1972 als ehemalige
Bürger dieses Gebietes ihren ständigen Wohnsitz außerhalb dieses Gebietes
hatten und ihren Wohnsitz nach dem 1. Januar 1990 wieder in diesem Gebiet
genommen haben.

§ 29

(weggefallen)

§ 30

Auf ärztliche und tierärztliche Abgabestellen für Arzneimittel (Hausapotheken)
finden die Vorschriften dieses Gesetzes keine Anwendung.

§ 31

(Außerkrafttreten; nicht abgedruckt)

§ 32

(Die Berlin-Klausel ist durch den Einigungsvertrag gegenstandslos)

§ 33

(Inkrafttreten; nicht abgedruckt)

Anlage

zu § 2 Abs. 2 des Gesetzes über das Apothekenwesen

Pharmazeutische Diplome, Prüfungszeugnisse oder sonstige Befähigungsnachweise der übrigen Mitgliedstaaten der Europäischen Gemeinschaften

a) In Belgien:

Das von den medizinischen und pharmazeutischen Fakultäten der Universitäten, vom Hauptprüfungsausschuss oder von den staatlichen Prüfungsausschüssen für die Hochschulen ausgestellte „diplôme legal de pharmacien"/„wettelijk diploma van apoteker" (gesetzliches Diplom eines Apothekers).

b) In Dänemark:

Bevis for bestået farmaceutisk kandidateksamen

(Die Bescheinigung über die erfolgreich abgelegte Prüfung eines Apotheker-Kandidaten.)

c) In Griechenland:

πιστοποιητικό των αρμοδίων αρχών, ικανόοτητας άσκησης της φαρμακευτικής, χορηγούμενο μετά κρατική εξέταση

(Das auf Grund einer staatlichen Prüfung von den zuständigen Stellen ausgestellte Zeugnis über die Befähigung zur Ausübung der pharmazeutischen Tätigkeit.)

d) In Frankreich:

Das von den Universitäten ausgestellte „Diplôme d'Etat de pharmacien" (Staatsdiplom eines Apothekers) oder das von den Universitäten ausgestellte „Diplôme d'Etat de Docteur en pharmacie" (Staatsdiplom eines Doktors der Pharmazeutik).

e) In Irland:

Das Zeugnis eines „Registered Pharmaceutical Chemist".

f) In Italien:

Das auf Grund einer staatlichen Prüfung erworbene Diplom oder Zeugnis über die Befähigung zur Ausübung des Apothekerberufs.

g) In Luxemburg:

Das vom staatlichen Prüfungsausschuss ausgestellte und vom Minister für Erziehungswesen beglaubigte staatliche Apothekerdiplom.

h) In den Niederlanden:

Het getuigschrift van met goed gevolg afgelegd apothekers-examen

(Das Diplom über die erfolgreiche Ablegung des Apothekerexamens.)

i) In Portugal:

Carta de curso de licenciatura em Ciências Farmacêuticas (Prüfungs-
zeugnis über die Lizenz in pharmazeutischen Wissenschaften), das von
den Universitäten ausgestellt wird.

j) In Spanien:

Titulo de licenciado en farmacia (Diplom des Lizenziats in der Pharmazie),
das vom Ministerium für Ausbildung und Wissenschaft oder von den Universitäten ausgestellt wird.

k) Im Vereinigten Königreich:

Das Zeugnis eines „Registered Pharmaceutical Chemist".

Verordnung über den Betrieb von Apotheken (Apothekenbetriebsordnung – ApBetrO)

in der Fassung vom 26. September 1995 (BGBl. I S. 1195),
zuletzt geändert durch Artikel 2 des Gesetzes
vom 15. Juni 2005
(BGBl. I S. 1642)

Inhaltsübersicht

Dritter Abschnitt
Der Betrieb von Krankenhausapotheken

Vierter Abschnitt
Ordnungswidrigkeiten, Übergangs- und Schlußvorschriften

Anlagen

Erster Abschnitt
Allgemeine Bestimmung

§ 1
Anwendungsbereich

(1) Diese Verordnung findet Anwendung auf den Betrieb und die Einrichtung von öffentlichen Apotheken einschließlich der Apotheken, die gemäß § 14 Abs. 4 des Gesetzes über das Apothekenwesen ein Krankenhaus mit Arzneimitteln versorgen (krankenhausversorgende Apotheken), Zweig- und Notapotheken sowie von Krankenhausapotheken. Ihre Vorschriften legen fest, wie die ordnungsgemäße Arzneimittelversorgung der Bevölkerung sicherzustellen ist.

(2) Diese Verordnung findet auf den Apothekenbetrieb insoweit keine Anwendung, als eine Erlaubnis nach § 13 oder § 72 des Arzneimittelgesetzes erteilt worden ist.

(3) Die Medizinprodukte-Betreiberverordnung in der Fassung der Bekanntmachung vom 21. August 2002 (BGBl. I S. 3396) und die Medizinprodukte-Sicherheitsplanverordnung vom 24. Juni 2002 (BGBl. I S. 2131), jeweils in der geltenden Fassung, bleiben unberührt.

Zweiter Abschnitt
Der Betrieb von öffentlichen Apotheken

§ 2
Apothekenleiter

(1) Apothekenleiter ist

1. bei einer Apotheke, die nach § 1 Abs. 2 des Gesetzes über das Apothekenwesen betrieben wird, der Inhaber der Erlaubnis nach § 2 des Apothekengesetzes, im Falle der Verpachtung der Pächter,

2. bei einer Apotheke oder Zweigapotheke, die nach § 13 oder § 16 des Gesetzes über das Apothekenwesen verwaltet wird, der Inhaber der Genehmigung,

3. bei einer Apotheke, die nach § 17 des Gesetzes über das Apothekenwesen betrieben wird, der von der zuständigen Behörde angestellte und mit der Leitung beauftragte Apotheker,

4. bei einer Hauptapotheke nach § 2 Abs. 5 Nr. 1 des Apothekengesetzes der Inhaber der Erlaubnis nach § 2 Abs. 4 des Apothekengesetzes,

5. bei einer Filialapotheke nach § 2 Abs. 5 Nr. 2 des Apothekengesetzes der vom Betreiber benannte Verantwortliche.

(2) Der Apothekenleiter hat die Apotheke persönlich zu leiten. Er ist dafür verantwortlich, dass die Apotheke unter Beachtung der geltenden Vor-

schriften betrieben wird. Neben dem Apothekenleiter nach Absatz 1 Nr. 5 ist auch der Betreiber für die Einhaltung der zum Betreiben von Apotheken geltenden Vorschriften verantwortlich.

(3) Der Apothekenleiter hat jeden Betrieb einer weiteren Apotheke in einem anderen Mitgliedstaat der Europäischen Gemeinschaften oder in einem anderen Vertragsstaat des Abkommens über den Europäischen Wirtschaftsraum sowie jede berufliche Tätigkeit, die er neben seiner Tätigkeit als Apothekenleiter ausübt, vor ihrer Aufnahme der zuständigen Behörde anzuzeigen.

Angebot a potheke üblicher Ware daß nicht ausgeht

(4) Der Apothekenleiter darf neben Arzneimitteln und apothekenpflichtigen Medizinprodukten die in § 25 genannten Waren nur in einem Umfang anbieten oder feilhalten, der den ordnungsgemäßen Betrieb der Apotheke und den Vorrang des Arzneimittelversorgungsauftrages nicht beeinträchtigt.

Vertretung

(5) Der Apothekenleiter muss sich, sofern er seine Verpflichtung zur persönlichen Leitung der Apotheke vorübergehend nicht selbst wahrnimmt, durch einen Apotheker vertreten lassen. Die Vertretung darf insgesamt drei Monate im Jahr nicht überschreiten. Die zuständige Behörde kann eine Vertretung über diese Zeit hinaus zulassen, wenn ein in der Person des Apothekenleiters liegender wichtiger Grund gegeben ist.

(6) Kann ein Apothekenleiter seiner Verpflichtung nach Absatz 5 Satz 1 nicht nachkommen, kann er sich von einem Apothekerassistenten oder Pharmazieingenieur vertreten lassen, sofern dieser insbesondere hinsichtlich seiner Kenntnisse und Fähigkeiten dafür geeignet ist und im Jahre vor dem Vertretungsbeginn mindestens sechs Monate hauptberuflich in einer öffentlichen Apotheke oder Krankenhausapotheke beschäftigt war. Der Apothekenleiter darf sich nicht länger als insgesamt vier Wochen im Jahr von Apothekerassistenten oder Pharmazieingenieuren vertreten lassen. Der Apothekenleiter hat vor Beginn der Vertretung die zuständige Behörde unter Angabe des Vertreters zu unterrichten. Die Sätze 1 bis 3 gelten nicht für die Vertretung des Inhabers einer Erlaubnis nach § 2 Abs. 4 des Apothekengesetzes und nicht für die Vertretung des Leiters einer krankenhausversorgenden Apotheke.

(7) Der mit der Vertretung beauftragte Apotheker oder Apothekerassistent oder Pharmazieingenieur hat während der Dauer der Vertretung die Pflichten eines Apothekenleiters.

§ 3
Apothekenpersonal

(1) Das Apothekenpersonal besteht aus pharmazeutischem und nicht-pharmazeutischem Personal. Es darf nur entsprechend seiner Ausbildung und seinen Kenntnissen eingesetzt werden.

(2) Zur Gewährleistung eines ordnungsgemäßen Betriebs der Apotheke muss das notwendige pharmazeutische Personal vorhanden sein. Das zur Versorgung eines Krankenhauses zusätzlich erforderliche Personal ergibt sich aus Art und Umfang einer medizinisch zweckmäßigen und ausreichenden Versorgung des Krankenhauses mit Arzneimitteln unter Berücksichtigung von Größe, Art und Leistungsstruktur des Krankenhauses.

(3) Das pharmazeutische Personal umfasst

1. Apotheker, *eigenverantwortlich*

2. Personen, die sich in der Ausbildung zum Apothekerberuf befinden, *unter Aufsicht*

3. pharmazeutisch-technische Assistenten,

4. Personen, die sich in der Ausbildung zum Beruf des pharmazeutisch-technischen Assistenten befinden,

5. Apothekerassistenten, *Unter Verantwortung*

6. Pharmazieingenieure, *unter Verantwortung*

7. Personen, die sich in der Ausbildung zum Beruf des Pharmazieingenieurs befinden, *unter Aufsicht*

8. Apothekenassistenten, *unter Verantwortung !*

9. pharmazeutische Assistenten. *-> dürfen keine AM abgeben*

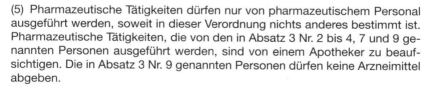

Zum nichtpharmazeutischen Personal gehören insbesondere die Apothekenhelfer, Apothekenfacharbeiter und pharmazeutisch-kaufmännische Angestellte; im Rahmen der pharmazeutischen Tätigkeiten unterstützen sie das pharmazeutische Personal bei der Herstellung und Prüfung der Arzneimittel sowie durch Bedienung, Pflege und Instandhaltung der Arbeitsgeräte und beim Abfüllen, Abpacken und bei der Vorbereitung der Arzneimittel zur Abgabe.

(4) Pharmazeutische Tätigkeiten im Sinne dieser Verordnung sind die Entwicklung, Herstellung, Prüfung und Abgabe von Arzneimitteln, die Information und Beratung über Arzneimittel sowie die Überprüfung der Arzneimittelvorräte in Krankenhäusern.

(5) Pharmazeutische Tätigkeiten dürfen nur von pharmazeutischem Personal ausgeführt werden, soweit in dieser Verordnung nichts anderes bestimmt ist. Pharmazeutische Tätigkeiten, die von den in Absatz 3 Nr. 2 bis 4, 7 und 9 genannten Personen ausgeführt werden, sind von einem Apotheker zu beaufsichtigen. Die in Absatz 3 Nr. 9 genannten Personen dürfen keine Arzneimittel abgeben.

(6) Zur Versorgung eines Krankenhauses mit Ausnahme der Zustellung darf der Apothekenleiter nur Personal einsetzen, das in seinem Betrieb tätig ist.

§ 4
Beschaffenheit, Größe und Einrichtung der Apothekenbetriebsräume

(1) Die Betriebsräume müssen nach Art, Größe, Zahl, Lage und Einrichtung geeignet sein, einen ordnungsgemäßen Apothekenbetrieb, insbesondere die einwandfreie Entwicklung, Herstellung, Prüfung, Lagerung, Verpackung sowie eine ordnungsgemäße Abgabe von Arzneimitteln und die Information und Beratung über Arzneimittel, auch mittels Einrichtungen der Telekommunikation, zu gewährleisten. Soweit die Apotheke Arzneimittel versendet oder elektronischen Handel betreibt, gilt Satz 1 entsprechend. Sie sind in einwandfreiem hygienischen Zustand zu halten.

(2) Eine Apotheke muss mindestens aus einer Offizin, einem Laboratorium, ausreichendem Lagerraum und einem Nachtdienstzimmer bestehen. Die Offizin muß einen Zugang zu öffentlichen Verkehrsflächen haben; sie muss so eingerichtet sein, dass die Vertraulichkeit der Beratung gewahrt werden kann. Das Laboratorium muss mit einem Abzug mit Absaugvorrichtung oder mit einer entsprechenden Einrichtung, die die gleiche Funktion erfüllt, ausgestattet sein. Die qualitätsgerechte Herstellung der in Absatz 7 genannten Darreichungsformen sowie eine Lagerhaltung unterhalb einer Temperatur von 20 °C müssen möglich sein. Die Grundfläche der in Satz 1 benannten Apothekenbetriebsräume muss insgesamt mindestens 110 m² betragen. Für krankenhausversorgende Apotheken gilt § 29 Abs. 1 und 3 entsprechend.

(3) Eine Zweigapotheke muss mindestens aus einer Offizin, ausreichendem Lagerraum und einem Nachtdienstzimmer bestehen. *kein Labor erforderlich*

(4) Die Betriebsräume sollen so angeordnet sein, dass jeder Raum ohne Verlassen der Apotheke zugänglich ist. Das gilt nicht für das Nachtdienstzimmer, für Betriebsräume, die ausschließlich der Arzneimittelversorgung von Krankenhäusern dienen oder in denen anwendungsfertige Zytostatikazubereitungen hergestellt werden oder die den Versand und den elektronischen Handel mit Arzneimitteln sowie die Beratung und Information in Verbindung mit diesem Versandhandel einschließlich dem elektronischen Handel betreffen. Diese Räume müssen jedoch in angemessener Nähe zu den übrigen Betriebsräumen liegen. Die Anmietung von Lagerraum innerhalb des zu versorgenden Krankenhauses ist nicht zulässig.

(5) Die Betriebsräume müssen von anderweitig gewerblich oder freiberuflich genutzten Räumen sowie von öffentlichen Verkehrsflächen und Ladenstraßen durch Wände oder Türen abgetrennt sein.

(6) Wesentliche Veränderungen der Größe und Lage der Betriebsräume sind der zuständigen Behörde vorher anzuzeigen.

(7) Die Apotheke muss so mit Geräten ausgestattet sein, dass Arzneimittel in den Darreichungsformen Kapseln, Salben, Pulver, Drogenmischungen, Lösungen, Suspensionen, Emulsionen, Extrakte, Tinkturen, Suppositorien und Ovula ordnungsgemäß hergestellt werden können. Die Herstellung von sterilen Arzneimitteln und von Wasser für Injektionszwecke muss möglich sein.

(8) In der Apotheke müssen insbesondere die in Anlage 1 aufgeführten Geräte und Prüfmittel vorhanden sein. Diese können durch andere Geräte und Prüfmittel ersetzt werden unter der Voraussetzung, dass damit die gleichen Ergebnisse erzielt werden. Sofern die Prüfmittel in der Apotheke hergestellt werden können, genügt es, wenn die zu ihrer Herstellung erforderlichen Stoffe und Zubereitungen vorhanden sind. Bei den Indikatoren genügt es, wenn die entsprechende Zubereitung (z. B. Lösung, Verreibung) vorrätig gehalten wird.

(handschriftliche Notiz am rechten Rand: Prüfung (Geräte, Prüfmittel))

§ 5
Wissenschaftliche und sonstige Hilfsmittel

In der Apotheke müssen vorhanden sein

1. wissenschaftliche Hilfsmittel, die zur Herstellung und Prüfung von Arzneimitteln und Ausgangsstoffen nach den anerkannten pharmazeutischen Regeln im Rahmen des Apothekenbetriebs notwendig sind, insbesondere das Arzneibuch, der Deutsche Arzneimittel-Codex und ein Verzeichnis der gebräuchlichen Bezeichnungen für Arzneimittel und deren Ausgangsstoffe (Synonym-Verzeichnis),

2. wissenschaftliche Hilfsmittel, die zur Information und Beratung des Kunden über Arzneimittel notwendig sind, insbesondere Informationsmaterial über die Zusammensetzung, Anwendungsgebiete, Gegenanzeigen, Nebenwirkungen, Wechselwirkungen mit anderen Mitteln, Dosierungsanleitung und die Hersteller der gebräuchlichen Fertigarzneimittel sowie über die gebräuchlichen Dosierungen von Arzneimitteln,

3. wissenschaftliche Hilfsmittel, die zur Information und Beratung der zur Ausübung der Heilkunde, Zahnheilkunde oder Tierheilkunde berechtigten Personen über Arzneimittel erforderlich sind,

4. Texte der geltenden Vorschriften des Apotheken-, Arzneimittel-, Betäubungsmittel-, Heilmittelwerbe- und Chemikalienrechts.

§ 6
Allgemeine Vorschriften über die Herstellung und Prüfung

(1) Arzneimittel, die in der Apotheke hergestellt werden, müssen die nach der pharmazeutischen Wissenschaft erforderliche Qualität aufweisen. Sie sind nach den anerkannten pharmazeutischen Regeln herzustellen und zu prüfen; enthält das Arzneibuch entsprechende Regeln, sind die Arzneimittel nach diesen Regeln herzustellen und zu prüfen. Dabei können für die Prüfung auch andere Methoden angewandt und andere Geräte benutzt werden, als im Deutschen Arzneibuch beschrieben sind, unter der Voraussetzung, dass die gleichen Ergebnisse wie mit den beschriebenen Methoden und Geräten erzielt werden. Soweit erforderlich, ist die Prüfung in angemessenen Zeiträumen zu wiederholen.

(2) Bei der Herstellung von Arzneimitteln ist Vorsorge zu treffen, dass eine gegenseitige nachteilige Beeinflussung der Arzneimittel sowie Verwechslungen der Arzneimittel und des Verpackungs- und Kennzeichnungsmaterials vermieden werden.

(3) Die Prüfung der Arzneimittel kann unter Verantwortung des Apothekenleiters auch außerhalb der Apotheke in einem Betrieb, für den eine Erlaubnis nach § 13 des Arzneimittelgesetzes oder nach § 1 Abs. 2 in Verbindung mit § 2 des Gesetzes über das Apothekenwesen erteilt ist, oder durch einen Sachverständigen im Sinne des § 65 Abs. 4 des Arzneimittelgesetzes erfolgen. Der für die Prüfung Verantwortliche des beauftragten Betriebes hat unter Angabe der Charge sowie des Datums und der Ergebnisse der Prüfung zu bescheinigen, dass das Arzneimittel nach den anerkannten pharmazeutischen Regeln geprüft worden ist und die erforderliche Qualität aufweist (Prüfzertifikat). In der Apotheke ist mindestens die Identität des Arzneimittels festzustellen; über die durchgeführten Prüfungen sind Aufzeichnungen zu machen. § 10 Abs. 6 bleibt unberührt.

(4) Das Umfüllen einschließlich Abfüllen und das Abpacken sowie Kennzeichnen von Arzneimitteln darf unter Aufsicht eines Apothekers auch von nichtpharmazeutischem Personal ausgeführt werden.

§ 7
Rezeptur

[handschriftlich: individuelles Herstellen eines AM für einen bestimmten Patienten in kleineren Mengen]

[handschriftlich am linken Rand: Substitutionsverbot]

(1) Wird ein Arzneimittel auf Grund einer Verschreibung von Personen, die zur Ausübung der Heilkunde, Zahnheilkunde oder Tierheilkunde berechtigt sind, hergestellt, muss es der Verschreibung entsprechen. Andere als die in der Verschreibung genannten Bestandteile dürfen ohne Zustimmung des Verschreibenden bei der Herstellung nicht verwendet werden. Dies gilt nicht für Bestandteile, sofern sie keine eigene arzneiliche Wirkung haben und die arzneiliche Wirkung nicht nachteilig beeinflussen können. Enthält eine Verschreibung einen erkennbaren Irrtum, ist sie unleserlich oder ergeben sich sonstige Bedenken, so darf das Arzneimittel nicht hergestellt werden, bevor die Unklarheit beseitigt ist. Bei Einzelherstellung ohne Verschreibung ist Satz 4 entsprechend anzuwenden.

(2) Bei einer Rezeptur kann von einer Prüfung abgesehen werden, sofern die Qualität des Arzneimittels durch das Herstellungsverfahren gewährleistet ist.

§ 8
Defektur

[handschriftlich: Herstellen größerer Mengen im Voraus "Hunderter-Regelung"]

(1) Werden Arzneimittel im Rahmen des üblichen Apothekenbetriebs im voraus in Chargengrößen bis zu hundert abgabefertigen Packungen oder in einer diesen entsprechenden Menge an einem Tag hergestellt, so ist ein Herstellungsprotokoll anzufertigen, das mindestens zu enthalten hat

1. die Bezeichnung und Darreichungsform,

2. die Art, Menge, Qualität, Chargenbezeichnung oder Prüfnummer der verwendeten Ausgangsstoffe,

3. die der Herstellung des Arzneimittels zugrundeliegenden Herstellungsvorschriften,

4. das Herstellungsdatum oder die Chargenbezeichnung,

5. das Verfalldatum,

6. das Namenszeichen des für die Herstellung verantwortlichen Apothekers.

(2) Verfahren, Umfang, Ergebnisse und Datum der Prüfung sind in einem Prüfprotokoll festzuhalten. In dem Prüfprotokoll hat der prüfende oder der die Prüfung beaufsichtigende Apotheker mit Datum und eigenhändiger Unterschrift zu bestätigen, dass das Arzneimittel geprüft worden ist und die erforderliche Qualität hat.

(3) Von der Prüfung des Arzneimittels kann abgesehen werden, soweit die Qualität durch das Herstellungsverfahren gewährleistet ist. Wird von der Prüfung abgesehen, ist dies im Herstellungsprotokoll zu vermerken.

§ 9
Großherstellung

(1) Werden Arzneimittel im Rahmen des üblichen Apothekenbetriebs über den in § 8 genannten Umfang hinaus hergestellt, ist ein Apotheker als Verantwortlicher für die Herstellung zu bestellen. Dieser ist dafür verantwortlich, daß die Arzneimittel entsprechend den Vorschriften über den Verkehr mit Arzneimitteln hergestellt, gelagert und gekennzeichnet sowie mit der vorgeschriebenen Packungsbeilage versehen werden. Er darf nicht zugleich für die Prüfung verantwortlich sein, es sei denn, es handelt sich ausschließlich um das Umfüllen einschließlich Abfüllen, Abpacken oder Kennzeichnen von Arzneimitteln.

(2) Arzneimittel sind nach schriftlicher Anweisung des für die Herstellung verantwortlichen Apothekers (Herstellungsanweisung) herzustellen und zu lagern. Die Herstellungsanweisung ist vor der Herstellung schriftlich anzufertigen und muss für jedes Arzneimittel mindestens Angaben enthalten über

1. die Bezeichnung und Darreichungsform,

2. die Art, Menge und Qualität der Ausgangsstoffe,

3. das Verfahren zur ordnungsgemäßen Herstellung,

4. die Kennzeichnung des Arzneimittels in den einzelnen Herstellungsstufen,

5. die bei der Herstellung zu verwendenden Geräte, die zur laufenden Kontrolle während der Herstellung (Inprozeßkontrolle) zu verwendenden Verfahren und Geräte sowie die zulässigen Grenzwerte für die Herstellung,

6. die Art der zu verwendenden Abgabebehältnisse, der äußeren Umhüllung sowie des Kennzeichnungs- und Verpackungsmaterials,

7. den Wortlaut der für das Abgabebehältnis, die äußere Umhüllung und die Packungsbeilage vorgesehenen Angaben,

8. das Verfahren und den Umfang der Probeziehung zur Inprozesskontrolle,

9. den Zeitpunkt, von dem an nach dieser Anweisung herzustellen ist.

Bei Arzneimitteln, die zugelassen oder registriert sind, muss die Herstellungsanweisung den Zulassungs- oder den Registrierungsunterlagen entsprechen. Bei Arzneimitteln, die von der Zulassung oder Registrierung freigestellt sind, muss die Herstellungsanweisung der Verordnung über Standardzulassungen oder der Verordnung über Standardregistrierungen entsprechen. Die zur Herstellung angewandten Verfahren und Geräte sind nach dem jeweiligen Stand der Technik zu validieren; die Ergebnisse sind zu dokumentieren.

(3) Soweit Arzneimittel in Chargen hergestellt werden, sind Aufzeichnungen mit Datumsangabe über die Herkunft der Ausgangsstoffe und vollständige Angaben über die Herstellung der Arzneimittel (Herstellungsprotokoll) anzufertigen. Das Herstellungsprotokoll muss mindestens enthalten

1. die Bezeichnung und Darreichungsform,

2. die Chargenbezeichnung oder Prüfnummer der verwendeten Ausgangsstoffe,

3. das Herstellungsdatum und die Chargenbezeichnung,

4. Angaben über die Menge des in einem Herstellungsgang hergestellten Arzneimittels und dessen Zusammensetzung in den einzelnen Herstellungsstufen,

5. die Ergebnisse der Inprozesskontrolle,

6. die Bestätigung der ordnungsgemäßen Herstellung entsprechend der Herstellungsanweisung durch Namenszeichen der für die einzelnen Herstellungsstufen beauftragten Personen,

7. besondere Beobachtungen während der Herstellung,

8. Angaben über die Art der verwendeten Abgabebehältnisse, der äußeren Umhüllungen und des sonstigen Verpackungsmaterials,

9. Angaben über die Art und Anzahl der Chargenproben.

Der für die Herstellung verantwortliche Apotheker hat im Herstellungsprotokoll mit Datum und eigenhändiger Unterschrift zu bestätigen, dass das Arzneimittel entsprechend der Herstellungsanweisung hergestellt und mit der vorgeschriebenen Packungsbeilage versehen worden ist. In Fällen kurzfristiger Verhinderung, insbesondere durch Krankheit oder Urlaub, kann anstelle des für die Herstellung verantwortlichen Apothekers ein Beauftragter, der über ausreichende Ausbildung und Kenntnisse verfügt, das Herstellungsprotokoll unterzeichnen. Dieses ist dem für die Herstellung verantwortlichen Apotheker nach seiner Rückkehr unverzüglich zur Bestätigung vorzulegen. Soweit das Arzneimittel nicht in Chargen hergestellt wird, gelten die Sätze 1 bis 5 entsprechend.

(4) Die Herstellung von Arzneimitteln nach Absatz 1 darf auch durch nichtpharmazeutisches Personal erfolgen, soweit es unter Aufsicht eines Apothekers arbeitet.

(5) Ist es erforderlich, einzelne Herstellungsstufen außerhalb der Apotheke anfertigen zu lassen, muss dies nach der Herstellungsanweisung des Absatzes 2 in Betrieben erfolgen, für die eine Herstellungserlaubnis nach § 13 des Arzneimittelgesetzes erteilt ist.

§ 10
Prüfung und Freigabe bei der Großherstellung

(1) Für die Prüfung der nach § 9 hergestellten Arzneimittel ist ein Apotheker als Verantwortlicher zu bestellen. Er ist dafür verantwortlich, dass die Arzneimittel entsprechend den Vorschriften über den Verkehr mit Arzneimitteln auf die erforderliche Qualität geprüft werden. Er darf nicht zugleich für die Herstellung verantwortlich sein, es sei denn, es handelt sich ausschließlich um das Umfüllen einschließlich Abfüllen, Abpacken oder Kennzeichnen von Arzneimitteln.

(2) Die Prüfung ist nach schriftlicher Anweisung des für die Prüfung verantwortlichen Apothekers (Prüfanweisung) durchzuführen. Die Prüfanweisung ist vor der Prüfung schriftlich anzufertigen und muss für jedes Arzneimittel mindestens Angaben enthalten über

1. die Bezeichnung und Darreichungsform,

2. die Anforderungen an die erforderliche Qualität der Ausgangsstoffe und des Arzneimittels in den einzelnen Herstellungsstufen,

3. das Verfahren und den Umfang der Prüfung des Arzneimittels in den einzelnen Herstellungsstufen und der Chargenproben,

4. das Verfahren und den Umfang der Probeziehung,

5. den Zeitpunkt, von dem an nach dieser Prüfanweisung zu prüfen ist.

Bei Arzneimitteln, die zugelassen oder registriert sind, muss die Prüfanweisung den Zulassungs- oder den Registrierungsunterlagen entsprechen. Bei Arzneimitteln, die von der Zulassung oder Registrierung freigestellt sind, muss die Prüfanweisung der Verordnung über Standardzulassungen oder der Verordnung über Standardregistrierungen entsprechen. Die zur Prüfung angewandten Verfahren und Geräte sind nach dem jeweiligen Stand der Technik zu validieren; die Ergebnisse sind zu dokumentieren.

(3) Für die Prüfung von Behältnissen, äußeren Umhüllungen, Kennzeichnungsmaterial, Packungsbeilagen und Packmitteln gelten Absatz 2 Satz 1 und § 6 Abs. 1 entsprechend.

(4) Soweit Arzneimittel in Chargen hergestellt werden, müssen über den Ablauf und die Ergebnisse der Prüfung schriftliche Aufzeichnungen mit Datumsangabe angefertigt werden (Prüfprotokoll). Das Prüfprotokoll muss mindestens Angaben enthalten über

1. die Bezeichnung und Darreichungsform,

2. das Herstellungsdatum und die Chargenbezeichnung,

3. die Ergebnisse der Prüfung des Arzneimittels in den einzelnen Herstellungsstufen,

4. die Bestätigung der ordnungsgemäßen Prüfung entsprechend der Prüfanweisung durch Namenszeichen der für die einzelnen Prüfungen beauftragten Personen,

5. besondere Beobachtungen während der Prüfung.

Der für die Prüfung verantwortliche Apotheker hat im Prüfprotokoll mit Datum und eigenhändiger Unterschrift zu bestätigen, dass das Arzneimittel entsprechend der Prüfanweisung geprüft worden ist und die erforderliche Qualität hat. In Fällen kurzfristiger Verhinderung, insbesondere durch Krankheit oder Urlaub, kann anstelle des für die Prüfung verantwortlichen Apothekers ein Beauftragter, der über ausreichende Ausbildung und Kenntnisse verfügt, das Prüfprotokoll unterzeichnen. Dieses ist dem für die Prüfung verantwortlichen Apotheker nach seiner Rückkehr unverzüglich zur Bestätigung vorzulegen. Wenn das Arzneimittel nicht in Chargen hergestellt ist, gelten die Sätze 1 bis 5 entsprechend.

(5) Die Prüfung von Arzneimitteln nach Absatz 1 darf unter Aufsicht eines Apothekers auch von nichtpharmazeutischem Personal ausgeführt werden.

(6) Die Prüfung von Arzneimitteln nach Absatz 1 kann teilweise auch außerhalb der Apotheke nach einer einheitlichen Prüfanweisung in Betrieben erfolgen, für die eine Herstellungserlaubnis nach § 13 des Arzneimittelgesetzes erteilt ist.

(7) Ist die erforderliche Qualität festgestellt, sind die Arzneimittel entsprechend kenntlich zu machen; das Verfalldatum ist anzugeben.

(8) Arzneimittel dürfen erst als freigegeben kenntlich gemacht werden (Freigabe), wenn Herstellungs- und Prüfprotokoll ordnungsgemäß unterzeichnet sind. § 32 des Arzneimittelgesetzes bleibt unberührt.

(9) In der Apotheke nach § 9 hergestellte Arzneimittel dürfen nur in den Verkehr gebracht werden, nachdem sie nach Absatz 7 freigegeben worden sind.

§ 11
Ausgangsstoffe

(1) Zur Herstellung von Arzneimitteln dürfen nur Ausgangsstoffe verwendet werden, deren ordnungsgemäße Qualität festgestellt ist. Auf die Prüfung der

Ausgangsstoffe finden die Vorschriften des § 6 Abs. 1 und 3 sowie § 10 entsprechende Anwendung. Ausgangsstoffe, deren ordnungsgemäße Qualität nicht festgestellt wurde, sind als solche kenntlich zu machen und abzusondern.

(2) Werden Ausgangsstoffe bezogen, deren Qualität durch ein Prüfzertifikat nach § 6 Abs. 3 nachgewiesen ist, ist in der Apotheke mindestens die Identität festzustellen. Die Verantwortung des Apothekenleiters für die ordnungsgemäße Qualität der Ausgangsstoffe bleibt unberührt. Über die in der Apotheke durchgeführten Prüfungen sind Aufzeichnungen mit Namenszeichen des prüfenden oder die Prüfung beaufsichtigenden Apothekers zu machen.

(3) Werden Arzneimittel, die keine Fertigarzneimittel sind, zur Herstellung anderer Arzneimittel bezogen, gelten die Absätze 1 und 2 entsprechend.

§ 12
Prüfung der nicht in der Apotheke hergestellten Fertigarzneimittel

(1) Fertigarzneimittel, die nicht in der Apotheke hergestellt worden sind, sind stichprobenweise zu prüfen. Dabei darf von einer über die Sinnesprüfung hinausgehende Prüfung abgesehen werden, wenn sich keine Anhaltspunkte ergeben haben, die Zweifel an der ordnungsgemäßen Qualität des Arzneimittels begründen.

(2) Das anzufertigende Prüfprotokoll muss mindestens enthalten

1. den Namen oder die Firma des pharmazeutischen Unternehmers,

2. die Bezeichnung und Darreichungsform des Arzneimittels,

3. die Chargenbezeichnung oder das Herstellungsdatum,

4. das Datum und die Ergebnisse der Prüfung,

5. das Namenszeichen des prüfenden oder die Prüfung beaufsichtigenden Apothekers.

Apothekerverbände empfehlen pro Tag ein AM

§ 13
Behältnisse

(1) In der Apotheke hergestellte Arzneimittel dürfen nur in Behältnissen in den Verkehr gebracht werden, die gewährleisten, dass die Qualität nicht mehr als unvermeidbar beeinträchtigt wird.

(2) (weggefallen)

§ 14
Kennzeichnung

(1) In der Apotheke hergestellte Arzneimittel, die zur Anwendung bei Menschen oder bei Tieren, die nicht der Gewinnung von Lebensmitteln dienen, bestimmt und keine Fertigarzneimittel sind, dürfen nur abgegeben werden,

wenn auf den Behältnissen und, soweit verwendet, den äußeren Umhüllungen in gut lesbarer Schrift, auf dauerhafte Weise und mit Ausnahme der Nummer 4 in deutscher Sprache angegeben sind:

1. der Name oder die Firma des Inhabers der Apotheke und deren Anschrift,

2. der Inhalt nach Gewicht, Rauminhalt oder Stückzahl,

3. die Art der Anwendung und gegebenenfalls die in der Verschreibung angegebene Gebrauchsanweisung,

4. die wirksamen Bestandteile nach Art und Menge,

5. das Herstellungsdatum,

6. ein Hinweis auf die begrenzte Haltbarkeit.

Soweit es sich bei den Arzneimitteln um Teilmengen von Fertigarzneimitteln handelt, sind auf den Behältnissen und, soweit verwendet, den äußeren Umhüllungen die Angaben der Kennzeichnung des Fertigarzneimittels sowie Name und Anschrift der Apotheke anzugeben und außerdem eine Ausfertigung der Packungsbeilage beizufügen.

(2) Fertigarzneimittel, die Arzneimittel im Sinne des § 2 Abs. 2 Nr. 2 oder 3 des Arzneimittelgesetzes sind und in der Apotheke hergestellt werden, dürfen nur in den Verkehr gebracht werden, wenn die Behältnisse und, soweit verwendet, die äußeren Umhüllungen nach § 10 des Arzneimittelgesetzes gekennzeichnet sind. Die Angaben über die Darreichungsform, die wirksamen Bestandteile und die Wartezeit können entfallen. Bei diesen Arzneimitteln sind auf dem Behältnis oder, falls verwendet, auf der äußeren Umhüllung oder einer Packungsbeilage, soweit bekannt, zusätzlich anzugeben

1. die Anwendungsgebiete,

2. die Gegenanzeigen,

3. die Nebenwirkungen,

4. die Wechselwirkungen mit anderen Mitteln.

(3) Fertigarzneimittel, die Arzneimittel im Sinne des § 2 Abs. 2 Nr. 4 des Arzneimittelgesetzes sind und in der Apotheke hergestellt werden, dürfen nur in den Verkehr gebracht werden, wenn die Behältnisse und, soweit verwendet, die äußeren Umhüllungen entsprechend § 10 des Arzneimittelgesetzes gekennzeichnet sind. Angaben über die Darreichungsform können entfallen.

(4) In der Apotheke hergestellte Arzneimittel, die keine Fertigarzneimittel und zur Anwendung bei Tieren, die der Gewinnung von Lebensmitteln dienen, bestimmt sind, dürfen nur in den Verkehr gebracht werden, wenn die Behältnisse und, soweit verwendet, die äußeren Umhüllungen mit den Angaben entsprechend den §§ 10 und 11 des Arzneimittelgesetzes versehen sind.

(5) Arzneimittel mit gefährlichen physikalischen Eigenschaften, die keine Fertigarzneimittel sind, sind in entsprechender Anwendung der Gefahrstoffverordnung mit einem Gefahrensymbol, der Gefahrenbezeichnung, den Hin-

weisen auf die besonderen Gefahren und den Sicherheitsratschlägen zu kennzeichnen.

§ 15
Vorratshaltung

(1) Der Apothekenleiter hat die zur Sicherstellung einer ordnungsgemäßen Arzneimittelversorgung der Bevölkerung notwendigen Arzneimittel, insbesondere die in der Anlage 2 aufgeführten Arzneimittel, sowie Verbandsstoffe, Einwegspritzen und Einwegkanülen in einer Menge vorrätig zu halten, die mindestens dem durchschnittlichen Bedarf für eine Woche entspricht. Die in der Anlage 3 genannten Arzneimittel müssen vorrätig gehalten werden, die in Anlage 3 Nr. 1 bis 3, 7 und 8 genannten Arzneimittel in einer Darreichungsform, die eine parenterale Anwendung ermöglicht.

(2) Die in der Anlage 4 genannten Arzneimittel müssen entweder in der Apotheke vorrätig gehalten werden, oder es muss sichergestellt sein, daß sie kurzfristig beschafft werden können.

(3) Der Leiter einer krankenhausversorgenden Apotheke muss die zur Sicherstellung einer ordnungsgemäßen Arzneimittelversorgung der Patienten des Krankenhauses notwendigen Arzneimittel in einer Menge vorrätig halten, die mindestens dem durchschnittlichen Bedarf für zwei Wochen entspricht. Diese Arzneimittel sind aufzulisten.

Anlage 2 : 23 Arzneimittelgruppen

§ 16
Lagerung

(1) Arzneimittel, Ausgangsstoffe, apothekenübliche Waren und Prüfmittel sind übersichtlich und so zu lagern, dass ihre Qualität nicht nachteilig beeinflusst wird und Verwechslungen vermieden werden. Soweit ihre ordnungsgemäße Qualität nicht festgestellt ist, sind sie unter entsprechender Kenntlichmachung gesondert zu lagern. Dies gilt auch für Behältnisse, äußere Umhüllungen, Kennzeichnungsmaterial, Packungsbeilagen und Packmittel. Die Vorschriften der Gefahrstoffverordnung über die Lagerung und Kennzeichnung gefährlicher Stoffe und Zubereitungen bleiben unberührt.

(2) Die Vorratsbehältnisse für Arzneimittel müssen so beschaffen sein, dass die Qualität des Inhalts nicht beeinträchtigt wird. Sie müssen mit gut lesbaren und dauerhaften Aufschriften versehen sein, die den Inhalt eindeutig bezeichnen. Dabei ist eine gebräuchliche wissenschaftliche Bezeichnung zu verwenden. Der Inhalt ist durch zusätzliche Angaben zu kennzeichnen, soweit dies zur Feststellung der Qualität und zur Vermeidung von Verwechslungen erforderlich ist. Soweit für ein Arzneimittel größte Einzel- oder Tagesgaben gesetzlich festgelegt sind, müssen diese auf den Vorratsbehältnissen angegeben werden.

Kennzeichnung von Vorratsgefäße

(handschriftliche Randnotizen: Indifferenda, Separanda, Venena)

(handschriftliche Randnotiz links: DAB bzw. Anlage 11 des DAC)

(3) Die Aufschriften der Vorratsbehältnisse für Arzneimittel sind in schwarzer Schrift auf weißem Grund auszuführen, soweit nicht im Arzneibuch etwas anderes bestimmt ist. Aufschriften von Vorratsbehältnissen für Arzneimittel, die im Arzneibuch nicht aufgeführt sind, aber in ihrer Zusammensetzung oder Wirkung den „vorsichtig" oder „sehr vorsichtig" zu lagernden Mitteln des Arzneibuches gleichen oder ähnlich sind, insbesondere Mitteln, die der Verschreibungspflicht unterliegen, sind in roter Schrift auf weißem Grund beziehungsweise in weißer Schrift auf schwarzem Grund auszuführen.

(handschriftliche Randnotiz links: Chargenproben)

(4) Nach dieser Verordnung vorgeschriebene Chargenproben von Arzneimitteln, die ein Verfallsdatum tragen, müssen mindestens ein Jahr nach Ablauf des Verfallsdatums gelagert werden. Chargenproben von Arzneimitteln, deren Dauer der Haltbarkeit weniger als ein Jahr beträgt, müssen mindestens ein halbes Jahr nach Ablauf des Verfallsdatums gelagert werden. Chargenproben von Arzneimitteln ohne Verfallsdatum sind mindestens fünf Jahre nach der Freigabe der Charge zu lagern.

§ 17
Inverkehrbringen von Arzneimitteln und apothekenüblichen Waren

(1) Arzneimittel dürfen, außer im Falle des § 11a des Apothekengesetzes und des Absatzes 2a, nur in den Apothekenbetriebsräumen in den Verkehr gebracht und nur durch pharmazeutisches Personal ausgehändigt werden.

(2) <u>Die Zustellung durch Boten der Apotheke ist im Einzelfall ohne Erlaubnis nach § 11a des Apothekengesetzes zulässig;</u> dabei sind die Arzneimittel für jeden Empfänger getrennt zu verpacken und jeweils mit dessen Namen und Anschrift zu versehen. Absatz 2a Satz 1 Nr. 1 und 2 und Satz 2 gilt entsprechend; Absatz 2a Satz 1 Nr. 5 bis 7 und 9 ist, soweit erforderlich, ebenfalls anzuwenden. Bei Zustellung durch Boten ist dafür Sorge zu tragen, dass die Arzneimittel dem Empfänger in zuverlässiger Weise ausgeliefert werden. Die Vorschriften des § 43 Abs. 5 des Arzneimittelgesetzes über die Abgabe von Arzneimitteln, die zur Anwendung bei Tieren bestimmt sind, bleiben unberührt.

(2a) Bei dem nach § 11a des Apothekengesetzes erlaubten Versand hat der Apothekenleiter sicherzustellen, dass

1. das Arzneimittel so verpackt, transportiert und ausgeliefert wird, dass seine Qualität und Wirksamkeit erhalten bleibt,

2. das Arzneimittel entsprechend den Angaben des Auftraggebers ausgeliefert und gegebenenfalls die Auslieferung schriftlich bestätigt wird. Der Apotheker kann in begründeten Fällen entgegen der Angabe des Auftraggebers, insbesondere wegen der Eigenart des Arzneimittels, verfügen, dass das Arzneimittel nur gegen schriftliche Empfangsbestätigung ausgeliefert wird,

3. der Besteller in geeigneter Weise davon unterrichtet wird, wenn erkennbar ist, dass die Versendung des bestellten Arzneimittels nicht innerhalb der in § 11a Nr. 3 Buchstabe a des Apothekergesetzes genannten Frist erfolgen kann,

4. alle bestellten Arzneimittel, soweit sie im Geltungsbereich des Arzneimittelgesetzes in den Verkehr gebracht werden dürfen und verfügbar sind, geliefert werden,

5. für den Fall von bekannt gewordenen Risiken bei Arzneimitteln dem Kunden Möglichkeiten zur Meldung solcher Risiken zur Verfügung stehen, der Kunde über ihn betreffende Risiken informiert wird und zur Abwehr von Risiken bei Arzneimitteln innerbetriebliche Abwehrmaßnahmen durchgeführt werden,

6. die behandelte Person darauf hingewiesen wird, dass sie mit der behandelnden Ärztin oder dem behandelnden Arzt Kontakt aufnehmen soll, sofern Probleme bei der Anwendung des Arzneimittels auftreten,

7. die behandelte Person darauf hingewiesen wird, dass ihr die Beratung durch pharmazeutisches Personal auch mittels Einrichtungen der Telekommunikation zur Verfügung steht; die Möglichkeiten und Zeiten der Beratung sind ihnen mitzuteilen,

8. eine kostenfreie Zweitzustellung veranlasst wird und

9. ein System zur Sendungsverfolgung unterhalten wird.

Die Versendung darf nicht erfolgen, wenn zur sicheren Anwendung des Arzneimittels ein Informations- oder Beratungsbedarf besteht, der auf einem anderen Wege als einer persönlichen Information oder Beratung durch einen Apotheker nicht erfolgen kann.

(3) Der Apothekenleiter darf Arzneimittel, die der Apothekenpflicht unterliegen, nicht im Wege der Selbstbedienung in den Verkehr bringen.

(4) Verschreibungen von Personen, die zur Ausübung der Heilkunde, Zahnheilkunde oder Tierheilkunde berechtigt sind, sind in einer der Verschreibung angemessenen Zeit auszuführen.

(5) Die abgegebenen Arzneimittel müssen den Verschreibungen und damit verbundenen Vorschriften des Fünften Buches Sozialgesetzbuch zur Arzneimittelversorgung entsprechen. Enthält eine Verschreibung einen für den Abgebenden erkennbaren Irrtum, ist sie unleserlich oder ergeben sich sonstige Bedenken, so darf das Arzneimittel nicht abgegeben werden, bevor die Unklarheit beseitigt ist. Der Apotheker hat jede Änderung auf der Verschreibung zu vermerken. Die Vorschriften der Betäubungsmittel-Verschreibungsverordnung bleiben unberührt.

(5a) Abweichend von Absatz 5 Satz 1 darf der Apotheker bei der Dienstbereitschaft während der allgemeinen Ladenschlußzeiten ein anderes, mit dem verschriebenen Arzneimittel nach Anwendungsgebiet und nach Art und

Menge der wirksamen Bestandteile identisches sowie in der Darreichungsform und pharmazeutischen Qualität vergleichbares Arzneimittel abgeben,
wenn das verschriebene Arzneimittel nicht verfügbar ist und ein dringender
Fall vorliegt, der die unverzügliche Anwendung des Arzneimittels erforderlich
macht.

(6) Bei der Abgabe der Arzneimittel sind auf der Verschreibung anzugeben

1. der Name oder die Firma des Inhabers der Apotheke und deren Anschrift,

2. das Namenszeichen des Apothekers, des Apothekerassistenten, des
   Pharmazieingenieurs oder des Apothekenassistenten, der das Arzneimittel
   abgegeben, oder des Apothekers, der die Abgabe beaufsichtigt hat,

3. das Datum der Abgabe,

4. der Preis des Arzneimittels,

5. das in § 300 Abs. 3 Nr. 1 des Fünften Buches Sozialgesetzbuch genannte
   bundeseinheitliche Kennzeichen für das verordnete Fertigarzneimittel, soweit es zur Anwendung bei Menschen bestimmt ist.

Abweichend von Nummer 2 kann der Apothekenleiter nach Maßgabe des § 3
Abs. 5 die Befugnis zum Abzeichnen von Verschreibungen auf pharmazeutisch-technische Assistenten übertragen. Der pharmazeutisch-technische
Assistent hat in den Fällen des Absatzes 5 Satz 2 und bei Verschreibungen, die
nicht in der Apotheke verbleiben, die Verschreibung vor, in allen übrigen Fällen
unverzüglich nach der Abgabe der Arzneimittel einem Apotheker vorzulegen.

(6a) Bei dem Erwerb und der Abgabe von Blutzubereitungen, Sera aus
menschlischem Blut und gentechnisch hergestellten Plasmaproteinen zur
Behandlung von Hämostasestörungen sind zum Zwecke der Rückverfolgung
folgende Angaben aufzuzeichnen: *Dokumentation*

1. die Bezeichnung des Arzneimittels,

2. die Chargenbezeichnung,   *(mind. 30 jährige Doku*

3. das Datum der Abgabe,

4. Name und Anschrift des verschreibenden Arztes und

5. Name, Vorname, Geburtsdatum und Adresse des Patienten oder bei der
   für die Arztpraxis bestimmten Abgabe der Name und die Anschrift des
   verschreibenden Arztes.

(7) Soweit öffentliche Apotheken Krankenhäuser mit Arzneimitteln versorgen,
gelten die Vorschriften des § 31 Abs. 1 bis 3 sowie § 32 entsprechend.

(8) Das pharmazeutische Personal hat einem erkennbaren Arzneimittelmiss-
brauch in geeigneter Weise entgegenzutreten. Bei begründetem Verdacht auf
Missbrauch ist die Abgabe zu verweigern.

§ 18
Einfuhr von Arzneimitteln

(1) Werden Fertigarzneimittel nach § 73 Abs. 3 des Arzneimittelgesetzes in den Geltungsbereich dieser Verordnung verbracht, sind folgende Angaben aufzuzeichnen

1. die Bezeichnung des eingeführten Arzneimittels,

2. der Name oder die Firma und die Anschrift des pharmazeutischen Unternehmers,

3. die Menge des Arzneimittels und die Darreichungsform,

4. der Name oder die Firma und die Anschrift des Lieferanten,

5. der Name und die Anschrift der Person, für die das Arzneimittel bestimmt ist,

6. der Name und die Anschrift des verschreibenden Arztes,

7. das Datum der Bestellung und der Abgabe,

8. das Namenszeichen des Apothekers, der das Arzneimittel abgegeben oder die Abgabe beaufsichtigt hat.

Soweit aus Gründen der Arzneimittelsicherheit besondere Hinweise geboten sind, sind diese bei der Abgabe mitzuteilen. Diese Mitteilung ist aufzuzeichnen.

(2) Fertigarzneimittel, die aus einem Mitgliedstaat der Europäischen Gemeinschaften über den Umfang von § 73 Abs. 3 des Arzneimittelgesetzes hinaus in den Geltungsbereich dieser Verordnung verbracht werden, dürfen von einer Apotheke nur dann erstmals in den Verkehr gebracht werden, wenn sie entsprechend § 10 in Verbindung mit § 6 Abs. 3 Satz 1 und 2 geprüft sind und die erforderliche Qualität bestätigt ist. Von der Prüfung kann abgesehen werden, wenn die Arzneimittel in dem Mitgliedstaat nach den dort geltenden Rechtsvorschriften geprüft sind und dem Prüfprotokoll entsprechende Unterlagen vorliegen.

§ 19
Erwerb und Abgabe von verschreibungspflichtigen Tierarzneimitteln

(1) Über den Erwerb von verschreibungspflichtigen Arzneimitteln, die zur Anwendung bei Tieren bestimmt sind, sind Nachweise zu führen. Als ausreichender Nachweis ist die geordnete Zusammenstellung der Lieferscheine, Rechnungen oder Warenbegleitscheine, aus denen sich Lieferant, Art und Menge der Arzneimittel ergeben müssen, anzusehen.

(2) Verschreibungspflichtige Arzneimittel, die zur Anwendung bei Tieren, die der Gewinnung von Lebensmitteln dienen, bestimmt sind, dürfen nur auf eine Verschreibung, die in zweifacher Ausfertigung vorgelegt wird, abgegeben

werden. Das Original der Verschreibung ist für den Tierhalter bestimmt, die Durchschrift verbleibt in der Apotheke.

(3) Die zuständige Behörde kann anordnen, dass der Apothekenleiter gesondert für jedes verschreibungspflichtige Arzneimittel, das zur Anwendung bei Tieren bestimmt ist, weitergehende Nachweise zu führen hat, wenn

1. ihr Tatsachen bekannt sind, die darauf schließen lassen, dass Vorschriften über den Verkehr mit Arzneimitteln nicht beachtet worden sind, oder

2. die von der Apotheke vorgelegte Dokumentation den Nachweis über den ordnungsgemäßen Bezug und den Verbleib der Arzneimittel nicht erlaubt.

Die Nachweise nach Satz 1 müssen zeitlich geordnet die Menge des Bezuges unter Angabe des oder der Lieferanten und die Menge der Abgabe unter Angabe des oder der Bezieher erkennen lassen. Die zuständige Behörde kann im Falle des Satzes 1 Nr. 1 ferner anordnen, dass der Apotheker ein Doppel oder eine Ablichtung jeder Verschreibung aufzubewahren hat.

§ 20
Information und Beratung

(1) Der Apotheker hat Kunden und die zur Ausübung der Heilkunde, Zahnheilkunde oder Tierheilkunde berechtigten Personen zu informieren und zu beraten, soweit dies aus Gründen der Arzneimittelsicherheit erforderlich ist. Durch die Information und Beratung der Kunden darf die Therapie der zur Ausübung der Heilkunde, Zahnheilkunde oder Tierheilkunde berechtigten Personen nicht beeinträchtigt werden. Soweit Arzneimittel ohne Verschreibung abgegeben werden, hat der Apotheker dem Kunden die zur sachgerechten Anwendung erforderlichen Informationen zu geben.

(2) Dem Leiter einer krankenhausversorgenden Apotheke oder dem von ihm beauftragten Apotheker obliegt die Information und Beratung der Ärzte des Krankenhauses über Arzneimittel. Er ist Mitglied der Arzneimittelkommission des Krankenhauses.

§ 21
Arzneimittelrisiken, Behandlung nicht verkehrsfähiger Arzneimittel

Der Apothekenleiter hat dafür zu sorgen, dass bei Arzneimittelrisiken und nicht verkehrsfähigen Arzneimitteln die folgenden Maßnahmen getroffen werden:

1. Alle Informationen über Beanstandungen bei Arzneimitteln, insbesondere über Arzneimittelrisiken wie Qualitäts- und Verpackungsmängel, Mängel der Kennzeichnung und Packungsbeilage, Nebenwirkungen, Wechselwirkungen mit anderen Arzneimitteln, Gegenanzeigen und missbräuchliche Anwendung, sind ihm oder dem von ihm beauftragten Apotheker unverzüglich mitzuteilen.

2. Er oder der von ihm beauftragte Apotheker hat die Informationen zu überprüfen und die erforderlichen Maßnahmen zur Gefahrenabwehr zu veranlassen.

3. Ist bei Arzneimitteln oder Ausgangsstoffen, die die Apotheke bezogen hat, die Annahme gerechtfertigt, dass Qualitätsmängel vorliegen, die vom Hersteller verursacht sind, ist die zuständige Behörde unverzüglich zu benachrichtigen.

4. Bei Rückruf von Arzneimitteln, die in der Apotheke hergestellt worden sind, ist die zuständige Behörde unter Angabe des Grundes unverzüglich zu benachrichtigen.

5. Über Arzneimittelrisiken, die in der Apotheke festgestellt werden, sowie über die daraufhin veranlassten Überprüfungen, Maßnahmen und Benachrichtigungen sind Aufzeichnungen zu machen.

6. Bei krankenhausversorgenden Apotheken hat er unbeschadet der Nummern 1 bis 5 die ihm bekannt werdenden Arzneimittelrisiken unverzüglich den leitenden Ärzten und der Arzneimittelkommission des Krankenhauses mitzuteilen.

7. Arzneimittel oder Ausgangsstoffe, die nicht verkehrsfähig sind oder für die eine Aufforderung zur Rückgabe vorliegt, sind umzuarbeiten, zurückzugeben oder zu vernichten; sofern sie nicht sofort umgearbeitet, zurückgegeben oder vernichtet werden, sind sie als solche kenntlich zu machen und abzusondern. Über die Maßnahmen sind Aufzeichnungen zu machen.

8. Gefälschte Arzneimittel, die im Vertriebsnetz festgestellt werden, sind bis zur Entscheidung über das weitere Vorgehen getrennt von verkehrsfähigen Arzneimitteln und gesichert aufzubewahren, um Verwechslungen zu vermeiden und einen unbefugten Zugriff zu verhindern. Sie müssen eindeutig als nicht zum Verkauf bestimmte Arzneimittel gekennzeichnet werden. Über das Auftreten von Arzneimittelfälschungen ist die zuständige Behörde unverzüglich zu informieren. Die getroffenen Maßnahmen sind zu dokumentieren.

§ 22
Dokumentation

(1) Alle Aufzeichnungen über die Herstellung, Prüfung, Überprüfung der Arzneimittel im Krankenhaus, Lagerung, Einfuhr, das Inverkehrbringen, den Rückruf, die Rückgabe der Arzneimittel auf Grund eines Rückrufes, die Bescheinigungen nach § 6 Abs. 3 Satz 2 und § 11 Abs. 2 Satz 1 sowie die Nachweise nach § 19 sind vollständig und mindestens bis ein Jahr nach Ablauf des Verfallsdatums, jedoch nicht weniger als drei Jahre lang, aufzubewahren. Der ursprüngliche Inhalt einer Eintragung darf nicht unkenntlich gemacht werden. Es dürfen keine Veränderungen vorgenommen werden, die

nicht erkennen lassen, ob sie bei oder nach der ursprünglichen Eintragung vorgenommen worden sind.

(1a) Im Falle der Lieferung von Arzneimitteln an andere Apotheken oder des Bezugs von anderen Apotheken muss zusätzlich die Chargenbezeichnung des jeweiligen Arzneimittels dokumentiert und dem Empfänger mitgeteilt werden.

(2) Aufzeichnungen können auch auf Bild- oder Datenträgern aufbewahrt werden. Hierbei muss sichergestellt sein, dass die Daten während der Aufbewahrungsfrist verfügbar sind und innerhalb einer angemessenen Frist lesbar gemacht werden können.

(3) Die Aufzeichnungen und Nachweise sind der zuständigen Behörde auf Verlangen vorzulegen.

(4) Abweichend von Absatz 1 sind die Aufzeichnungen nach § 17 Abs. 6a mindestens dreißig Jahre aufzubewahren oder zu speichern und zu vernichten oder zu löschen, wenn die Aufbewahrung oder Speicherung nicht mehr erforderlich ist. Werden die Aufzeichnungen länger als dreißig Jahre aufbewahrt oder gespeichert, sind sie zu anonymisieren.

§ 23
Dienstbereitschaft

(1) Die Apotheke muss außer zu den Zeiten, in denen sie auf Grund einer Anordnung nach § 4 Abs. 2 des Ladenschlussgesetzes geschlossen zu halten ist, ständig dienstbereit sein.

Die von einer Anordnung betroffene Apotheke ist zu folgenden Zeiten von der Verpflichtung zur Dienstbereitschaft befreit:

1. montags bis samstags von 6.00 Uhr bis 8.00 Uhr,

2. montags bis freitags von 18.30 Uhr bis 20.00 Uhr,

3. samstags von 14.00 Uhr bis 20.00 Uhr,

4. (weggefallen)

(2) Von der Verpflichtung zur Dienstbereitschaft kann die zuständige Behörde für die Dauer der ortsüblichen Schließzeiten, der Mittwochnachmittage, Sonnabende oder der Betriebsferien und, sofern ein berechtigter Grund vorliegt, auch außerhalb dieser Zeiten befreien, wenn die Arzneimittelversorgung in dieser Zeit durch eine andere Apotheke, die sich auch in einer anderen Gemeinde befinden kann, sichergestellt ist.

(3) Die zuständige Behörde kann eine Apotheke, die keiner Anordnung nach § 4 Abs. 2 des Ladenschlussgesetzes unterliegt, für bestimmte Stunden oder für Sonn- und Feiertage von der Dienstbereitschaft befreien.

(4) Während der allgemeinen Ladenschlusszeiten genügt es zur Gewährleistung der Dienstbereitschaft, wenn sich der Apothekenleiter oder eine vertretungsberechtigte Person in unmittelbarer Nachbarschaft zu den Apo-

thekenbetriebsräumen aufhält und jederzeit erreichbar ist. Die zuständige Behörde kann in begründeten Einzelfällen einen Apothekenleiter auf Antrag von der Verpflichtung nach Satz 1 befreien, wenn der Apothekenleiter oder eine vertretungsberechtigte Person jederzeit erreichbar und die Arzneimittelversorgung in einer für den Kunden zumutbaren Weise sichergestellt ist.

(5) Am Eingang der nicht dienstbereiten Apotheken ist an sichtbarer Stelle ein gut lesbarer Hinweis auf die nächstgelegenen dienstbereiten Apotheken anzubringen.

(6) Apotheken, die Krankenhäuser mit Arzneimitteln versorgen, haben unbeschadet der Vorschriften der Absätze 1 bis 4 mit dem Träger des Krankenhauses eine Dienstbereitschaftsregelung zu treffen, die die ordnungsgemäße Arzneimittelversorgung des Krankenhauses gewährleistet.

§ 24
Rezeptsammelstellen

(1) Einrichtungen zum Sammeln von Verschreibungen (Rezeptsammelstellen) dürfen nur mit Erlaubnis der zuständigen Behörde unterhalten werden. Die Erlaubnis ist dem Inhaber einer Apotheke auf Antrag zu erteilen, wenn zur ordnungsgemäßen Arzneimittelversorgung von abgelegenen Orten oder Ortsteilen ohne Apotheken eine Rezeptsammelstelle erforderlich ist. Die Erlaubnis ist zu befristen und darf die Dauer von drei Jahren nicht überschreiten. Eine wiederholte Erteilung ist zulässig.

(2) Rezeptsammelstellen dürfen nicht in Gewerbebetrieben oder bei Angehörigen der Heilberufe unterhalten werden.

(3) Die Verschreibungen müssen in einem verschlossenen Behälter gesammelt werden. Auf dem Behälter müssen deutlich sichtbar der Name und die Anschrift der Apotheke sowie die Abholzeiten angegeben werden. Ferner ist auf oder unmittelbar neben dem Behälter ein deutlicher Hinweis darauf anzubringen, dass die Verschreibung mit Namen, Vornamen, Wohnort, Straße und Hausnummer des Empfängers zu versehen ist. Der Behälter muss zu den auf ihm angegebenen Zeiten durch einen Boten, der zum Personal der Apotheke gehören muss, geleert oder abgeholt werden.

(4) Die Arzneimittel sind in der Apotheke für jeden Empfänger getrennt zu verpacken und jeweils mit dessen Namen und Anschrift zu versehen. Sie sind, sofern sie nicht abgeholt werden, dem Empfänger in zuverlässiger Weise auszuliefern.

§ 25
Apothekenübliche Waren

Apothekenübliche Waren sind

1. Medizinprodukte, auch soweit sie nicht der Apothekenpflicht unterliegen,

2. Mittel sowie Gegenstände und Informationsträger, die der Gesundheit von Menschen und Tieren mittelbar oder unmittelbar dienen oder diese fördern,

3. Prüfmittel, Chemikalien, Reagenzien, Laborbedarf,

4. Schädlingsbekämpfungs- und Pflanzenschutzmittel,

5. Mittel zur Aufzucht von Tieren.

Dritter Abschnitt
Der Betrieb von Krankenhausapotheken

§ 26
Begriffsbestimmung, anzuwendende Vorschriften

(1) Die Krankenhausapotheke ist die Funktionseinheit eines Krankenhauses, der die Sicherstellung der ordnungsgemäßen Versorgung von einem oder mehreren Krankenhäusern mit Arzneimitteln obliegt.

(2) Die Vorschriften des § 4 Abs. 1 und 6 sowie der §§ 5 bis 14, 16, 18, 20 Abs. 1, 21, 22 und 25 gelten für den Betrieb von Krankenhausapotheken entsprechend.

§ 27
Leiter der Krankenhausapotheke

(1) Apothekenleiter ist der vom Träger des Krankenhauses angestellte und mit der Leitung beauftragte Apotheker.

(2) Der Leiter der Krankenhausapotheke ist dafür verantwortlich, dass die Apotheke unter Beachtung der geltenden Vorschriften betrieben wird. Ihm oder dem von ihm beauftragten Apotheker obliegt die Information und Beratung der Ärzte des Krankenhauses über Arzneimittel. Er ist Mitglied der Arzneimittelkommission des Krankenhauses.

(3) Der Leiter der Krankenhausapotheke kann nur von einem Apotheker vertreten werden. Dieser hat während der Dauer der Vertretung die Pflichten des Apothekenleiters.

(4) Die Vorschriften des § 2 Abs. 3 und 5 gelten entsprechend.

§ 28
Personal der Krankenhausapotheke

(1) Das für einen ordnungsgemäßen Betrieb der Krankenhausapotheke notwendige pharmazeutische Personal muss vorhanden sein. Der Personalbedarf ergibt sich aus Art und Umfang einer medizinisch zweckmäßigen und ausreichenden Versorgung des Krankenhauses mit Arzneimitteln unter Berücksichtigung von Größe, Art und Leistungsstruktur des Krankenhauses.

Satz 2 gilt entsprechend, soweit die Krankenhausapotheke auch andere Krankenhäuser versorgt.

(2) Für den Einsatz des Apothekenpersonals ist der Leiter der Krankenhausapotheke verantwortlich.

(3) Die Vorschriften des § 3 Abs. 3 bis 6 gelten entsprechend.

§ 29
Räume und Einrichtung der Krankenhausapotheke

(1) Die für einen ordnungsgemäßen Betrieb der Krankenhausapotheke notwendigen Räume müssen vorhanden sein. Dabei sind Art, Beschaffenheit, Größe und Zahl der Räume sowie die Einrichtung der Krankenhausapotheke an den Maßstäben des § 28 Abs. 1 Satz 2 auszurichten.

(2) Die Krankenhausapotheke soll mindestens aus einer Offizin, zwei Laboratorien, einem Geschäftsraum und einem Nebenraum bestehen und muss über ausreichenden Lagerraum verfügen; in einem Laboratorium muss sich ein Abzug mit Absaugvorrichtungen befinden. Eine Lagerung unterhalb einer Temperatur von 20 °C muss möglich sein. Die Grundfläche dieser Betriebsräume muss insgesamt mindestens 200 m² betragen.

(3) Art und Anzahl der Geräte zur Herstellung, Prüfung und Bestimmung von Ausgangsstoffen und Arzneimitteln sowie Art und Anzahl der Prüfmittel haben sich an Größe, Art und Leistungsstruktur des Krankenhauses auszurichten. Die Vorschriften des § 4 Abs. 7 und 8 finden Anwendung.

§ 30
Vorratshaltung von Arzneimitteln in der Krankenhausapotheke

Die zur Sicherstellung einer ordnungsgemäßen Arzneimittelversorgung der Patienten des Krankenhauses notwendigen Arzneimittel müssen in ausreichender Menge vorrätig gehalten werden, die mindestens dem durchschnittlichen Bedarf für zwei Wochen entsprechen muss. Diese Arzneimittel sind aufzulisten.

§ 31
Abgabe von Arzneimitteln in der Krankenhausapotheke

(1) Arzneimittel dürfen an Stationen oder andere Teileinheiten des Krankenhauses nur auf Grund einer Verschreibung im Einzelfall oder auf Grund einer schriftlichen Anforderung abgegeben werden. Die Vorschriften der Verordnung über verschreibungspflichtige Arzneimittel bleiben unberührt.

(2) Bei der Abgabe an Stationen und andere Teileinheiten des Krankenhauses sind die Arzneimittel vor dem Zugriff Unbefugter zu schützen. Die Arzneimittel sind in einem geeigneten, verschlossenen Behälter abzugeben, auf dem die Apotheke und der Empfänger anzugeben sind.

Teilmengen von Fertigarzneimitteln, die an Patienten im Zusammenhang mit einer vor- oder nachstationären Behandlung oder einer ambulanten Operation zur Anwendung außerhalb des Krankenhauses ausgehändigt werden sollen, sind nach Maßgabe des § 14 Abs. 1 Satz 2 zu kennzeichnen und mit einer Packungsbeilage zu versehen.

(3) Arzneimittel aus zur Abgabe an den Verbraucher bestimmten Packungen dürfen nur dann ohne äußere Umhüllung abgegeben werden, wenn auf dem Behältnis die Bezeichnung des Arzneimittels, die Chargenbezeichnung und, soweit für das Arzneimittel vorgeschrieben, das Verfallsdatum sowie Aufbewahrungshinweise angegeben sind und die Packungsbeilage hinzugefügt wird.

(4) Die Vorschriften des § 17 Abs. 1 Satz 1, Abs. 4, 5 und 6 Satz 1 Nr. 1 bis 3 sowie Satz 2 und 3 und Absatz 6a gelten entsprechend.

§ 32
Überprüfung der Arzneimittelvorräte auf den Stationen

(1) Die Verpflichtung des Leiters der Krankenhausapotheke oder eines von ihm beauftragten Apothekers zur Überprüfung der Arzneimittelvorräte nach § 14 Abs. 6 des Gesetzes über das Apothekenwesen erstreckt sich auf alle auf den Stationen und in anderen Teileinheiten des Krankenhauses vorrätig gehaltenen Arzneimittel; die Überprüfung der Arzneimittelvorräte muss mindestens halbjährlich erfolgen.

(2) Der überprüfende Apotheker und das ihn unterstützende Apothekenpersonal sind befugt, die Räume zu betreten, die der Arzneimittelversorgung dienen. Die Krankenhausleitung und das übrige Krankenhauspersonal haben die Durchführung der Überprüfung zu unterstützen.

(3) Der Leiter der Krankenhausapotheke oder der von ihm beauftragte Apotheker hat über jede Überprüfung ein Protokoll in dreifacher Ausfertigung anzufertigen. Das Protokoll muss mindestens enthalten

1. das Datum der Überprüfung,

2. die Bezeichnung der Station oder der anderen Teileinheit des Krankenhauses,

3. den Namen des Apothekers und der anderen an der Überprüfung beteiligten Personen,

4. die Art und den Umfang der Überprüfung, insbesondere bezüglich

    a) der allgemeinen Lagerungs- und Aufbewahrungsbedingungen,

b) der Lagerung und Aufbewahrung der Arzneimittel nach den anerkannten pharmazeutischen Regeln,

c) der Beschaffenheit einschließlich der Kennzeichnung der Arzneimittel,

d) der Verfalldaten,

5. die festgestellten Mängel,

6. die zur Beseitigung der Mängel veranlassten Maßnahmen,

7. den zur Beseitigung der Mängel gesetzten Termin,

8. Angaben über die Beseitigung früher festgestellter Mängel,

9. die Unterschrift mit Datum des für die Überprüfung verantwortlichen Apothekers.

Eine Ausfertigung des Protokolls ist der Krankenhausleitung zuzuleiten, eine weitere ist dem für die Arzneimittelversorgung der Station oder der anderen Teileinheit des Krankenhauses zuständigen Arzt auszuhändigen und die dritte ist in der Apotheke aufzubewahren.

§ 33
Dienstbereitschaft der Krankenhausapotheke

Eine die ordnungsgemäße Arzneimittelversorgung des Krankenhauses gewährleistende Dienstbereitschaft ist durch den Inhaber der Erlaubnis sicherzustellen.

Vierter Abschnitt
Ordnungswidrigkeiten, Übergangs- und Schlussvorschriften
§ 34
Ordnungswidrigkeiten

Ordnungswidrig im Sinne des § 25 Abs. 2 des Gesetzes über das Apothekenwesen handelt, wer vorsätzlich oder fahrlässig

1. entgegen § 3 Abs. 5 Satz 1 pharmazeutische Tätigkeiten ausführt oder entgegen § 17 Abs. 1 Arzneimittel aushändigt, obwohl er nicht zum pharmazeutischen Personal gehört,

2. als Apothekenleiter

a) einer Vorschrift des § 2 Abs. 5 oder 6 Satz 1, 2 oder 3 über die Vertretung des Apothekenleiters zuwiderhandelt,

b) entgegen § 3 Abs. 5 Satz 1 in Verbindung mit § 2 Abs. 2 Satz 2 und 3 pharmazeutische Tätigkeiten durch eine Person ausführen lässt, die nicht zum pharmazeutischen Personal gehört,

c) entgegen § 3 Abs. 5 Satz 2 in Verbindung mit § 2 Abs. 2 Satz 2 und 3 pharmazeutische Tätigkeiten nicht beaufsichtigt oder nicht durch einen Apotheker beaufsichtigen lässt,

d) entgegen § 15 Abs. 1 Satz 1 in der Anlage 2 aufgeführte Arzneimittel oder Verbandstoffe, Einwegspritzen oder Einwegkanülen nicht oder nicht in der vorgeschriebenen Menge oder entgegen § 15 Abs. 1 Satz 2 in der Anlage 3 genannte Arzneimittel nicht oder nicht in der vorgeschriebenen Darreichungsform vorrätig hält,

e) entgegen § 17 Abs. 1 Satz 1 Arzneimittel außerhalb der Apothekenbetriebsräume oder entgegen § 17 Abs. 3 apothekenpflichtige Arzneimittel im Wege der Selbstbedienung in den Verkehr bringt,

f) entgegen § 17 Abs. 7 in Verbindung mit § 31 Abs. 1 Satz 1 oder Abs. 3, jeweils auch in Verbindung mit § 2 Abs. 2 Satz 2 und 3, Arzneimittel abgibt oder abgeben lässt,

g) entgegen § 17 Abs. 7 in Verbindung mit § 32 Abs. 1 und mit § 2 Abs. 2 Satz 2 und 3 auf den Stationen oder in anderen Teileinheiten des Krankenhauses vorrätig gehaltene Arzneimittel nicht, nicht vollständig oder nicht rechtzeitig überprüft oder durch einen Apotheker überprüfen lässt oder entgegen § 17 Abs. 7 in Verbindung mit § 32 Abs. 3 und mit § 2 Abs. 2 Satz 2 das vorgeschriebene Protokoll nicht, nicht richtig oder nicht vollständig anfertigt, nicht der Krankenhausleitung zuleitet, nicht dem zuständigen Arzt aushändigt oder nicht aufbewahrt oder diese Maßnahmen nicht durch einen Apotheker ausführen lässt,

h) entgegen § 21 nicht dafür sorgt, dass die dort genannten Maßnahmen bei Arzneimittelrisiken oder nicht verkehrsfähigen Arzneimitteln getroffen werden,

i) entgegen § 23 Abs. 1 die Apotheke nicht dienstbereit hält,

j) entgegen § 23 Abs. 5 in Verbindung mit § 2 Abs. 2 Satz 2 und 3 an sichtbarer Stelle einen gut lesbaren Hinweis auf die nächstgelegenen dienstbereiten Apotheken nicht anbringt oder nicht anbringen lässt,

k) entgegen § 24 Abs. 1 Satz 1 eine Rezeptsammelstelle ohne die erforderliche Erlaubnis unterhält,

l) entgegen § 25 in Verbindung mit § 2 Abs. 2 Satz 2 und 3 in der Apotheke andere als die dort bezeichneten Waren in den Verkehr bringt oder in den Verkehr bringen lässt,

3. als Apothekenleiter oder Angehöriger des pharmazeutischen Personals

a) entgegen § 6 Abs. 1 Satz 2 Arzneimittel nicht nach den Regeln des Arzneibuches herstellt oder prüft,

b) entgegen § 7 Abs. 1 Satz 1 Arzneimittel nicht entsprechend der Verschreibung herstellt oder entgegen § 7 Abs. 1 Satz 2 bei der Herstellung

andere als in der Verschreibung genannte Bestandteile ohne Zustimmung des Verschreibenden verwendet,

c) entgegen § 8 Abs. 1, 2 oder 3 Satz 2, § 9 Abs. 2 Satz 2 oder Abs. 3
Satz 1, 2 oder 3, § 10 Abs. 2 Satz 2 oder Abs. 4 Satz 1, 2 oder 3, § 11
Abs. 1 Satz 2 oder Abs. 3 oder § 12 Abs. 2 eine Herstellungsanweisung,
ein Herstellungsprotokoll, eine Prüfanweisung oder ein Prüfprotokoll
nicht, nicht richtig, nicht vollständig, nicht in der vorgeschriebenen
Weise oder nicht rechtzeitig anfertigt,

d) entgegen § 14 Abs. 1 Arzneimittel ohne die vorgeschriebene Kennzeichnung abgibt,

e) entgegen § 16 Abs. 1 Satz 1 Arzneimittel oder Ausgangsstoffe nicht so
lagert, dass ihre Qualität nicht nachteilig beeinflusst wird und Verwechslungen vermieden werden oder entgegen § 16 Abs. 1 Satz 2
Arzneimittel oder Ausgangsstoffe, deren ordnungsgemäße Qualität
nicht festgestellt ist, nicht unter entsprechender Kenntlichmachung gesondert lagert,

f) Chargenproben nicht entsprechend § 16 Abs. 4 lagert,

g) (weggefallen)

h) entgegen § 18 Abs. 1 Satz 1 bei dem Verbringen von Arzneimitteln die
vorgeschriebenen Angaben nicht aufzeichnet,

i) entgegen § 19 Abs. 1 Satz 1 die dort vorgeschriebenen Nachweise
nicht führt oder entgegen § 19 Abs. 2 Satz 1 die dort genannten Arzneimittel abgibt, ohne dass eine Verschreibung in zweifacher Ausfertigung vorliegt,

j) Aufzeichnungen, Bescheinigungen oder Nachweise nicht entsprechend
§ 22 Abs. 1 Satz 1 aufbewahrt oder entgegen § 22 Abs. 1 Satz 2 oder 3
Aufzeichnungen, Bescheinigungen oder Nachweise unkenntlich macht
oder Veränderungen vornimmt,

k) entgegen § 22 Abs. 4 Satz 1 eine Aufzeichnung nicht oder nicht mindestens dreißig Jahre aufbewahrt und nicht oder nicht mindestens
fünfzehn Jahre speichert oder

4. als Leiter einer Krankenhausapotheke

a) entgegen § 26 Abs. 2 in Verbindung mit § 21 nicht dafür sorgt, dass die
dort genannten Maßnahmen bei Arzneimittelrisiken oder nicht verkehrsfähigen Arzneimitteln getroffen werden,

b) entgegen § 28 Abs. 3 in Verbindung mit § 3 Abs. 5 Satz 1 und mit § 27
Abs. 2 Satz 1 pharmazeutische Tätigkeiten durch eine Person ausführen
läßt, die nicht zum pharmazeutischen Personal gehört,

c) entgegen § 28 Abs. 3 in Verbindung mit § 3 Abs. 5 Satz 2 und mit § 27
Abs. 2 Satz 1 pharmazeutische Tätigkeiten nicht beaufsichtigt oder
nicht durch einen Apotheker beaufsichtigen lässt,

d) entgegen § 31 Abs. 1 Satz 1, Abs. 3 oder 4 in Verbindung mit § 17 Abs. 5 Satz 1, jeweils in Verbindung mit § 27 Abs. 2 Satz 1, Arzneimittel abgibt oder abgeben lässt oder

e) entgegen § 32 Abs. 1 in Verbindung mit § 27 Abs. 2 Satz 1 auf den Stationen oder in anderen Teileinheiten des Krankenhauses vorrätig gehaltene Arzneimittel nicht, nicht vollständig oder nicht rechtzeitig überprüft oder durch einen Apotheker überprüfen lässt oder entgegen § 32 Abs. 3 in Verbindung mit § 27 Abs. 2 Satz 1 das vorgeschriebene Protokoll nicht, nicht richtig oder nicht vollständig anfertigt, nicht der Krankenhausleitung zuleitet, nicht dem zuständigen Arzt aushändigt oder nicht aufbewahrt oder diese Maßnahmen nicht durch einen Apotheker ausführen lässt.

§ 35
Übergangsvorschriften

(1) Arzneimittel, die vor dem Inkrafttreten dieser Verordnung nicht den Vorschriften dieser Verordnung entsprechend hergestellt und geprüft oder nicht nach den Vorschriften dieser Verordnung gekennzeichnet und verpackt sind, dürfen von dem Apothekenleiter noch bis zum 30. Juni 1988 in den Verkehr gebracht werden.

(2) Auf Apotheken, für die vor Inkrafttreten dieser Verordnung eine Erlaubnis erteilt worden ist, findet § 4 Abs. 2 Satz 2 bis zum 1. Januar 1999 keine Anwendung; bis zu diesem Zeitpunkt muß die Offizin jedoch weiterhin den bis zum Inkrafttreten dieser Verordnung geltenden Vorschriften entsprechen. Nach dem 1. Januar 1999 kann die zuständige Behörde für diese Apotheken Ausnahmen von der Vorschrift des § 4 Abs. 2 Satz 2 zulassen, wenn ein wichtiger Grund vorliegt.

(3) Auf Arzneimittel im Sinne des § 2 Abs. 2 Nr. 2 bis 4 des Arzneimittelgesetzes finden die Vorschriften dieser Verordnung ab 1. Januar 1988 Anwendung.

§ 35a

(1) Auf Apotheken in dem in Artikel 3 des Einigungsvertrages genannten Gebiet, für die gemäß § 28 a Abs. 3 des Gesetzes über das Apothekenwesen eine Erlaubnis als erteilt gilt, finden § 4 Abs. 2 bis 5 und 8 sowie § 29 Abs. 2 bis zum 1. Januar 1996 keine Anwendung. Die Apotheken müssen jedoch bis zu diesem Zeitpunkt in der Anzahl, Grundfläche, Anordnung und Ausstattung der Betriebsräume weiterhin den Vorschriften entsprechen, die bis zum Wirksamwerden des Beitritts für sie gegolten haben. Die Vorschriften der Sätze 1 und 2 gelten auch, wenn eine Apotheke nach Satz 1 aufgrund einer neuen Erlaubnis weiter betrieben werden soll.

(2) In Apotheken gemäß Abs. 1 ist abweichend von den Vorschriften des § 6 Abs. 3 Satz 3 und § 11 Abs. 2 Satz 1 die Identität des Arzneimittels oder der Ausgangsstoffe nur dann festzustellen, wenn die Identität des Inhalts eines jeden Behältnisses nicht auf andere Weise sichergestellt ist.

(3) Krankenhausapotheken, für die gemäß § 28a Abs. 2 Satz 2 des Gesetzes über das Apothekenwesen eine Genehmigung zur Belieferung von Verschreibungen von Ärzten der zum Krankenhaus gehörenden Poliklinik erteilt ist, dürfen abweichend von § 31 Abs. 1 Arzneimittel auch auf Grund solcher Verschreibungen abgeben.

§ 35b
Übergangsbestimmungen

Abweichend von § 17 Abs. 6 Nr. 5 muss bis zum 31. März 2005 das Kennzeichen nur dann auf der Verschreibung angegeben werden, wenn diese auf einem normierten Formular vorgelegt wird, das in der Form dem in der Gesetzlichen Krankenversicherung verwendeten Verordnungsblattvordruck entspricht. Wird ein solches Formular nicht vorgelegt, ist das Kennzeichen auf dem vorgelegten Formular oder auf einem gesonderten Blatt aufzudrucken.

§ 36
(weggefallen)

§ 37
(Inkrafttreten, Außerkrafttreten)

Anhang

Anlage 1
(zu § 4 Abs. 8)

A. Geräte

Acetylierungskolben mit Kühlrohr

Bleitiegel

Büretten 25, 50 ml

Cassiakolben 100 ml

Chromatographierohre, einfach

Chromatographierohr 15 cm lang, 1,5 bis 2,0 cm ∅,
mit G 3-Fritte und Hahn

Dünnschichtchromatographie, Ausrüstung für Erlenmeyerkolben 50, 100, 250,
500 ml, eng- und weithalsig

Erstarrungstemperatur, Gerät zur Bestimmung der

Ethanolgehalt, Gerät zur Bestimmung des

Etherische Öle in Drogen, Gerät zur Bestimmung des Gehaltes an

Extraktionsapparat nach Soxhlet, 100-ml-Hülsen aus fluoreszenzarmem Material

Feinbürette mit Teflonspindel, Einteilung 0,02 ml

Feinwaage (Analysenwaage)

Filternutsche

Fön

Glasfaserfilter 52 g/m², Dicke 0,25 mm, 2,4 cm ∅

Glasrohr, 30 cm lang, 1 cm lichte Weite, mit Hahn verschließbar

Glasrohr, 30 cm lang, 2 cm lichte Weite, mit Hahn verschließbar

Glassintertiegel G 3, G 4

Jodzahlkolben 100, 250 ml

Liebig-Kühler, 400 mm Mantellänge

Lupe, Vergrößerung mindestens 6fach

Messkolben mit Stopfen 10, 25, 50, 100, 250, 1000 ml

Messpipetten 1, 5, 10 ml

Messzylinder 10, 25, 50, 100 ml

Messzylinder mit Stopfen 10, 25 (in 0,2 ml), 50 ml (Einteilung 140 mm) und 100 ml

Mikroskop, Vergrößerung mindestens 600fach, mit Okularmikrometer, Objektmikrometer und Polarisationsansatz

Nesslerzylinder 16−25 mm lichte Weite, mindestens 3 Stück

Nickeltiegel

Platindraht

Porzellanfiltertiegel A 1

Präzisionswaage mit einer Höchstlast bis zu zwei Kilogramm

Pyknometer

Quarztiegel mit Deckel, ca. 20 ml Inhalt

Reagenzgläser mit Stopfen 20 x 120 mm, 25 x 150 mm

Rückflusskühler (Dimroth-Kühler)

Rundkolben 100, 200, 250, 500, 1 000 ml

Saugflasche

Scheidetrichter 100, 250, 500 ml

Schmelztemperatur, Gerät zur Bestimmung der
a) Kapillarschmelzpunkt
b) Sofortschmelzpunkt

Siedebereich, Gerät zur Bestimmung des

Siedetemperatur, Gerät zur Bestimmung der

Stoppuhr mit einer Ablesegenauigkeit von mindestens 0,1 Sek.

Thermometer:
Anschütz-Thermometer, Satz mit 7 Stück
Thermometer bis 360 °C, geteilt in 1/1 Grade
Rotierendes Thermometer
Tropfpunkt-Thermometer

Trockenrohre

Trockenschrank

Tüpfelplatte

UV-Analysenlampe 254 und 365 nm

Vakuumexsikkator mit Vakuummeter oder Trockenpistole

Viskosimeter:
Kapillarviskosimeter oder
Kugelfallviskosimeter nach Höppler

Vollpipetten 2, 5, 10, 20, 25, 50 ml

Wägegläser, verschließbar

Wasserbestimmung, Apparatur zur, durch Destillation

Wasserstrahlpumpe

Zentrifuge und Zentrifugengläser (15 ml) mit Stopfen

B. Prüfmittel

Acetanhydrid
Aceton
Aescin
Aloin
Ameisensäure, wasserfreie
Aminoazobenzol
4-Aminophenol
Ammoniaklösung, konzentrierte
Ammoniumacetat
Ammoniumcarbonat
Ammoniumchlorid
Ammoniumeisen(II)-sulfat
Ammoniumeisen(III)-sulfat
Ammoniummolybdat
Ammoniumoxalat
Ammoniumsulfat
Ammoniumthiocyanat
Ammoniumvanadat
Anisaldehyd
Anethol
Arbutin
Arsen(III)-oxid (Urtitersubstanz)
Atropinsulfat

Bariumchlorid
Bariumhydroxid
Benzoylchlorid
Benzylbenzoat
Benzylcinnamat
Bismutnitrat, basisches
Blei(II)-acetat
Blei(II)-nitrat
Blei(IV)-oxid
Borneol
Bornylacetat

Borsäure
Brenzcatechin
Bromcresolgrün
Bromcresolpurpur
Bromphenolbau
Bromthymolblau
1-Butanol
Butylacetat

Calciumcarbonat
Calciumchlorid
Calciumhydroxid
Calciumsulfat-Hemihydrat
Carvon
Chininhydrochlorid
Chloracetanilid
Chloralhydrat
Chloramin T
Chloroform
Chlorogensäure
Chromotrop 2 B
Chromotropsäure
Cineol
Citral
Citronensäure
Cobalt(II)-chlorid
Cobalt(II)-nitrat
Coffein
Cresolrot
Cyclohexan

Dibutylphthalat
1,2-Dichlorethan
Diethanolamin
Diethylamin

2,6-Dichlorchinonchlorimid
Dichlormethan
4-Dimethylaminobenzaldehyd
Dimethylgelb
Dinitrobenzol
3,5-Dinitrobenzoylchlorid
2,4-Dinitrophenylhydrazin
Diphenylamin
Diphenylboryloxyethylamin
Diphenylcarbazid
Diphenylcarbazon
Dithizon

Echtblausalz B
Eisen(III)-chlorid
Eisen(II)-sulfat
Emetindihydrochlorid
Emodin
Eriochromschwarz T
Essigsäure
Essigsäure, wasserfreie
Ethanol, wasserfreies
Ethanol 96 % (ml/ml)
Ether
Ethoxychrysoidinhydrochlorid
Ethylacetat
Ethylenglykol
Ethylmethylketon
Eugenol

Fluorescein-Natrium
Formaldehyd-Lösung
Formamid
Furfural

Gallussäure
Glycerol
Glycerol (85 %)
Glycyrrhetinsäure
Glyoxalbishydroxyanil
Guajaktinktur
Guajazulen

Heptan
Hexan

Hydroxylaminhydochlorid
Hyperosid

Indophenolblau
Isoamylalkohol
Isobutylmethylketon
Isopropylalkohol

Jod

Kaffeesäure
Kaliumbromat
Kaliumbromid
Kaliumcarbonat
Kaliumchlorid
Kaliumchromat
Kaliumdichromat
Kaliumdihydrogenphosphat
Kaliumhexacyanoferrat (II)
Kaliumhexacyanoferrat (III)
Kaliumhydrogenphthalat
Kaliumhydrogensulfat
Kaliumhydroxid
Kaliumjodat
Kaliumjodat-Stärkepapier
Kaliumjodid
Kaliumnatriumtartrat
Kaliumnitrat
Kaliumpermanganat
Kaliumsulfat
Kaliumthiocyanat
Kationenaustauscher, stark saurer
Kieselgur
Kongorot
Kristallviolett
Kupfer
Kupfer(II)-nitrat
Kupfer(II)-sulfat

Lackmuspapier, blaues
Lackmuspapier, rotes
Lanthannitrat
Linalool
Linalylacetat

Macrogol 400
Magnesiumoxid

Magnesiumpulver
Magnesiumsulfat
Mangan(II)-sulfat
Mannitol
Menthol
Menthylacetat
Metanilgelb
Methanol
Methenamin
Methoxyphenylessigsäure
Methylenbisdimethylanilin
Methylenblau
Methyl-4-hydroxybenzoat
Methylorange
Methylrot
Molybdatophosphorsäure

2-Naphthol
Naptholbenzein
Naphthylethylendiamindihydro-
chlorid
Natriumacetat
Natriumbismutat
Natriumcarbonat
Natriumcarbonat (Urtitersubstanz)
Natriumchlorid
Natriumdiethyldithiocarbarnat
Natriumdisulfit
Natriumdodecylsulfat
Natriumedetat
Natriumfluorid
Natriumhexanitrocobaltat(III)
Natriumhydrogencarbonat
Natriumhydroxid
Natriumhypophosphit
Natriumjodid
Natriummonohydrogenphosphat
Natriumnitrit
Natriumpentacyanonitrosylferrat(II)
Natriumperjodat
Natriumsulfat, wasserfreies
Natriumsulfid
Natriumsulfit
Natriumtetraborat
Natriumtetraphenylborat

Natriumthiosulfat
Ninhydrin
3-Nitrobenzaldehyd
Nitrobenzol
Nitrobenzoylchlorid

0,01 M-Osmium(VIII)-oxid-Lösung in
0,1 N-Schwefelsäure
oder Osmium(VIII)-oxid
Oxalsäure

Paracetamol
Paraffin, dickflüssiges
Petrolether
Phenanthrolinhydrochlorid
Phenazon
Phenolphthalein
Phenolrot
Phloroglucin
Phosphor(V)-oxid
Phosphorsäure, konzentrierte
Pikrinsäure
Piperidin
Polysorbat 80
1-Propanol
Propyl-4-hydroxybenzoat
Pyridin

Quecksilber(II)-acetat
Quecksilber(II)-jodid

Resorcin
Rhaponticin
Rhein
Rutosid

Salicylsäure
Salpetersäure, konzentrierte
Salzsäure, konzentrierte
Saponin
Schwefelsäure, konzentrierte
Scopolaminhydrobromid
Scopoletin
Silbernitrat
Stärke, lösliche
Sudanrot G
Sulfaminsäure

Sulfanilamid
Sulfanilsäure

Tannin
Tetramethylammoniumhydroxid-
Lösung
Thioacetamid
Thioglycolsäure
Thioharnstoff
Thujon
Thymol
Thymolblau
Thymolphthalein
Titangelb
Toluol
Tragant, gepulvertes
Trichloressigsäure
Triethanolamin
Triphenyltetrazoliumchlorid

Vanillin

Weinsäure

Xanthydrol
Xylenolorange
Xylol

Zink
Zink (Urtitersubstanz)
Zinkstaub

Maßlösungen:
0,1 N-Ammoniumthiocyanat-Lösung
0,1 N-Jod-Lösung
0,1 N-Kaliumbromat-Lösung
0,1 N-Kaliumpermanganat-Lösung
0,1 M-Natriumedetat-Lösung
1 N-Natriumhydroxid-Lösung
0,1 N-Natriumhydroxid-Lösung
0,1 N-Natriumthiosulfat-Lösung
0,1 N-Perchlorsäure
1 N-Salzsäure
0,1 N-Salzsäure
1 N-Schwefelsäure
0,1 N-Silbernitrat-Lösung
0,1 M-Zinksulfat-Lösung

Anlage 2

(zu § 15 Abs. 1 Satz 1)

1. Analgetika/Betäubungsmittel
2. Antiarrhythmika
3. Antibiotika/Chemotherapeutika
4. Antidiabetika
5. Antiemetika
6. Antihistaminika
7. Antihypertonika
8. Antihypotonika
9. Antikoagulantien
10. Antipyretika
11. Antitussiva/Expektorantia
12. Beta-Rezeptorenblocker
13. Bronchospasmolytika/Antiasthmatika
14. Kortikoide
15. Desinfizientien
16. Diuretika
17. Hämostyptika
18. Kardiaka

19. Koronarmittel
20. Magen-Darmtherapeutika
21. Ophthalmika/Glaukommittel
22. Rhinologika
23. Vaginaltherapeutika

Anlage 3

(zu § 15 Abs. 1 Satz 2)

1. Antidote gegen Intoxikationen und Überdosierungen mit
   1.1 Opiaten
   1.2 Cholinesterase-Hemmern
   1.3 Cyanid
   1.4 Methämoglobinbildnern
2. Emetika
3. Kortikoid, hochdosiert, zur Injektion
4. Mittel zur Behandlung von Rauchgasvergiftungen
5. Antischaum-Mittel zur Behandlung von Tensid-Intoxikationen
6. Medizinische Kohle
7. Tetanus-Impfstoff
8. Tetanus-Hyperimmun-Globulin 250 I.E.

[handschriftliche Anmerkung: parenterale Anwendung]

Anlage 4

(zu § 15 Abs. 2)

1. Botulismus-Antitoxin vom Pferd
2. Diphtherie-Antitoxin vom Pferd
3. Schlangengift-Immunserum, polyvalent, Europa
4. Tollwut-Impfstoff
5. Tollwut-Immunglobulin
6. Tetanus-Immunglobulin 2500 I. E.
7. Prothrombinkonzentrat (PPSB)
8. Polyvalentes Immunglobulin
9. Röteln-Immunglobulin
10. Varizella-Zoster-Immunglobulin
11. Hepatitis-B-Immunglobulin

Betriebsverordnung
für pharmazeutische Unternehmer (PharmBetrV)

vom 8. März 1985 (BGBl. I S. 546),
zuletzt geändert durch Artikel 3 des Gesetzes vom 10. Februar 2005
(BGBl. I S. 234)

§ 1
Anwendungsbereich

(1) Diese Verordnung findet Anwendung auf Betriebe und Einrichtungen, die Arzneimittel oder Wirkstoffe, die menschlicher, tierischer oder mikrobieller Herkunft sind und nicht für die Herstellung von in einer im Homöopathischen Teil des Arzneibuches beschriebenen Verfahrenstechnik herzustellenden Arzneimitteln bestimmt sind, oder Wirkstoffe, die auf gentechnischem Wege hergestellt werden, oder andere zur Arzneimittelherstellung bestimmte Stoffe menschlicher Herkunft gewerbsmäßig herstellen, prüfen, lagern, verpacken, in den Verkehr bringen oder in den Geltungsbereich des Arzneimittelgesetzes verbringen. Sie findet auch Anwendung auf Personen, die diese Tätigkeiten berufsmäßig ausüben.

(2) Diese Verordnung ist auf Apotheken, den Einzelhandel mit Arzneimitteln außerhalb von Apotheken, auf Ärzte, Zahnärzte, Tierärzte, tierärztliche Hausapotheken und Arzneimittelgroßhandelsbetriebe nur anzuwenden, soweit sie einer Erlaubnis nach § 13 oder § 72 des Arzneimittelgesetzes bedürfen. Diese Verordnung gilt nicht für denjenigen, der Arzneimittel sammelt oder der im Auftrag eines Tierarztes und unter dessen Aufsicht nach § 13 Abs. 2 Nr. 3 des Arzneimittelgesetzes aus Arzneimittel-Vormischungen und Mischfuttermitteln Fütterungsarzneimittel herstellt.

(3) Die Regelungen dieser Verordnung gelten für die in Absatz 1 Satz 1 genannten Stoffe und Wirkstoffe entsprechend.

§ 1 a
Qualitätssicherungssystem

Betriebe und Einrichtungen müssen die EU-Leitlinien guter Herstellungspraxis für Arzneimittel einhalten und hierfür ein funktionierendes pharmazeutisches Qualitätssicherungssystem entsprechend Art und Umfang der durchgeführten Tätigkeiten betreiben, um sicherzustellen, dass die Arzneimittel die für den beabsichtigten Gebrauch erforderliche Qualität aufweisen. Dieses Qualitätssicherungssystem muss die aktive Beteiligung der Geschäftsführung und des Personals der einzelnen betroffenen Bereiche vorsehen; insbesondere haben der Herstellungsleiter und der Kontrollleiter die Herstellungs- und Prüfanweisungen in regelmäßigen Abständen zu überprüfen und gegebenenfalls an den Stand von Wissenschaft und Technik und bei Prüfpräparaten im Sinne des § 3 Abs. 3 der GCP-Verordnung (Prüfpräparate) an deren Entwicklung anzupassen.

§ 2
Personal

(1) Personal muss mit ausreichender fachlicher Qualifikation und in ausreichender Zahl vorhanden sein, um die Einhaltung der Vorschriften dieser Verordnung zu ermöglichen. Es darf nur entsprechend seiner Ausbildung und seinen Kenntnissen beschäftigt werden und ist über die beim Umgang mit Arzneimitteln und Ausgangsstoffen gebotene Sorgfalt regelmäßig zu unterweisen. Die Unterweisung muss sich bei der Herstellung von Prüfpräparaten auch auf deren Besonderheiten erstrecken.

(2) Die Verantwortungsbereiche sind nach Maßgabe der §§ 19 und 63 a des Arzneimittelgesetzes schriftlich festzulegen. Darüber hinaus müssen die Aufgaben des Personals in leitender oder verantwortlicher Stellung in Arbeitsplatzbeschreibungen festgelegt werden. Die Organisationsstruktur ist in einem Organisationsschema zu beschreiben. Organisationsschemata und Arbeitsplatzbeschreibungen sind nach den betriebsinternen Verfahren festzulegen. Dem in Satz 2 genannten Personal sind ausreichende Befugnisse einzuräumen, damit es seiner Verantwortung gerecht werden kann.

(3) Wer Arzneimittel vertreibt, herstellt oder in den Geltungsbereich des Arzneimittelgesetzes verbringt, ohne einer Erlaubnis nach § 13 oder § 72 des Arzneimittelgesetzes zu bedürfen, hat den Verantwortungsbereichen nach § 19 des Arzneimittelgesetzes entsprechend eine oder mehrere verantwortliche Personen zu bestellen. Sind mehrere Personen bestellt, gilt Absatz 2 entsprechend. Die bestellten Personen sind für die Einhaltung der ihren Bereich betreffenden Vorschriften dieser Verordnung verantwortlich.

§ 3
Beschaffenheit, Größe und Einrichtung der Betriebsräume

(1) Die Betriebsräume müssen nach Art, Größe, Zahl, Lage und Einrichtung einen ordnungsgemäßen Betrieb, insbesondere die einwandfreie Herstellung, Prüfung, Lagerung, Verpackung und das Inverkehrbringen der Arzneimittel gewährleisten. Soweit die Betriebsräume und ihre Einrichtung für Herstellungsvorgänge verwendet werden, die für die Arzneimittelqualität von entscheidender Bedeutung sind, müssen sie auf ihre Eignung überprüft werden (Qualifizierung).

(2) Die Betriebsräume müssen sich in einem ordnungsgemäßen baulichen Zustand befinden. Sie müssen ausreichend beleuchtet sein und geeignete klimatische Verhältnisse aufweisen. Die Betriebsräume sind durch geeignete Maßnahmen vor dem Zutritt Unbefugter zu schützen.

(3) Die Betriebsräume und ihre Einrichtung sollen gründlich zu reinigen sein und müssen instand gehalten werden.

§ 4
Anforderungen an die Hygiene

(1) Betriebsräume und deren Einrichtungen müssen regelmäßig gereinigt und, soweit erforderlich, desinfiziert werden. Es soll nach einem schriftlichen Hygieneplan verfahren werden, in dem insbesondere folgendes festgelegt ist:

1. die Häufigkeit der Maßnahmen,

2. die durchzuführenden Reinigungs- oder Desinfektionsverfahren und die zu verwendenden Geräte und Hilfsmittel,

3. die mit der Aufsicht betrauten Personen.

(2) Soweit zur ordnungsgemäßen Herstellung und Prüfung der Arzneimittel erforderlich, müssen schriftliche Hygieneprogramme mit Anweisungen zum hygienischen Verhalten und zur Schutzkleidung des Personals erstellt und befolgt werden.

(3) Soweit zur Herstellung und Prüfung von Arzneimitteln Tiere verwendet werden, müssen bei ihrer Haltung die hygienischen Erfordernisse beachtet werden.

§ 5
Herstellung

(1) Arzneimittel sind nach anerkannten pharmazeutischen Regeln herzustellen.

(2) Es dürfen nur Arzneimittel und Ausgangsstoffe verwendet werden, deren erforderliche Qualität nach § 6 festgestellt und kenntlich gemacht ist. Durch räumliche oder zeitliche Trennung der einzelnen Herstellungsvorgänge oder durch andere geeignete technische oder organisatorische Maßnahmen ist Vorsorge zu treffen, dass eine gegenseitige nachteilige Beeinflussung der Arzneimittel sowie Verwechslungen der Arzneimittel und des Verpackungs- und Kennzeichnungsmaterials vermieden werden. Bei der Herstellung von verblindeten Prüfpräparaten im Sinne von § 3 Abs. 10 der GCP-Verordnung sind besondere Vorsichtsmaßnahmen während und nach der Verblindung einzuhalten.

(3) Arzneimittel sind unter Verantwortung des Herstellungsleiters und nach vorher erstellten Anweisungen und Verfahrensbeschreibungen (Herstellungsanweisung) herzustellen und zu lagern. Diese Herstellungsanweisung muss in schriftlicher Form vorliegen und die Herstellungsvorgänge sowie die damit im Zusammenhang stehenden Arbeitsgänge im einzelnen beschreiben. Für Arzneimittel, die zugelassen oder registriert sind, muss sie den Zulassungs- oder Registrierungsunterlagen, für Prüfpräparate den Genehmigungsunterlagen für die klinische Prüfung, in der sie zur Anwendung kommen, entsprechen. Die zur Herstellung angewandten Verfahren sind nach dem jeweiligen Stand von Wissenschaft und Technik zu validieren. Kritische Phasen eines Herstellungsverfahrens müssen regelmäßig revalidiert werden. Die Ergebnisse sind

zu dokumentieren. Bei Prüfpräparaten ist der Herstellungsprozess als Ganzes zu validieren, soweit dies angezeigt ist, wobei der Produktentwicklungsphase Rechnung zu tragen ist. Zumindest die kritischen Prozessschritte sind zu validieren.

(4) Die Herstellung jeder Charge eines Arzneimittels einschließlich der Verpackung ist vollständig zu protokollieren (Herstellungsprotokoll). Die für die Herstellung verantwortliche Person hat im Herstellungsprotokoll mit Datum und eigenhändiger Unterschrift zu bestätigen, dass das Arzneimittel entsprechend der Herstellungsanweisung hergestellt und mit der vorgeschriebenen Packungsbeilage versehen worden ist. Es können Personen gleicher Qualifikation zu ihrer Stellvertretung bestellt werden. In Fällen kurzfristiger Verhinderung, insbesondere durch Krankheit oder Urlaub, kann an Stelle der für die Herstellung verantwortlichen Person ein Beauftragter, der über ausreichende Ausbildung und Kenntnisse verfügt, die Bestätigung vornehmen. Das Herstellungsprotokoll ist der für die Herstellung verantwortlichen Person nach ihrer Rückkehr unverzüglich zur Bestätigung vorzulegen. Soweit das Arzneimittel nicht in Chargen hergestellt wird, gelten die Sätze 1 bis 4 entsprechend.

§ 6
Prüfung

(1) Arzneimittel und deren Ausgangsstoffe sind nach anerkannten pharmazeutischen Regeln auf die erforderliche Qualität zu prüfen.

(2) Die Prüfung ist unter Verantwortung des Kontrollleiters und nach vorher erstellten Anweisungen und Verfahrensbeschreibungen (Prüfanweisung) durchzuführen. Diese Prüfanweisung muss vor der Prüfung in schriftlicher Form erstellt werden und die Probenahme und Prüfung sowie die damit im Zusammenhang stehenden Arbeitsgänge im einzelnen beschreiben. Für Arzneimittel, die zugelassen oder registriert sind, muss sie den Zulassungs- oder Registrierungsunterlagen, für Prüfpräparate den Genehmigungsunterlagen für die klinische Prüfung, in der sie zur Anwendung kommen, entsprechen. Die zur Prüfung angewandten Verfahren sind nach dem jeweiligen Stand von Wissenschaft und Technik zu validieren.

(3) Die Prüfung der Ausgangsstoffe und jeder Charge eines Arzneimittels ist vollständig zu protokollieren (Prüfprotokoll). Die für die Prüfung verantwortliche Person hat im Prüfprotokoll mit Datum und eigenhändiger Unterschrift zu bestätigen, dass das Arzneimittel entsprechend der Prüfanweisung geprüft worden ist und die erforderliche Qualität besitzt. In Fällen kurzfristiger Verhinderung, insbesondere durch Krankheit oder Urlaub, kann an Stelle der für die Prüfung verantwortlichen Person ein Beauftragter, der über ausreichende Ausbildung und Kenntnisse verfügt, die Bestätigung vornehmen. Das Prüfprotokoll ist der für die Prüfung verantwortlichen Person nach ihrer Rückkehr unverzüglich zur Bestätigung vorzulegen. Wenn das Arzneimittel nicht in Chargen hergestellt wurde, gelten die Sätze 1 bis 4 entsprechend.

(4) Wurde die erforderliche Qualität festgestellt, sind die Arzneimittel und die Ausgangsstoffe entsprechend kenntlich zu machen; bei zeitlicher Begrenzung der Haltbarkeit ist das Enddatum anzugeben.

(5) Die Absätze 1 bis 4 finden auf Fütterungsarzneimittel mit der Maßgabe Anwendung, daß die Prüfung stichprobenweise durchgeführt werden kann. Dabei darf von einer über die Homogenität hinausgehenden Prüfung abgesehen werden, wenn sich keine Anhaltspunkte ergeben haben, die Zweifel an der einwandfreien Beschaffenheit des Fütterungsarzneimittels begründen.

§ 7
Freigabe

(1) Arzneimittel dürfen nur freigegeben werden, wenn das Herstellungs- und das Prüfprotokoll ordnungsgemäß unterzeichnet sind und der Kontrollleiter oder eine gleichqualifizierte Person (sachkundige Person) schriftlich bestätigt, dass die Arzneimittelcharge ordnungsgemäß nach den geltenden Rechtsvorschriften und bei zugelassenen Arzneimitteln entsprechend den der Zulassung sowie bei Prüfpräparaten entsprechend den der Genehmigung für die klinische Prüfung, in der sie zur Anwendung kommen, zugrunde gelegten Anforderungen hergestellt und geprüft wurde (Freigabe). Die Arzneimittelchargen müssen vor ihrem Inverkehrbringen von der sachkundigen Person in ein fortlaufendes Register mit der entsprechenden Bestätigung eingetragen werden.

(2) Arzneimittel und Ausgangsstoffe, die den Anforderungen an die Qualität nicht genügen, sind als solche kenntlich zu machen und abzusondern; sie sind zu vernichten, an den Lieferanten zurückzugeben oder umzuarbeiten. Über die Maßnahme sind Aufzeichnungen zu machen.

§ 8
Lagerung

(1) Arzneimittel und Ausgangsstoffe sind so zu lagern, dass ihre Qualität nicht nachteilig beeinflusst wird und Verwechslungen vermieden werden.

(2) Die Vorratsbehältnisse und die innerbetrieblichen Transportbehältnisse müssen so beschaffen sein, dass die Qualität des Inhalts nicht beeinträchtigt wird. Sie müssen mit deutlichen Aufschriften versehen sein, die den Inhalt eindeutig bezeichnen. Soweit Bezeichnungen durch Rechtsverordnung nach § 10 Abs. 6 Nr. 1 des Arzneimittelgesetzes vorgeschrieben sind, sind diese zu verwenden. Der Inhalt ist durch zusätzliche Angaben zu kennzeichnen, soweit dies zur Vermeidung von Verwechslungen erforderlich ist.

(3) Muster von jeder Charge eines Arzneimittels, ausgenommen bei Prüfpräparaten, müssen mindestens ein Jahr über den Ablauf des Verfalldatums hinaus aufbewahrt werden. Bei Arzneimitteln, deren Herstellung für den Einzelfall oder in kleinen Mengen erfolgt oder deren Lagerung besondere Probleme

bereitet, kann die zuständige Behörde Ausnahmen über die Muster und ihre Aufbewahrung zulassen.

(3a) Muster von Ausgangsstoffen müssen mindestens zwei Jahre nach Freigabe der unter Verwendung dieser Ausgangsstoffe hergestellten Arzneimittel aufbewahrt werden, es sei denn, in den Zulassungsunterlagen ist eine kürzere Haltbarkeit angegeben. Satz 1 gilt nicht für Lösungsmittel, Gase und Wasser.

(3b) Von Prüfpräparaten sind ausreichende Muster sowie das Kennzeichnungs- und das bedruckte Verpackungsmaterial jeder Herstellungscharge mindestens zwei Jahre nach Abschluss oder Abbruch der letzten klinischen Prüfung, bei der die betreffende Charge zur Anwendung kam, aufzubewahren. Soweit Angaben nach § 5 der GCP-Verordnung in Begleitdokumenten gemacht werden, sind auch die Muster dieser Begleitdokumente für jede Charge aufzubewahren.

(4) Die für die Lagerung verantwortliche Person hat sich in regelmäßigen Abständen davon zu überzeugen, dass die Arzneimittel und die Ausgangsstoffe ordnungsgemäß gelagert werden.

§ 9
Tierhaltung

(1) Der Gesundheitszustand von Tieren, die für die Herstellung oder Prüfung von Arzneimitteln gehalten werden, ist von einem Tierarzt fortlaufend zu kontrollieren.

(2) Soweit vor der Verwendung der Tiere eine Quarantäne erforderlich ist, sind sie in einem Quarantänestall unterzubringen und von einem Tierarzt zu untersuchen. Die Quarantänezeit beträgt für Kleintiere mindestens zwei Wochen, für Rinder, Schweine, Schafe und Ziegen mindestens drei Wochen, für Einhufer sowie für andere Großtiere mindestens vier und für Affen mindestens sechs Wochen. Der Quarantänestall muss von den übrigen Ställen getrennt sein. Die mit der Pflege und Wartung der im Quarantänestall untergebrachten Tiere beauftragten Personen sollten nicht ohne ausreichende Vorsichtsmaßnahmen in anderen Ställen beschäftigt werden.

(3) Bei der Herstellung und Prüfung von Arzneimitteln dürfen nur Tiere verwendet werden, die nach dem Ergebnis der tierärztlichen Untersuchung keine Anzeichen von übertragbaren Krankheiten aufweisen und nicht an Krankheiten leiden, die die Herstellung oder Prüfung der Arzneimittel nachteilig beeinflussen.

(4) Über die Tiere sind nach Tierarten getrennte Aufzeichnungen zu führen.

Diese Aufzeichnungen müssen mindestens Angaben enthalten über

1. die Herkunft und das Datum des Erwerbs,

2. die Rasse oder den Stamm,

3. die Anzahl,

4. die Kennzeichnung,

5. den Beginn und das Ende der Quarantänezeit,

6. das Ergebnis der tierärztlichen Untersuchungen,

7. die Art, das Datum und die Dauer der Verwendung und

8. den Verbleib der Tiere nach der Verwendung.

(5) Die Ställe müssen sich in angemessener Entfernung von den Herstellungs- und Prüfräumen befinden.

§ 10
Behältnisse

Arzneimittel dürfen nur in Behältnissen in den Verkehr gebracht werden, die gewährleisten, dass die Qualität nicht mehr als unvermeidbar beeinträchtigt wird.

§ 11
Kennzeichnung

(1) Arzneimittel, die zur Anwendung bei Menschen bestimmt und keine Fertigarzneimittel oder Prüfpräparate sind, dürfen nur in den Verkehr gebracht werden, wenn ihre Behältnisse und, soweit verwendet, die äußeren Umhüllungen nach § 10 Abs. 1 Nr. 1, 2, 4 und 9 des Arzneimittelgesetzes in gut lesbarer Schrift, in deutscher Sprache und auf dauerhafte Weise gekennzeichnet sind.

(2) Fertigarzneimittel, die Arzneimittel im Sinne des § 2 Abs. 2 Nr. 1 a, 2 oder 3 des Arzneimittelgesetzes sind, dürfen nur in den Verkehr gebracht werden, wenn ihre Behältnisse und, soweit verwendet, ihre äußeren Umhüllungen nach § 10 des Arzneimittelgesetzes gekennzeichnet sind. Die Angaben über die Darreichungsform, die wirksamen Bestandteile und die Wartezeit können entfallen. Bei diesen Arzneimitteln sind auf dem Behältnis oder, soweit verwendet, auf der äußeren Umhüllung oder einer Packungsbeilage zusätzlich anzugeben

1. die Anwendungsgebiete,

2. die Gegenanzeigen,

3. die Nebenwirkungen,

4. die Wechselwirkungen mit anderen Mitteln.

Können die vorgeschriebenen Angaben nicht gemacht werden, so können sie entfallen.

(3) Fertigarzneimittel, die Arzneimittel im Sinne des § 2 Abs. 2 Nr. 4 des Arzneimittelgesetzes sind, dürfen nur in den Verkehr gebracht werden, wenn ihre Behältnisse und, soweit verwendet, ihre äußeren Umhüllungen nach § 10

Abs. 1, 2, 3, 5, 6, 8 und 9 des Arzneimittelgesetzes gekennzeichnet sind. Die Angaben über die Darreichungsform können entfallen. Die wirksamen Bestandteile sind bei Arzneimitteln im Sinne des § 2 Abs. 2 Nr. 4 Buchstabe a des Arzneimittelgesetzes nach Art und Menge anzugeben, soweit sie für die Funktion des Arzneimittels charakteristisch sind. Besteht das Fertigarzneimittel aus mehreren Teilen, so sind auf dem Behältnis und, soweit verwendet, auf der äußeren Umhüllung die Chargenbezeichnungen der einzelnen Teile anzugeben. Ist die Angabe der wirksamen Bestandteile nach Art und Menge auf dem Behältnis aus Platzmangel nicht möglich, so ist sie auf der äußeren Umhüllung oder, sofern auch dies aus Platzmangel nicht möglich ist, in einem dem Behältnis beigefügten Informationsblatt vorzunehmen.

(4) Zur Anwendung bei Tieren bestimmte Arzneimittel, die keine Fertigarzneimittel sind, dürfen nur in den Verkehr gebracht werden, wenn die Behältnisse und, soweit verwendet, die äußeren Umhüllungen mit den Angaben nach den §§ 10 und 11 des Arzneimittelgesetzes versehen sind. Fütterungsarzneimittel müssen ferner nach § 56 Abs. 4 Satz 3 des Arzneimittelgesetzes gekennzeichnet sein. Werden Fütterungsarzneimittel in Tankwagen oder ähnlichen Einrichtungen befördert, so genügt es, wenn die erforderlichen Angaben in mitgeführten, für den Tierhalter bestimmten Begleitpapieren enthalten sind.

(5) Bei Arzneimitteln, die der Zulassung oder Registrierung nicht bedürfen, entfällt die Angabe der Zulassungsnummer oder der Registernummer.

§ 12
Herstellung und Prüfung im Auftrag

(1) Soweit ein Arzneimittel ganz oder teilweise im Auftrag in einem anderen Betrieb hergestellt oder geprüft wird, muss ein schriftlicher Vertrag zwischen dem Auftraggeber und dem Auftragnehmer bestehen. In diesem Vertrag müssen die Aufgaben und Verantwortlichkeiten jeder Seite klar festgelegt sein.

Der Auftragnehmer darf keine ihm vertraglich übertragene Arbeit ohne schriftliche Zustimmung des Auftraggebers an Dritte weitergeben.

(2) Der Auftraggeber hat sich zu vergewissern, dass der Auftragnehmer das Arzneimittel ordnungsgemäß und entsprechend der Herstellungs- und Prüfanweisung herstellt und prüft. Soweit die Freigabe durch den Auftraggeber erfolgt, sind ihr auch die vom Auftragnehmer übersandten Protokolle über die Herstellung oder Prüfung zugrunde zu legen.

§ 13
Vertrieb und Einfuhr

(1) Ein pharmazeutischer Unternehmer darf ein Arzneimittel, das er nicht selbst hergestellt hat, erst in den Verkehr bringen, wenn es im Geltungsbereich des Arzneimittelgesetzes nach § 6 geprüft wurde und die von der sachkundigen Person unterzeichneten Prüfberichte vorliegen.

(2) Bei einem Arzneimittel, das aus einem Mitgliedstaat der Europäischen Gemeinschaften oder einem anderen Vertragsstaat des Abkommens über den Europäischen Wirtschaftsraum eingeführt wurde, kann von der Prüfung nach Absatz 1 abgesehen werden, wenn es in dem Mitgliedstaat oder in dem anderen Vertragsstaat nach den dort geltenden Rechtsvorschriften geprüft ist und von der sachkundigen Person unterzeichnete Prüfberichte vorliegen.

(3) Bei einem Arzneimittel, das aus einem Land eingeführt oder das in einem Land geprüft wurde, das nicht Mitgliedstaat der Europäischen Union oder anderer Vertragsstaaten des Abkommens über den Europäischen Wirtschaftsraum ist, ist die Prüfung nach Absatz 1 im Geltungsbereich des Arzneimittelgesetzes durchzuführen, soweit es sich nicht um ein Arzneimittel handelt, das zur klinischen Prüfung bei Menschen bestimmt ist. Sie soll neben der vollständigen qualitativen und quantitativen Analyse, insbesondere der Wirkstoffe, auch alle sonstigen Überprüfungen erfassen, die erforderlich sind, um die Qualität des Arzneimittels zu gewährleisten. Von der Prüfung kann abgesehen werden, wenn die Voraussetzungen nach § 72 a Satz 1 Nr. 1, bei Stoffen menschlicher Herkunft auch nach Nr. 2, des Arzneimittelgesetzes erfüllt sind oder die Prüfungen schon in einem anderen Mitgliedstaat der Europäischen Gemeinschaften durchgeführt wurden und entsprechende Unterlagen vorliegen.

(4) Der pharmazeutische Unternehmer soll sich vergewissern, dass der Hersteller das Arzneimittel ordnungsgemäß und entsprechend der Herstellungs- und Prüfanweisung herstellt und prüft. Die Herstellung von Prüfpräparaten muss in einem Land, das nicht Mitgliedstaat der Europäischen Gemeinschaften oder anderer Vertragsstaat des Abkommens über den Europäischen Wirtschaftsraum ist, nach Standards erfolgen, die den von der Gemeinschaft festgelegten Standards der Guten Herstellungspraxis zumindest gleichwertig sind, und die Hersteller müssen von der zuständigen Behörde zugelassen sein.

(5) Der pharmazeutische Unternehmer hat zu gewährleisten, dass Rückstellmuster der zuständigen Behörde zur Verfügung gestellt werden können. § 8 Abs. 3, 3 a und 3 b gilt entsprechend. Die Lagerung von Rückstellmustern im Geltungsbereich des Arzneimittelgesetzes ist dann nicht erforderlich, wenn gewährleistet ist, dass diese in einem Mitgliedstaat der Europäischen Union in unveränderter Form zur Verfügung stehen und hinsichtlich Verpackung oder Kennzeichnung nicht von dem im Geltungsbereich des Arzneimittelgesetzes in den Verkehr gebrachten Arzneimittel abweichen.

(6) Ein Fertigarzneimittel darf erst in Verkehr gebracht werden, wenn die Freigabe nach § 7 Abs. 1 Satz 1 erfolgt ist. Bei Prüfpräparaten, die in einer klinischen Prüfung als Vergleichspräparate eingesetzt werden sollen und die in einem Land hergestellt wurden, das nicht Mitgliedstaat der Europäischen Gemeinschaften oder anderer Vertragsstaat des Abkommens über den Europäischen Wirtschaftsraum ist und für die eine Genehmigung für das Inverkehrbringen vorliegt, trägt die sachkundige Person die Verantwortung dafür,

dass jede Herstellungscharge allen erforderlichen Prüfungen unterzogen wurde, um die Qualität der Präparate gemäß den Genehmigungsunterlagen für die klinische Prüfung, in der sie zur Anwendung kommen, zu bestätigen, falls keine Unterlagen erhältlich sind, die bestätigen, dass jede Produktionscharge nach Standards hergestellt wurde, die den von der Gemeinschaft festgelegten Standards der Guten Herstellungspraxis mindestens gleichwertig sind.

(7) Über den Erwerb, die Einfuhr, die Ausfuhr, die Lagerung und das Inverkehrbringen sind Aufzeichnungen zu machen. Im Falle der Lieferung von Fertigarzneimitteln an Betriebe und Einrichtungen, die Großhandel betreiben, an Krankenhausapotheken oder krankenhausversorgende Apotheken zur Belieferung von Krankenhäusern sind den Lieferungen Unterlagen mit chargenbezogenen Angaben beizufügen.

§ 14
Beanstandungen

(1) Der Stufenplanbeauftragte nach § 63a Abs. 1 Satz 1 des Arzneimittelgesetzes hat bei Arzneimitteln, die keine Prüfpräparate sind, alle bekannt gewordenen Meldungen über Arzneimittelrisiken zu sammeln und die nach § 63b Abs. 2 und 3 des Arzneimittelgesetzes bestehenden Anzeigepflichten zu erfüllen, soweit sie Arzneimittelrisiken betreffen. Er hat unverzüglich die sofortige Überprüfung der Meldungen zu veranlassen und sie daraufhin zu bewerten, ob ein Arzneimittelrisiko vorliegt, wie schwerwiegend es ist und welche Maßnahmen zur Risikoabwehr geboten sind. Er hat die notwendigen Maßnahmen zu koordinieren. Der Stufenplanbeauftragte hat die zuständige Behörde über jeden Mangel, der möglicherweise zu einem Rückruf oder zu einer ungewöhnlichen Einschränkung des Vertriebs führt, unverzüglich zu unterrichten und dabei auch mitzuteilen, in welche Staaten das Arzneimittel ausgeführt wurde. Über den Inhalt der Meldungen, die Art der Überprüfung und die dabei gewonnenen Erkenntnisse, das Ergebnis der Bewertung, die koordinierten Maßnahmen und die Benachrichtigungen hat der Stufenplanbeauftragte Aufzeichnungen zu führen.

(1a) Bei Prüfpräparaten muss der Stufenplanbeauftragte in Zusammenarbeit mit dem Sponsor Beanstandungen systematisch aufzeichnen und überprüfen und wirkungsvolle systematische Vorkehrungen treffen, damit eine weitere Anwendung der Prüfpräparate verhindert werden kann, sofern dies notwendig ist. Der Stufenplanbeauftragte hat jeden Mangel, der möglicherweise zu einem Rückruf oder zu einer ungewöhnlichen Einschränkung des Vertriebs führt, zu dokumentieren und zu untersuchen und die zuständige Behörde unverzüglich davon zu unterrichten und dabei auch mitzuteilen, an welche Prüfstellen innerhalb oder außerhalb des Geltungsbereiches des Arzneimittelgesetzes das Prüfpräparat ausgeliefert wurde. Sofern das Prüfpräparat ein zugelassenes Arzneimittel ist, muss der Stufenplanbeauftragte in Zusammenarbeit mit dem

Sponsor den Zulassungsinhaber über jeden Mangel informieren, der mit dem zugelassenen Arzneimittel in Verbindung stehen kann.

(2) Soweit ein pharmazeutischer Unternehmer andere als die in § 63 a Abs. 1 Satz 1 des Arzneimittelgesetzes genannten Arzneimittel in den Verkehr bringt, hat er eine Person mit Wahrnehmung der Aufgaben nach Absatz 1 zu beauftragen. Die beauftragte Person ist für die Einhaltung der Verpflichtungen entsprechend Absatz 1 verantwortlich.

(3) Der pharmazeutische Unternehmer hat dafür zu sorgen, daß alle im Betrieb eingehenden Meldungen über Arzneimittelrisiken unverzüglich dem Stufenplanbeauftragten oder der nach Absatz 2 Satz 1 beauftragten Person mitgeteilt werden.

§ 15
Dokumentation

(1) Alle Aufzeichnungen über den Erwerb, die Herstellung, Prüfung, Freigabe, Lagerung, Einfuhr, Ausfuhr und das Inverkehrbringen der Arzneimittel sowie über die Tierhaltung und die Aufzeichnungen des Stufenplanbeauftragten oder der nach § 14 Abs. 2 Satz 1 beauftragten Person sind vollständig und mindestens bis ein Jahr nach Ablauf des Verfalldatums, jedoch nicht weniger als fünf Jahre aufzubewahren, bei Prüfpräparaten mindestens fünf Jahre nach Abschluss oder Abbruch der letzten klinischen Prüfung, bei der die betreffende Charge zur Anwendung kam. Die Gesamtheit dieser Unterlagen muss die Rückverfolgung des Werdegangs jeder Charge sowie der im Verlauf der Entwicklung eines Prüfpräparats vorgenommenen Änderungen ermöglichen. Die Aufzeichnungen müssen klar und deutlich, fehlerfrei und auf dem neuesten Stand sein. Der ursprüngliche Inhalt einer Eintragung darf weder mittels Durchstreichens noch auf andere Weise unleserlich gemacht werden. Es dürfen keine Veränderungen vorgenommen werden, die nicht erkennen lassen, ob sie bei der ursprünglichen Eintragung oder erst später gemacht worden sind.

(1 a) Bei Blutzubereitungen, Sera aus menschlichem Blut und gentechnisch hergestellten Plasmaproteinen zur Behandlung von Hämostasestörungen sind zusätzlich zum Zwecke der Rückverfolgung die Bezeichnung des Arzneimittels, die Chargenbezeichnung, das Datum der Abgabe und der Name oder die Firma des Empfängers aufzuzeichnen. Die Aufzeichnungen sind mindestens dreißig Jahre aufzubewahren oder zu speichern und müssen gelöscht werden, wenn die Aufbewahrung oder Speicherung nicht mehr erforderlich ist. Werden die Aufzeichnungen länger als dreißig Jahre aufbewahrt oder gespeichert, sind sie zu anonymisieren.

(2) Werden die Aufzeichnungen mit elektronischen, photographischen oder anderen Datenverarbeitungssystemen gemacht, muss mindestens sichergestellt sein, dass die Daten während der Dauer der Aufbewahrungsfrist verfügbar sind und innerhalb einer angemessenen Frist lesbar gemacht werden

können. Die gespeicherten Daten müssen gegen Verlust und Beschädigung geschützt werden. Wird ein System zur automatischen Datenverarbeitung und -übertragung eingesetzt, so genügt statt der eigenhändigen Unterschrift der verantwortlichen Person nach § 5 Abs. 4 und § 6 Abs. 3 die Namenswiedergabe dieser Person, wenn in geeigneter Weise sichergestellt ist, dass nur befugte Personen die Bestätigung der ordnungsgemäßen Herstellung und Prüfung im Herstellungs- und Prüfprotokoll vornehmen können.

(3) Die Aufzeichnungen über das Inverkehrbringen sind so zu ordnen, dass sie den unverzüglichen Rückruf des Arzneimittels ermöglichen.

§ 15a
Selbstinspektion

Um die Beachtung der Vorschriften dieser Verordnung sicherzustellen, müssen regelmäßig Selbstinspektionen durchgeführt werden. Über die Selbstinspektionen und die anschließend ergriffenen Korrekturmaßnahmen müssen Aufzeichnungen geführt und aufbewahrt werden.

§ 16
Kennzeichnungs- und Verpackungsmaterial

§ 6 Abs. 1 und Abs. 2 Satz 1, § 8 Abs. 1 und 4 sowie § 15 sind auf Behältnisse, äußere Umhüllungen, Kennzeichnungsmaterial, Packungsbeilagen und Packmittel entsprechend anzuwenden.

§ 17
Ordnungswidrigkeiten

(1) Ordnungswidrig im Sinne des § 97 Abs. 2 Nr. 31 des Arzneimittelgesetzes handelt, wer vorsätzlich oder fahrlässig

1. als Herstellungsleiter oder als nach § 2 Abs. 3 für den Bereich des § 19 Abs. 1 des Arzneimittelgesetzes bestellte Person

   a) entgegen § 5 Abs. 3 Satz 2 oder 3 eine Herstellungsanweisung nicht, nicht richtig, nicht vollständig oder nicht rechtzeitig erstellt oder entgegen § 5 Abs. 4 Satz 1 oder 2 ein Herstellungsprotokoll nicht, nicht richtig oder nicht vollständig führt,

   b) entgegen § 8 Abs. 1 Arzneimittel nicht so lagert, dass ihre Qualität nicht nachteilig beeinflusst wird und Verwechslungen vermieden werden oder

   c) entgegen § 8 Abs. 3 Satz 1, Abs. 3a Satz 1 oder Abs. 3 b, jeweils auch in Verbindung mit § 13 Abs. 5 Satz 2, ein Muster, ein Rückstellmuster oder das Kennzeichnungs- oder bedruckte Verpackungsmaterial oder die Begleitdokumente nicht oder nicht für die vorgeschriebene Dauer aufbewahrt,

2. als Herstellungsleiter oder Kontrollleiter oder als nach § 2 Abs. 3 für den Bereich des § 19 Abs. 1 oder 2 des Arzneimittelgesetzes bestellte Person entgegen § 7 Abs. 2 Satz 1 Arzneimittel nicht kenntlich macht oder nicht absondert,

3. als Kontrollleiter oder als nach § 2 Abs. 3 für den Bereich des § 19 Abs. 2 des Arzneimittelgesetzes bestellte Person entgegen § 6 Abs. 2 Satz 2 eine Prüfanweisung nicht, nicht richtig, nicht vollständig oder nicht rechtzeitig erstellt oder entgegen § 6 Abs. 3 Satz 1 oder 2 ein Prüfprotokoll nicht, nicht richtig oder nicht vollständig führt,

3 a. als sachkundige Person Arzneimittel entgegen § 7 Abs. 1 Satz 1 freigibt oder entgegen § 7 Abs. 1 Satz 2 Arzneimittelchargen nicht in das fortlaufende Register einträgt,

4. als Vertriebsleiter oder als nach § 2 Abs. 3 für den Bereich des § 19 Abs. 3 des Arzneimittelgesetzes bestellte Person entgegen § 10 Arzneimittel in den Verkehr bringt,

4 a. als Stufenplanbeauftragter oder als nach § 14 Abs. 2 Satz 1 beauftragte Person entgegen § 14 Abs. 1 Satz 1 Meldungen über Arzneimittelrisiken nicht sammelt oder entgegen § 14 Abs. 1 Satz 2 bis 5 den dort geregelten Verpflichtungen nicht, nicht richtig, nicht vollständig oder nicht rechtzeitig nachkommt,

4 b. entgegen § 14 Abs. 1 a Satz 2 die Behörde nicht, nicht richtig, nicht vollständig oder nicht rechtzeitig unterrichtet oder

5. als pharmazeutischer Unternehmer

a) nicht dafür sorgt, dass die Quarantänevorschriften des § 9 Abs. 2 Satz 1 bis 3 eingehalten werden,

b) entgegen § 9 Abs. 4 Aufzeichnungen nicht, nicht richtig oder nicht vollständig führt,

c) entgegen § 13 Abs. 1 oder 6 Satz 1 Arzneimittel in den Verkehr bringt,

d) entgegen § 13 Abs. 5 Satz 1 Rückstellmuster nicht zur Verfügung hält,

e) entgegen § 14 Abs. 2 Satz 1 eine Person nicht beauftragt oder entgegen § 14 Abs. 3 nicht dafür sorgt, dass Meldungen rechtzeitig mitgeteilt werden,

f) Aufzeichnungen nicht entsprechend § 15 Abs. 1 Satz 1 aufbewahrt oder entgegen § 15 Abs. 1 Satz 4 oder 5 Aufzeichnungen unleserlich macht oder Veränderungen vornimmt,

g) entgegen § 15 Abs. 1 a Satz 2 eine Aufzeichnung nicht oder nicht mindestens dreißig Jahre aufbewahrt und nicht oder nicht mindestens fünfzehn Jahre speichert.

(2) Die Vorschriften des Absatzes 1 Nr. 1 Buchstabe b und Nr. 5 Buchstabe f gelten auch bei Behältnissen, äußeren Umhüllungen, Kennzeichnungsmaterial, Packungsbeilagen und Packmitteln im Sinne des § 16.

§ 18
Übergangsbestimmungen

(1) Arzneimittel, die vor dem Inkrafttreten dieser Verordnung nicht den Vorschriften dieser Verordnung entsprechend hergestellt und geprüft wurden oder die nicht nach den Vorschriften dieser Verordnung gekennzeichnet und verpackt sind, dürfen vom pharmazeutischen Unternehmer noch bis zum 31. Dezember 1987 in den Verkehr gebracht werden.

(2) Betriebsräume und Einrichtungen müssen bis zum 31. Dezember 1987 den Vorschriften dieser Verordnung entsprechen. Die zuständige Behörde kann darüber hinaus befristete Ausnahmen zulassen, wenn ein wichtiger Grund vorliegt.

(3) Für Arzneimittel im Sinne des § 2 Abs. 2 Nr. 2 bis 4 des Arzneimittelgesetzes finden die Bestimmungen dieser Verordnung bis zum 31. Dezember 1987 keine Anwendung. Die Kennzeichnungsvorschriften des § 11 Abs. 2 und 3 finden bis zum 31. Dezember 1988 keine Anwendung.

(4) Arzneimittel, die in dem in Artikel 3 des Einigungsvertrages genannten Gebiet nicht den Vorschriften dieser Verordnung entsprechend hergestellt und geprüft wurden oder die nicht nach den Vorschriften dieser Verordnung gekennzeichnet und verpackt sind, dürfen vom pharmazeutischen Unternehmer dort noch bis zum 31. Dezember 1991 in den Verkehr gebracht werden.

(5) Betriebsräume und Einrichtungen in dem in Artikel 3 des Einigungsvertrages genannten Gebiet müssen bis zum 31. Dezember 1992 den Vorschriften dieser Verordnung entsprechen. Die zuständige Behörde kann darüber hinaus befristete Ausnahmen zulassen, wenn ein wichtiger Grund vorliegt.

(6) Für Arzneimittel im Sinne des § 2 Abs. 2 Nr. 2 bis 4 des Arzneimittelgesetzes, die in dem in Artikel 3 des Einigungsvertrages genannten Gebiet hergestellt und geprüft werden, finden die Bestimmungen dieser Verordnung bis zum 31. Dezember 1992 keine Anwendung.

(7) Für Wirkstoffe, die menschlicher oder tierischer Herkunft sind oder auf gentechnischem Wege hergestellt werden, oder andere zur Arzneimittelherstellung bestimmte Stoffe menschlicher Herkunft findet § 1 in der bis zum 5. August 2004 geltenden Fassung bis zum 1. September 2005 Anwendung, es sei denn, es handelt sich um Wirkstoffe, die Blut oder Blutzubereitungen sind.

(8) Für Prüfpräparate, deren Herstellung vor dem 18. August 2004 begonnen wurde, finden die Vorschriften der Betriebsverordnung für pharmazeutische Unternehmer in der bis zu diesem Tag geltenden Fassung Anwendung.

§ 19
Schlussbestimmungen

Auf Arzneimittel im Sinne des § 2 Abs. 2 Nr. 1, 1a, 2, 3 und 4 des Arzneimittelgesetzes, die Medizinprodukte im Sinne des Artikels 1 der Richtlinie 90/385/EWG und des Artikels 1 der Richtlinie 93/42/EWG einschließlich der Produkte im Sinne des Artikels 1 Abs. 2 Buchstabe c der Richtlinie 93/42/EWG sind, findet diese Verordnung in der am 30. Juni 1994 geltenden Fassung Anwendung, hinsichtlich § 11 in Verbindung mit § 10 des Arzneimittelgesetzes in der Fassung des Vierten Gesetzes zur Änderung des Arzneimittelgesetzes vom 11. April 1990 (BGBl. I S. 717).

§ 20
Inkrafttreten

(1) Diese Verordnung tritt am 1. April 1985 in Kraft.

(2) Mit dem Inkrafttreten dieser Verordnung treten alle Vorschriften, die den gleichen Gegenstand regeln, außer Kraft. Dies gilt insbesondere für folgende Vorschriften:

1. Verordnung über Sera und Impfstoffe nach den §§ 19b und d des Arzneimittelgesetzes vom 14. November 1972 (BGBl. I S. 2088),

2. die §§ 1, 2 und 6 Nr. 1 der Verordnung über Arzneimittel, die zur Anwendung bei Tieren bestimmt sind – AATV –, vom 2. Januar 1978 (BGBl. I S. 26).

Betriebsverordnung
für Arzneimittelgroßhandelsbetriebe
**vom 10. November 1987 (BGBl. I S. 2370),
zuletzt geändert durch Artikel 5 des Gesetzes vom 10. Februar 2005
(BGBl. I S. 234)**

§ 1
Anwendungsbereich

Diese Verordnung findet Anwendung auf Betriebe und Einrichtungen, soweit sie Großhandel mit Arzneimitteln betreiben, soweit nicht nach § 1 Abs. 2 der Betriebsverordnung für pharmazeutische Unternehmer deren Vorschriften Anwendung finden. Die Verordnung gilt nicht für Betriebe und Einrichtungen, soweit sie Großhandel mit den in § 51 Abs. 1 zweiter Halbsatz des Arzneimittelgesetzes genannten für den Verkehr außerhalb der Apotheken freigegebenen Fertigarzneimitteln oder mit Gasen für medizinische Zwecke treiben.

§ 1a
Qualitätssicherungssystem

Betriebe und Einrichtungen müssen die EU-Leitlinien für die Gute Vertriebspraxis von Arzneimitteln einhalten und hierfür ein funktionierendes Qualitätssicherungssystem entsprechend Art und Umfang der durchgeführten Tätigkeiten betreiben, das die aktive Beteiligung der Geschäftsführung vorsieht. Das Qualitätssicherungssystem muss insbesondere gewährleisten, dass Arzneimittel nur von hierfür berechtigten Betrieben und Einrichtungen bezogen und nur an solche geliefert werden, die Qualität der Arzneimittel auch während Lagerung und Transport nicht nachteilig beeinflusst wird, Verwechslungen vermieden werden und ein ausreichendes System der Rückverfolgung einschließlich der Durchführung eines Rückrufs besteht. Die nach § 2 Abs. 1 bestellte verantwortliche Person muss insbesondere dafür Sorge tragen, dass Bezug und Auslieferung der Arzneimittel gemäß den §§ 4a und 6 erfolgen und die schriftlichen Verfahrensbeschreibungen in regelmäßigen Abständen geprüft, erforderlichenfalls an den Stand von Wissenschaft und Technik angepasst und befolgt werden.

§ 2
Personal

(1) Wer einen Arzneimittelgroßhandel betreibt, hat für jede Betriebsstätte mindestens eine Person zu bestellen, die für den ordnungsgemäßen Betrieb, insbesondere für die Einhaltung der Vorschriften der §§ 1a, 4 bis 7c dieser Verordnung verantwortlich ist.

(2) Personal muss mit ausreichender fachlicher Qualifikation und in ausreichender Zahl vorhanden sein, um die Einhaltung der Vorschriften dieser

Verordnung zu ermöglichen. Es darf nur entsprechend seiner Ausbildung und seinen Kenntnissen beschäftigt werden und ist über die beim Umgang mit Arzneimitteln gebotene Sorgfalt regelmäßig zu unterweisen.

§ 3
Beschaffenheit, Größe und Einrichtung der Betriebsräume

(1) Die Betriebsräume müssen nach Art, Größe, Zahl, Lage, Zustand und Einrichtung einen ordnungsgemäßen Betrieb des Großhandels mit Arzneimitteln gewährleisten.

(2) Die Betriebsräume müssen geeignete klimatische Verhältnisse aufweisen und sind durch geeignete Maßnahmen vor dem Zutritt Unbefugter zu schützen.

(3) Die verwendeten Geräte sollen leicht zu reinigen sein und müssen instand gehalten werden.

(4) Betriebsräume und deren Einrichtungen müssen regelmäßig gereinigt werden. Soweit in Betriebsräumen Arzneimittel umgefüllt, abgepackt oder gekennzeichnet werden, soll nach einem schriftlichen Hygieneplan verfahren werden, in dem insbesondere folgendes festgelegt ist:

1. die Häufigkeit der Maßnahmen,

2. die durchzuführenden Reinigungsverfahren und die zu verwendenden Geräte und Hilfsmittel,

3. die mit der Aufsicht betrauten Personen.

§ 4
Umfüllen, Abpacken und Kennzeichnen von Arzneimitteln

(1) Es dürfen nur solche Arzneimittel zum Zwecke der Abgabe umgefüllt oder abgepackt werden, deren erforderliche Qualität festgestellt ist.

(2) Durch räumliche oder zeitliche Trennung der einzelnen Arbeitsvorgänge oder durch andere geeignete technische oder organisatorische Maßnahmen ist Vorsorge zu treffen, dass eine gegenseitige nachteilige Beeinflussung der Arzneimittel sowie Verwechslungen vermieden werden.

(3) Arzneimittel dürfen nur in Behältnisse umgefüllt oder abgepackt werden, die gewährleisten, dass die Qualität nicht mehr als unvermeidbar beeinträchtigt wird.

(4) Arzneimittel, die zur Anwendung bei Menschen bestimmt und keine Fertigarzneimittel sind, dürfen nur in den Verkehr gebracht werden, wenn ihre Behältnisse und, soweit verwendet, die äußeren Umhüllungen nach § 10 Abs. 1 Nr. 1, 2, 4, 8 und 9 des Arzneimittelgesetzes in gut lesbarer Schrift, in deutscher Sprache und auf dauerhafte Weise gekennzeichnet sind. Zur Anwendung bei Tieren bestimmte Arzneimittel, die keine Fertigarzneimittel sind,

dürfen nur in den Verkehr gebracht werden, wenn die Behältnisse und, soweit verwendet, die äußeren Umhüllungen mit den Angaben nach den §§ 10 und 11 des Arzneimittelgesetzes versehen sind.

§ 4a
Bezug von Arzneimitteln

(1) Arzneimittel dürfen nur von Betrieben und Einrichtungen bezogen werden, die über eine Erlaubnis gemäss § 13 oder § 52a des Arzneimittelgesetzes verfügen. Arzneimittel können auch aus Betrieben und Einrichtungen, die über eine Erlaubnis nach § 52a des Arzneimittelgesetzes oder nach dem Gesetz über das Apothekenwesen verfügen, oder die sonst zur Abgabe an den Endverbraucher berechtigt sind, zurückgenommen werden.

(2) Die Lieferungen sind bei der Annahme daraufhin zu überprüfen, ob die Behältnisse unbeschädigt sind, die Lieferung mit der Bestellung übereinstimmt und der Lieferant unter Angabe der ausstellenden Behörde und des Ausstellungsdatums bestätigt hat, dass er über die notwendige Erlaubnis verfügt.

§ 5
Lagerung

(1) Arzneimittel sind so zu lagern, dass ihre Qualität nicht nachteilig beeinflusst wird und Verwechslungen vermieden werden. Die für bestimmte Arzneimittel erforderliche Lagertemperatur ist durch Kühleinrichtungen oder sonstige Maßnahmen sicherzustellen. Lagerungshinweise sind zu beachten.

(2) Die Vorratsbehältnisse müssen so beschaffen sein, dass die Qualität des Inhalts nicht beeinträchtigt wird. Sie müssen mit deutlichen Aufschriften versehen sein, die den Inhalt eindeutig bezeichnen. Soweit Bezeichnungen durch Rechtsverordnung nach § 10 Abs. 6 Nr. 1 des Arzneimittelgesetzes vorgeschrieben sind, sind diese zu verwenden. Der Inhalt ist durch zusätzliche Angaben zu kennzeichnen, soweit dies zur Vermeidung von Verwechslungen erforderlich ist. Sätze 2 bis 4 gelten nicht für Vorratsbehältnisse, in denen ordnungsgemäß gekennzeichnete Fertigarzneimittel gelagert werden.

(3) Gefälschte Arzneimittel, die im Vertriebsnetz festgestellt werden, sowie andere nicht verkehrsfähige Arzneimittel sind bis zur Entscheidung über das weitere Vorgehen getrennt von verkehrsfähigen Arzneimitteln und gesichert aufzubewahren, um Verwechslungen zu vermeiden und einen unbefugten Zugriff zu verhindern. Sie müssen eindeutig als nicht zum Verkauf bestimmte Arzneimittel gekennzeichnet werden. Über das Auftreten von Arzneimittelfälschungen ist die zuständige Behörde unverzüglich zu informieren.

(4) Arzneimittel, die nicht verkehrsfähig sind, sind zu vernichten oder, soweit eine Rückgabe an den Lieferanten vorgesehen ist, zurückzugeben.

§ 6
Auslieferung

(1) Soweit durch Rechtsvorschrift nichts anderes zugelassen ist, dürfen Lieferungen von Arzneimitteln nur an Betriebe und Einrichtungen erfolgen, die über eine Erlaubnis nach § 13 oder nach § 52a des Arzneimittelgesetzes verfügen oder die zur Abgabe an den Endverbraucher befugt sind.

(2) Den Lieferungen sind ausreichende Unterlagen beizufügen, aus denen insbesondere das Datum der Auslieferung, die Bezeichnung und Menge des Arzneimittels sowie Name und Anschrift des Lieferanten und des Empfängers hervorgehen. Im Falle der Lieferung an andere Betriebe und Einrichtungen, die über eine Erlaubnis nach § 52a des Arzneimittelgesetzes verfügen, muss zusätzlich die Chargenbezeichnung des jeweiligen Arzneimittels angegeben werden. Darüber hinaus muss unter Angabe der ausstellenden Behörde und des Ausstellungsdatums bestätigt werden, dass der Lieferant über eine Erlaubnis gemäß § 52a des Arzneimittelgesetzes verfügt. Die Verpflichtung zur zusätzlichen Angabe der Chargenbezeichnung gilt auch

1. bei der Abgabe von Arzneimitteln an pharmazeutische Unternehmer, Krankenhausapotheken und krankenhausversorgende Apotheken für die Zwecke der Belieferung von Krankenhäusern,

2. im Falle der Abgabe von Blutzubereitungen, Sera aus menschlichem Blut und gentechnisch hergestellten Blutbestandteilen, die fehlende Blutbestandteile ersetzen, auch bei Lieferung an Betriebe und Einrichtungen zur Abgabe an den Endverbraucher sowie

3. bei Abgabe von zur Anwendung bei Tieren bestimmten Arzneimitteln.

(3) Während des Transportes der Arzneimittel ist bis zur Übergabe in den Verantwortungsbereich des Empfängers dafür Sorge zu tragen, dass kein Unbefugter Zugriff zu den Arzneimitteln hat und die Qualität der Arzneimittel nicht beeinträchtigt wird.

§ 7
Dokumentation

(1) Über jeden Bezug und jede Abgabe von Arzneimitteln sind Aufzeichnungen in Form von Einkaufs-/Verkaufsrechnungen, in rechnergestützter Form oder in jeder sonstigen Form zu führen, die die Angaben nach § 6 Abs. 2 enthalten.

(1 a) (weggefallen)

(2) Aufzeichnungen sind ferner zu führen über das Umfüllen und das Abpacken von Arzneimitteln sowie über die Rücknahme, Rückgabe oder das Vernichten von Arzneimitteln, die nicht in den Verkehr gebracht werden dürfen; dabei sind Angaben über den Zeitpunkt sowie über Art und Menge der Arzneimittel zu machen. Die Aufzeichnungen sind von der nach § 2 Abs. 1 be-

stellten oder einer von ihr beauftragten Person mit Namenszeichen zu versehen.

(3) Die Aufzeichnungen nach den Absätzen 1 und 2 sowie die Nachweise nach § 47 Abs. 1 b des Arzneimittelgesetzes sind mindestens fünf Jahre nach der letzten Eintragung aufzubewahren. Bei Blutzubereitungen, Sera aus menschlichem Blut und gentechnisch hergestellten Blutbestandteilen, die fehlende Blutbestandteile ersetzen, sind die Aufzeichnungen nach Absatz 1 mindestens dreißig Jahre aufzubewahren oder zu speichern. Sie sind zu vernichten oder zu löschen, wenn die Aufbewahrung oder Speicherung nicht mehr erforderlich ist. Werden die Aufzeichnungen länger als 30 Jahre aufbewahrt oder gespeichert, sind sie zu anonymisieren. Der ursprüngliche Inhalt einer Eintragung darf weder mittels Durchstreichens noch auf andere Weise unleserlich gemacht werden. Es dürfen keine Veränderungen vorgenommen werden, die nicht erkennen lassen, ob sie bei der ursprünglichen Eintragung oder erst später gemacht worden sind.

(4) Bei der Aufbewahrung der Aufzeichnungen auf Datenträgern muss insbesondere sichergestellt sein, dass die Daten während der Dauer der Aufbewahrungsfrist verfügbar sind und innerhalb einer angemessenen Frist lesbar gemacht werden können.

§ 7a
Rückrufplan, Rückrufe von Arzneimitteln

(1) Wer einen Arzneimittelgroßhandel betreibt, muss einen Rückrufplan bereithalten, der die Durchführung jedes Rückrufes eines Arzneimittels gewährleistet, der nach Angaben der zuständigen Behörden oder des pharmazeutischen Unternehmers erfolgt.

(2) Der Rückrufplan und die hierzu erforderlichen organisatorischen Abläufe müssen schriftlich festgelegt sein. Über die Durchführung von Rückrufen müssen Aufzeichnungen geführt werden. § 7 Abs. 3 gilt entsprechend.

§ 7b
Rücknahme von Arzneimitteln

(1) Nimmt der Betreiber eines Arzneimittelgroßhandels gelieferte Arzneimittel vom Empfänger zurück, so sind diese bis zu einer Entscheidung über ihre weitere Verwendung getrennt von den zur Abgabe bestimmten Beständen zu lagern.

(2) Handelt es sich bei den zurückgenommenen Arzneimitteln nach Angaben des Zurückgebenden um nicht verkehrsfähige Arzneimittel oder macht er keine Angaben zur Verkehrsfähigkeit, so sind diese als nicht verkehrsfähig kenntlich zu machen, abzusondern und der Vernichtung zuzuführen. Soweit eine Rückgabe an den pharmazeutischen Unternehmer angeordnet oder mit

diesem vereinbart wurde, sind sie nach entsprechender Kennzeichnung zurückzugeben.

(3) Handelt es sich bei den zurückgenommenen Arzneimitteln nach Angaben des Zurückgebenden um verkehrsfähige Arzneimittel, so sind sie vor der Entscheidung über ihre weitere Verwendung einer Prüfung zu unterziehen. Die Arzneimittel dürfen nur in die zum Verkauf bestimmten Bestände wieder aufgenommen werden, wenn

1. der Zurückgebende durch Geschäftsunterlagen wie Lieferscheine oder Rechnungen belegt, dass er sie vom Arzneimittelgroßhandel bezogen hat,

2. der Zurückgebende schriftlich bestätigt, dass sie seit der Lieferung ordnungsgemäß gelagert und gehandhabt wurden, insbesondere seinen Verantwortungsbereich nicht verlassen haben,

3. sie sich in den Originalbehältnissen und in ordnungsgemäßem Zustand befinden,

4. sie eine vertretbare Haltbarkeitsdauer haben,

5. keine Angaben des pharmazeutischen Unternehmers oder der zuständigen Behörde über das Fehlen der Verkehrsfähigkeit vorliegen,

6. keine sonstigen Anhaltspunkte für eine fehlende Verkehrsfähigkeit bestehen. Dabei sind die Art des Arzneimittels, die erforderlichen Lagerungsbedingungen und der seit der Auslieferung verstrichene Zeitraum zu berücksichtigen. Dies gilt insbesondere für Arzneimittel mit besonderen Anforderungen an die Lagerungsbedingungen.

(4) Die Prüfung und Entscheidung nach Absatz 3 muss durch dafür besonders eingewiesenes Personal erfolgen. Die Prüfanweisung und die organisatorischen Abläufe sind schriftlich festzulegen.

§ 7c
Selbstinspektion

(1) Um die Beachtung der Vorschriften dieser Verordnung sicherzustellen, müssen regelmäßig Selbstinspektionen durchgeführt werden. Über die Selbstinspektionen und anschließend ergriffene Maßnahmen müssen Aufzeichnungen geführt und aufbewahrt werden.

(2) Die nach § 2 Abs. 1 bestellte Person hat sich zu vergewissern, dass Arzneimittel nur von Lieferanten bezogen werden, die für den Handel mit Arzneimitteln befugt sind.

§ 8
Dienstbereitschaft in Krisenzeiten

Die zuständige Behörde kann die Dienstbereitschaft für Arzneimittelgroßhandelsbetriebe anordnen, wenn und solange die notwendige Belieferung der

Apotheken und tierärztlichen Hausapotheken mit Arzneimitteln sonst ernstlich gefährdet wäre. Die Anordnung ist zu befristen; sie kann verlängert werden.

§ 9
(weggefallen)

§ 10
Ordnungswidrigkeiten

Ordnungswidrig im Sinne des § 97 Abs. 2 Nr. 31 des Arzneimittelgesetzes handelt, wer vorsätzlich oder fahrlässig

1. als Betreiber eines Arzneimittelgroßhandels

   a) entgegen § 2 Abs. 1 eine verantwortliche Person nicht bestellt oder

   b) (weggefallen);

2. als nach § 2 Abs. 1 bestellte Person

   a) entgegen § 4 Abs. 1 oder 3 Arzneimittel umfüllt oder abpackt,

   b) entgegen § 4a Abs. 1 Satz 1 Arzneimittel von Betrieben und Einrichtungen bezieht, die nicht über eine Erlaubnis verfügen,

   c) entgegen § 5 Abs. 1 Arzneimittel nicht in der vorgeschriebenen Weise lagert,

   d) entgegen § 5 Abs. 3 Satz 1 Arzneimittel nicht in der vorgeschriebenen Weise aufbewahrt,

   e) entgegen § 5 Abs. 3 Satz 2 Arzneimittel nicht kennzeichnet,

   f) entgegen § 5 Abs. 3 Satz 3 die zuständige Behörde nicht oder nicht rechtzeitig informiert,

   g) entgegen § 6 Abs. 2 den Lieferungen keine Unterlagen oder Unterlagen mit nicht richtigen oder nicht vollständigen Angaben beifügt,

   h) entgegen § 7 Abs. 1 oder Abs. 2 Satz 1 Aufzeichnungen nicht, nicht richtig oder nicht vollständig führt,

   i) Aufzeichnungen oder Nachweise nicht entsprechend § 7 Abs. 3 Satz 1 oder 2, auch in Verbindung mit § 7a Abs. 2 Satz 3, aufbewahrt oder

   j) entgegen § 7 Abs. 3 Satz 5 oder 6, jeweils auch in Verbindung mit § 7a Abs. 2 Satz 3 Aufzeichnungen oder Nachweise unleserlich macht oder Veränderungen vornimmt.

Satz 1 gilt entsprechend für Erlaubnisse als Pharmazieingenieur, Apotheken-assistent, Pharmazeutischer Assistent oder Apothekenfacharbeiter, die vor dem Wirksamwerden des Beitritts nach den Vorschriften der Deutschen Demokratischen Republik erteilt worden sind oder nach Wirksam werden des

Beitritts in dem in Artikel 3 des Einigungsvertrages genannten Gebiet erteilt werden.

§ 11
Übergangsbestimmungen

(1) Arzneimittel, die vor dem Inkrafttreten dieser Verordnung nicht den Vorschriften dieser Verordnung entsprechend umgefüllt, abgepackt oder gekennzeichnet wurden, dürfen noch bis zum 31. Dezember 1988 in den Verkehr gebracht werden.

(2) Betriebsräume und Einrichtungen müssen spätestens am 31. Dezember 1988 den Vorschriften dieser Verordnung entsprechen. Die zuständige Behörde kann darüber hinaus befristete Ausnahmen zulassen, wenn ein wichtiger Grund vorliegt.

(3) Wer bei Inkrafttreten dieser Verordnung einen Großhandel mit Arzneimitteln im Sinne des § 9 Abs. 1 betreibt, dem gilt die amtliche Anerkennung im Sinne des § 9 vorläufig als erteilt. Die vorläufige amtliche Anerkennung erlischt,

1. wenn nicht bis zum 30. Juni 1988 die Erteilung einer endgültigen amtlichen Anerkennung beantragt wird,

2. im Falle rechtzeitiger Antragstellung mit Eintritt der Unanfechtbarkeit der Entscheidung über den Antrag.

(4) Arzneimittel, die in dem in Artikel 3 des Einigungsvertrages genannten Gebiet nicht den Vorschriften dieser Verordnung entsprechend umgefüllt, abgepackt oder gekennzeichnet werden, dürfen dort noch bis zum 31. Dezember 1991 in den Verkehr gebracht werden.

(5) Betriebsräume und Einrichtungen in dem in Artikel 3 des Einigungsvertrages genannten Gebiet müssen spätestens am 31. Dezember 1992 den Vorschriften dieser Verordnung entsprechen. Die zuständige Behörde kann darüber hinaus befristete Ausnahmen zulassen, wenn ein wichtiger Grund vorliegt.

(6) Wer bei Wirksamwerden des Beitritts in dem in Artikel 3 des Einigungsvertrages genannten Gebiet einen Großhandel mit Arzneimitteln im Sinne des § 9 Abs. 1 betreibt, dem gilt die amtliche Anerkennung im Sinne des § 9 vorläufig als erteilt. Die vorläufige amtliche Anerkennung erlischt, wenn nicht bis zum 30. Juni 1991 die Erteilung einer endgültigen amtlichen Anerkennung beantragt wird und, im Falle rechtzeitiger Antragstellung, mit Eintritt der Unanfechtbarkeit der Entscheidung über den Antrag.

§ 12
(gegenstandslos)

§ 13
Inkrafttreten

Diese Verordnung tritt am 1. Januar 1988 in Kraft. Gleichzeitig tritt § 3 der Verordnung über Nachweispflichten für Arzneimittel, die zur Anwendung bei Tieren bestimmt sind, vom 2. Januar 1978 (BGBl. I S. 26), zuletzt geändert durch Artikel 2 der Verordnung vom 3. Mai 1985 (BGBl. I S. 746), außer Kraft.